ENCONTROS
COM
SHAKESPEARE

SERVIÇO SOCIAL DO COMÉRCIO
Administração Regional no Estado de São Paulo

Presidente do Conselho Regional
Abram Szajman
Diretor Regional
Danilo Santos de Miranda

Conselho Editorial
Ivan Giannini
Joel Naimayer Padula
Luiz Deoclécio Massaro Galina
Sérgio José Battistelli

Edições Sesc São Paulo
Gerente Iã Paulo Ribeiro
Gerente adjunta Isabel M. M. Alexandre
Coordenação editorial Francis Manzoni,
Clívia Ramiro, Cristianne Lameirinha
Produção editorial Thiago Lins
Coordenação gráfica Katia Verissimo
Produção gráfica Fabio Pinotti
Coordenação de comunicação Bruna Zarnoviec Daniel

ENCONTROS COM SHAKESPEARE

RON DANIELS

© Edições Sesc São Paulo, 2019
© Ron Daniels, 2019
Todos os direitos reservados

Preparação José Ignacio Mendes
Revisão Ísis De Vitta, Silvana Cobucci
Projeto gráfico Bloco Gráfico
Fotografia da capa João Caldas Fº

Dados Internacionais de Catalogação na Publicação (CIP)

D2285E

Daniels, Ron
   Encontros com Shakespeare / Ron Daniels.
   São Paulo: Edições Sesc São Paulo, 2018.
   440 p. il.: fotografias.

Inclui as Peças: "Medida por medida", "Rei Lear",
"Hamlet" e "Macbeth", traduzidas e adaptadas
por Marcos Daud e Ron Daniels.
Bibliografia
ISBN 978-85-9493-157-3

1. Teatro. 2. Shakespeare. 3. Direção. 4. Atuação. I. Título.
II. Daud, Marcos.

CDD-792

Edições Sesc São Paulo
Rua Cantagalo, 74 – 13º/14º andar
03319-000 – São Paulo SP Brasil
Tel. 55 11 2227-6500
edicoes@edicoes.sescsp.org.br
sescsp.org.br/edicoes
 /edicoessescsp

6 **Apresentação**
Danilo Santos de Miranda

9 # PRIMEIRO ATO: ENCONTROS

53 # SEGUNDO ATO: GUIA PARA O ATOR E DIRETOR DE SHAKESPEARE

115 # TERCEIRO ATO: PEÇAS TRADUZIDAS E ADAPTADAS
por Marcos Daud e Ron Daniels

116 *Rei Lear*
206 *Hamlet*
290 *Medida por medida*
360 *Macbeth*

421 **Bibliografia**
422 **Sobre o autor**
423 **Caderno de imagens**

APRESENTAÇÃO

UMA AULA
QUE ATRAVESSA OS SÉCULOS

Ganhar o mundo na ânsia de absorver sua diversidade rica e abundante é uma ação que acompanha muita gente desde tempos imemoriais. Em povos antigos (e até o que pese os de hoje em dia), cuja centralidade de comunicação se dá pela tradição oral, o ser que sai de casa, a desbravar territórios nos mais recônditos cantos do planeta, é o que traz as novas (boas ou não).

Um dos personagens mais conhecidos da literatura é um desses viajantes que tem como missão de vida alinhavar os caminhos para as passagens das migrações humanas. Ulisses, de mil ardis, figura como ícone das industriosas transgressões territoriais. Saqueador de cidades, seu tesouro se encontra na magia da viagem que o transporta para, cada vez mais, longe de casa, por mais que queira retornar a Ítaca e cair nos braços de sua amada Penélope (esta como marca daqueles que ficam a tecer a volta dos que se vão).

Assim, os deslocamentos humanos sempre figuraram como uma necessidade de conhecimento. Conhecimento de si, do outro, conhecimento a ser construído ou a ser desaprendido, dando espaço a mais saber que porventura esteja na espera de uma vaga nos pensamentos.

Pode-se dizer que a biografia do ator e diretor brasileiro Ronaldo Daniel passa por essa bela imagem do viajante, sem os saques próprios de Ulisses. Nascido e criado em Niterói (RJ), pegou sua nau e se aventurou nas terras de Shakespeare, no Velho Mundo, e de lá ganhou mais outros novos mundos, inclusive aquele que nunca havia deixado de ser seu, mas que já não o era pelas viagens que o próprio Brasil faria pelos tempos conturbados que dificilmente o abandonariam.

Na Inglaterra, Ron Daniels (nome adotado pelo diretor no estrangeiro), já arrebatado pelas palavras do grande poeta e dramaturgo inglês, viu as portas da Royal Shakespeare Company se abrirem a ele. Lá, descobriu que o fascínio ainda permaneceria por longo tempo, já que cada estudo das peças que queria montar lhe proporcionava uma imersão profunda que parece não o ter levado a zonas abissais, mas a um horizonte claro e resplandecente, cuja luz Ron sentia a necessidade de ver refletida a todos que por ela procuram.

A presente obra pode ser traduzida nesta possibilidade de troca de luzes entre autor e leitor. Além de contar, em seu início, com uma breve história da trajetória de Ron Daniels, este, nos capítulos seguintes, nos dispõe a uma generosidade didática acerca da obra de William Shakespeare. Palavra por palavra, verso por verso, atos e cesuras formam uma magistral aula de teatro. Além de abarcar quatro importantes peças do dramaturgo inglês traduzidas para o português.

O autor não se resume a ser o escritor em sua mesa a contar suas peripécias. São lições que saltam das frases e nos alcançam em imagens vívidas; é o professor no palco dirigindo os exemplos, decupando as cenas, esfacelando os verbos e adjetivos e abrindo as cortinas de um imenso mundo a ser redescoberto continuamente por séculos. Assim, Ron Daniels dá vida nova, em seus encontros infindos com Shakespeare, às leituras do bardo, levando-nos a crer que sua obra permanece viva e reluzente ao sabor das mais distantes épocas.

Danilo Santos de Miranda
Diretor Regional do Sesc São Paulo

PRIMEIRO ATO

―――――――――――

ENCONTROS

O ATOR BRASILEIRO

Menino da Praia de Icaraí, em 1957, depois de um concurso patrocinado pelo *Jornal do Brasil*, fui aos Estados Unidos como o representante brasileiro em uma colônia de férias internacional chamada Camp Rising Sun. Foram oito semanas maravilhosas e estimulantes, vivendo coletivamente com 50 outros rapazes de vários países e com norte-americanos de camadas sociais bem diferentes. Foi lá que – titubeando – pisei no palco pela primeira vez. E foi lá, também, que temerosamente dirigi meu primeiro espetáculo – uma pequena peça em um ato chamada *O valente*. Não sabia na época que, indiretamente, esse tinha sido meu primeiro contato com Shakespeare, já que um dos personagens, condenado à morte, cita uma fala de *Júlio César*:

> O covarde morre muitas vezes antes da sua morte,
> O valente sente o gosto da morte somente uma vez.
> Parece-me estranho que os homens tenham tanto receio
> Já que a morte, aquele fim inevitável,
> Chegará quando tiver que chegar.

Voltei para o Brasil apaixonado pelo teatro. E, logo que pude, matriculei-me na Escola de Teatro da Fundação Brasileira de Teatro, no Rio de Janeiro. Ainda tenho guardado um diário que comecei a escrever no dia 28 de novembro de 1959, e que se inicia com esta frase: "Espero fazer deste caderno um registro da minha vida teatral, isto é, das peças que leio, dos ensaios em que trabalho, das peças a que assisto e das quais participo". Meu diário daquela época contém listas das peças que eu tinha lido, resenhas muito amadoras dos espetáculos aos quais eu tinha assistido e a análise dos personagens que eu criava. Por exemplo, no dia 27 de janeiro fiz a resenha do *Mambembe*, elogiando muito a direção e cenografia do Gianni Ratto e as interpretações dos atores: "No elenco, Fernanda Montenegro se coloca bem acima dos demais... Não somente sua representação é perfeita como também são agradabilíssimas sua voz e sua dança". Fiquei fã da Fernanda para o resto da vida – e, felizmente, hoje sou seu amigo também.

Ainda hoje, ao fazer a preparação para um novo espetáculo, escrevo longos ensaios sobre a peça em questão, o que chamo de "meus devaneios", que compartilho com os cenógrafos e figurinistas. Analiso, por escrito, cada cena, cada situação e cada personagem da peça, e é a partir desses longos *e-mails* que a compreensão da peça começa a surgir. Parece que só sei pensar direito quando escrevo. Hábito de um autodidata, que nunca se formou numa universidade e só fez um ano de curso numa escola de teatro.

Falo, no diário, dos meus estudos na Fundação Brasileira de Teatro, das aulas com Adolfo Celi e Dulcina, e da minha estreia como Joca, o Romeu na peça *Sangue no domingo*, de Walter George Durst, uma adaptação de *Romeu e Julieta*, sob a direção do Ziembinski. Eu tinha só 17 anos.

Foi a primeira vez que ganhei um dinheirinho como ator profissional, antes mesmo de terminar o primeiro ano na Fundação: "Dulcina disse que nos daria 6 mil cruzeiros por mês como ajuda de custo". Fiz um trabalho muito detalhado e minucioso sobre o Joca e logo registrei também as críticas à minha interpretação: "Romeu é apenas bisonho e nada consegue expressar" (Paulo Francis). Mas, felizmente, Zora Seljan veio em meu socorro quando escreveu: "Promete fazer carreira". Esse foi também meu primeiro encontro com Barbara Heliodora: "Maria Esmeralda e Ronaldo Daniel não fazem nada de propriamente errado, mas falta a ambos estrutura interpretativa... Ele hesitante, ambos obviamente preocupados em seguir a direção e ausentes em contribuição pessoal. Aliás, o próprio texto não ajuda...".

Pois é, mais tarde, Barbara e eu nos tornamos bastante amigos, ambos amantes de Shakespeare – anos depois eu a convidei para assistir aos ensaios do meu *Júlio César* em Londres –, mas ela sempre detestou o meu trabalho! Mais de cinquenta anos depois da sua crítica ao Joca, ela ainda implicava comigo depois do meu *Hamlet* com o Thiago Lacerda. E fez o mesmo com o *Macbeth*! Barbara queria mais "poesia"!

Meu diário registra também os meus primeiros contatos com Zé Celso e o Teatro Oficina, durante a primeira montagem do *Boca de Ouro*, de Nelson Rodrigues. Nessa peça eu fazia o papel do Caveirinha, novamente sob a direção do Ziembinski, agora em São Paulo, na Companhia Brasileira de Comédia, de Rubens de Falco e Dália Palma. No dia 17 de outubro de 1960, escrevi: "Caveirinha é um repórter iniciante, desleixado e irresponsável para com os sentimentos alheios, atrás de um furo espetacular que obterá de qualquer maneira possível (é o que me explicou o Nelson Rodrigues). Só se deixa influenciar quando se sente imediatamente responsável por uma tragédia – que felizmente consegue evitar".

Fui morar em São Paulo e, ainda aluno de colégio, fui parar na Escola Alemã, hoje o Colégio Benjamin Constant, na Vila Mariana, para terminar o que era na época o curso científico. Ou talvez fosse o curso clássico, não me lembro. Sentava bem no fundo da classe, perto da parede, para poder dormir durante as aulas, e os professores, muito gentis, sabendo que eu era ator e tinha espetáculos todas as noites, me deixavam dormir sossegado. Não me lembro de exames finais, nem de formatura. O que era importante para mim era só o teatro.

As críticas ao meu Caveirinha não foram ruins. Nem foram lá muito boas. Décio de Almeida Prado escreveu no *Estadão* que "são de destacar em papéis menores Célia Helena e Ronaldo Daniel". Nada mais do que isso. No entanto, no dia 19 de outubro, eu já escrevia que, "por melhor que seja a minha interpretação, não sei por que, mas ele [o Caveirinha] não me satisfaz. Talvez seja a peça em si, que não tem finalidade alguma, nenhuma direção no sentido social, nenhum conteúdo resistente". Ah! A arrogância dos jovens!

Mas eu continuava: "existe sempre a pergunta maior: devo fazer teatro? Devo. Sei que devo fazê-lo, sinto que tenho de fazê-lo. Não há mais nada para mim... Tenho bastante força de vontade para fazer teatro, para enfrentar todos os fatores que me obrigam a ser apenas ator quando estou tão interessado no teatro como um todo, um mecanismo grande, possante, revelador, um mecanismo que seja toda a minha existência".

Todo dia, a caminho do teatro na Brigadeiro Luís Antônio, onde representávamos o *Boca*, eu passava pela rua Jaceguai, onde o Oficina, um grupo de teatro amador, apresentava *A engrenagem*, do Sartre, sob a direção do Augusto Boal. E já no dia 23 de novembro escrevi no meu diário: "Vou unir-me à [sic] Oficina. O grupo sem dúvida é jovem, idealista, trabalha com gosto e em equipe. Quero dedicar-me à [sic] Oficina. Quero trabalhar com gosto no meio de gente nova que tenha gosto no seu trabalho. Quero trabalhar em equipe. Se eles não podem pagar-me, poderei arranjar outro emprego".

Foram anos maravilhosos. Tumultuosos. Inesquecíveis. Meu aprendizado no teatro começou de verdade quando entrei para o Teatro Oficina, em 1959. O Oficina se profissionalizou, reformamos o teatro na rua Jaceguai. Aprendemos o método Stanislavski com o Eugênio Kusnet, que tinha vindo do Teatro de Arte de Moscou. Estudamos cuidadosamente o livro *The fervent years* do Harold Clurman, sobre o trabalho de equipe do Group Theatre nos anos 1930 em Nova York. Fizemos laboratórios e ensaios rigorosos e inspirados. Erramos algumas vezes, por exemplo, com a montagem de *José, do parto à sepultura*, peça não muito boa do Augusto Boal, com direção do Antônio

Abujamra, mas acertamos muito mais, com *Quatro num quarto*, do russo Valentin Kataev, que ficou em cartaz mais de um ano; com *Um bonde chamado desejo*, de Tennessee Williams, com direção do Boal; com *Todo anjo é terrível*, de Thomas Wolfe, ao lado da inesquecível Madame Morineau; e com *A vida impressa em dólar*, de Clifford Odets.

Nosso trabalho era baseado no teatro realista, na criação de personagens de complexidade emocional arraigados num mundo social e político concreto. A arte pela arte não nos interessava. Com nosso trabalho, tentávamos entender o nosso mundo.

Não sei por que, mas no dia 2 de maio de 1963, passei a escrever o diário em inglês. Agora descrevia não só a jornada artística e ideológica bastante turbulenta do Oficina durante seus primeiros anos de profissionalismo, mas ao mesmo tempo continuava fazendo uma análise minuciosa dos personagens que eu interpretava, como o Nil Vassilievitch, na primeira montagem dos *Pequenos burgueses*, do Gorki, dirigida pelo gênio que era – que é – o Zé Celso.

Aprendi muito nessa minha primeira universidade, e no fim de 1963 aceitei uma bolsa do British Council para estudar teatro durante três meses em Londres. No dia 31 de dezembro, com o pessoal do Oficina acenando de longe para mim, meu navio zarpou para o Velho Mundo.

O PRIMEIRO ENCONTRO

Meu primeiro encontro com Shakespeare se deu numa pequena cidade universitária no leste da Escócia, St. Andrews, no condado de Fife. Isso foi em maio de 1964, e esse foi meu primeiro emprego como ator no Reino Unido.

Eu estava com passagem marcada para voltar para o Brasil quando, no dia 1º de abril, um amigo e eu, viajando de carro, passamos em frente ao jornal *Aberdeen Angus* na cidade de Aberdeen, no norte da Escócia, e vimos a seguinte manchete: "GOLPE MILITAR NO BRASIL".

Entrei no edifício, expliquei que era brasileiro, que estava preocupado com meus colegas do Teatro Oficina, e perguntei se poderia telefonar para ver se estavam bem. Não me lembro com quem falei – Zé Celso? Renato Borghi? Lembro só que me disseram para ficar por lá mesmo, que seria mais seguro, e que ninguém sabia o que ia acontecer no Brasil. E já que meus dois avôs eram ingleses, o que me dava direito a um passaporte inglês, decidi permanecer na Europa.

O ATOR INGLÊS

Eu estava agora, ainda que desempregado, na capital mundial do teatro. Um dos primeiros espetáculos a que assisti em Londres foi o *Rei Lear*, com Paul Scofield, dirigido pelo Peter Brook para a famosa Royal Shakespeare Company, talvez a companhia de teatro mais importante do mundo, dedicada ao Bardo. Já no Oficina tínhamos lido o livro *Shakespeare, nosso contemporâneo*, do Jan Kott, e ver as ideias que inspiraram Peter Brook realizadas no teatro foi uma experiência avassaladora: lembro que eu chorava como uma criança durante o espetáculo. Não era um teatro "clássico", coisa de museu, apesar dos figurinos de época: era um teatro vivo, imediato, de uma incrível riqueza emocional. Nos anos seguintes, fui várias vezes ver os espetáculos do Peter Brook em seu teatro, no bairro Bouffes du Nord, em Paris: *Carmen*, *Mahabharata*, *Ubu rei*, *A tempestade*. Peter virou meu guru!

Dois meses depois, agora com o nome de Ron Daniels, que soava melhor em inglês – e depois de um teste feito pelo telefone! –, eu chegava de trem, de madrugada, na estação de St. Andrews, na Escócia, com apenas uma mala na mão. Estação? Que estação, que nada! Uma plataforma com um telhado de zinco no meio de um terreno baldio. Não havia ninguém por perto. Nada. Nem um só porteiro! Onde é que vim parar, era o que eu pensava, apavorado. Sou de Niterói! Da praia de Icaraí! O que é que eu vim fazer neste fim de mundo?

Finalmente alguém apareceu e me levou para o teatro: chamava-se The Byre Theatre – *byre* significa estábulo em inglês antigo e o teatrinho era mesmo um antigo estábulo, construído com enormes paredes de pedra: remodelado, tinha setenta lugares, um palco minúsculo e, no sótão, dois pequenos camarins.

Éramos sete ou oito atores na companhia, todos jovens como eu, e passamos o verão ensaiando uma peça de manhã e de tarde e representando outra peça à noite – obras de autores como Terence Rattigan, Sam e Bella Spewak, Sean O'Casey, John Osborne. Não me lembro quanto tempo levaram os ensaios dos *Pequenos burgueses* no Teatro Oficina – seis meses? Mais? Nada disso no Byre Theatre – os ensaios de cada peça eram de duas semanas! Dava tempo só de decorar o texto e fazer umas marcações bem rápidas e pronto. Havia uma estreia de 15 em 15 dias! O nível do trabalho não era lá dos melhores, nem poderia ser, mas e daí? Havia a alegria de fazer teatro, e a plateia se divertia. Fico um pouco encabulado de lembrar que um dia, durante os ensaios de *Look Back in Anger*, de John Osborne – em que eu fazia o papel do Jimmy Porter e a atriz que veio a ser minha esposa e mãe dos meus filhos fazia o papel da Alison, sua esposa –, parei no meio do ensaio e disse para o diretor: "Por gentileza, vai embora, vai. Deixa a gente em paz. Sabemos o que estamos fazendo!". Sabíamos nada! Puro blefe. Embora o diretor fosse mesmo um boboca. Mas será que esse foi um primeiro sinal da minha futura carreira como diretor?

Entretanto, com Shakespeare, não. Com Shakespeare, tínhamos o luxo de três semanas de ensaio.

Fui escalado para fazer o papel do Borachio, o vilão em *Muito barulho por nada*. Ainda tenho umas fotos do espetáculo: com olheiras profundas, muito maquiladas, claro, um bigode falso e um cavanhaque grudado no queixo, o meu vilão não tinha sutileza alguma – era um vilão para valer.

NO VICTORIA THEATRE, EM STOKE ON TRENT

Terminado o meu contrato de cinco meses com o Byre, fiz mais testes em Londres e fui chamado para trabalhar no Victoria Theatre, na cidade de Stoke on Trent.

Testes: a vida de um ator desempregado na Inglaterra e nos Estados Unidos consiste em fazer testes – para o teatro, o cinema ou a televisão. O teste pode ser a leitura de uma cena de uma peça moderna, ou então a apresentação de monólogos clássicos, preparados e decorados em casa. Em 10 ou 15 minutos, o ator precisa demonstrar todo o seu talento! É um absurdo, mas no começo da carreira o teste é o portão de entrada do ator para qualquer elenco ou companhia.

St. Andrews parecia longe do mundo, mas era uma cidade universitária bonita, com um ar puro e fresco, perto da praia e cheia de jovens estudantes nas ruas e nos bares. Stoke on Trent, por outro lado, era o centro da indústria de cerâmica da Inglaterra, uma cidade escura, triste, de um frio que gelava até os ossos e sem beleza alguma, coberta sempre por uma fuligem negra... mas com um teatrinho maravilhoso. Foi lá que aprendi a ser um ator, e mais tarde um diretor, inglês!

Um teatro de arena, onde trabalhei como ator durante dois anos e meio. O esquema era um pouco mais leve – tínhamos três semanas de ensaio para peças modernas e quatro para Shakespeare! Meu primeiro trabalho na companhia – e meu segundo encontro com Shakespeare – foi no papel de Orlando, o rapaz que se apaixona por Rosalinda na comédia *Como gostais*, um papel escrito inteiramente em prosa, sem as dificuldades do pentâmetro iâmbico, o verso shakespeariano.

Aprendi fazendo, e até com certa facilidade – não foi só a questão de perder a minha pronúncia brasileira. Meu inglês sempre foi razoável – meus avós ingleses vieram parar no Recife no início do século XX e se casaram com mulheres brasileiras. Uma delas, vovó Cândida, mãe de minha mãe, que vivia conosco, nunca aprendeu a falar inglês. A família foi morar na rua Lopes Trovão, na praia de Icaraí, onde eu nasci. Meus pais me matricularam no Colégio Britânico em Niterói, onde estudávamos o currículo brasileiro de manhã e o inglês à tarde. Além disso, meu pai, que tinha estudado na Inglaterra quando menino, fazia questão de falar inglês comigo, embora ele ficasse irritado quando, adolescente, eu fazia questão de lhe responder em português.

Mesmo assim, minha pronúncia e a música do meu falar ainda tinham um timbre brasileiro. Dei duro para melhorar o meu inglês, pois com sotaque estrangeiro seria impossível ganhar a vida como ator na Inglaterra. Hoje em dia, ninguém percebe que sou estrangeiro. Há pouco tempo fui a uma reunião da Royal Shakespeare Company em Stratford-upon-Avon e, conversando com John Barton, que me conhecia há mais de trinta anos, eu disse que tinha trabalhado na tradução do *Hamlet*. John me perguntou, atônito: "Como é possível? Você fala português?".

Falar inglês, então, não foi tão difícil. O que mais me surpreendia era que eu me dava bem com a linguagem do texto shakespeariano. Às vezes achava complicada, sim. Precisava ser traduzida com um pouco de paciência, decifrada mesmo, pois há palavras que não se usam mais, e o *thou*, o tu antigo que Shakespeare usa muito, criava muita confusão. Mas, uma vez compreendida, e obedecendo às necessidades do verso, a linguagem me parecia completamente natural, rica e incrivelmente gostosa de se falar.

Não longe da cidade de Stoke on Trent fica a Universidade de Keele, onde Peter Brook estava realizando uma série de palestras que resultariam no livro *O espaço vazio*. Assistimos a uma das suas palestras e fomos apresentados ao Peter, um homem quieto, que escutava as pessoas com muito cuidado – respondia com inteligência e gentileza até às perguntas mais bobas que vinham da plateia. Dias depois, Peter veio assistir ao *Pigmalião* no nosso teatro, em que eu fazia o papel do professor Higgins. Pois é, um rapaz brasileiro de 22 anos fazendo o papel de um especialista na língua inglesa! Peter deve ter achado aquilo um absurdo, mas num dos capítulos do seu livro ele fala com carinho do nosso espetáculo, diz que usávamos maquilagem demais, mas que trabalhávamos com uma garra admirável.

Depois de Orlando, além de atuar em peças de autores ingleses ainda vivos, mergulhei em Shakespeare, agora fazendo papéis de muito mais fôlego e enfrentando as exigências do verso pela primeira vez. Fiz o guerreiro Hotspur na primeira parte do *Henrique IV*, o intelectual Brutus no *Júlio César*, o mordomo ridículo Malvólio em *Noite de Reis* e, no dia 8 de dezembro de 1965, pouco mais de dois anos depois da minha chegada à Inglaterra, comecei um novo diário especialmente para o estudo da minha próxima interpretação, o Macbeth!

Cena por cena de análises e perguntas que não acabam mais. Com certeza, perguntas que qualquer ator que interpreta o personagem faz. Perguntas que, anos mais tarde, voltaria a fazer com Bill Camp, meu Macbeth em Nova York, e com Thiago Lacerda, meu Macbeth brasileiro. Faltava um estudo específico do texto – não importa, isso viria depois.

Mas o pequeno diário contém certas preocupações que ainda acho interessantes:

> Dia 12 de janeiro: *Discutimos hoje a necessidade de me comunicar diretamente com a plateia através dos monólogos. Macbeth não confia seus pensamentos criminosos nem a sua mulher... Vou me sentir encabulado de admitir esses pensamentos à plateia. Quem, ou o que, é a plateia: sua consciência? Os deuses? São amigos ou inimigos? Qual é a relação do Macbeth com a plateia? Macbeth está dizendo "Por favor, compreendam o que estou fazendo" ou "Vejam bem o que vou fazer"?*

> Dia 1º de fevereiro: *Preciso pensar mais na noção de insônia. Os pesadelos... areia nos olhos... o corpo entorpecido, intensificando-se no decorrer da peça. Macbeth fica cada vez mais pesado, vagaroso, sua fala fica difícil e ele se sente cada vez mais deprimido.*

> Dia 11 de fevereiro: *É essencial fazer com que as imagens sejam bem concretas através da visualização de cada uma delas. Importante também reforçar sua contradição principal: ele quer ser um bom rei, mas não quer ser um tirano assassino. Ele quer ser respeitado, amado, obedecido, mas ele precisa assassinar o rei.*

O que mais me lembro das apresentações foi a dificuldade de falar diretamente com a plateia durante os monólogos, já que estávamos num teatro de arena, com o público em torno do palco, ou seja, sempre havia espectadores atrás de mim. Era questão de encontrar os momentos exatos para olhar em volta e encarar o outro lado da plateia. Mais de cinquenta anos depois, ainda me lembro destas marcações:

MACBETH   *(para de olhar para a faca imaginária e olha para a plateia)* Não, isso não é nada. É o assassinato sangrento que me faz imaginar coisas assim. *(olha para a escuridão da noite)* Agora, em uma metade do mundo, a natureza parece morta. *(começa a girar devagar, olhando para cada uma das quatro plateias)* Sonhos perversos invadem o sono dos homens. As bruxas celebram seus rituais. E os lobos uivam e despertam os assassinos, que com passos furtivos avançam para cima de suas vítimas, como se fossem fantasmas. *(para e se agacha para falar com o solo)* Shhh, chão firme e sólido, não ouça meus passos, não denuncie o caminho que vou seguir, para não roubar este momento de todo o seu horror. *(olhando de novo para a plateia)* Enquanto eu ameaço, ele ainda vive. Palavras em excesso só esfriam o calor da ação. *(toca o sino)*

LONDRES MAIS UMA VEZ

Depois de Stoke on Trent, passei um ano atrás de trabalho em Londres – uma trajetória comum para um ator inglês no começo de sua carreira. Depois de completar um curso numa das escolas de teatro, o iniciante procura trabalho num dos pequenos teatros regionais do país. Cada cidade tem uma companhia profissional onde o jovem ator pode aprimorar sua arte, fazendo papéis dos mais variados, às vezes bem além de sua capacidade e talento, como o meu professor Higgins. Mas isso, no final das contas, é uma preparação rigorosa para sua chegada a Londres à procura de trabalho no teatro comercial do West End, no cinema e na televisão e, acima de tudo, nas importantes companhias como o National Theatre e a Royal Shakespeare Company.

Durante quase um ano, sobrevivi às custas do meu pai, que me mandava uma pequena mesada. Eu fazia testes e de vez em quando era chamado para fazer uma ponta ou outra na televisão – fui um *hippie* drogado com uma peruca loura num policial para a BBC e um agente da Gestapo num filme produzido pelo evangelista Billy Graham, chamado *The Hiding Place*. Fiz também o papel de Benvólio, o amigo de Romeu, numa montagem muito medíocre de *Romeu e Julieta* num subúrbio de Londres. Finalmente, em 1968, consegui um teste para a Royal Shakespeare Company.

NA ROYAL SHAKESPEARE COMPANY

Fui chamado. Ofereceram-me papéis bem pequenos – Metellus Cimber em *Júlio César*, por exemplo, mas, para compensar, me ofereceram também um ótimo papel na peça *Índios*, de Arthur Kopit. Além de um contrato que me garantia um salário durante um ano inteiro, era uma oportunidade de trabalhar com os grandes diretores especialistas em Shakespeare – Trevor Nunn, John Barton, Terry Hands – e com preparadores vocais inteiramente dedicados ao trabalho com o texto shakespeariano, como Cicely Berry. Era imperdível.

Uma das minhas tarefas era a de ser o possível substituto do Marco Antônio, o que na Inglaterra se chama de *understudy*, e quando fomos viajar pelo país com o nosso repertório, o ator que fazia o papel do Marco Antônio teve problemas de voz e lá fui eu, garoto ainda e muito magrinho, fazer o papel. Ainda me lembro quando John Barton veio para ensaiar comigo na cidade de Glasgow, onde estávamos para estrear. Ele me deu umas dicas importantes sobre o personagem e, quando passei o grande monólogo do Marco Antônio no Capitólio na sua frente, John virou-se para mim e disse: "Calma, calma. Não tenha pressa. Cada imagem é importante. Dê vivência e colorido a cada uma com prazer e cuidado. E não se esqueça que a palavra final da fala é sempre a mais importante!".

Parece pouco, inconsequente. Um episódio como qualquer outro na vida de um ator... Mas acho que foi naquele momento – tendo como exemplo a audácia e a inteligência do Zé Celso, a simplicidade vigorosa do Peter Brook e agora a paixão por Shakespeare que John Barton demonstrava no seu trabalho e eu começava a compartilhar – que decidi que não queria mais ser ator: iria me dedicar à direção.

DE VOLTA AO VICTORIA THEATRE

Em 1969, voltei ao Victoria Theatre e comecei meu aprendizado como diretor. Foram dois anos de trabalho intensivo, durante os quais fui responsável pelas montagens das peças do repertório clássico da companhia, já que Peter Cheeseman, o diretor artístico, se interessava mais pela nova dramaturgia inglesa. Montei peças de Ibsen, Bernard Shaw, Plauto, Sófocles, Brecht, Edward Albee e Shakespeare: *Coriolano* – fiquei obcecado com a noção do Coriolano e dos aristocratas como águias douradas procurando dominar o povo, os ratos da sarjeta – e, finalmente, montei meu primeiro *Hamlet*.

O MEU PRIMEIRO *HAMLET*

Então, cinco anos depois de desembarcar na Inglaterra, eu começava a me preparar para encenar o *Hamlet*, uma das obras-primas do teatro inglês.

HAMLET   Faça com que a palavra combine com o gesto e o gesto com a palavra; tente ser natural já que qualquer exagero é uma afronta ao teatro, cuja meta é, e sempre foi, a de servir de espelho à natureza; e assim revelar, a cada época, sua verdade.

Pouco antes de começar os ensaios fui passar umas férias no Brasil, isso no auge da ditadura, e voltei para a Inglaterra com medo. Não que eu tenha presenciado algum acontecimento aterrador, nem mesmo algum sinal de opressão ou violência. Além dos soldados armados, Niterói parecia a Niterói de sempre. Mas havia algo no ar, um silêncio abafado, uma cautela em cada gesto... alguém me disse que o importante era não chamar atenção e ficar calado. Imaginei que iriam me impedir de sair do país. Que iriam me prender. E, ao mesmo tempo, sentia uma enorme culpa por não estar compartilhando aqueles anos difíceis com meus colegas e companheiros.

Longe do Brasil, meu primeiro *Hamlet* começou a refletir tanto o meu medo como o meu sentimento de culpa.

HAMLET	O que é que vocês fizeram, meus amigos, para serem mandados para esta prisão?
GUIL.	Prisão?
HAMLET	A Dinamarca é uma prisão.
ROS.	Então o mundo também é.
HAMLET	Uma prisão enorme, cheia de celas e calabouços. E a Dinamarca é das piores.
ROS.	Não pensamos que seja assim.
HAMLET	Ué, então não é para vocês. Pois a forma de pensar é que faz com que uma coisa seja boa ou má. Para mim, é uma prisão.

Transformei o teatro numa prisão: portões enormes "trancavam" o público dentro do auditório. Todos os personagens que viajam – e são vários durante a peça: Laertes, Reinaldo, Rosencrantz e Guildenstern –, os atores, o próprio Hamlet, precisavam mostrar seus passaportes aos guardas para poder sair do país. Havia guardas com mordaças de metal e armas na cintura, patrulhando os corredores do teatro. Os atores, subversivos e imorais, eram espancados depois de representar *A ratoeira* perante a corte.

E o dito-cujo? O jovem cuja responsabilidade, cuja obrigação era a de dizer um "não" consciente e feroz? Em vez de se tornar um revolucionário e liderar a oposição ao regime opressor, ficava enojado consigo mesmo, preocupado com suas angústias e contradições pessoais mesquinhas, revolvendo na sua imaginação o ser ou não ser, sem se dar conta de que todos estavam à espera de sua liderança. Lembro-me até que o fantasma era um figurante com a máscara do ator que fazia o papel do Hamlet, e sua voz era a voz gravada do Hamlet. O fantasma era, assim, a projeção da incerteza e da culpa do protagonista.

Uma interpretação um tanto primária, não é verdade?

É.

Mas não é.

Acho importante lembrar de dois fatores. Em primeiro lugar, o texto que montamos era o texto de Shakespeare, não só bem respeitado como falado clara e naturalmente: era como se fosse um texto moderno, de um escritor que ainda estava vivo e que morava naquela cidade de Stoke on Trent. Faltava ao espetáculo um estudo de maior profundidade. Faltava maturidade. Mas havia garra e imaginação.

Em segundo lugar, embora no fundo minha interpretação tenha sido, de certa forma, absurda – afinal de contas, o que os habitantes daquela cidade no centro da Inglaterra tinham a ver com a ditadura militar no Brasil? –, o espetáculo tinha uma certa coerência em torno da qual cada ação podia se desenvolver concretamente: o mundo da peça tinha um contexto épico específico, isto é, era a história de um país, e ao mesmo tempo tinha uma dimensão profundamente íntima e pessoal. Era, na verdade, um mundo.

DESEMPREGADO EM LONDRES MAIS UMA VEZ

O ano era 1972. Meu aprendizado havia chegado ao fim e era hora de voltar para Londres. Agora casado, com um filho e com minha esposa grávida novamente, fiquei desempregado mais uma vez – sobrevivi ganhando um dinheirinho como *stand-in*, um substituto, num programa de música popular na BBC, o *Top of the Pops*, escrevendo guias de turismo para a Pan Am e dirigindo mais Shakespeare com alunos da RADA, a Real Academia de Arte Dramática. Montei com eles meu primeiro *Medida por medida* – aliás, com Alan Rickman, ainda aluno da escola, fazendo o papel do Ângelo –, *Noite de Reis*, o meu primeiro *Sonho de uma noite de verão* e *Júlio César*. Comecei também a dirigir espetáculos no Fringe Theatre, a *off-off* Broadway londrina.

Meu primeiro espetáculo a fazer sucesso foi uma peça chamada *Female Transport*, de Steve Gooch, sobre o transporte de mulheres inglesas condenadas à prisão na Austrália no século XIX. Criamos o interior de um navio dentro de uma velha sinagoga no bairro operário de Londres onde fomos representar. No dia da estreia só havia sete pessoas na plateia – todos críticos, com blocos de anotações e canetas nas mãos! Um horror! Felizmente, nos elogiaram muito e começamos a ser conhecidos. Entre outros espetáculos daquela época, montei duas peças sobre a indústria automobilística na Inglaterra e *A cruzada de crianças*, com cinquenta adolescentes do National Youth Theatre, uma companhia de teatro amador de âmbito nacional de onde surgiram vários atores que mais tarde ficaram famosos, entre eles Helen Mirren. No meu elenco figurava o garoto Daniel Day-Lewis, ainda com seus 16 ou 17 anos.

UMA TEMPORADA NO INFERNO

Finalmente, em 1974 fui convidado a dirigir *Afore night come*, uma peça moderna, no pequeno teatro experimental da Royal Shakespeare Company em Stratford-upon-Avon, The Other Place, ou melhor, Aquele Outro Lugar, isto é, lá no inferno...

CLÁUDIO   Onde está Polônio?

HAMLET   No céu. Mande alguém buscá-lo. Se não o encontrar lá em cima, o senhor mesmo vai poder procurá-lo naquele outro lugar.

Teatro? Bem, não era bem isso. The Other Place era um espaço adaptado dentro de uma cabana Nissen no meio de um estacionamento de carros a uns cinco minutos do grande teatro às margens do rio Avon, sede da Royal Shakespeare Company. Na definição da Wikipédia, "uma cabana Nissen é uma estrutura de aço pré-fabricada, feita a partir de uma chapa semicilíndrica de aço ondulado". Era isso. O teto redondo do The Other Place era feito de aço ondulado – quando chovia, fazia tanto barulho que não se ouviam os atores em cena. Nas terças-feiras, quando, na capela onde Shakespeare está enterrado, a poucos metros do teatro, tocavam os sinos, era a mesma coisa. Nosso palco era bem pequeno e a plateia tinha lugar para umas 170 pessoas. Os dois camarins, um para os homens e o outro para as mulheres, ficavam bem em cima da plateia –

durante os espetáculos não se podia nem cochichar porque o público lá embaixo ouvia tudo.

Mas que espaço sensacional. Milagroso, mesmo. Nunca soubemos exatamente por que, mas todos os atores e diretores da companhia adoravam trabalhar naquela cabana de aço e madeira. Com orçamentos minúsculos, as montagens eram simples e despojadas, e vinculadas principalmente ao trabalho do ator e a uma relação de intimidade entre ele e o espectador. Rapidamente o The Other Place se tornou um dos espaços mais cobiçados pelos nossos diretores e atores, e logo ganhou a fama de ser o teatro experimental da companhia. Além disso, se o teatrão atendia aos turistas, ansiosos por ver um Shakespeare tradicional, o The Other Place era um espaço mais voltado para a comunidade local e para peças modernas.

Afore night come, de David Rudkin, é uma peça aparentemente realista sobre um grupo de trabalhadores agrícolas durante a colheita anual de peras. Aos poucos, a peça se transforma num ritual primitivo, durante o qual um trabalhador itinerante irlandês é assassinado e seu corpo é enterrado para fertilizar a terra. Naquele espaço pequeno, com os espectadores tão próximos da ação, a peça tinha uma força extraordinária. Era realmente chocante.

Aliás, um ano mais tarde, fui convidado a montar a peça novamente nos Estados Unidos, no teatro Long Wharf, em New Haven, no estado de Connecticut. Foi um escândalo. Uma baderna. Furiosos e profundamente ofendidos, os espectadores ficavam de pé durante os agradecimentos, vaiando e gritando desaforos aos atores. Lembro-me de um artigo de jornal que dizia que eu tinha trazido a obscenidade de um ritual pagão aos Estados Unidos! Mas Robert Brustein, diretor da companhia Yale Repertory Theatre e um dos críticos estadunidenses mais importantes, foi ver o espetáculo e logo me convidou a trabalhar no seu teatro. Lá montei *Bingo*, de Edward Bond, sobre os anos de aposentadoria de Shakespeare depois de sua volta a Stratford-upon-Avon, *Ivanov*, de Anton Tchekhov, *Um homem é um homem* e *O senhor Puntila e o seu criado Matti*, de Bertolt Brecht.

A VOLTA À ROYAL SHAKESPEARE COMPANY – COMO DIRETOR

Voltei para o The Other Place dois anos mais tarde, dessa vez com a peça *Destiny*, de David Edgar – um estudo teatral sobre o movimento fascista contemporâneo na Inglaterra –, que estreou no dia 22 de setembro de 1976. A recepção dos críticos foi unânime. Victoria Radin, por exemplo, no jornal *The Observer*, disse que "vendo a peça, entendemos, horrorizados, a Grã-Bretanha de hoje", e quando levamos o espetáculo para Londres, onde a peça foi apresentada em repertório com *Rei Lear*, Robert Cushman, também em *The Observer*, escreveu que "*Destiny* é a melhor peça moderna hoje em cartaz".

A peça tinha realmente uma grandeza shakespeariana: sem heróis ou vilões, ela convidava o espectador a simpatizar tanto com os personagens de esquerda quanto com os neofascistas. Mais do que isso, lidava com o destino precário de toda uma nação e, ao mesmo tempo, com a vida pessoal e íntima dos seus protagonistas.

Um Shakespeare moderno!

A montagem de *Destiny* consolidou a minha reputação como diretor de peças contemporâneas e, em 1977, o telefone tocou e Trevor Nunn, o diretor artístico da Royal Shakespeare Company, me convidou a trabalhar exclusivamente para sua companhia, a integrar sua diretoria e a liderar o trabalho da companhia no The Other Place como seu diretor artístico.

O TERCEIRO ENCONTRO

Trabalhei na Royal Shakespeare Company durante 15 anos. A princípio, só no The Other Place e só dirigindo peças modernas, pois não me atrevia a montar uma obra de Shakespeare, já que ao meu lado havia diretores muito mais tarimbados do que eu. Naquela época, Trevor Nunn encenou, no nosso teatrinho, sua estarrecedora montagem do *Macbeth*, com Ian McKellen e Judy Dench, ao passo que eu continuava trabalhando com peças novas e adaptações modernas, como o *Hipólito* de Eurípides, adaptado por David Rudkin – com Patrick Stewart, antes de se tornar o Capitão Picard de *Star Trek* na televisão, fazendo o papel de Teseu, e Natasha Parry, a esposa de Peter Brook, no papel de Fedra –, e também *Pena que ela seja uma puta*, de John Ford, e o *Lorenzaccio*, de Musset, adaptado por Paul Thompson. Peças grandes e difíceis, sim. Mas Shakespeare, não. Não tinha coragem.

Fiquei deslumbrado com o *Macbeth* do Trevor Nunn. Mas acho que ele representou também um desafio para mim e para os meus companheiros, os diretores da minha geração que, como eu, trabalhavam exclusivamente com peças modernas – éramos os Jovens Turcos da companhia. Era hora de montar uma peça de Shakespeare na própria cidade onde ele nasceu.

Seria um rito de passagem.

Respirei fundo e, em 1979, resolvi montar o *Péricles*.

Não é uma das obras-primas de Shakespeare, pois o texto que chegou até nós não é dos melhores. Aliás, dizem que Shakespeare só escreveu metade da peça, mas editando-a com a ajuda do romance original de George Wilkins é possível criar uma narrativa coerente e satisfatória. Além disso, é uma peça cheia de possibilidades cênicas, principalmente para o diretor, que pode fazer dela uma brincadeira picaresca e gostosa. O mais importante é que a peça tem uma cena belíssima – o reencontro entre o pai, agora velho e à beira da morte, e sua filha.

E eis que ensaiando o *Péricles* – na Royal Shakespeare Company tínhamos seis luxuosas semanas de ensaio para cada peça – fiz o que, para mim, foi uma descoberta importante: o que talvez seja óbvio, mas é fácil de esquecer quando falamos dos grandes temas das peças de Shakespeare, é que o tema que percorre grande parte de sua obra é a relação dos pais com suas filhas. Quantas são as filhas, as meninas boazinhas e obedientes, ou as rebeldes que desobedecem aos pais e vão se encontrar com seus amores às escondidas, ou as que estão em perigo sem a proteção dos seus pais, ou mesmo as meninas cujos pais morreram e agora são órfãs, sozinhas no mundo – Ofélia, Julieta, Imogen, Marina, Viola, Rosalinda...

É assim em *Péricles*: por trás das aventuras, dos naufrágios, dos combates e das incríveis coincidências que ocorrem durante a peça, há uma narrativa simples, comovente e até mítica – é a história de um pai à procura de sua filha desaparecida, e de uma filha à procura de seu pai.

Minha montagem não tinha cenário algum, mas afinal de contas isso não era nada novo para mim, já que no Victoria Theatre, um teatro de arena, não havia cenários. No *Péricles*, coloquei só um poste de madeira no meio do palco, aos pés do qual vinha se sentar o velho Gower, que se propunha a nos contar uma história que ele chama de "restaurativa"... porque realmente há algo inexplicável e restaurativo no teatro de Shakespeare.

Shakespeare era o nosso pão de cada dia. De cada noite também. Naqueles anos, passávamos o tempo todo ensaiando, debatendo, discutindo, representando Shakespeare. Nas salas de ensaio, nos teatros, nas antigas casinhas de Stratford-upon-Avon onde estávamos alojados, na cantina do teatro... Com tantas peças nossas em cartaz, umas dez por ano em Stratford e o mesmo em Londres, havia uma estreia quase toda semana. Às vezes, reclamávamos que a companhia tinha se transformado numa fábrica de espetáculos!

Não havia padrão: cada diretor trabalhava do seu jeito e com suas próprias preocupações estéticas e políticas. Havia as montagens quase neo-expressionistas do diretor Terry Hands, as bem mais realistas do Trevor Nunn, as mais românticas e delicadas do John Barton. Algumas dividiam opiniões – Peter Brook montou um *Antônio e Cleópatra* com Glenda Jackson que não agradou aos críticos, mas que não deixou de nos impressionar. Entendemos perfeitamente que, depois da liberdade que ele tinha alcançado no seu teatro em Paris, Peter não pôde se acostumar com a estrutura rígida do teatro de repertório de Stratford.

Nossa preocupação era como fazer de Shakespeare um teatro vivo e imediato, e principalmente, como lidar com o verso e a palavra. O tempo da voz bela e empostada, como a de Sir John Gielgud ou a de Sir Ralph Richardson, grandes atores da geração passada, tinha chegado ao fim. Tínhamos agora a obrigação de nos atualizar e de perguntar como era possível, em nossa época, falar o texto, com toda a sua complexidade, de forma lúcida, rica, verdadeira e simples. Como lidar com as cinco sílabas do pentâmetro iâmbico, o verso shakespeariano? Qual a diferença entre o verso masculino, com cinco sílabas fortes, e o feminino, que tem uma sílaba a mais? Era necessário percorrer o verso inteiro sem pausa ou respiração, ou poderia haver uma interrupção no meio do verso? Qual a relação do texto em verso com o texto em prosa? Qual era a importância das antíteses e oximoros, e como lidar com eles?

Acima de tudo, sabíamos que, para se chegar ao âmago das peças, ao seu mistério, e à verdade dos seus personagens, era preciso analisar o texto com enorme carinho e cuidado e procurar entender a forma como cada uma das peças foi concebida e escrita.

Terminados os espetáculos, íamos tomar um chope no *pub* da rua do teatro, perto da entrada dos artistas; aliás, a meio caminho entre o teatro grande e o The Other Place – chamado *Black Swan*, Cisne Negro, mas a que demos o apelido de Pato Sujo. Às 23 horas, todas as noites, a gerente do *pub,* mulher enorme e feroz, botava todo mundo para fora, como exigia a lei. Só que nós do teatro saíamos pela porta dos fundos e esperávamos no jardim até o *pub* se esvaziar, e aí voltávamos para continuar bebendo até uma ou duas horas da manhã, falando baixo para não chamar a atenção da polícia. Eu, empolgado como sempre, não perdia a oportunidade de continuar dirigindo os meus atores mesmo tarde da noite, e foram muitas as vezes que a gerente me botou na rua, dizendo que o *pub* dela era lugar de diversão, e não de trabalho. E com ela não havia discussão.

Um ano mais tarde, em 1980, montei uma peça que raramente era incluída no repertório da Royal Shakespeare Company – uma peça difícil, deprimente mesmo, que nunca agradou ao público e sempre ia mal de bilheteria no teatro grande. Mas o The Other Place era muito pequeno e, portanto, achei que valia a pena arriscar a bilheteria e montar o *Timão de Atenas*.

Timão de Atenas é o *Rei Lear* sem esperança alguma. Rejeitado pelos seus falsos amigos e profundamente decepcionado com sua ingratidão, Timão dá as costas à civilização, e parte em busca de qualquer coisa que o faça acreditar que sua vida tem algum sentido. Ele atravessa a floresta e o mundo dos animais, vai até os espaços infinitos, o mundo das estrelas e o mundo dos deuses, mas não encontra nada de valor. Finalmente, senta-se na praia, à beira do mar, e deixa a maré o levar.

O texto é maravilhoso, com monólogos sensacionais, cheios de amargura. Porém, o que mais me empolgou foi a estrutura da peça, e comecei a entender que um grande número de peças de Shakespeare tem mais ou menos o mesmo formato.

São três as fases em que se dividem estruturalmente as peças: no início há uma ordem social rigorosa, suspeita talvez, e até mesmo cruel, mas ainda em vigor. Vem uma catástrofe que destrói essa ordem, dando lugar ao caos que acaba de vez com o velho mundo. Finalmente, nos últimos momentos da peça, uma nova ordem é estabelecida, possivelmente mais saudável e mais humana, embora ainda frágil e muito precária. Essa, por exemplo, é a estrutura tanto da tragédia *Macbeth* como da comédia *Sonho de uma noite de verão*, e de muitas outras peças também. No *Timão*, não há essa última fase, nenhum personagem propõe um mundo melhor. Não há raio de luz na terrível escuridão do mundo. No *Timão*, tudo é desilusão.

Chamei um dos grandes atores veteranos da companhia, Richard Pasco, para fazer o papel principal. Seu sucesso foi enorme. Richard morreu em 2014 e seu obituário no jornal dizia, referindo-se a uma fala no *Rei Lear*, que Richard Pasco foi "inesquecível como o Timão de Atenas. Ele era o retrato da desolação, um pobre animal de duas pernas com enormes reservas de ódio".

REI LEAR   Será que um homem não é mais do que isso? Olhem bem pra ele. Não deve fio ao bicho-da-seda, couro ao boi, lã ao carneiro, nem perfume ao gato. Nós três aqui somos sofisticados. Você é a coisa em si. O homem sem os confortos da vida é apenas um animal de duas pernas, pobre e nu como você. (cena 12)

Dizem até que Shakespeare escreveu o *Timão de Atenas* como um primeiro estudo do *Rei Lear*.

Mas não bastava encenar Shakespeare no The Other Place para me estabelecer como um dos diretores principais da companhia. Faltava ocupar o espaço cobiçado por todos.

Então, naquele mesmo ano, montei meu primeiro espetáculo no grande teatro às margens do rio Avon, *Romeu e Julieta*, seguido logo depois pelo *Sonho de uma noite de verão* em 1983, *A tempestade* em 1984 e o meu segundo *Hamlet* em 1985.

Não me dei muito bem com essa montagem do *Romeu*. Conhecia bem a peça, como ator e diretor, já que a havia encenado no Teatro Guthrie, em Minneapolis, nos Estados Unidos, com bastante sucesso. Mas desta vez escolhi mal os atores, e os belíssimos cenários, muros brancos gigantescos, concebidos por Ralph Koltai, um dos melhores cenógrafos ingleses, não funcionaram. Eram pesados e incômodos demais.

O que aprendi é que, apesar da popularidade, *Romeu* é uma peça difícil, que exige, acima de tudo, uma atriz maravilhosa no papel da Julieta, pois após a morte do Mercúcio, sem uma ótima Julieta, parece que a peça se esfacela, perde o ímpeto e a direção. E a minha Julieta, infelizmente, era bem fraca – não tinha a experiência nem a disponibilidade emocional para o papel. Aliás, quem mais me empolgou no papel de Julieta foi uma atriz chamada Gwen Ffrangcon-Davies, que tinha uns 80 anos... mas fazendo um monólogo da Julieta, sentada no palco durante um recital no teatro Old Vic de Londres, se transformava milagrosamente numa inocente menina de 14!

O segundo ato da minha montagem, então, desmoronou. Aliás, isso acontece facilmente com a segunda metade de várias peças de Shakespeare: com *Júlio César* depois do assassinato do protagonista e da cena do Capitólio; com *Macbeth* depois do último encontro com as bruxas; com *Hamlet* durante seu exílio na Inglaterra; com *Rei Lear* depois das cenas na tempestade. É como se Shakespeare tivesse escrito as peças assim de propósito, para dar ao ator principal um momento de folga no camarim, recuperando o fôlego antes das cenas finais. Mas essa forma reflete o conteúdo – depois da catástrofe, há só desordem, até que finalmente surge a possibilidade de um mundo melhor. Porém, essa estrutura é uma terrível cilada para o encenador, e precisa ser contornada com enorme cuidado.

Não é bem assim com *Sonho de uma noite de verão*. Esta é uma peça de equipe, com ótimos personagens, mas sem um grande personagem principal. Ninguém precisa de folga e não há uma possível perda de ímpeto ou energia na segunda metade da peça – pelo contrário, cada cena é melhor do que a anterior, mais engraçada e mais emocionante também. Mas a estrutura da peça é a mesma: uma ordem rígida e severa causa uma catástrofe. Em seguida vem o caos, do qual surge, depois de muito sofrimento e angústia, uma nova ordem.

Felizmente, escolhi um elenco de ótimos atores para a montagem do *Sonho* em 1983. Foi a primeira apresentação da peça desde a famosa encenação do Peter Brook em 1970. Atores alegres e engraçados, a comédia ficou uma delícia. A extraordinária cenógrafa Maria Björnson e eu imaginamos que a ação da peça acontecia num grande teatro, como o Teatro de Manaus – as plantas enormes e as trepadeiras da floresta amazônica penetravam pelas janelas do teatro imaginário e, ao pôr do sol, as criaturas da noite começavam a aparecer. Puck era um saci-pererê (mas com duas pernas!). As fadas eram pequenos e lindos bonecos nas mãos de atores. E ao raiar do sol, como por mágica, a guerra entre Titânia e Oberon chegava ao fim e eles se transformavam em Teseu e Hipólita, seus personagens diurnos, em plena vista do público. A paz chegava a Atenas.

Mais do que nunca, a estrutura da peça ficou clara para mim: a ordem cruel do mundo de Atenas, onde a lei severa e inalterável dá ao pai o direito de vida e morte sobre sua filha desobediente; a catástrofe da fuga da menina pela floresta mágica, noite adentro, onde reina o caos e onde a menina, sua amiga e seus namorados sofrem as dores inexplicáveis do amor – isso não é um sonho agradável, mas um terrível e fantástico pesadelo! –, e, ao amanhecer, a percepção de que a lei certamente pode ser alterada, a filha pode ser perdoada e a ordem não precisa ser cruel.

Começava a me sentir mais à vontade no grande teatro principal da companhia e a trabalhar com um pouco mais de segurança nos dois teatros em Stratford. Cada teatro tinha sua vantagem: se o maior oferecia a possibilidade de uma ação mais épica, majestosa e impressionante, a intimidade possível no The Other Place era também um agradável desafio.

Já no ano seguinte, em 1984, chamei Derek Jacobi, um dos mais importantes atores ingleses, para fazer o papel de Próspero em *A tempestade*, no grande teatro, e o papel do próprio Peer Gynt na peça do mesmo nome de Henrik Ibsen, no The Other Place. Mark Rylance, ainda desconhecido – mas hoje em dia um dos mais consagrados atores da Inglaterra e ganhador recente do Oscar –, fez testes comigo e me convenceu de que seria um ótimo Ariel.

Sinal mesmo de um grande ator, Jacobi sempre estava disposto a experimentar qualquer ideia ou direção que lhe eram oferecidas para ver se funcionavam. Não tinha medo de nada. Não resistia a nada. E logo verificava, na prática, se uma ideia era boa ou não. Mark já era um ator rigoroso e muito exigente consigo mesmo, estava sempre à procura de uma verdade e de uma espontaneidade absolutas.

Aprendi principalmente com esses dois atores a importância de traçar com muito cuidado a trajetória dos personagens e como cada um deles se transforma no decorrer da peça. Próspero, homem vingativo que procura controlar o mundo por meio de sua magia, aprende, ironicamente com o espírito Ariel, o valor de sua própria humanidade. Próspero quebra seu bastão, afoga seu livro de mágica nas profundezas do mar e volta, finalmente, vulnerável e despojado de todo o seu poder, de toda a sua mágica, para encarar o mundo dos homens.

Nunca me interessou muito o aspecto biográfico do homem de Stratford que chamamos de Shakespeare. Todo ano, no suposto dia do seu aniversário, eu ia em procissão com os outros funcionários da Royal Shakespeare Company pelas ruas de Stratford, todos nós com alecrim nas lapelas dos paletós.

OFÉLIA   *(a Laertes)* Tome este alecrim; para a recordação. Meu amor, eu lhe peço, lembre-se de mim.

Passávamos por dentro da casa onde dizem que ele nasceu e colocávamos narcisos na capela onde foi enterrado. Era bem bonito.

Eu também gostei bastante da peça *Bingo*, de Edward Bond, sobre a aposentadoria de Shakespeare, quando a encenei em 1975 em New Haven, nos Estados

Unidos. Um trabalho de ficção, claro, como todas as outras biografias – pouco sabemos sobre a vida desse homem. Na verdade, muitos continuam perguntando se Shakespeare existiu de verdade. Quando me encontrei com Mark Rylance há pouco tempo, no restaurante ao lado do teatro onde ele fazia uma temporada com *Ricardo III* e *Noite de Reis* na Broadway, ele me entregou um livro chamado *Shakespeare's Unorthodox Biography*, de Diana Price, um estudo muito bem pesquisado que alega que não foi "o homem de Stratford" que escreveu estas peças!

A minha pergunta é – e daí? O que importa isso, além de ser um assunto para os acadêmicos e a indústria em torno de Shakespeare? O que importa se o homem ou a mulher que escreveu o *Hamlet* teve um filho que morreu afogado, chamado Hamnet, em 1596; ou se ele estava muito deprimido quando compôs o *Timão de Atenas*; ou se ele se aposentou e voltou a morar em Stratford depois de escrever *A tempestade*? O que importa é que temos em nossas mãos, aqui e agora, estas peças extraordinárias, que nos permitem ouvir, nas palavras de Peter Brook, "a música das esferas".

No entanto, há uma indiscutível coerência temática na sua obra. O dramaturgo David Rudkin, com quem trabalhei várias vezes, dizia, de brincadeira, que Mozart escreveu uma só melodia e passou o resto da vida reescrevendo obsessivamente essa mesma melodia. Poderíamos dizer, só meio de brincadeira, que o mesmo aconteceu com Shakespeare, pois os temas e as preocupações que aparecem nas suas primeiras peças, como *Os dois cavalheiros de Verona*, ainda estão presentes em *A tempestade*, seu último trabalho e sua obra-prima.

Em 1983 foi a vez do *Júlio César*, peça que eu pensava conhecer bem por ter feito o papel de Brutus no Victoria Theatre e de Metellus Cimber e Marco Antônio na própria Royal Shakespeare Company, além de ter dirigido a garotada da Real Academia de Arte Dramática. Contudo, foi só ao me preparar para a montagem que comecei a entender um aspecto importante da peça!

Se um dos temas obsessivos na obra de Shakespeare é a relação dos pais com suas filhas, tanto as obedientes, como a coitada da Ofélia, como as que não obedecem aos seus pais, outro tema, também obsessivo, é a complicada relação dos pais com seus filhos.

Não só do pai consanguíneo, como Glóster e seus dois filhos Edgar e Edmundo, ou do rei Henrique IV com Hal, seu filho delinquente, mas também do pai como chefe de uma nação, o rei, o patriarca. Com certeza, *Júlio César* é uma peça política. Mas além disso, num nível mais profundo, Júlio César, um *primus inter pares*, se tornou também uma figura grandiosa e imponente, a autoridade em pessoa, o pai da nação. E nesse sentido os senadores, Brutus, Cássio e os demais conspiradores fazem apenas o papel de seus filhos. E quando os filhos se revoltam e matam o pai no Capitólio, eles desencadeiam a catástrofe e o caos da guerra civil. Não é por acaso que o terrível fantasma de Júlio César vem assombrar os assassinos, exigindo vingança.

Os personagens de carne e osso, o próprio César, Brutus e os demais, passam além do nível realista para um nível mais amplo: César se torna a encarnação do poderoso *paterfamilias* e os conspiradores, seus filhos rebeldes.

O mesmo acontece com *Macbeth*. O rei Duncan é o pai da nação e seu assassinato é um parricídio, uma catástrofe que desencadeia o caos. Matar o pai não é coisa à toa... nem mesmo matar o padrasto, como vem a descobrir Hamlet.

O SEGUNDO *HAMLET*

Com esse raciocínio, parecia que eu estava pronto para montar um segundo *Hamlet*.

HAMLET   Pois então vamos acolher o que nos é estranho. Há mais coisas no céu e na terra, Horácio, do que sonha a nossa filosofia.

Entre o céu e a terra. Aí estava a inspiração para o nosso cenário, concebido por Maria Björnson: uma grande plataforma cinza, como uma enorme pista de aterrissagem flutuando no ar no meio do céu, com portas que surgiam inesperadamente do chão e grandes escadarias de vidro que vinham das coxias e aterrissavam na plataforma como enormes gafanhotos. Cortinas com imagens de nuvens pairavam no ar. O velho fantasma aparecia como um guerreiro com uma armadura medieval, e para o enterro da Ofélia a enorme plataforma se abria vagarosamente para revelar a terra de onde surgia o coveiro, como uma toupeira. Um belo e imponente cenário. No elenco, Roger Rees fazia o Hamlet e Kenneth Branagh era o Laertes.

E com figurinos do século XVII, também acinzentados, o espetáculo era realmente belo e imponente. Belo demais? Imponente demais? Talvez. De certa forma, tudo naquele palco imenso era o contrário do que acontecia rua acima, no The Other Place, onde tudo era simplicidade e despojamento. Onde havia intimidade e calor humano. Havia, na verdade, algo nesse *Hamlet* que era um pouco alheio, até frio, apesar de sua beleza. A beleza é traiçoeira – pode fazer com que fiquemos observando, distantes, objetivos demais.

Mesmo assim, aprendi muito. Com a montagem do *Hamlet*, descobri o que é óbvio: se um tema importante na obra de Shakespeare é a relação dos pais com seus filhos, *Hamlet* desenvolve esse tema como a refração de um raio de luz através de um cristal.

São, na verdade, só três os personagens principais da peça. O primeiro é o homem mais velho que se transforma na figura de vários pais: o velho e severo Fantasma que deixa uma herança maldita para o filho – "Lembre-se de mim!"; o padrasto, assassino bonachão; Polônio, o pai palhaço; o Primeiro Ator, que faz o papel do rei doente assassinado na peça *A ratoeira*; e o coveiro. O segundo personagem é o rapaz que se transforma na figura de vários filhos: Hamlet, o intelectual ensimesmado; Laertes, o filho delinquente; o soldado Fortinbrás, filho bom menino; o Terceiro Ator, que faz o papel do assassino em *A ratoeira*; e o assistente do coveiro. Além do homem mais velho e do rapaz, há também a figura da mulher que se transforma na rainha Gertrudes, a mãe incestuosa, e em Ofélia, a prostituta virgem.

Uma ideia interessante, talvez, mas abstrata. O que faltava ao belo e imponente espetáculo, perdido entre "o céu e a terra", era a carne e o osso, o suor e o sangue. Um verdadeiro calor humano. Isso ficou para depois.

Voltei, em seguida, a trabalhar com autores vivos e com peças clássicas também. Montei peças políticas de David Edgar, Stephen Poliakoff e Charles Wood, uma comédia do século XVII de William Wycherley nunca montada no século XX, e também *Muito barulho por nada*, a peça na qual eu tinha feito o papel de Borachio em 1964, lá na Escócia. Aliás, para a Beatrice em *Muito barulho por nada* chamei Fiona Shaw, uma atriz sensacional que, apesar de ser irlandesa, é realmente muito britânica, e que naquela época era fisicamente bastante tímida e desajeitada. Situei a ação da peça no Brasil colonial, baseada nas pinturas de Jean-Baptiste Debret. Ficou muito bonito, mas durante a festinha na peça, Fiona dançando um sambinha era mesmo só pra inglês ver!

Depois disso, dirigi uma peça sobre a revolução urbana nos Estados Unidos nos anos 1960, *Os sonhos verdadeiros*, escrita por Trevor Griffiths, e outra, *O caso Danton*, sobre a revolução francesa, escrita por Pam Gems. Chamei Gary Oldman para fazer os papéis principais nessas duas peças. Montamos a primeira, desta vez no nosso pequeno teatro chamado The Pit, o Poço, no porão do Barbican Centre, em Londres, uma réplica do The Other Place, mas sem seu ambiente misterioso. Com *Os sonhos verdadeiros* já em cartaz, Gary veio falar comigo. Ele acabava de receber um convite para fazer o papel do Joe Orton em *O amor não tem sexo*, seu primeiro filme, e me perguntou se seria possível romper o nosso contrato. Claro, vai lá, faça o teu filme, vá ser famoso, disse eu… e por isso afirmo, ironizando, que sou o responsável pela carreira dele no cinema!

Já em 1989, fui incumbido de dirigir um espetáculo que iria viajar pelo país e estava à procura de uma atriz para fazer o papel de Rosalinda numa possível montagem de *Como gostais*. Fui então ver uma peça no Royal Court Theatre em que uma atriz bem interessante estava trabalhando. Não sabia que Mark Rylance estava no elenco, mas já na hora do agradecimento eu tinha decidido que, em vez de *Como gostais*, eu iria montar um novo *Hamlet* com o Mark.

Seria o meu terceiro! E o meu segundo para a Royal Shakespeare, o que era inusitado.

O MEU TERCEIRO [E QUARTO] *HAMLET*

Começamos a trabalhar, Mark e eu. Passamos muitas horas em torno da mesa da cozinha da minha casa em Londres, tomando litros de chá, conversando sobre a peça, analisando o texto, sonhando. E sempre tendo em mente que só do concreto é que chegamos ao universal.

Desta vez, com um ator que parecia tão jovem, eu queria fazer um *Hamlet* doméstico, sobre um filho e seus pais, de carne e osso, um rapaz ainda adolescente que causa muita preocupação porque parece estar tão doente. Um *Hamlet* com calor humano.

CLÁUDIO Sejam bem-vindos, caros Rosencrantz e Guildenstern. Vocês já devem estar sabendo como Hamlet anda transformado. O que poderia ser, além da morte de seu pai, que o deixou assim, tão longe da compreensão de si mesmo, eu não posso imaginar. Peço a vocês, por serem amigos dele de escola, que descubram o que o aflige, para que possamos encontrar uma cura.

Houve um momento em que me lembrei do meu padrinho, que, na minha infância, passava o dia inteiro de pijama, sentado no portão de sua casa na rua Tavares de Macedo, em Niterói. Se a ideia era contar uma história muito doméstica, de um garoto doente que passa o dia todo sem sair da cama, por que ele não estaria de pijama?

Seria um escândalo. Um Hamlet de pijama no ilustre palco da Royal Shakespeare Company!

Diretores da companhia podiam fazer o que quisessem com suas montagens. Eles podiam localizar a ação das peças onde quer que fosse, e em qualquer época. Só havia uma regra, nunca falada, mas que todos nós aceitávamos sem discussão: o texto original tinha que ser respeitado. Podia haver cortes, sim, e a ordem do texto podia até ser alterada. Mas só isso. Introduzir outros textos quaisquer no meio das peças, nunca. Nem faria sentido. As peças são maravilhosas. Sejamos humildes. Shakespeare sabia o que estava fazendo. Não precisa de ajuda.

Mas Hamlet de pijama, não! Que ousadia!

O cenário deste meu terceiro *Hamlet*, concebido por Antony McDonald, era uma enorme sala numa casa à beira de um precipício. Por uma janela inclinada se viam ondas turbulentas – parecia que a casa estava escorregando para dentro do mar. O fantasma, desta vez, era não um guerreiro medieval, mas um pobre coitado, um pai triste, um marido enganado. Mas seria ele um espectro de verdade, ou apareceria só na imaginação doentia do filho? Era difícil acreditar nas suas terríveis acusações!

HAMLET   O fantasma que vi
Talvez seja o diabo, querendo me seduzir
Com uma imagem tão querida. É. E talvez,
Por causa da minha fraqueza e da minha melancolia,
Queira abusar de mim para me levar para o inferno.

Na grande cena entre Hamlet e Gertrudes, a rainha furiosa, mãe ofendida pelo mau gosto do filho, mandava chamar o menino para o seu quarto, onde ela o esperava deitada na cama. O fantasma aparecia atrás da cortina e vinha se sentar também na cama. Era a história de um rei, de uma rainha e de um príncipe; porém, mais do que isso, era a história de um marido traído, de uma mãe corroída pela culpa e de um menino confuso e doentio, vestido de pijama.

Não houve escândalo. Pelo contrário. Um dos críticos principais de Londres, Nicholas de Jongh, escrevendo no jornal *The Guardian*, disse que este era "o *Hamlet* para toda uma geração".

De vez em quando, alguém se levantava e saía ofendido – provavelmente um turista estrangeiro, decepcionado ao ver um garoto de pijama e descalço, recitando o famoso monólogo "ser ou não ser". Aliás, quando estive no Japão, me chamavam, sorrindo, de "o diretor do *Hamlet* de pijama" e batiam palmas silenciosamente. Disseram-me que um diretor brasileiro que estava na Inglaterra na época deve ter visto o espetáculo, pois voltou para o Brasil e montou a peça com um Hamlet vestido de pijama!

De certa forma, para mim, o pijama – e a lembrança do coitado do meu padrinho sentado no portão de sua casa – é quase um símbolo shakespeariano, uma imagem que vai ao cerne do que é o teatro de Shakespeare. O homem de pijama é o homem na sua intimidade, desprotegido, mas sentado no seu portão, essa intimidade está exposta, à vista de todos, compartilhando suas verdades com o mundo. É uma intimidade pública.

E o que é o solilóquio shakespeariano – o momento em que o personagem se dirige diretamente ao público e revela verdades sobre si mesmo – senão o momento de uma extraordinária intimidade pública? No solilóquio, o personagem olha com surpresa e horror para dentro de si e não esconde nada. Nem pode mentir, pois naquele momento ele constata, com suprema coragem, com rigor e sem pudor algum, o verdadeiro estado de seu ser, e é isso que ele compartilha com o público. O solilóquio é uma confissão que revela as expectativas do personagem, seu desespero, sua ignorância, e até mesmo o desprezo que tem para consigo.

HAMLET   Assim a consciência nos torna a todos covardes.
E assim as nossas resoluções vão se enfraquecendo,
Encobertas pelo véu do pensamento,

                        E planos de grande vulto e importância
                        Se desviam de seu curso,
                        E perdem o nome de ação.

LEAR   Vocês que estão nus e sem abrigo, pobres criaturas
                        Que enfrentam a tempestade com pés descalços
                        E corpos famintos, como podem seus farrapos
                        Protegê-los de um mau tempo assim?
                        Ai, cuidei tão pouco disso! Se exponha, majestade:
                        Sinta o que sentem os desamparados.
                        Dê a eles tudo o que não lhe for necessário.
                        O céu assim parecerá mais justo.

MACBETH   Essa batalha vai me alegrar para sempre ou me arruinar de vez. Já vivi tempo demais. Chego a me sentir velho, no outono da vida. Sei agora que tudo que acompanha a velhice, como honra, amor, obediência e amizade, jamais terei. Todos rogam pragas contra mim, não ditas a plenos pulmões, mas sentidas nas entranhas. Respeito, só da boca pra fora, elogios que vêm do medo, e não do coração.

Viajamos durante vários meses pela Inglaterra com o *Hamlet*, estreando toda terça-feira numa cidade nova, com espetáculos até o domingo à noite. Finalmente, chegamos em Stratford-upon-Avon, onde ficamos em cartaz durante um ano, seguido de outro ano no teatro Barbican em Londres.

Houve um domingo em que fomos todos para o Hospital de Broadmoor, o manicômio onde são encarcerados os loucos criminosos mais perigosos da Inglaterra. Sem cenário ou figurinos, representamos a peça inteira para os pacientes, e foi um dos momentos mais comoventes da minha vida. Os atores pareciam mais despojados do que nunca, emocionalmente nus. Sabiam que o que era preciso era uma simplicidade e uma sinceridade absolutas – o fazer de conta tinha que ser verdadeiro. Não podiam mentir em frente àquelas criaturas. E quando Mark, olhando nos olhos dessa plateia, afirmou...

HAMLET   Dizem que as pessoas que se sentem culpadas,
                        Ao assistir a uma peça,
                        Podem ficar tão abaladas com o enredo
                        Que, na mesma hora, revelam seus crimes.

...o silêncio foi extraordinário. Ninguém se movia. Só uma mulher gemia, muito baixinho.

Aquilo não era peça de teatro. Nem era a vida, claro. Mas – isso na minha imaginação, talvez – foi um momento de uma comunhão mais pura, um entendimento total entre um ator e sua plateia. Saiu no jornal que um dos loucos foi falar com Mark depois do espetáculo e disse que acreditou completamente na loucura do Hamlet. "Sabe como eu sei?", perguntou. "É porque eu sou louco!".

Em 1992, quando comecei a trabalhar nos Estados Unidos, no American Repertory Theater, em Cambridge (MA), convidei o Mark para trabalhar novamente comigo e montamos a peça – seria o meu quarto *Hamlet* – com um elenco inteiramente estadunidense. Aliás, o mesmo elenco participou da peça *A gaivota*: Hamlet fazia o papel de Treplev, Ofélia fazia a Nina, Cláudio fazia o Trigorin e Gertrudes, a Arkádina.

O interessante é que as atrizes adoraram fazer os papéis na peça do Tchekhov. Achavam que Arkádina e Nina eram personagens vibrantes e corajosas, ao passo que Gertrudes e Ofélia eram muito mais vítimas: a culpa que a incestuosa Gertrudes sentia pela sua traição e pelo amor que tinha pelo Cláudio a corroía aos poucos, ao passo que Ofélia enlouquecia e morria afogada nas águas do riacho, sem nem mesmo resistir. Um suicídio involuntário – eis um belo oximoro! Na *Gaivota*, é o depressivo Treplev que se suicida, enquanto Nina, apesar de tudo, apesar de saber que não é lá uma grande atriz, não se entrega ao desespero e vai à luta pelo mundo afora.

É bem estranho, e não sabemos por que, mas as mães não se dão muito bem na obra de Shakespeare. Quem sabe o homem de Stratford sofreu algum trauma maternal. Em sua obra inteira, as mães raramente aparecem, ou então são criaturas ambiciosas como a senhora Capuleto, mãe de Julieta; maldosas, como a Rainha em *Cimbelino*; ou até mesmo perigosas, como Tamora em *Tito Andrônico* ou Dionisa em *Péricles*. Lady Macbeth é uma mãe que se sente pronta para matar os próprios filhos para realizar sua ambição.

LADY MACBETH Eu já amamentei várias vezes e sei o amor que uma mãe sente pelo seu filho. Mas mesmo se ele estivesse sorrindo para mim, eu teria arrancado o meu seio dos seus lábios delicados e teria esmagado sua cabeça no chão, se eu tivesse assim jurado, tal como você jurou.

As mães dignas e poderosas, como Volúmnia em *Coriolano*, são bem poucas. As meninas, não. Especialmente as desobedientes, que são admiráveis e corajosas, como Rosalinda em *Como gostais*, Viola em *Noite de Reis* e Imogen em *Cimbelino*. Elas se disfarçam de homens e fazem os chamados "papéis de calças" nas peças, agindo com a mesma liberdade que têm os homens. Ofélia, coitada, é a filha que obedece ao pai e se recusa a ver Hamlet, por isso se sente responsável pela loucura de Hamlet e, finalmente, se suicida.

NOS ESTADOS UNIDOS

Em 1991, depois de 15 anos, meu contrato chegou ao fim. Eu tinha o título vitalício de Diretor Associado da Royal Shakespeare Company e havia realizado novas montagens de *Ricardo II* e de *A laranja mecânica*, adaptada por mim do livro do Anthony Burgess, com música especialmente composta por Bono e The Edge, do grupo U2 – lembro-me que nós três, Bono, The Edge e eu, várias vezes ficamos no estúdio até a madrugada, com Bono e o The Edge tocando violão, improvisando maravilhosamente, criando a trilha sonora do espetáculo. Certa vez, eles foram assistir a um ensaio corrido, e ficamos todos boquiabertos quando eles aterrissaram de helicóptero no gramado em frente ao teatro em Stratford!

O fato é que fui parar na cidade universitária de Cambridge, em Massachusetts. Lá, fiquei durante cinco anos trabalhando novamente para o Robert Brustein, como diretor e professor da Escola de Teatro da Universidade de Harvard, ensinando interpretação e direção e dirigindo peças para o American Repertory Theater.

Achava irônico – o menino de Niterói, da praia de Icaraí, que nem terminou os estudos escolares, era agora professor numa das mais importantes universidades norte-americanas!

Foram cinco anos movimentados, cuidando de mais de 30 alunos por ano, aprendendo a ensinar direção e interpretação e dirigindo três ou quatro peças anuais, novas e clássicas, com os alunos da escola e com os atores profissionais da companhia. Fiz um *Sonho de uma noite de verão* e um *Como gostais* sem cenário algum, que me empolgaram; quase morri montando as duas partes do *Henrique IV* – duas peças sobre pais e filhos! – e ensaiando ambas ao mesmo tempo. Também montei *A gaivota* e *O jardim das cerejeiras*, de Tchekhov, e *A ópera dos três vinténs*, de Brecht. Isso ao mesmo tempo em que dava aulas todos os dias.

Descobri que, em comparação com a docência, dirigir peças é coisa fácil. São umas poucas semanas de ensaios intensivos em busca de um espetáculo: há um propósito definido, um fim. E um texto como guia. Ensinar é muito mais difícil.

O povo inglês continua, ainda hoje, vivendo dentro de uma estrutura de classes muito rígida, difícil para um estrangeiro entender. Tanto assim que dizem que por meio do sotaque é possível identificar não só a região do país onde alguém nasceu, como também a classe econômica a que pertence. Por isso as escolas de teatro dão aulas de voz em que os alunos se esforçam para perder seus sotaques regionais e de classe, e aprendem o que é chamado de PR – a "pronúncia recebida". É o sotaque genérico dos locutores da BBC e o inglês que é geralmente falado no teatro (e por estrangeiros, como eu!). Há atores, como muitos dos escoceses e galeses, que, com um regionalismo orgulhoso e feroz, se recusam a falar a PR e fazem questão de proferir o texto do grande Bardo com seus sotaques regionais, não importa o papel que estejam fazendo.

Será que é por isso que o ator inglês tem tamanha preocupação – e tamanho amor e facilidade – com a palavra? Com seu som tanto quanto com seu significado. O som da palavra é quase o seu cartão de visita, um símbolo da sua identidade.

Não sabemos como o inglês de Shakespeare soava na sua época, mas certamente não se falava com o sotaque da PR... Dizem que se parecia mais com o inglês falado na Cornualha, no sudoeste da Inglaterra, ou até mesmo pelos pescadores do nordeste dos Estados Unidos. Em geral, hoje em dia, só os personagens populares, isto é, não pertencentes à classe alta, têm sotaques regionais que permitem à plateia identificar imediatamente sua origem.

Queira ou não, essa noção das camadas sociais bem definidas ainda hoje está presente em todos os aspectos da vida social da Inglaterra. Basta um inglês abrir a boca, ele revela toda a sua biografia: o lugar onde nasceu, se foi bem educado, qual escola ou universidade frequentou, e mesmo o seu poder aquisitivo. A palavra é traiçoeira. Mas isso lhe dá uma consciência de classe praticamente automática e sem escapatória, ou melhor, a noção de que pertence a uma comunidade, a um todo social. E até mesmo a intuição, talvez, de que faz parte não só de uma história nacional, como também de uma história de classe.

Isso não acontece nos Estados Unidos, que se dizem um país democrático. Todos são iguais! É o que proclamam orgulhosamente, embora a verdade seja bem outra. O que manda nos Estados Unidos é o dinheiro. E todos querem ser diferentes. Parece-me que o que define o estadunidense é esse desejo de ser único – a idiossincrasia, a peculiaridade pessoal. O que tem, ou o que pensa que tem, de original. Há os ricos e os pobres, com certeza, e os da classe média, os brancos e os negros, e os outros às margens da sociedade, mas o conceito de classe não existe – "classe" é uma palavra comunista, e nisso não se fala!

O que importa ao ator norte-americano, mais do que tudo, é a personalidade de cada personagem. Sua psicologia. Sua vida interior. E se na Inglaterra é a palavra que dá certa identidade ao indivíduo, o que mais interessa ao ator nos Estados Unidos é sua "motivação". Fora de qualquer contexto de classe. Talvez depois de tantos anos da tradição do Actors Studio e, mais do que isso, devido ao desejo de todo ator norte-americano de fazer carreira no cinema ou na televisão – justificável, pois é um dos poucos meios de se ganhar a vida com a profissão –, o ator seja, inevitavelmente, levado ao realismo.

Tudo bem. O espectador precisa acreditar no personagem. O personagem tem que ter uma vida interior em que o espectador possa acreditar, sim. Mas isso é apenas um ponto de partida. Um *sine qua non*. O texto shakespeariano faz exigências além do mero realismo. Exigências tanto formais quanto emocionais e intelectuais. Eis a tarefa, o desafio para o ator – não só para o inglês ou norte-americano, mas também para o brasileiro.

Descobri também que o ator norte-americano, no que se refere a Shakespeare, tem um enorme complexo de inferioridade em relação ao inglês. Os norte-americanos se consideram atores físicos e emocionais, mas acham que os ingleses sabem lidar melhor com o texto. Na Inglaterra, as crianças têm aulas de Shakespeare já nas escolas e por isso, como adultos, já estão acostumados com a linguagem do Bardo e não têm mais medo dela. Nem das incríveis alturas emocionais e intelectuais, muito perigosas, que os personagens têm que escalar.

Tanto como diretor quanto como professor, meu objetivo era mostrar que não há razão para ter medo. O que é preciso é confiar em Shakespeare e no seu texto, e saber que o texto é um mapa que precisa ser decifrado com cuidado, mas que há sinais nele, no uso das próprias palavras, que mostram o caminho tanto para o diretor como para o ator, e que são as palavras que levam o ator ao encontro com seu personagem. As alturas emocionais e intelectuais, que parecem tão perigosas, podem ser escaladas passo a passo, sem pressa. E o mais importante é ter prazer em falar e ouvir.

Houve um dia em que o telefone tocou e era o Gary Oldman. Disse que queria fazer o *Ricardo III* comigo! Mas claro! Passamos vários meses nos falando por telefone. Lembro que uma vez ele me ligou bem tarde da noite, gritando entusiasmado, ou bêbado, não sei: "Escuta, Ron, escuta – meu cavalo, meu cavalo. Meu reino por um cavaloooooo!".

Gary veio de trem para Cambridge. Quando chegou, me mostrou, meio encabulado, o rascunho do figurino que queria usar como Ricardo III. Fomos para o teatro, que estava vazio e silencioso. Gary subiu no palco e começou a falar o primeiro monólogo do Ricardo. Sozinho na plateia, fiquei abismado. Sabia que ele era um ator genial, mas o que eu não sabia era que Gary, astro de cinema, era também um ator shakespeariano sensacional! Ele falava o texto com uma naturalidade e um entendimento incríveis, e na minha frente ele se transformou no Ricardo III: engraçado, violento, amável, mas muito perigoso. Quando ele chegou ao fim, eu quase não podia respirar de tão emocionado que estava.

Acertamos as datas: a montagem seria na próxima temporada. Um ano mais tarde, começamos a preparar a publicidade quando o telefone tocou novamente. Desta vez era o agente do Gary, falando de Hollywood. Mil desculpas, disse ele, mas não vai dar. Gary decidiu que infelizmente não pode mais fazer teatro. De agora em diante, só vai fazer cinema. A verdade, disse o agente, é que Gary, como outros grandes atores – talvez o exemplo mais célebre tenha sido o pai da Vanessa, Michael Redgrave, e o próprio Laurence Olivier –, sofre de um medo irracional de entrar no palco. Minha decepção foi enorme. Que perda para todos nós! Que perda para o teatro!

O MEU QUINTO *HAMLET*

A vida continuou. Em vez de *Ricardo III*, montei meu primeiro *Henrique V*, e durante as férias universitárias fui para o Japão montar mais um *Hamlet*. Desta vez, com um grande ator chamado Mikijiro Hira, que tinha feito o papel de Medeia na Broadway sob a direção do famoso diretor Ninagawa, e com quem eu havia dirigido, no ano anterior, o *Tito Andrônico* numa produção comercial no teatro Ginza, em Tóquio. Só mesmo os japoneses fariam uma montagem comercial da peça mais sanguinária de Shakespeare!

Em japonês, claro. Por incrível que pareça, com um tradutor sempre ao lado, cochichando no meu ouvido, e com o texto japonês escrito em rōmaji na minha frente, soletrando os sons japoneses, não houve problema nenhum com a compreensão da peça. Não tinha nada a ver com a palavra em si, mas com a ação física do ator, e dava para saber exatamente que momento da narrativa estava ocorrendo. Nesse sentido, para mim, a palavra não era mais importante, e sim a clareza da ação física.

Os figurinos do *Tito* eram todos modernos, ocidentais, com uma única exceção: a cena em que a rainha Tamora e seus filhos Quíron e Demétrio se disfarçam como a Vingança, o Estupro e o Assassinato para atormentar Tito. Vestimos esses personagens com trajes japoneses tradicionais e houve quem tenha reclamado disso. Me pareceu que o que na verdade eles queriam no Japão era um Shakespeare ocidental, sem vestígios japoneses... e anos depois, me lembrei disso quando montamos o *Rei Lear* no Brasil.

A montagem do *Tito* ganhou o Prêmio Tóquio daquele ano, e meses depois o carteiro me entregou uma enorme caixa – o prêmio era um lindo boneco, réplica de um *onnagata*, o ator que faz o papel de mulher no teatro kabuki. Ainda hoje tenho cuidado com ele e o guardo dentro da caixa num armário da minha casa.

No ano seguinte, fui ao Japão montar o novo *Hamlet* com Hira-san, desta vez no teatro Globe em Tóquio, uma réplica do teatro de Shakespeare. Hira-san tinha na época uns sessenta anos, trinta a mais que a atriz que interpretava sua mãe, Gertrudes, ou que qualquer outro ator no elenco. Como, então, realizar a peça de modo que isso não parecesse um absurdo total? Como convidar a plateia a "suspender a descrença"? (O que, em inglês, é "*suspension of disbelief*".) Resolvi que, desta vez, não haveria nada de prisão, como no meu primeiro *Hamlet*, nada de pista de aterrissagem flutuando no meio do céu, como no segundo, nada de casarão escorregando para o mar, como no terceiro: o palco ficaria completamente vazio. Hira-san entraria em cena, um grande ator, que tinha representado todos os grandes papéis shakespearianos. Ele começaria a se lembrar dos seus antigos sucessos e começaria a ouvir (pelo sistema de som do teatro) trechos gravados das suas apresentações de *Macbeth*, *Otelo*, *Tito*...

e, ao chegar a vez do *Hamlet*, Cláudio, Gertrudes, Ofélia e os outros atores da peça surgiriam das coxias, como fantasmas... e a peça, então, começaria. Foi o que fizemos, e ninguém ligou mais para a idade de Hamlet.

Que atores maravilhosos. Que entusiasmo. Que dedicação. Os atores norte-americanos sempre exigem o que chamam de um reforço positivo. Precisam saber que estão trabalhando bem, que o que estão fazendo está correto. São sempre carentes e precisam ser sempre encorajados. Ao fazer comentários depois de um ensaio corrido, é bom dizer ao elenco que são todos maravilhosos, que o espetáculo está ficando ótimo e por aí vai. As críticas, com muita delicadeza, vêm depois. Quando reuni o elenco japonês para fazer comentários depois de um ensaio corrido, comecei com um belíssimo "reforço positivo". Vocês são sensacionais! Nunca vi atores com tanta garra, tanto despojamento, tanta entrega... Aos poucos, percebi que ficavam com as caras cada vez mais amarradas. Me virei para a tradutora e perguntei baixinho o que estava acontecendo. Falei algo errado? Ela disse que eles não querem saber o que está certo. Não precisam de reforço positivo algum! Eles sabem que são bons, mas querem ser melhores. O que querem é corrigir o que está errado.

Em 1996, meu contrato com o American Repertory Theater terminou e fui morar em Nova York. Iniciei minha carreira de diretor *freelance* com uma montagem de *Antônio e Cleópatra* em Washington – peça de incrível sensualidade, repleta de oximoros! – e com *One flea spare*, peça de Naomi Wallace, que estreou no Public Theater de Nova York com a atriz de cinema Dianne Wiest no papel principal. Convidaram-me a montar duas óperas, *O rei pastor* de Mozart para a Ópera Lírica de Boston e *Madame Butterfly* para a Ópera de São Francisco: nunca fui um grande fã de ópera. Tudo me parecia vagaroso demais, artificial demais. Tedioso. Mesmo assim, achei a possibilidade de trabalhar com um coro muito atraente, já que sua simples presença cria um contexto maior e épico às narrativas. E, acostumado com os elencos de mais de vinte ou trinta atores nas montagens de Shakespeare, montar ópera com o coro não me apavorou. Além disso, gostava de trabalhar com música, portanto, aceitei os convites. E logo percebi que os cantores gostavam de ser tratados simplesmente como se fossem bons atores que, ao invés de falar o texto, abriam a boca para cantar divinamente.

Voltei em seguida para Stratford-on-Avon para encenar meu segundo *Henrique V*, meu último espetáculo para a Royal Shakespeare Company. Houve uma pré-estreia no dia do enterro de Lady Diana. Assistimos ao enterro pela televisão em Stratford, e naquela noite todo mundo chorava, já que começávamos o espetáculo com um cortejo para o enterro de Henrique IV. Depois, em Nova York, montei os dois *Ricardos*, o II e o III, em repertório, com o mesmo elenco, ensaiados ao mesmo tempo e estreando no mesmo dia.

RETORNO AO BRASIL – O *REI LEAR*

Mais ou menos nessa época, recebi um telefonema da Lígia Cortez, cuja mãe, Célia Helena, tinha sido muito amiga minha nos tempos do Oficina. Lígia e eu fomos tomar um cafezinho em Nova York e ela me convidou para fazer uma oficina sobre Shakespeare na Escola de Teatro Célia Helena, em São Paulo. E foi assim que aconteceu meu retorno ao Brasil.

Depois de tantos anos longe do país, eu ficava sentado à janela do apartamento em São Paulo, ouvindo o canto dos passarinhos no jardim – o tico-tico me deixava todo comovido. Só o cheiro da comida brasileira, o som do arroz chiando na panela, me davam água na boca, e o prazer de falar português depois de vinte anos era enorme – e falava sem sotaque gringo.

A oficina, que se chamava "Falando de amor" – meu primeiro contato com o ator brasileiro –, foi ótima. Fizemos exercícios com os sonetos de amor e cenas de Shakespeare, traduzidos por Cecília Meireles e Barbara Heliodora, e logo ficou claro que, apesar de uma certa estranheza ao começar, os atores se apaixonavam pelo texto e começavam a ter cuidado e prazer com as palavras.

Lígia e eu fomos jantar na casa do Raul Cortez, seu pai, meu amigo também desde o *Boca de Ouro* e *Os pequenos burgueses*, mas que eu não via há quase trinta anos. Me dei conta imediatamente de que era um absurdo que o Raul, com sua idade, sua energia, sua tarimba e sua experiência, nunca tivesse interpretado o Rei Lear. Naquela noite mesmo, Raul e eu fechamos: eu voltaria logo ao Brasil e faríamos o *Rei Lear* juntos.

Foi o que aconteceu. Mas, antes de começar os ensaios, havia a pergunta inevitável – que texto usaríamos? Eu e Ruy Cortez, sobrinho do Raul que seria meu assistente na peça, fomos visitar a Barbara Heliodora e pedimos permissão para mexer um pouco em sua tradução. O que é muito estranho é que suas traduções dos sonetos são lindas, mas a tradução do *Rei Lear* me parecia embolada demais e impossível para o ator – e para o espectador também. A peça já é difícil e por isso o texto precisa ter muita clareza, do contrário, não se entende nada.

Mas a resposta de Barbara foi um inequívoco "Não!".

Muito bem. Não havia alternativa – já que eu ia fazer a adaptação, por que não fazer a tradução eu mesmo, com a ajuda do Ruy? Nos Estados Unidos, ao começar os ensaios de uma peça de Shakespeare, eu sempre convidava meus atores a fazer de conta que a peça acabava de chegar às nossas mãos pelo correio. Que é uma peça novinha em folha, surpreendentemente boa, que o escritor tinha terminado há poucos dias, e que nunca tinha sido interpretada. Agora faria o mesmo convite, para os atores brasileiros. Mais do que isso. Faríamos de conta que o homem de Stratford era brasileiro! Que ele tinha escrito a peça em português, para ser falada por atores brasileiros e entendida perfeitamente pelo público do país.

Surgiu, assim, a nova tradução do *Rei Lear*. Houve momentos em que o Raul ficou chocado com a brasilidade da tradução:

KENT   Nem te dar uma rasteira, seu jogador de futebol porcaria?

Como é que pode, perguntou o Raul. Futebol? No tempo de Shakespeare? Pois é, está no texto! Óculos? Será mesmo?

GLOUCESTER   Nada? O nada não precisa se esconder. Me mostra. Vai. Se não é nada, nem preciso de óculos.

O que Raul queria, acho eu, era fazer um espetáculo "de Primeiro Mundo"! Ele veio me cumprimentar depois da estreia porque alguém lhe dissera que o nosso *Rei Lear* era realmente "um espetáculo de Primeiro Mundo", sem dúvida, querendo dizer que era de alta qualidade. Eu, pelo contrário, queria um espetáculo com raízes bem brasileiras – Edgar e Edmundo lutavam no final da peça com facões, e os figurinos das mulheres durante a campanha de guerra eram inspirados no cangaço e na Maria Bonita!

Não sei se o Raul confiava muito em mim – acho que sempre teve uma relação um pouco difícil com seus diretores. Mesmo assim, fazendo a escalada de um papel que é um Everest para qualquer ator, era claro que ele precisava de muito apoio e, como os atores norte-americanos, de muito "reforço positivo", de muito carinho e atenção. Principalmente nos ensaios com a Lígia, sua filha de verdade, que fazia o papel de Regana, uma de suas filhas na peça. Chegava a cena em que Raul ficava emocionado ao dizer coisas terríveis para sua filha, Goneril.

LEAR   Escuta, ó natureza, escuta, deusa amada, escuta.
          Suspende a tua intenção, se tu a tens,
          De fazer fértil esta criatura.
          Que seu ventre fique estéril,
          E que do seu sexo murchado
          Não nasça criança para honrar
          Este corpo maldito. Se conceber,
          Que a cria seja má, desnaturada,
          E viva só para lhe atormentar,
          Para que, mesmo jovem, fique velha
          E enrugada por rios de lágrimas.
          Que assim ela saiba que a dor
          De ter um filho ingrato é pior
          Que o da mordida de uma serpente.
          Vamos! Vamos!

Raul saía correndo do ensaio, chorando, e ia se trancar no banheiro. Eu achava que isso era sinal de sua grandeza como ator, de como se identificava com o personagem.

Convidamos o grande cenógrafo J. C. Serroni para conceber o nosso cenário. Serroni, que já havia trabalhado em várias montagens de Shakespeare, não decepcionou. Seu cenário era genial: o palácio do Rei Lear era uma grande sala com uma enorme parede dourada ao fundo. Durante a tempestade, a parede de ouro começava a tombar. Pairava no ar, perigosamente, criando um abrigo para o Pobre do Tom e os outros mendigos e, finalmente, caía até o chão, transformando-se numa simples plataforma inclinada, com a coxia, os refletores e ventiladores expostos. Não havia mais nada escondido – era o mundo da rua. A trajetória do cenário refletia a narrativa trágica do rei. Da ordem surgia o caos.

E do caos, finalmente, surgia uma nova ordem. Muito frágil e muito incerta. Não um *happy end*, mas a promessa, a simples possibilidade de algo novo, quem sabe de algo melhor.

ALBÂNIA	Nossa nação mergulha em um triste pesar. *(a Edgar e Kent)* Amigos de minha alma, Assumam vocês dois o poder, E tragam nova vida a essa terra mutilada.
KENT	Não eu, meu senhor. Tenho uma jornada a fazer, muito em breve. Meu rei me chama. A ele nada posso negar.
EDGAR	Temos que assumir o peso destes tristes tempos. Dizer o que sentimos, e não o que deveríamos dizer. Os velhos sofreram muito; nós, os jovens, Jamais veremos tanto, nem tanto iremos viver.

Se é que existiu mesmo, Shakespeare não era da cidade de Londres, e sim de Stratford-upon-Avon, uma região silvestre, próxima à natureza. Certamente ele estava seguro de que, mesmo durante o mais terrível frio do inverno, a semente continuava a germinar e, ao chegar a primavera, o sol iria aquecer a terra e a semente iria brotar. O mundo iria renascer. Talvez seja por isso que há um otimismo cauteloso em sua obra. Apesar de todo sofrimento, de todo horror que causamos uns aos outros, há sempre no final das peças de Shakespeare o vestígio de algo mais favorável, a mera possibilidade de um mundo melhor. Há sempre – com poucas exceções, como no *Timão de Atenas* – personagens como o novo rei Malcolm no final de *Macbeth*, o vitorioso Richmond em *Ricardo III* e Edgar em *Rei Lear* que trazem a promessa de uma renovação.

Ron Daniels ou Ronaldo Daniel? À medida que a estreia se aproximava, começamos a nos perguntar o que seria melhor: daria mais autoridade ao espetáculo ter a assinatura de um diretor com nome inglês? Isso anunciaria que o *Rei Lear* seria um espetáculo de primeira qualidade, "de Primeiro Mundo"? Quem decidiu foi o Raul, que era também o nosso produtor. Por mim, detesto ser chamado de Ron em português. É um som feio. Mas Ronaldo Daniel não existia há muito tempo, ninguém se lembrava mais dele. Ron Daniels, por outro lado, tinha um histórico mais bonito e bem recente. Em termos de divulgação, seria mais adequado. A marca, embora ainda hoje esteja criando uma certa confusão – no fim das contas, o cara é inglês ou brasileiro? –, então, ficou. Não dá mais para mudar. Tudo bem, sem problema. Mas não venha me chamar de inglês, porque sou de Niterói!

Passaram-se quase dez anos entre o *Rei Lear* e meu próximo encontro com o Bardo, dez anos de trabalhos em ópera e no cinema também – na época, dirigi um filme com roteiro de Naomi Wallace, chamado *Os meninos da guerra*, sobre imigrantes ilegais na fronteira dos Estados Unidos com o México. Foi só em 2010 que fui montar uma *Megera domada* no teatro ao ar livre do Old Globe em San Diego, na Califórnia. Naquele clima de deserto, fazia um calor terrível durante o dia, mas, depois do cair do sol, esfriava de uma maneira inacreditável. Sentado na plateia, vestido com três ceroulas debaixo das calças, enorme de gordo por detrás de vários suéteres e casacos pesados e enrolado num cobertor, eu sofria como só um menino da praia de Icaraí poderia sofrer naquele frio insuportável. Assistir ao espetáculo, para mim, era uma agonia. Mas o teatro ficava sempre lotado e o público norte-americano, às gargalhadas, se esbaldava, sem reclamar do frio. Já no ano seguinte, voltei ao Old Globe para montar *Muito barulho por nada*, e desta vez não fui pedir aos atores norte-americanos que dançassem um samba.

O SEXTO *HAMLET* – O *HAMLET* BRASILEIRO

Montar um *Hamlet* no Brasil foi ideia do Ruy Cortez, que fez a curadoria do espetáculo. Desta vez trabalhei com o Marcos Daud na nova tradução e na adaptação, o Daud em São Paulo e eu em Nova York. Toda manhã eu ligava o computador com o texto na tela e ao lado, no meu iPad, lá estava o Daud no Skype. Trabalhamos assim durante uns dois meses.

Desta vez, o príncipe seria o Thiago Lacerda. Um galã de televisão para interpretar Hamlet, papel icônico de Shakespeare? Não! Um ator que tinha feito trabalhos audaciosos no teatro, inclusive o *Calígula*, de Camus, sob a direção do Gabriel Villela.

Antes de começar os ensaios, fizemos um retiro com uns cinquenta atores, em duas turmas, numa pousada em Atibaia, no estado de São Paulo. Isolados e afastados do resto do mundo – não havia internet e fazer ligações pelo telefone era muito difícil –, passamos uma semana inteira discutindo a obra de Shakespeare, fazendo exercícios com a palavra, trabalhando os sonetos – pequenas narrativas com personagens bem delineados, textos difíceis e uma ação muito concreta – e procurando dar vida a monólogos e cenas das peças. O retiro era, na verdade, uma espécie de teste prolongado, mal disfarçado de oficina. Os atores sabiam que estávamos a ponto de escalar o elenco de *Hamlet*, mas isso não importava. Para eles, foi uma oportunidade de fazer um trabalho profundo sobre Shakespeare e isso, ao mesmo tempo, me deu a oportunidade de observá-los mais de perto. Metade do elenco de *Hamlet* veio desse retiro... A outra metade, bem, tiveram que fazer os testes inevitáveis!

Ensaiamos durante uns três meses. Ensaios sempre muito intensos, mas com muitas brincadeiras e muito bom humor. O que ficou claro imediatamente era que o Thiago era um ator de enorme inteligência e que tinha uma facilidade excepcional com o texto – nada soava falso na sua boca e era como se estivesse inventando o texto naquele momento. Ele era um ator de enorme coragem também, e de uma disponibilidade emocional surpreendente. Além disso, ele liderava o elenco com incrível generosidade. E o que me deu grande prazer é que trabalhávamos juntos com grande confiança um no outro. Falávamos a mesma língua de teatro e, nas palavras dele, era como se fôssemos feitos do mesmo barro. E o elenco entrava na jogada, confiando na nossa parceria.

Essa generosidade ficou ainda mais marcada quando fomos ao encontro do público: seus monólogos pareciam conversas íntimas com cada um dos espectadores, em quem ele podia confiar e para quem podia confessar todas as suas angústias.

A verdade é que o Thiago, um homem forte, decidido, um homem de ação, era, por natureza, mais um Macbeth que um Hamlet. Aliás, antes de começar os ensaios, perguntei se ele queria realmente fazer o Hamlet, e não o Macbeth. Ficou na dúvida por alguns momentos e depois decidiu. Vamos fazer o Hamlet, disse. Macbeth fica pra depois.

Ele tinha razão. O Hamlet tinha que ser o primeiro.

Seu Hamlet não foi um Hamlet cósmico nem um Hamlet doméstico, mas a síntese dos dois, um homem forte, mas cheio de contradições, angustiado e enojado consigo mesmo, feroz e furioso, mas também capaz de enorme ternura.

HAMLET	Mas que ridículo eu sou. É, sou mesmo. Sou tão corajoso
	Que eu, o filho de um querido pai assassinado,
	Impelido à vingança pelo céu e pelo inferno,

> Fico aqui, como uma putinha, desabafando meu coração com palavrões,
> E xingando aquele verme como uma vagabunda qualquer.
> Que nojo!

Havia nuvens no cenário, sim, mas nuvens abstratas, borradas, umas manchas sujas e acinzentadas na parede preta, e o Hamlet usava pijama, sim, mas o pijama era preto, e havia uma cama em cena também: este era o mundo, doméstico e cósmico ao mesmo tempo.

O que estávamos buscando era contar, com muita simplicidade, uma história bem próxima do público, com um texto gostoso de se falar e de se ouvir, e que seria, como dizia Gower no prólogo de *Péricles*, um restaurativo. Mas sem pretensão. Sem muita importância. Dizíamos que era como se fôssemos uns padeiros, fazendo o pão nosso de cada dia! Só isso.

Era essa a nossa brincadeira.

E nada de poesia! O teatro de Shakespeare é um teatro de ação, é poético por mera casualidade. É para ser representado e entendido na hora. Não se pode parar o espetáculo para pedir ao ator que repita uma frase. Foi importante usar palavras de fácil compreensão e sempre na ordem direta – e não se importar com o verso. Afinal, como diz John Barton, um dos mais importantes diretores da Royal Shakespeare Company, o verso shakespeariano de dez sílabas é o modo natural de se falar inglês!

Estreamos em 2012 e fizemos uma bela temporada em São Paulo. Mais tarde, fomos para o Teatro Tom Jobim, no Rio de Janeiro. Passeando no Jardim Botânico, perguntei ao Thiago se agora estava na hora de fazermos *Macbeth*. Desta vez, não houve dúvidas. Está sim, disse, sorrindo. E que tal montarmos um repertório – não uma, mas duas peças, uma tragédia e uma comédia, como *Macbeth* e *Medida por medida*, com papéis maravilhosos para um grande elenco? Seria uma experiência inusitada para o público, pois com um mesmo cenário seria possível revezar as duas peças e também assisti-las no mesmo dia. Os figurinos seriam diferentes, mas o cenário seria um só: uma versão do teatro elisabetano, em que não havia cenário algum.

O REPERTÓRIO SHAKESPEARE

Em 2016, estávamos juntos de novo. Desta vez, sentados em volta de uma enorme mesa no sítio do Thiago em Petrópolis, com todo o elenco, começávamos a preparar o *Repertório Shakespeare*.

Shakespeare de manhã, de tarde e... bem, à noite tinha fogueira, vinho e violão. Estudamos as peças com cuidado – não acredito muito num longo trabalho de mesa, já que só quando os ensaios começam para valer, com os atores de pé, com texto decorado, quando um ator olha nos olhos de um outro, e quando começam a brincar, é que a ação sai da cabeça e passa para o corpo e o coração. Ideias são fáceis. Difícil é saber se elas funcionam. No calor do momento e na ação. Mas uma semana em Petrópolis foi perfeito. E uma oportunidade para conhecer melhor os atores recém-chegados, que não tinham feito *Hamlet* conosco. O sonho de um teatro de conjunto começava a se realizar.

Analisamos os dois textos, discutimos muito o que as peças tinham em comum, o que tinham de diferente, imaginando o mundo delas: o mundo dos campos de batalha de *Macbeth*, e o mundo da paz, da sarjeta e dos bordéis de *Medida por medida* – simbolizados pela cabeça decapitada e ensanguentada do tirano no final de *Macbeth* e pelo balão vermelho dos Clóvis que estaria no palco no início de *Medida*. Um elo imaginário e vivo entre as peças. Falamos muito dos personagens e de como se transformam ao longo da narrativa. Fizemos brincadeiras com a linguagem das duas peças – novamente traduzidas e presentes ao final deste livro – em busca do que era imediato, simples e concreto.

O cenário, concebido pelo André Cortez, seria simplesmente o lugar da ação das duas peças: a ideia era representar as duas peças no mesmo dia, o que chamávamos de "dobradinha", uma atrás da outra, com um intervalo de apenas uma hora e pouco. A única diferença seria o enorme telão de fundo, que em *Macbeth* iria se transformar num ossuário gigantesco, concebido por Alexandre Orion, trazendo não o teatro para a rua, mas a rua para o teatro. Os figurinos, sim, seriam diferentes – o exército, com seus uniformes pretos e sombrios, em *Macbeth*; e o colorido das ruas e dos Clóvis, o símbolo da liberdade desenfreada, em *Medida*.

Houve uma noite, bem depois da estreia e com o *Repertório* fazendo muito sucesso, em que, num restaurante ouvi alguém falar de "teatro careta". Será que estão dizendo que o nosso espetáculo é careta?, pensei, num ataque paranoico. Então me lembrei de quando o Zé Celso, meu grande amigo, veio assistir ao *Hamlet*. Foi muito gentil, me abraçou calorosamente no saguão do teatro depois do espetáculo, mas, sentado ao seu lado na plateia, eu ficava pensando que para ele aquilo tudo devia ser uma enorme chatice – sua estética, sua postura teatral haviam se radicalizado muito ao longo desses cinquenta anos! Hoje, somos muito diferentes.

É fato que não traímos as nossas raízes. As minhas foram geradas no teatro realista, naqueles meus anos de aprendizado no Oficina. Queira ou não queira, o importante para mim é contar a história de personagens, e como eles se transformam por meio de suas escolhas pessoais, dentro de um contexto social e político. Além disso, os meus anos na Royal Shakespeare criaram em mim um grande amor pelo teatro do homem de Stratford e um grande respeito pelo texto. Às vezes, quando estou cansado ou um pouco deprimido, sinto até que minhas raízes me prendem demais ao solo, e que me falta a loucura maravilhosa do Zé Celso.

Descanso, e a depressão desaparece! Trabalhar com esses textos incríveis e inesgotáveis, que mesmo sendo de quatro séculos atrás ainda falam, com urgência, do nosso mundo de hoje, é um enorme privilégio. E tanto no *Hamlet* como no *Repertório Shakespeare* havia muita loucura e muita ousadia dentro do próprio texto e nas interpretações do elenco maravilhoso, com imagens inesquecíveis, criadas pelos próprios atores. Um delicioso pão nosso de cada dia.

O MAIS RECENTE ENCONTRO

Meu encontro mais recente com o homem de Stratford foi o *Otelo* que montei no Teatro Shakespeare de Washington, na volta aos Estados Unidos, e que me surpreendeu. Não era uma peça que eu conhecia bem. Achei muito interessante não ser Otelo quem expõe seus pensamentos mais secretos em diálogos íntimos com a plateia – ele tem um ou outro pequeno aparte, mas nada em comparação com os grandes monólogos de Iago. O que achei extraordinário é que, se Macbeth entende onde ele está a cada momento de sua terrível trajetória, Otelo vai se transformando de homem civilizado num animal irracional, sem saber o que está acontecendo consigo. Ele não vê que sua imaginação está sendo envenenada e chega o momento em que não consegue nem abrir a boca para falar, pois suas frases desmoronam – um homem sem palavras, sem capacidade de falar, um horror para Shakespeare! – e Otelo cai ao chão, num ataque epiléptico. Mas ele nunca sabe por quê. É Iago quem revela seus planos e convida a plateia a entrar na sua jornada maléfica. Essa dinâmica é muito diferente e muito inquietante, pois a plateia se torna também responsável pela destruição deste grande homem que é Otelo.

Chamei um ator paquistano-americano, Faran Tahir, que há mais de vinte anos tinha sido meu aluno na Escola de Teatro de Harvard, para fazer Otelo – isso em 2015, com estreia marcada para 2016, no auge da febre islamofóbica no país. Quando sugeri a noção de um Otelo muçulmano a Michael Kahn, diretor da companhia de teatro de Washington, ele achou uma ótima ideia e, ainda que estivesse temeroso, topou. Pensamos que talvez haveria passeatas, demonstrações na frente do teatro.

No entanto, tudo correu bem. O racismo da peça foi compreendido – o público simpatizava com Otelo, embora a cena final começasse com ele, ajoelhado, rezando para Alá. Quando remontamos o espetáculo no verão de 2017, no início da era Trump – a era das *fake news* –, o mesmo espetáculo foi visto pelo público de uma maneira completamente diferente. Foi um jornalista que tinha assistido à montagem dois anos antes disse, ao ver a remontagem, que o tema principal da peça não era mais o racismo. A plateia se via agora no espelho de Shakespeare e participava da interpretação da peça, reconhecendo, na situação de Otelo, sua própria situação, à mercê dos políticos mentirosos no poder. Shakespeare revela, assim, a verdade de cada época.

PALAVRA E AÇÃO

No início era a palavra, diz o Evangelho de João, e com certeza todo o trabalho com Shakespeare se inicia com o estudo, a análise, e também com o amor à palavra. O prazer de falar e de ouvir – e de entender! – o texto. Mas como? Não basta ter ideias em abstrato. Talvez o acadêmico ou o intelectual, sentado à sua mesa de trabalho, longe do mundo, possa ficar fazendo especulações, vendo as possibilidades infinitas em cada momento de cada peça, teorizando sobre a importância dos grandes temas da obra e pontificando do alto de sua torre de marfim sobre as verdades universais do texto e a beleza de sua poesia. As livrarias estão cheias de obras com teorias sobre o Bardo. A indústria de Shakespeare é enorme.

Entretanto, para o homem de teatro, talvez o Doutor Fausto de Goethe tenha mais razão quando chega à conclusão de que "*Im Anfang war die Tat*": no início era a ação. E, no teatro, a ação vem de escolhas concretas e perigosas, pois cada escolha significa uma triste redução das infinitas possibilidades do texto. Mas esse é um perigo que enfrentamos com muito cuidado e muito carinho, e também com um enorme prazer. Porque, no momento da escolha, a palavra salta da página e começa a ter vida própria.

E assim, no mundo, a palavra se faz teatro.

SEGUNDO ATO

GUIA PARA O ATOR E DIRETOR DE SHAKESPEARE

PREPARAÇÃO E ESTUDO

OS TEXTOS. A FORMA

O teatro de Shakespeare é um espelho que reflete, para cada época, cada leitor e cada espectador, o seu mundo. Teatro vivo e de tanta riqueza que cada geração, cada grupo de teatro, cada ator e diretor pode interpretá-lo de acordo com seu próprio tempo, suas expectativas e ansiedades.

Não há nada certo ou errado, nada absoluto – nem há autoridade ou árbitro que possa determinar de maneira definitiva o que é bom ou mau numa interpretação –, tudo depende inteiramente do gosto individual.

Há aqueles que se servem de uma de suas peças ou de um de seus temas como simples ponto de partida para criar uma versão inteiramente nova, proveniente de sua própria imaginação e de sua estética. Eles se tornam verdadeiros autores de uma nova obra de teatro, por vezes bem distante da peça original de Shakespeare.

Para outros (e me incluo entre eles), o que importa é revelar a vida e a complexidade de suas narrativas, de seus grandes temas e de seus personagens, com os textos originais, já que eles são considerados insuperáveis. Mesmo fazendo as adaptações necessárias por considerações mais objetivas – como, por exemplo, o tamanho do elenco e do orçamento, e o espaço onde a peça vai ser representada.

A sensibilidade moderna é, sem dúvida, muito diferente da vigente durante a vida de Shakespeare. Não se trata simplesmente do uso de palavras ou expressões que já não existem. Se trata também do ritmo da vida moderna, muito mais intenso do que antigamente, graças à tecnologia, ao cinema e à televisão. O hábito da leitura está em desuso, e também o hábito da conversa, o falar e ouvir os outros. Há muito mais distrações e exigências visuais. Ficamos impacientes com a palavra.

As peças de Shakespeare são longas demais para a sensibilidade moderna. Sempre é preciso fazer cortes. Mesmo na Inglaterra, onde a obra de Shakespeare é estudada nas escolas, raramente se monta uma de suas peças sem corte algum. Lembro-me apenas de um *Hamlet* sem cortes, na estreia do National Theatre de Londres, encenado por Peter Hall com Albert Finney fazendo o papel de Hamlet. Era interminável. Parecia que não tinha ritmo ou dinâmica e a atenção do público se esgotou bem depressa. Dormi. Acordei no intervalo e foi só então que me dei conta de que estava sentado duas fileiras à frente da princesa Margaret. Imagine o meu constrangimento!

De fato, no papel, numa primeira leitura, o texto em inglês não é lá muito fácil. É preciso decifrar as palavras desconhecidas hoje em dia com a ajuda do glossário no rodapé de cada página. É preciso ter tempo e paciência. Porém, vale a pena! Fiquei abismado quando descobri há pouco tempo que existem traduções do inglês de Shakespeare para um inglês moderno, à venda nas livrarias. Acho um absurdo que uma companhia de teatro em Ashland, no estado de Oregon, nos Estados Unidos, que se especializa em montar Shakespeare, tenha encomendado traduções modernas de toda a obra do Bardo!

Mas por que ficar abismado? Por que este pudor? É um absurdo por quê? Porque há um prazer enorme no ritmo e na musicalidade do original inglês, na organização e nos deliciosos jogos de palavras, que são simplesmente insuperáveis. Sem dúvida, o homem de Stratford (se é que ele existiu!) era um gênio. Mas para que serve esse ritmo maravilhoso e essa musicalidade sublime se não for possível entender o seu conteúdo, tudo aquilo que Shakespeare nos diz sobre nós mesmos e sobre o mundo à nossa volta? Não é melhor fazer com que as ideias incríveis e as imagens estarrecedoras do texto sejam compreendidas com facilidade e prazer?

A meu ver, vale a pena estudar o texto com cuidado, decifrar os trechos mais difíceis com paciência e, só então, se perguntar se é possível fazer com que a plateia entenda tudo o que está sendo dito no palco, no calor da ação. Se há passagens que hoje em dia são impossíveis de entender, não há problema em cortá-las. O que resta continuará sendo uma abundância de riquezas.

A ESCOLHA DO TEXTO

A primeira tarefa para um encenador de Shakespeare no Brasil é a escolha da tradução. Mas, antes disso, vale a pena pesquisar as versões da peça em inglês.

As peças foram impressas, inicialmente, em dois tamanhos de papel: os Quartos, entre 1594 e 1608, e mais tarde, em 1623, os Fólios, impressos em folhas maiores e mais caras. Para confundir ainda mais, há várias edições em tamanho quarto e também várias edições em tamanho fólio – e o texto da peça em cada uma das edições é bem diferente!

Por exemplo, há o Primeiro Quarto do *Hamlet*, publicado em 1603, que pode ser encontrado na internet. É o chamado Quarto Ruim (*Bad Quarto*), cujo texto chega até a ser engraçado, mas cuja estrutura – a ordem das cenas – é bem interessante. Há o Segundo Quarto, publicado em 1605, chamado Bom Quarto; e o Primeiro Fólio, publicado junto com outras 35 peças em 1623. O mesmo acontece com outras obras, como *Otelo* e *Rei Lear*.

A edição que usei nas minhas duas primeiras montagens de *Hamlet* na Inglaterra foi a que se usa tradicionalmente, a do Primeiro Fólio. Essa é a versão aprovada pelos acadêmicos. Nela, a ordem das cenas no segundo e terceiro atos é a seguinte:

A estrutura de *Hamlet* no Primeiro Fólio

Ato II, cena 1:

a) Ofélia entra em cena, apavorada, e conta ao pai como ficou com medo quando Hamlet apareceu no seu quarto, "todo desarrumado, com o rosto pálido e com um olhar tão aflito como se tivesse fugido do inferno para falar de seus horrores".

Ato II, cena 2:

b) Rosencrantz e Guildenstern chegam à Dinamarca e recebem as boas-vindas do rei e da rainha.

c) Os dois amigos se encontram com Hamlet pela primeira vez.

d) Chegam os atores. Hamlet tem a ideia de encenar *A ratoeira* e, em seguida, fala o monólogo "Ah, que indigno e miserável que eu sou!", que termina com "É com a peça que hei de revelar a consciência do rei!".

Ato III, cena 1:

e) Polônio faz com que Ofélia se ajoelhe e se esconde, junto com o rei, atrás de uma cortina. Hamlet fala o monólogo "ser ou não ser", e depois, transtornado, tem o confronto com Ofélia.

A estrutura do Fólio, então, é: a) b) c) d) e).

Ao preparar a montagem do meu terceiro *Hamlet*, que contava a história de um rapaz doente que vive o dia inteiro na cama de pijama, voltei a estudar as várias edições e decidi usar a estrutura do Primeiro Quarto. Não o texto em si, que é mesmo muito ruim – dizem que ele veio da memória do ator que fazia o papel de Marcelo, um dos guardas que aparece no início da peça –, mas sua estrutura.

A estrutura de *Hamlet* no Primeiro Quarto

Cena 7:

b) Os dois amigos Rosencrantz e Guildenstern chegam à Dinamarca e recebem as boas-vindas do rei e da rainha.

a) Ofélia entra em cena e conta ao pai como ficou apavorada quando Hamlet apareceu no seu quarto, "todo desarrumado, com o rosto pálido e com um olhar tão aflito como se tivesse fugido do inferno para falar de seus horrores".

e) Polônio faz com que Ofélia se ajoelhe e se esconde, junto com o rei, atrás de uma cortina. Hamlet fala o monólogo "ser ou não ser", e depois, transtornado, tem o confronto com Ofélia.

Cena 8:

c) Rosencrantz e Guildenstern encontram Hamlet pela primeira vez.

d) Chegam os atores. Hamlet tem a ideia de encenar *A ratoeira* e, em seguida, fala o monólogo "Ah, que indigno e miserável que eu sou!", que termina com "É com a peça que hei de revelar a consciência do rei!".

A estrutura do Primeiro Quarto, então, é: b) a) e) c) d).

Parecia-me, então, que o monólogo "ser ou não ser", o terrível encontro com Ofélia e a cena do pescador com Polônio são o auge da "loucura" de Hamlet, em que ele não sabe como dar fim ao seu desespero e à sua angústia. Segue a chegada dos atores, durante a qual Hamlet tem a ideia de provar a culpa do rei com a representação da peça *A ratoeira*: a reação do rei será a resolução, pensa ele, de todas as suas dúvidas.

Seguindo a estrutura do Primeiro Fólio, as cenas da "loucura" de Hamlet vêm *depois* de ele ter encontrado essa solução, e isso, para mim, não faz sentido algum, ao passo que a estrutura do Primeiro Quarto oferece uma coerência emocional muito maior. Por uma simples alteração da ordem das cenas, a ênfase da narrativa e sua dinâmica mudam de forma bem profunda. Foi essa a estrutura que usamos tanto no meu terceiro *Hamlet* como no *Hamlet* brasileiro – e é essa a estrutura do texto aqui publicado.

    O mesmo acontece com *Rei Lear*. Existe a versão do Quarto, publicada em 1608, e a do Fólio, publicada em 1623, com finais diferentes. No Quarto, como era de costume na época, a última fala é do Duque de Albânia, o personagem de maior autoridade em cena naquele momento. No Fólio, a última fala é do jovem Edgar, cuja narrativa estávamos acompanhando de perto durante toda a peça – o que me parece muito mais interessante.

EDGAR	Temos que assumir o peso destes tristes tempos.
	Dizer o que sentimos, e não o que deveríamos dizer.
	Os velhos sofreram muito; nós, os jovens,
	Jamais veremos tanto, nem tanto iremos viver.

Cabe, então, ao diretor escolher a edição que mais lhe agrada e que é mais pertinente ao seu mundo.

Verso e prosa – teatro popular
Shakespeare escreveu suas peças com trechos em verso e outros em prosa. O modo como ele usa as imagens, as metáforas, as antíteses e os oximoros, tanto nos trechos em verso como naqueles em prosa, pode nos levar a pensar que seu teatro é poético e rebuscado, e que, para representar esse teatro, um tom elevado e uma voz empostada são necessários.
    Nada disso!
    Apesar da enorme riqueza dessa linguagem, é bom lembrar que Shakespeare escrevia um texto para ser falado no palco, e não para ser lido calma e solitariamente em casa. E, por mais bela e rica que seja, essa é uma linguagem que precisa ser compreendida por todos no momento da ação teatral. Poderíamos até dizer que, se o que Shakespeare escreveu acabou sendo "poesia", isso aconteceu por mera casualidade! O seu teatro era, e continua sendo, um teatro popular. O seu público entendia perfeitamente tudo que estava sendo dito no palco.
    Por isso, não há razão para traduzir o texto de forma rebuscada ou "poética", com o uso, por exemplo, de frases em ordem indireta ou mesmo com palavras requintadas que não podem ser compreendidas por todos no momento em que são ditas.
    Além de tudo – e foi esta a proposta das quatro traduções aqui publicadas e das montagens para as quais foram preparadas –, ao traduzir o texto, o

importante não é a forma em que esse texto está escrito, mas sim o seu conteúdo. O sentido do que está sendo dito pelos atores e ouvido pela plateia precisa ser entendido, no calor da ação, com toda clareza.

Mesmo no idioma original há duas exigências, às vezes completamente contraditórias, em relação ao texto. Por um lado, certas autoridades shakespearianas dizem que a forma do verso chamada de "pentâmetro iâmbico", de cinco pares de sílabas, a primeira fraca e a segunda mais forte em cada par – com a qual Shakespeare escreveu grande parte de sua obra –, é a forma natural de se falar inglês.

Shall I compare thee to a summer's day?

Este verso, o primeiro do Soneto 18, um pentâmetro iâmbico perfeito (Shall I / com-pare / thee to / a sum-/-mer's day) é, no inglês, um verso corriqueiro, de muita simplicidade. E é tão natural quanto em português, na ótima tradução da Barbara Heliodora:

"Se te comparo a um dia de verão..."

Dito por um ator no palco, com despojamento e simplicidade, este verso, assim como o resto do soneto, pode ser arrebatador.

Por outro lado, o pensamento shakespeariano parece ser muito mais elaborado do que o moderno. Muitas vezes, um personagem desenvolve uma ideia ao longo de várias frases e, ao fazê-lo, a ideia se torna cada vez mais ampla e mais complexa: é como se o personagem, ao surfar na onda de sua imaginação, fizesse novas descobertas, cada vez mais empolgantes. Só no final dessa sequência de ideias é que a onda quebra e o personagem pode concluir seu pensamento satisfatoriamente.

MACBETH   Além do que, esse soberano é um homem tão gentil e tem tanta integridade no exercício do poder que suas virtudes, como se fossem anjos revoltados, vão anunciar ao mundo o grande horror de sua morte. E a piedade, chorando como uma criança recém-nascida, vai soprar o maldito crime nos olhos do mundo e uma chuva de lágrimas vai afogar o vento.

Esta não é uma frase corriqueira nem simples. O ânimo do personagem está cada vez mais exaltado, e seu pensamento vai se expandindo vertiginosamente à medida que ele contempla as horríveis consequências do seu ato.

Se na frase do soneto o desafio do ator é encontrar uma simplicidade natural e despojada, numa sequência de frases como essas de Macbeth, o desafio é acompanhar a expansão intelectual e emocional do personagem, passo a passo, com a mesma naturalidade e com especificidade. Isto é, dando vida própria a cada imagem, a cada momento. Descobrir como encontrar essa naturalidade dentro da disciplina rigorosa do texto e como compartilhar esses pensamentos com a plateia são as grandes tarefas do ator.

Para isso, além de ter uma tradução vigorosa e lúcida ao seu dispor, o ator precisa de uma compreensão de como o texto é estruturado e de quais são os elementos que ele contém – os substantivos, os adjetivos, os verbos, as metáforas e as antíteses – e precisa também descobrir como falar esse texto com espontaneidade, isto é, como escolher ou "descobrir" cada imagem e, assim, dar vivência emocional ao personagem.

O ator precisa ser um acrobata emocional e intelectual – um malabarista da imaginação. Ele precisa exercitar seus músculos emocionais e intelectuais para ter flexibilidade ao sentir e pensar.

AS TRADUÇÕES

O objetivo principal destas traduções foi revelar com o máximo de clareza o sentido do original inglês, não importando se o texto foi escrito em prosa ou verso. Afinal, apesar da discussão sobre a diferença entre ambos em inglês – alguns dizem, por exemplo, que o verso significa um diálogo mais exaltado, ao passo que a prosa vem de um linguajar mais informal ou popular –, a verdade é que é muito difícil, quase impossível, saber se um ator no palco está falando em verso ou prosa.

Mais do que isso, não faz diferença!

O importante é o sentido e a ação do texto. Se isso é verdade em inglês, em português também. Não vale a pena esmagar o sentido ou dificultar a compreensão de uma frase só para transformá-la em poesia.

Certo, se no inglês há um tom formal no texto, o mesmo deve haver na tradução, claro. Ou, se o original tem uma linguagem mais popular e atrevida, a tradução também deve ter. Mas tudo vem do sentido e da intenção da frase.

A PARÁFRASE

A estratégia no trabalho de traduzir as peças não foi muito diferente do trabalho nos ensaios com os atores.

Para verificar se o sentido do texto está bem compreendido e se o ator se sente próximo do que está dizendo, ele é convidado a fazer a paráfrase da fala. Isto é, a usar suas próprias palavras, o que ele mesmo diria naquele momento, talvez como uma tradução imediata da fala, sem se importar com seu valor literário. Quando o sentido e a intenção da frase estiverem assimilados pelo ator através da paráfrase, ele volta a usar o texto original de Shakespeare.

Essa estratégia parece muito óbvia, mas não faz mal, porque é muito eficaz. Por meio dela, a fala do original é desmistificada e deixa de ter qualquer importância literária. Passa a ser uma simples ação.

Esse é o primeiro passo também no processo da tradução do texto. A fala precisa ser compreendida perfeitamente, com todas as suas nuances, para então ser transferida para o português. A tradução é exatamente isso, a paráfrase da fala original.

VOGAIS E CONSOANTES: A ENERGIA DA PALAVRA

Uma das diferenças entre o inglês e o português é o uso das vogais e consoantes. Em inglês, o que dá energia e musculatura à fala é a consoante, e o que lhe dá emoção é a vogal. Uma consoante é uma verdadeira arma explosiva que detona seu significado em cena no início de uma palavra e que, no final da palavra, age tanto como um freio quanto como um trampolim para o mergulho na palavra seguinte.

O mesmo acontece em português, só que, em nossa língua, grande parte das palavras termina com uma vogal aberta, com um *a* ou um *o* ou um *e*, ou mesmo num ditongo: *mãe, pão, cidadão*. Sem o freio, a frase pode ficar pairando no ar, emocionalmente rica, talvez, mas alongada e sem energia.

Como dar maior força a cada palavra e, mais ainda, como dar força à frase inteira foi um dos desafios destas traduções, pois essa força precisa ser mantida ao longo da frase como uma seta, cuja ponta atinge o alvo só com a última palavra, ou até mesmo com a última sílaba da última palavra!

Além disso, para dar o máximo de força às falas, a escolha foi sempre de utilizar palavras com o menor número de vogais, e também a de evitar as palavras polissilábicas que alongassem as frases, sempre que possível.

Com a intenção de manter o ímpeto e impulsionar a frase continuamente, também foi importante procurar colocar uma palavra com uma última sílaba forte no final de cada frase, sempre que possível.

Eis um exemplo – o ponto de energia de cada fala está em negrito:

HORÁCIO	Pare, ilu**são**! Se puder usar sua **voz**, fale co**migo**! Se houver algum bem que possamos fa**zer** e que possa lhe trazer algum con**forto**, fale co**migo**! (*O Fantasma vai falar. O galo canta.*) Es**pere**! Fale! Marcelo, não deixe ele fu**gir**!
BERNARDO	Está a**qui**!
HORÁCIO	Está a**qui**!
MARCELO	Sum**iu**! Não, isso está e**rrado**. Não devíamos ser tão vio**lentos**.
BERNARDO	Ele ia falar quando o galo **cantou**.
HORÁCIO	E ficou assustado como se sentisse culpa de alguma coisa. Ouvi dizer que, quando o galo **canta**, anunciando a ma**nhã**, os espíritos e**rrantes**, estejam na terra ou no **ar**, na água ou no **fogo**, voltam apavorados para os seus con**fins**.

O CONTEÚDO. A FAMÍLIA

São muitos os livros que analisam os temas universais das peças de Shakespeare. Mas deixemos por um momento esses temas e vamos começar pelo que é óbvio, tão óbvio que, em busca do que é universal e grandioso, podemos facilmente esquecer.

Vamos começar pelo denominador mais simples (que talvez venha a ser o mais complexo!) de todos, o tema que nos é mais próximo e que fala a todos nós diretamente. O tema que percorre obsessivamente toda a obra de Shakespeare: a família.

A família shakespeariana consiste de três figuras: o homem mais velho, o jovem rapaz e a mulher, que, refratados como um raio de luz através do prisma da imaginação do autor, se transformam em maravilhosas criaturas de enorme complexidade.

O homem mais velho é a figura do pai. No *Rei Lear*, o próprio rei, pai de três filhas rivais, e Glóster, pai de dois filhos rivais, um responsável pela sua tortura e o outro que o salva da morte. No *Hamlet*, o fantasma, pai de Hamlet, traído pela mulher, mas também Cláudio, o padrasto perigoso, Polônio, um pai inconsequente, e o Primeiro Ator, já que os três atores formam uma pequena família. Até mesmo o Coveiro é uma figura de pai para o seu aprendiz. No *Macbeth*, o rei Duncan, o pai da nação, tem dois filhos, Malcolm e Donalbain. Em *Medida por medida*, não há pais, mas o Duque também é o pai da nação, que abdica do seu poder, e os dois juízes são homens mais velhos.

O jovem rapaz se transforma em filho, legítimo ou ilegítimo. No *Rei Lear*, Edgar, o inocente e crédulo, e Edmundo, o safado. Em *Hamlet*, o príncipe Hamlet, o atormentado, Laertes, o delinquente, o Terceiro Ator, que assassina o rei em *A ratoeira*, e o Segundo Coveiro. Em *Macbeth*, Malcolm e Donalbain, acusados de assassinar o pai, o rei Duncan, mas os outros soldados, Macbeth, Macduff e os demais, de certa forma, são também seus filhos. Em *Medida por medida*, o juiz Ângelo se desdobra também em filho, junto com Lúcio e Cláudio.

A mulher se transforma em mãe, quase sempre ausente, ou se presente é uma mãe feroz e ambiciosa, como Lady Macbeth, que se diz pronta a matar os filhos, ou bondosa como Lady Macduff, que morre protegendo os seus, ou fraca e atormentada como Gertrudes, a mãe adúltera e cúmplice. Por outro lado, a mulher se transforma em filha, ora obediente, como a coitada da Ofélia, que cede à vontade do pai e trai o homem que ama, ora desobediente e rebelde, que vive a vida longe dos pais, às escondidas, como Julieta em *Romeu e Julieta*, Miranda em *A tempestade*, Helena e Hérmia em *Sonho de uma noite de verão*, Rosalinda em *Como gostais*. E também como a orgulhosa Cordélia, em *Rei Lear*, e a casta Isabela, em *Medida por medida*, duas jovens de grande força e de honestidade impecável.

Para nós, essa narrativa de família que todos reconhecemos, cheia de amor do pai por seus filhos e filhas, e dos filhos e filhas por seus pais, e por vezes de ódio também, e de rivalidades amargas entre irmãos e irmãs, é o anzol que nos prende e não nos deixa escapar. É com essa narrativa que podemos facilmente nos identificar e é ela que nos emociona tanto.

O pai é a autoridade que mantém a ordem na família, uma ordem que precisa ser obedecida mas que também precisa ser desafiada. Poderíamos até dizer que um homem só atinge sua maturidade e independência com a morte paterna. Mas a morte prematura do pai é uma catástrofe que cria instabilidade e desordem no seio da família.

A NAÇÃO

Instabilidade e desordem no seio da nação, também, pois o rei – ou, no caso de *Medida por medida*, o Duque – é o pai da nação.

Essas narrativas domésticas, essas histórias não tão simples de famílias passam para um âmbito mais vasto, o campo da política, pois o homem mais velho é, na realidade, a figura da autoridade e do poder na nação. Seus súditos são seus filhos, e sua morte prematura, seu assassinato ou sua abdicação criam enorme instabilidade e desordem.

Em cada uma dessas peças (e em muitas outras de Shakespeare), o rei ou o homem poderoso, como o Duque em *Medida,* abdica do poder ou é assassinado. Em *Rei Lear*, o rei abdica e passa a autoridade para as filhas; isso desencadeia a tempestade e a guerra civil. Em *Hamlet*, o velho rei foi assassinado e sua morte provoca mal-estar e podridão moral em todo o país. Em *Macbeth*, o assassinato do valoroso rei Duncan, uma traição imperdoável, é acompanhado por uma turbulência sobrenatural:

LENNOX   Que noite, essa. O vento soprou tão forte que arrancou todas as telhas do lugar onde estávamos hospedados. Era possível se ouvir, ao longe, gente se lamentando, gritos estranhos de morte e profecias de distúrbios e revoluções, frutos destes nossos tempos tão turbulentos. Uma coruja gritou durante toda a madrugada. Dizem que a terra chegou a tremer.

Com a abdicação, mesmo temporária, do Duque em *Medida por medida*, a lei moralizante e draconiana de Ângelo entra em vigor, e a vida de todos os habitantes de Viena é tumultuada.

É o que pode acontecer quando um pai se ausenta e deixa os filhos sozinhos, sem outra autoridade presente, sem disciplina ou regra alguma, todos brigando entre si, numa anarquia que se torna perigosa e violenta. É cada um por si e, nessa desordem, tudo é permitido.

A CATÁSTROFE

A morte ou abdicação do rei/pai é uma catástrofe após a qual há um período de profunda desorientação, de caos e desordem, de sofrimento e dor, antes da coroação de um novo rei ou antes que uma nova autoridade assuma o poder.

Será que Shakespeare está nos dizendo que é só por meio de uma autoridade paternalista que pode haver ordem no mundo?

Talvez. Mas só até certo ponto. É preciso lembrar que, apesar de o monarca na sua época ser uma mulher, a rainha Elizabeth, não havia outro modo de pensar. E é importante indagar qual era a ordem que foi destruída nas peças – era uma ordem saudável, que respeitava as relações humanas, uma ordem ética e moral?

Ou será que a catástrofe era inevitável, já que a ordem estava se desintegrando, corrompida de alguma forma, ou era rígida, instável ou violenta demais? Pois é bem possível que o período de caos e desordem fosse necessário para cauterizar os males e defeitos de uma ordem imperfeita e renovar o que possivelmente estava gasto ou podre.

Portanto, vale a pena, para um estudo estrutural da peça:

1) definir o mundo antes da catástrofe;
2) identificar o momento da catástrofe;
3) definir o mundo durante o período do caos e da desordem;
4) identificar quem restaura a ordem e o que isso promete.

Shakespeare não perde tempo. Vejamos as primeiras cenas dessas quatro peças.

No *Rei Lear*, um rei severo e orgulhoso, que cuida mais das aparências que da verdade das coisas, e mais tarde vai confessar que cuidou muito pouco dos seus súditos, abdica do seu reino em favor de suas três filhas. Cada uma terá o mesmo território que as outras para que sejam "evitadas as guerras de amanhã". No entanto, Cordélia, sua filha preferida, se recusa a bajular o pai como fazem suas irmãs, e o rei, enfurecido, declara:

LEAR Renuncio a todos os cuidados
E deveres paternos; a todos os laços de sangue.
E, daqui por diante, será estranha
A mim e ao meu coração.

Esta é a catástrofe inicial do *Rei Lear*: o momento em que o rei retira de sua filha o amor de pai. Seu orgulho e sua cegueira provocam a terrível crise que vai açoitar tanto sua família como todo o país. O mundo começa a se esfacelar. A ordem, severa e cega como o próprio rei, desaparece. Os vestígios da civilização desmoronam e o homem se encontra sem abrigo.

Mas nessa desordem, no meio da tempestade, o rei começa a ficar ciente de sua cegueira para com as outras criaturas, nuas e desprotegidas como ele mesmo agora é. Este é o momento em que Lear encontra Edgar, disfarçado de mendigo, o Pobre do Tom, a criatura do nada:

EDGAR Pobre de mim!
Pobre do Tom!
Só isso me resta: Edgar não é mais nada.

Com este encontro, o rei começa a aprender o que é compaixão e humildade, e neste mesmo momento, simbolicamente, Lear passa o bastão moral e ético para Edgar, que, no final da peça, irá criar uma nova ordem no mundo. Conhecemos bem este rapaz, compartilhamos do seu sofrimento, vimos como ele salvou a vida do pai e cuidou dele com carinho. Vimos também como Edgar venceu o irmão rival num duelo armado. Então, temos exemplos de como, depois da terrível guerra civil, será a nova ordem sob sua tutela.

No *Hamlet*, a morte do rei/pai ocorre antes mesmo de começar a peça, já que seu enterro, a coroação do rei/padrasto e o casamento com a rainha/mãe ocorrem com "uma pressa atroz". Antes mesmo da coroação, somos testemunhas da inquietação dos guardas no alto das muralhas do castelo e compartilhamos do seu pavor quando surge o fantasma. E sentimos com Horácio seu mal-estar quando ele declara que há "algo de podre no reino da Dinamarca".

Não sabemos como era o velho rei como pessoa nem temos provas de como foi seu reinado. Entretanto, no seu discurso durante a coroação, Cláudio demonstra grande energia e eficiência – afinal, foi escolhido rei pelo Conselho de Estado ao invés do herdeiro presumido, o jovem estudante Hamlet.

Será que nesse discurso Shakespeare está nos apresentando um contraste com o velho rei? Usamos nossa imaginação e lembramos que em outras peças de Shakespeare, em *A tempestade* e mesmo em *Medida por medida*, por exemplo, governantes deixaram soltas as rédeas do governo por desleixo ou descuido. Foi o caso com o velho rei em *Hamlet*, já que Shakespeare nos apresenta o novo rei muito simpático, confiante de si e decidido, afetuoso com sua nova rainha e com seu enteado, um rapaz emburrado vestido de preto, sentado no canto da sala.

A ordem apresentada pelo novo rei parece saudável e eficiente. Mas logo descobrimos que é uma ordem corrupta e imoral, até mesmo depravada. Vai custar muito caro restaurar a saúde ética do país e haverá, sem dúvida, um período de grande turbulência e sofrimento.

Quando Hamlet vai ao encontro do fantasma que era seu pai, este revela verdades terríveis: diz que foi assassinado e que sua mulher o traiu. Essa é sua obsessão, sua dor e seu horror. E quando "o vaga-lume anuncia a chegada da manhã", o fantasma se despede com algo que é mais uma maldição que um carinho.

FANTASMA   Adeus, adeus, Hamlet. Lembre-se de mim!

Verdades? Mas o fantasma existe mesmo ou é apenas uma alucinação?

HAMLET   O fantasma que vi
Talvez seja o diabo, querendo me seduzir
Com uma imagem tão querida. É. E talvez,
Por causa da minha fraqueza e da minha melancolia,

Queira abusar de mim para me levar para o inferno.

A desordem e o caos dos seus pensamentos levam Hamlet ao desespero: como se vingar de um homem que ele odeia, mas talvez seja inocente? E mesmo com provas de sua culpa, como matar alguém? Que direito se tem de tirar a vida de outro?

Essa desordem contamina cada vez mais o novo rei como se fosse uma praga, que lhe rouba o último vestígio de simpatia e de confiança em si mesmo.

A caminho do exílio na Inglaterra, Hamlet se depara com Fortinbrás, o jovem príncipe soldado, rapaz corajoso, obediente e resoluto, a caminho da guerra. É como se Hamlet estivesse se olhando no espelho, vendo sua imagem, embelezada por uma certeza incontestável e humilhante, aparentemente sem contradições e sem dúvidas. Só então ele se decide:

HAMLET   Ah, que a partir deste momento
         Seja só de sangue todo o meu pensamento!

Na volta da Inglaterra, durante os últimos momentos da peça, Hamlet, traiçoeiramente envenenado, mata seu padrasto/rei e, ao morrer, ouve-se a chegada de Fortinbrás, vitorioso da guerra, que põe fim à desordem no país.

Pouco sabemos sobre esse rapaz Fortinbrás, que veio ao encontro do seu destino e agora será coroado rei. Como será a ordem que ele vai impor? Será melhor, mais humana, mais cheia de compaixão? Menos corrupta? Não sabemos. Temos só como referência o que Hamlet disse no caminho da Inglaterra, ao se deparar com o exército liderado pelo jovem soldado.

HAMLET   Vejam esse exército,
         Liderado por um jovem e audacioso príncipe,
         Que, engrandecido pelo sopro de uma ambição divina,
         Não se intimida diante do desconhecido,
         Arriscando sua vida,
         Desafiando o perigo e a morte,
         Por causa de uma casca de ovo.

Sabemos apenas que será um novo mundo, repleto de novas possibilidades.

A catástrofe em *Macbeth* ocorre sem dúvida quando, apesar de todos os seus escrúpulos, Macbeth assassina o rei/pai da nação, Duncan. Naquele momento – o que talvez seja ainda mais trágico para si mesmo –, Macbeth assassina também o sono. Nunca mais poderá dormir.

Mas e a primeira cena? Não é verdade que a primeira cena de cada peça contém toda a peça em si?

A ordem no início da peça é caótica e violenta: o mundo da guerra, de traições entre amigos e de execuções sumárias no campo de batalha. Porém, nas primeiras cenas, ainda há vestígios de lealdade entre os aliados, e a relação supostamente sagrada do rei com seus súditos continua mais ou menos intacta. É o assassinato do rei, acompanhado por distúrbios na própria natureza, que rompe todo e qualquer laço moral entre os homens.

E as criaturas hermafroditas, que parecem mulheres mas têm barbas, e anunciam que o mundo logo estará do avesso?

AS TRÊS FEITICEIRAS   O belo é feio e o feio é belo.

Quem são essas criaturas sobrenaturais que surgem da desordem, desaparecem no ar e enxergam o futuro? O que é, no fim das contas, o sobrenatural? A manifestação dos desejos ainda inconscientes e sórdidos do protagonista? De sua mulher? O eterno feminino, deturpado por uma ambição desenfreada? São perguntas que todo diretor precisa responder ao preparar uma montagem da peça. Mas é bom lembrar que, na época de Shakespeare, acreditava-se piamente que o sobrenatural existia e que atrás de cada árvore havia fadas de verdade, como na floresta mágica de *Sonho de uma noite de verão*. Quando elas apareciam em cena, a plateia não precisava de nenhuma "suspensão da descrença" para acreditar nas estranhas criaturas!

Momentos depois, perdido no pântano, Macbeth entra em cena com Banquo e diz, usando as mesmas palavras:

MACBETH   Nunca vi dia tão feio e tão belo.

O mundo está de cabeça para baixo. Do avesso. Tudo é válido. O que falta para se cometer um crime é só coragem e imaginação.

Todos os grandes personagens de Shakespeare parecem sofrer de um excesso de imaginação. Hamlet, ao vasculhar seu desespero por um motivo válido para cometer um crime, chega a imaginar, com horror, a vida após a morte. Otelo, com sua imaginação envenenada, transforma sua casta mulher numa prostituta. A tempestade e a miséria liberam a imaginação de Lear, que começa, finalmente, a perceber suas grandes falhas. Macbeth olha para dentro de si e acompanha, horrorizado, sua própria queda, sua transformação de herói nacional e homem bom em assassino monstruoso, com uma honestidade e um rigor implacáveis. E com uma imaginação cada vez mais surpreendente.

Seu reino é o reino de um terror absoluto.

ROSS   Pobre da nossa terra! Uma sombra de si mesma. Nem podemos chamá-la de pátria. Mais parece um cemitério. Só aqueles que não sabem de nada ainda sorriem. Suspiros, lamentações e gritos que rasgam o ar passam despercebidos. Violência e dor viraram rotina. Quando toca o sino, ninguém mais pergunta quem se foi. Os bons morrem, mas não por terem adoecido.

Porém, do exílio na Inglaterra, o jovem Malcolm, filho e herdeiro legítimo do rei Duncan, argumenta contra si mesmo, mentindo, dizendo que não possui as qualidades necessárias para ser um bom governante.

MALCOLM Mas eu não tenho nenhuma das virtudes de um rei, como justiça, honestidade, firmeza, generosidade, perseverança, misericórdia, humildade, dedicação, paciência e coragem; não tenho nem traço delas. Não. E sei muito bem o que é o crime. Se eu estivesse no poder, os castelos e os bens de todos os nobres seriam confiscados, suas mulheres e suas filhas não iriam conseguir satisfazer a imundície dos meus desejos. Eu despejaria o doce leite da concórdia no inferno. Eu destruiria todos que se opusessem à minha vontade. Não haveria paz na terra. Só miséria e destruição.

Seriam essas as qualidades que o próprio Shakespeare considerava necessárias para ser um líder de homens, um pai, um governante, um rei? Não sabemos. Mas podemos intuir que, quando a paz é restaurada nos últimos momentos da peça e a carnificina chega ao fim, o novo rei Malcolm irá governar de acordo com essas qualidades.

Na imaginação de Shakespeare, a desordem e a destruição de uma civilização enferma e corrupta trazem a possibilidade de um mundo inteiramente novo, talvez até melhor.

É uma possibilidade, nada mais.

A catástrofe em *Medida por medida* ocorre na primeira cena da peça, no momento da abdicação do Duque, quando ele entrega o poder ao juiz Ângelo. Mas a desordem precede este momento, pois uma liberdade desenfreada, que vem do descuido e da irresponsabilidade do próprio Duque, ocorre na cidade. Cansado e deprimido, atormentado por sentimentos de culpa por ter se esquivado de sua tarefa de governante e da vida da cidade, o Duque tenciona que o puritano Ângelo, cuja reputação é impecável, possa corrigir esses excessos, principalmente o excesso de liberdade sexual desfrutado pelos habitantes da cidade, "sem que, com isso, venha a comprometer" sua pessoa.

DUQUE Pois bem, temos certas leis, muito estritas e severas, que são necessárias para controlar os excessos e abusos da nossa sociedade, mas que deixei de impor há mais de dez anos. Assim como um bondoso pai, que só empunha o chicote para assustar seus filhos, mas nunca o usa, tornando-se, com o passar do tempo, motivo de riso, nossas leis também deixaram de ser levadas a sério. A liberdade zomba da justiça, o bebê bate na ama e tudo é desordem.

A cidade entra em pânico. Ângelo manda fechar todos os bordéis do local e, com isso, ameaça a própria sobrevivência da população.

POMPEU   Se o senhor for decapitar todos os que caem na gandaia, daqui a dez anos não vai ter mais ninguém na cidade.

Mais ainda, o juiz Ângelo põe em vigor uma antiga e rigorosa lei que condena à morte o jovem Cláudio por ter engravidado a namorada antes do casamento.

O zelote Ângelo declara que ele mesmo nunca seria capaz de cometer o "erro" da luxúria, mas, ao se deparar com a pureza da freira Isabela, descobre, com horror, que ele também tem desejos incontroláveis e, obcecado, procura violar a castidade da moça.

Disfarçado de frade, o Duque anda pelas ruas da cidade e visita os encarcerados, tendo assim um contato mais íntimo com seus súditos, com sua tenacidade, seu espírito indomável, sua capacidade de sobreviver e seu humor anárquico. O cansaço e a depressão que o levaram a contemplar a morte desaparecem e ele encontra uma nova razão para viver, pois se apaixona por Isabela.

Eis que, para Shakespeare, a desordem e o caos podem produzir forças criativas e libertadoras: não há, no fim de *Medida por medida*, propriamente uma nova ordem – a ordem é a mesma, mas é completamente diferente. O Duque retoma as rédeas do poder, mas agora ele está engajado na vida da cidade e sabe que é possível governar com consideração pelos outros, com compaixão, com justiça e até mesmo com alegria. Isabela descobre que amar faz parte da vida, e Ângelo, humilhado e envergonhado pela sua hipocrisia, reconhece suas fraquezas e pede perdão.

Um final feliz? Um *happy end*? Talvez. Afinal, *Medida por medida* é uma comédia, e a diferença entre uma comédia e uma tragédia é somente que todos morrem no final de uma tragédia e que, no final de uma comédia, todos se casam!

AS ETAPAS

Em todas as peças de Shakespeare, o mundo e os personagens vão se transformando no decorrer da narrativa e, no fim, não são mais o que eram. Por isso, é importante identificar com paciência e tenacidade as várias etapas da narrativa, como se fossem os capítulos de um romance, os movimentos de uma sinfonia ou as estações numa viagem de trem. Assim, aos poucos, a enormidade da peça deixa de amedrontar e, ao analisar a ação em trechos cada vez menores, essa enormidade desaparece no entendimento específico de cada momento. A viagem parece longa, mas se faz a passos curtos.

Não estamos falando da divisão da peça em atos e cenas, pois, tal como os outros escritores elisabetanos, Shakespeare não dividiu suas peças dessa maneira. Essa divisão em atos e cenas foi inventada pelo dramaturgo inglês Nicholas Rowe quando publicou uma edição anotada das peças de Shakespeare, em 1709.

Talvez seja um pouco difícil, numa primeira leitura, identificar os momentos mais significativos da narrativa. Vale a pena, então, marcar, por intuição mesmo, o lugar no texto em que cada etapa parece começar e acabar. Além disso, essas marcas são provisórias, pois podem mudar à medida que se vai conhecendo melhor a peça.

Apenas como exemplo, vejamos as etapas possíveis no *Rei Lear*.

> <u>Primeira etapa</u>: já identificamos o momento da catástrofe: a abdicação do rei e a condenação de Cordélia ao exílio.
>
> <u>Segunda etapa</u>: segue uma série de cenas cada vez mais acirradas, durante as quais os personagens procuram se adaptar à nova realidade: o rei – agora sem poder algum – e seus seguidores são hospedados na casa de Goneril. Isso provoca uma crise que só se resolve quando Lear e o Bobo se encontram sem abrigo, no meio da tempestade (final da cena 9 nesta tradução).
>
> <u>Terceira etapa</u>: o mundo da civilização ficou para trás e não há mais retorno. Durante a tempestade, o rei encontra o jovem Edgar, disfarçado como o mendigo Pobre do Tom, com quem Lear agora se identifica.
>
> LEAR   Olhem bem pra ele. Não deve fio ao bicho-da-seda, couro ao boi, lã ao carneiro, nem perfume ao gato. Nós três aqui somos sofisticados. Você é a coisa em si. O homem sem os confortos da vida é apenas um animal de duas pernas, pobre e nu como você. Venham, desabotoem aqui.

É a meia-noite da peça: o Bobo desaparece misteriosamente de cena, para nunca mais voltar, e o rei adormece (final da cena 12).

> Pergunta: em que etapa colocar a cena 13? O final da cena 12 parece ser um lugar ideal para inserir um intervalo. Isso significa que a cena da tortura de Glóster seria a primeira depois do intervalo. Mas também é possível terminar a etapa com o final da cena 13, para começar a segunda parte com a fala do Edgar, no início da cena 14.

EDGAR   É melhor saber que somos desprezados do que
                Sermos bajulados, enquanto continuam a nos desprezar.
                A fortuna fez de mim o que é de pior
                Mas ainda me resta a esperança.
                É triste quando o que é bom piora.
                Depois do pior, só podemos nos alegrar.

Isso depende inteiramente da interpretação do diretor e de seus atores.

> Quarta etapa: sem a presença do rei, quem leva a narrativa adiante são os dois irmãos, Edgar e Edmundo. Por um lado seguimos Edgar, que cuida do seu pai Glóster, agora cego. Por outro lado acompanhamos Edmundo, responsável pela tortura de seu pai, e a trama sexual das duas filhas do rei, Goneril e Regana. O encontro do rei, agora louco, com Glóster também faz parte desta sequência (da cena 14 ao fim da cena 18).

> Quinta etapa: começa com a cena em que Lear acorda sob os cuidados da sua filha Cordélia e traz à conclusão a narrativa dos irmãos Edgar e Edmundo com sua luta final. Esta etapa também contém as mortes de Cordélia e Lear.

E no *Hamlet*:

> Primeira etapa: contém as cenas em que o desespero e a angústia de Hamlet não têm direção e inclui as cenas da muralha, a coroação do novo rei, o casamento da rainha, o primeiro monólogo, a cena com Horácio e os soldados, até depois do encontro com o fantasma. Com tudo o que o fantasma lhe contou, Hamlet agora tem um propósito e uma terrível responsabilidade: vingar a morte do pai (final da cena 5).

HAMLET   O mundo está fora dos eixos. Maldito azar eu ter nascido para
                 pô-lo no lugar!

Segunda etapa: vai até a chegada dos atores e a ideia de representar *A ratoeira* perante o rei e a rainha. Esta é a sequência da chamada "loucura" de Hamlet. Louco, ou apenas fingindo, seu desgosto profundo consigo mesmo por não ter cumprido a promessa ao fantasma de seu pai é cada vez maior: faltam-lhe provas quanto à culpa do rei (final da cena 8).

HAMLET   Preciso de provas mais concretas. É com a peça
         Que hei de revelar a consciência do rei!

Terceira etapa: Hamlet começa, finalmente, a agir: a reação do rei perante o assassinato do ator-rei durante a peça *A ratoeira* é a prova que lhe faltava. Hamlet não tem mais dúvidas. Ele confronta a mãe, desafia Cláudio e, a caminho do exílio, se depara com o príncipe/soldado Fortinbrás. O exemplo deste jovem corajoso, que nada teme, faz Hamlet decidir que, de agora em diante, ele também vai agir (final da cena 13).

HAMLET   Ah, que a partir deste momento,
         Seja só de sangue o meu pensamento!

Quarta etapa: a caminho da Inglaterra e fora de cena, Hamlet despacha seus falsos amigos Rosencrantz e Guildenstern. Em cena, quem se responsabiliza pela narrativa é Laertes, que, voltando furioso da França, procura vingar a morte de seu pai, Polônio. A etapa termina com a morte de sua irmã, Ofélia (final da cena 14).

Quinta etapa: começa com o retorno de Hamlet à Dinamarca, agora transformado num homem de ação.

HAMLET   Pense bem. Esse rei safado matou o meu pai, fez da minha mãe uma puta, usurpou o trono que era meu por direito e, ainda por cima, tentou se livrar de mim – você acha que, se eu o matasse, isso iria abalar a minha consciência? Não serei amaldiçoado por toda a eternidade se eu permitir que essa pústula continue a viver e a fazer o mal?

Essa sequência vai do encontro de Hamlet com o coveiro e o enterro de Ofélia até a cena do duelo final com Laertes. A rainha bebe o vinho, sabendo, talvez, que ele está envenenado, enquanto Hamlet, com o veneno também correndo fatalmente por suas veias, finalmente mata o rei/padrasto. Neste momento soam os tambores e entra em cena o vitorioso Fortinbrás.

É interessante como nesta divisão são cinco as etapas das duas peças (não os atos!).

Vejamos o que acontece em *Macbeth*.

Primeira etapa: vai do início da peça, quando Macbeth fica sabendo da profecia que diz que um dia ele será rei, até a cena do assassinato. Mais ainda do que em *Hamlet* – em que o príncipe marca todas as etapas da sua narrativa com um monólogo que descreve o que está pensando naquele momento –, Macbeth é, talvez, o personagem shakespeariano com mais introspecção e, talvez por isso, com o maior número de monólogos. Ele relata cada passo de sua trajetória trágica e compartilha com o público, com rigor e sem autopiedade alguma, toda sua agonia e todo seu horror consigo mesmo. E diz sempre a verdade, pois um personagem shakespeariano sempre diz a verdade durante um monólogo (final da cena 4).

Segunda etapa: começa com a introdução de Lady Macbeth. Longe da guerra, ela recebe a carta do marido com a profecia das estranhas criaturas, dizendo que seu marido vai ser coroado. Quando Macbeth chega, durante a visita do rei, Lady Macbeth lida com as dúvidas do marido. Macbeth tem a primeira alucinação a caminho do quarto onde está hospedado o rei. Ele conta como, ao matar o rei, ouviu uma voz dizendo que tinha assassinado também o sono, e agora, nunca mais vai dormir. Os nobres, horrorizados, descobrem a morte do rei (cena 10).

Terceira etapa: começa com a coroação de Macbeth. Não interessa a Shakespeare que o verdadeiro Macbeth, coroado em 1040, tenha reinado na Escócia com paz e prosperidade durante mais de quinze anos. Seu objetivo não é criar um documentário, mas uma peça de teatro, uma fantasia sobre os percalços da ambição desenfreada.

Nesta sequência, o novo rei elimina seu melhor amigo, Banquo, pois a profecia disse que Banquo seria pai de reis. Macbeth esconde de sua mulher os seus pavores e, confrontando o fantasma de Banquo durante o banquete, vai à procura das feiticeiras (final da cena 16).

MACBETH   *(à parte)* A partir deste momento, farei tudo que estiver no meu coração. O castelo de Macduff vou atacar e de suas terras vou tomar posse. Sua mulher será executada. Seus filhos e todos os de sua casa também.
Não quero mais saber de aparição.
Chega de palavras, é hora de ação.

Quarta etapa: com Macbeth fora de cena, o grande terror começa com o assassinato da mulher e dos filhos de Macduff, enquanto o próprio Macduff, na Inglaterra, procura uma aliança com o exilado Malcolm, o filho do velho rei.

A sonâmbula Lady Macbeth procura, desesperadamente, lavar o sangue de suas mãos (final da cena 19).

Quinta etapa: começa com o retorno à cena de Macbeth e lida com a fuga dos nobres escoceses para o exército de Malcolm, a morte de Lady Macbeth e a batalha final em que Macbeth, pensando que está protegido pela profecia que disse que ninguém nascido de mulher poderia fazer-lhe algum mal, descobre a verdade sobre Macduff.

MACDUFF   Não confie mais no seu feitiço. E que o demônio, a quem você sempre serviu, lhe diga que Macduff foi arrancado, antes do tempo, do ventre de sua mãe.

Cinco sequências também. Uma coincidência? Talvez!
Falta *Medida por medida*.
Na verdade, esta divisão em cinco etapas, bastante óbvia nas três outras peças, se torna um pouco mais difícil em *Medida por medida*. Isso ocorre porque ela não tem um grande papel principal, o epônimo da peça, cuja trajetória traça claramente as etapas de sua vida cênica. *Medida por medida* é uma peça de conjunto, com ótimos papéis para vários atores, na qual a narrativa passa de um personagem para outro, num revezamento contínuo.

São quatro as trajetórias principais da peça, que se entrelaçam durante a narrativa: a de Isabela e seu irmão, Cláudio; a do Duque, uma narrativa ascendente, por assim dizer, que, depois de anos isolado e longe de seu povo, participa cada vez mais do vaivém da cidade; a de Ângelo, uma narrativa descendente, na qual ele descobre que é tão culpado quanto os réus que ele mesmo condena; e a dos habitantes das ruas e da cadeia, principalmente a narrativa de Pompeu, o cafetão que luta para sobreviver a todo custo.

Com Isabela no centro da narrativa, vejamos as etapas possíveis em *Medida por medida*.

Primeira etapa: vai do início da peça, com a catástrofe da abdicação do Duque, o pânico nas ruas e nos bordéis diante das leis draconianas do implacável Ângelo, e o disfarce de frade do Duque, até a entrada em cena da freira, a casta Isabela, e sua decisão de interceder perante o juiz a favor de seu irmão que foi condenado à morte (fim da cena 4).

Segunda etapa: consiste, principalmente, das duas cenas entre Ângelo e Isabela, em que Ângelo descobre com horror sua atração pela freira e propõe salvar o irmão se Isabela lhe oferecer o seu corpo (final da cena 8).

ISABELA   A quem posso me queixar? Quem vai acreditar em mim?

>   Terceira etapa: começa com a volta do Duque, ainda disfarçado de frade, e sua tentativa de consolar o condenado Cláudio por meio de uma meditação sobre a inevitabilidade da morte. Escondido, o Duque ouve Isabela contar ao irmão o que aconteceu no seu encontro com Ângelo. O Duque tece um plano para se vingar do hipócrita Ângelo (final da cena 9).

DUQUE   Se tudo der certo, seu irmão irá se salvar, sua honra continuará intacta, Mariana ficará feliz e o corrupto Ângelo terá que responder pelos seus atos. Gosta do plano?

ISABELA   Só de pensar nele já me sinto melhor.

>   Quarta etapa: a ação volta para a rua, onde o cafetão Pompeu, preso mais uma vez, está a caminho da cadeia. Esta sequência lida com o plano do Duque e introduz Mariana, mulher apaixonada e traída por Ângelo, que substitui Isabela no encontro sexual que terá com ele. A etapa conta como Pompeu se torna assistente do carrasco da prisão a fim de sobreviver e termina com um monólogo de Ângelo – lembramos que, no monólogo, o personagem só pode falar a verdade – em que ele compartilha com a plateia o nojo que sente por si mesmo (fim da cena 14).

ÂNGELO   Ah, desgraça, quando perdemos a noção de moral,
           o que não queremos, queremos, e tudo vai mal.

>   Quinta etapa: consiste numa única cena, muito longa e divertida: o Duque retorna oficialmente à cidade, renovado com a energia democrática e anárquica da rua, e assume, mais uma vez, as rédeas do governo. Ângelo é julgado e condenado a se casar com Mariana. E, como esta é uma comédia, o Duque pede a mão de Isabela em casamento. A ordem é restaurada, mas agora é uma ordem permeada por valores humanos como amor e perdão.

Cinco etapas, sim. Outras divisões também são possíveis, dependendo inteiramente da sensibilidade e da interpretação de cada diretor. O *Rei Lear*, por exemplo, poderia ser dividido em três etapas: o mundo civilizado, a tempestade e o mundo do caos.

Se for possível ou desejável haver mudanças de cenário, é provável que ocorram no início ou no fim de uma dessas etapas. Por exemplo, na montagem do *Rei Lear*, houve duas mudanças de cenário, seguindo a divisão da peça em três etapas: no início da segunda etapa, com o fim da civilização, a grande parede dourada do palácio começava a se inclinar e criava uma plataforma suspensa no ar onde Lear, o Bobo e Kent apareciam durante a tempestade, enquanto debaixo da plataforma os mendigos e o Pobre do Tom se abrigavam. No início da terceira etapa, a plataforma chegava finalmente ao chão, expondo o fundo do palco completamente desnudado, apenas com as torres de luz, os refletores e os enormes ventiladores à vista do público: um mundo brutal e sem dó.

O que é importante é que a divisão em etapas, por mais arbitrária que seja, permite o estudo das peças não como um todo enorme, talvez até difícil de digerir, mas em sequências menores, o que facilita a sua compreensão.

AS CENAS E AS UNIDADES DE AÇÃO – OS *BEATS*

Passamos, então, ao estudo de trechos ainda menores. Vamos agora examinar mais de perto o que acontece nas cenas dentro de cada etapa.

Se é verdade que nada na vida permanece em repouso, o mesmo acontece no teatro, onde a narrativa está sempre sendo impulsionada. Aquilo que está acontecendo no final de uma cena não é o mesmo que estava acontecendo no começo. É bom, então, perguntar qual é a diferença. O que mudou durante a cena? O que aconteceu para provocar essa mudança? Algum objetivo foi alcançado? Os personagens descobriram ou aprenderam alguma coisa sobre si mesmos ou sobre o mundo ao seu redor? Que escolhas foram feitas?

Imaginemos que a cena que estamos estudando é uma peça em si. Qual é a história que está sendo contada nessa peça? É possível contar essa história numa frase só, bem concisa? Digamos, com apenas vinte palavras? E o título dessa peça, qual seria?

Um título provisório e escrito a lápis, pois um estudo mais a fundo dessa pequena peça pode revelar detalhes importantes que nem suspeitávamos, e a maneira de contar sua história pode mudar. E o seu título também!

À medida que a estudamos, começamos a notar que a cena pode ser dividida em trechos ainda menores, como os parágrafos de um capítulo de romance. Esses pequenos trechos são as unidades de ação – os *beats*, se tomarmos emprestado o termo norte-americano surgido no Actor's Studio. Uma palavra difícil de traduzir, mas fácil de usar!

Uma unidade de ação, um *beat*, se forma em torno de uma ideia, um assunto ou mesmo uma ação específica, e se liga ao *beat* seguinte através de uma transição. A transição entre dois *beats* serve para renovar a energia da fala. É como o gengibre num restaurante japonês, que limpa o paladar e permite apreciar o sabor de um novo prato!

Uma cena tem um certo número de *beats* e de transições entre eles. Vejamos a cena do porteiro em *Macbeth*, por exemplo:

Primeiro *beat*: o porteiro entra em cena ainda bêbado e imagina que é o porteiro do inferno;

Segundo *beat*: o porteiro finalmente abre os portões, Macduff e Lennox entram no castelo e o porteiro se desculpa, explicando que bebeu muito na noite anterior e ainda está de ressaca;

Terceiro *beat*: Macbeth entra em cena e se dispõe a acordar o rei com os outros. Macduff prefere acordá-lo sozinho;

Quarto *beat*: Macbeth e Lennox, sozinhos em cena, falam sobre a terrível noite que acaba de passar;

Quinto *beat*: Macduff volta, horrorizado, e anuncia que o rei foi assassinado. Macbeth e Lennox saem correndo em direção ao quarto do rei. O alarme começa a tocar;

Sexto *beat*: os nobres e a rainha chegam para saber o que está acontecendo;

Sétimo *beat*: Macbeth e Lennox voltam à cena e Macbeth anuncia que matou os dois guardas, as possíveis testemunhas.

E assim por diante.

É de se notar que todos os *beats* nesta cena foram iniciados pela entrada ou saída de um dos personagens.

Vejamos a segunda cena de *Hamlet*, a coroação do novo rei:

Primeiro *beat*: Cláudio faz seu discurso, agradecendo por sua eleição e anunciando seu casamento;

Segundo *beat*: terminado o discurso, o novo rei se dirige à família de Polônio e dá permissão a Laertes de seguir para a França;

Terceiro *beat*: o rei se dirige a Hamlet pela primeira vez e a rainha implora que o rapaz esqueça o pai, pois a morte é uma coisa comum;

Quarto *beat*: Cláudio proíbe Hamlet de voltar para a universidade;

Quinto *beat*: a rainha implora a Hamlet que fique na Dinamarca, e ele consente;

Sexto *beat*: Hamlet, sozinho em cena, compartilha sua angústia com a plateia.

E assim por diante.

Não só a entrada em cena de um ator, mas um novo evento ou assunto podem iniciar um *beat*.

Na verdade, até certo ponto, essa divisão também é arbitrária e depende da imaginação e sensibilidade do diretor e de seus atores. Por exemplo, o terceiro, quarto e quinto *beats* na cena em estudo podem ser considerados um só *beat*: o rei e a rainha fazem questão de que Hamlet fique na Dinamarca.

Mesmo num monólogo, encontramos diversos *beats*:

LADY MACBETH Cuide bem dele. Ele trouxe ótimas notícias. *(sai o mensageiro)* ***(beat)*** Até o corvo vai ficar rouco quando anunciar a entrada fatal do rei no meu castelo. ***(beat)*** Venham, espíritos que velam pelos pensamentos mais criminosos, façam com que eu não seja mais mulher e que todo o meu ser, da cabeça aos pés, fique cheio da mais medonha crueldade. Engrossem o meu sangue; que os meus poros se fechem para todo e qualquer remorso. Que o meu coração não se deixe amolecer nem me leve a desistir dos meus planos sórdidos. ***(beat)*** Venham aos meus seios, ministros da morte, onde quer que estejam, aguardando os piores atos da natureza, e azedem o meu leite. ***(beat)*** Venha logo, noite, vista-se com a mais negra fumaça do inferno, para que a minha faca afiada não veja a ferida que irá fazer, nem o céu, espiando pelas frestas da escuridão, possa gritar "Pare! Pare!". *(entra Macbeth)* ***(beat)*** Nobre Glamis! Valoroso Cawdor! E maior do que os dois, você ainda será, de acordo com as profecias! Sua carta me transportou para além destes tempos, e sinto agora o futuro aos meus pés.

Primeiro *beat*: ansiosa para ficar sozinha, Lady Macbeth dispensa o servidor.

Segundo *beat*: com o coração disparando, Lady Macbeth contempla a enorme tarefa que tem pela frente.

Terceiro *beat*: Lady Macbeth invoca os espíritos malignos e declara que é capaz dos piores horrores.

Quarto *beat*: Lady Macbeth pede aos ministros da morte que deixe de ser mulher.

Quinto *beat*: Lady Macbeth começa a imaginar como vai ser a noite do assassinato do rei, invocando agora a escuridão.

Sexto *beat*: Lady Macbeth saúda seu marido como rei.

Também é uma boa ideia dar um título bem simples ao *beat* e descrever em poucas palavras o que acontece nele. Sempre a lápis!

O silêncio entre um *beat* e o seguinte – a transição – também é de enorme importância, pois nesse momento há um espaço vazio cheio de possibilidades: o silêncio é tão expressivo quanto a palavra. O que acontece durante a transição? Que escolhas são feitas pelos personagens? São escolhas fáceis, feitas rápida ou impulsivamente, ou os personagens precisam de tempo para fazer uma escolha mais difícil, e há uma pausa em que a ação parece ficar suspensa?

Ainda na cena do porteiro em *Macbeth* (cena 10), o que acontece na transição entre o *beat* em que Macduff sai para acordar o rei e a primeira fala de Lennox, que inicia o *beat* seguinte? Há um silêncio constrangedor entre ele e Macbeth ou a conversa é fácil? Macbeth está ansioso ou calmo por saber o horror que Macduff vai encontrar no quarto do rei? Lennox diz que passou uma noite terrível – passou a noite acordado? Está exausto e preocupado?

(Macduff sai de cena.)

LENNOX	O rei vai embora hoje?
MACBETH	Vai. Foi o que disse.
LENNOX	Que noite, essa. O vento soprou tão forte que arrancou todas as telhas do lugar onde estávamos hospedados. Era possível se ouvir, ao longe, gente se lamentando, gritos estranhos de morte e profecias de distúrbios e revoluções, frutos destes nossos tempos tão turbulentos. Uma coruja gritou durante toda a madrugada. Dizem que a terra chegou a tremer.
MACBETH	Foi uma noite e tanto.
LENNOX	Não me lembro de outra igual.

Além de pesquisar o que acontece antes da primeira fala de Lennox, vale a pena perguntar por que é que ele tem uma fala tão longa, ao passo que a resposta de Macbeth é tão curta e concisa. E essa resposta de Macbeth vem em cima da deixa ou há uma pausa no final da fala de Lennox?

Qual seria o título deste *beat*?

Na cena de *Hamlet*, o que acontece entre o segundo e o terceiro *beat*, quando o rei se vira para falar com Hamlet? Há uma pausa na qual o rei se aproxima do rapaz para falar com intimidade paternal ou será que ele fala para todos os presentes ouvirem? É o padrasto quem fala ou é o rei? Será que há um silêncio constrangedor que faz a rainha interferir na conversa entre seu marido e seu filho?

CLÁUDIO E agora, meu sobrinho Hamlet e meu filho.

HAMLET *(à parte)* Um pouco mais do que sobrinho e menos do que filho.

CLÁUDIO Por que é que as nuvens ainda pairam sobre você?

HAMLET Não, meu senhor; o sol é que paira sobre mim.

GERTRUDES Querido Hamlet, deixe de lado esta aparência sombria e permita que seus olhos vejam no rei um amigo. Não fique para sempre de cabeça baixa, à procura de seu nobre pai na poeira. Você sabe que é comum, tudo o que vive deve morrer, passando da natureza para a eternidade.

E o que acontece nas transições entre um *beat* e o seguinte no monólogo de Lady Macbeth?

Na verdade, cada *beat* é uma peça minúscula que precisa ser pesquisada e realizada com enorme cuidado e prazer.

O que fizemos até agora foi dividir a peça em trechos cada vez menores: em etapas, em cenas e em *beats* com suas transições, para chegarmos, finalmente, ao estudo das falas e das palavras.

A PALAVRA

No silêncio cheio de infinitas possibilidades, os personagens se deparam consigo mesmos, pois todas as narrativas os levam para o conhecimento de quem, na verdade, eles são. E também o que eles deixam de ser, pois etapa por etapa, cena por cena, fala por fala, os personagens vão se transformando, ao longo de um percurso que empolga e fascina o espectador.

A trajetória de cada um destes grandes personagens, e de todos os personagens de todas as peças, é uma jornada por um território emocional e intelectual desconhecido, pelo qual o ator e o diretor têm que caminhar passo a passo, como aventureiros e exploradores. Felizmente, há um guia – o texto. O texto é como um mapa topográfico de um rico território a ser explorado, cheio de marcas quase invisíveis e indicações por vezes obscuras, que precisam ser identificadas.

Está tudo na nossa frente. Basta ver o que está na página. No texto. Na palavra.

Bem, isso não é tudo. É preciso ser curioso. Fazer perguntas.

Como dar vida ao texto? Como fazer com que a palavra salte da página escrita para a boca, a mente e o coração do ator, e assim para o ouvido, a mente e o coração do espectador?

Cada palavra do texto é resultado de uma escolha. Talvez Shakespeare, homem de teatro, tenha escrito com muita pressa, talvez ele tenha escrito até por encomenda, já que sua companhia, como qualquer companhia de teatro, precisava manter uma bilheteria saudável, sempre com novos espetáculos de sucesso. Mesmo assim, ele nunca escreveu uma só palavra por desleixo ou acaso.

Por certo, a escolha inicial da palavra é do escritor, que no ato de escrever descobre a palavra exata para exprimir precisamente aquilo que ele está imaginando, naquele momento, na boca do personagem. A palavra escolhida passa então, na página, como texto escrito, a ser a escolha do personagem, que exprime aquilo que ele está imaginando naquele momento. Chega a vez do ator que, ao procurar dar vida ao texto, precisa descobrir cada palavra como se fosse uma escolha inteiramente sua, inventada na hora de falar.

O ator precisa estudar cada palavra com enorme cuidado, pois cada uma delas é um comprometimento perigoso, que define e revela seu personagem, seus objetivos e suas intenções.

Mas a palavra é maleável. É possível transformar um substantivo por intermédio de um adjetivo – ao trocar um adjetivo por outro, o substantivo muda sua identidade. Qual é a intenção de um personagem quando escolhe um adjetivo e não outro? Não é uma tentativa de particularidade, de se exprimir precisamente? O mesmo acontece com os verbos e advérbios! E de onde surge uma imagem? O que significa o uso da metáfora? Ou uma série de metáforas, uma após a outra? O que está por trás de um oximoro, o uso de duas palavras cujo sentido é contraditório? Por que, às vezes, o texto parece ficar emperrado, com imagens que se repetem obsessivamente? Como lidar com uma lista de imagens?

Vejamos.

Em primeiro lugar, vale a pena distinguir o que é simples e cotidiano no texto, as frases que reconhecemos no dia a dia, e o que é curioso, surpreendente ou estranho, pois são pistas que nos levam ao encontro do personagem.

Em segundo lugar, é bom lembrar que, se o texto é sempre o mesmo, sua intenção pode mudar. Em nossa procura, tudo que encontramos é provisório. Nada é definitivo. Toda conclusão é suspeita até ser provada em cena, quando um ator está diante de outro, os dois integrados no momento, no calor da ação. E mesmo assim, não há absolutos. A verdade existe só naquele instante.

No teatro, somos todos oportunistas. Estamos sempre atrás do que é mais interessante, mais empolgante – o que funciona melhor. Nada é fixo ou estável. Uma emoção que hoje parece verdadeira, amanhã pode parecer falsa ou histriônica. Uma fala com entonação perfeita hoje, amanhã pode destoar horrivelmente.

Mas, para dar especificidade a uma imagem, o ator precisa saber exatamente do que está falando. Mais ainda, precisa visualizar a imagem no instante em que ele a menciona.

Vejamos a fala durante a qual Hamlet procura compartilhar com seus amigos Rosencrantz e Guildenstern a razão de sua melancolia:

HAMLET De uns tempos para cá – e eu não sei por que – perdi toda a minha alegria. Nada me interessa. Ando tão desanimado que esta *terra tão rica* mais me parece um *rochedo enorme e estéril*. Esta *abóbada celeste,* este *firmamento glorioso*, vejam, esta *maravilha de teto, com rajadas de fogo dourado,* para mim não passa de um acúmulo de *gases pestilentos.*

Qual é a ação e quais são as imagens desta fala?

A primeira frase descreve um pensamento inacabado – um pensamento que fica pairando no ar por um momento. Por que esse parêntese que interrompe a fala?

A segunda frase, curta e corriqueira, inserida no meio da primeira frase, contém a declaração de um segundo fato simples e incontestável, mas carregado de significado, cujo subtexto talvez seja "e realmente isto me preocupa" ou então "vocês podem contar isto ao rei".

A terceira, uma outra frase também muito curta, completa a primeira e contém mais um fato simples e indiscutível. Um fato que talvez o deixe muito deprimido.

A quarta frase, bem mais longa, consiste numa antítese, isto é, a presença de duas metáforas com significados contrários: a "terra tão rica" e o "rochedo enorme e estéril" – aliás, é bom lembrar que estes dois adjetivos, enorme e estéril, são dois atributos do rochedo muito diferentes um do outro, pois estéril não é o mesmo que enorme!

A quinta frase, a mais longa da fala, tem um embalo bem diferente das outras e contém três imagens com o mesmo significado – isto é, o céu –, mas que são diferentes umas das outras: *a abóbada celeste,* o *firmamento glorioso* e a *maravilha de teto com rajadas de fogo dourado,* a mais longa no final da frase. A frase termina com uma antítese, ou seja, uma imagem que reduz drasticamente as três metáforas anteriores, os *gases pestilentos.*

É quase como se, entre uma imagem e outra, Hamlet estivesse pensando "não, não é bem assim, é mais do que isso... ah, já sei".

HAMLET   Esta abóbada celeste, (*não, não é bem assim, é mais do que isso... ah, já sei*) este firmamento glorioso, vejam, (*não, não é bem assim, é mais do que isso... ah, já sei*) esta maravilha de teto, com rajadas de fogo dourado [...].

Não é como se Hamlet estivesse procurando uma imagem simplesmente mais poética – o que ele está procurando é uma imagem cada vez mais exata. A estrutura da fala indica a maneira como o raciocínio de Hamlet vai se desenvolvendo: depois de estabelecer três fatos simples e incontestáveis, usando frases corriqueiras e sem metáforas, seu raciocínio vai se expandindo à procura daquela metáfora mais correta e específica, que expressa mais exatamente o alcance de seu desespero.

Esse acúmulo de imagens é bem comum nas peças de Shakespeare. São muitos os personagens que procuram uma ideia ou imagem precisa valendo-se de listas.

MACBETH   (*à parte*) Que angústia essa notícia me dá. Não fosse por isso, eu me sentiria bem. Tão perfeito quanto o mármore. Tão sólido quanto uma rocha. Tão livre quanto o ar. Mas agora me sinto aprisionado, encarcerado, enclausurado, tomado pelo medo e por dúvidas que só irão me atormentar.

Ou então, no último encontro com as feiticeiras:

MACBETH   Invoco aqui todos os seus poderes sobrenaturais; mesmo que tenham que libertar os ventos e lançá-los contra as igrejas; mesmo que ondas tempestuosas engulam os navios; mesmo que as colheitas sejam arruinadas e as árvores abatidas; mesmo que castelos desabem sobre as cabeças das suas sentinelas; mesmo que a natureza se transforme em caos e que tamanha destruição venha a nos horrorizar, respondam-me.

Esta sequência de imagens cria, de certa forma, uma onda emocional e intelectual na qual o ator precisa surfar. A intenção que impele todas as imagens desta fala é a mesma – Macbeth procura enumerar tudo o que ele está pronto a arriscar naquele momento, chegando mesmo a pôr em jogo toda a civilização e a própria natureza! Ele visualiza um horror atrás do outro, cada vez maior, e é só com o caos da destruição total do mundo que a onda, finalmente, se quebra.

As listas nos textos de Shakespeare são bastante comuns – são sempre ondas a serem surfadas em busca da imagem correta. Outro exemplo é o famoso monólogo "ser ou não ser" de Hamlet:

HAMLET [...] Morrer, dormir –
Dormir? Talvez sonhar; ah, aí é que está o problema.
Pois nesse sono de morte, os sonhos que hão de vir
Quando estivermos livres de nosso corpo
Nos obrigam a hesitar. É por isso
Que aceitamos as misérias da vida por tão longo tempo.
(*a onda começa*)
Pois quem iria suportar o desdém e as pancadas deste mundo, /
O abuso do opressor, / a afronta do orgulhoso, /
As dores do amor desprezado, / a lentidão da justiça, /
A insolência do poder, / e a rejeição
Que o virtuoso recebe do indigno, /
Se pudesse dar fim a isso tudo
Com uma simples faca?

Mais uma vez, entre cada imagem é possível imaginar uma interrupção quase imperceptível, durante a qual o personagem pensa "não, é mais do que isso... ah, já sei!".

HAMLET Pois quem iria suportar o desdém e as pancadas deste mundo, *(não, é mais do que isso... ah, já sei!)* o abuso do opressor, *(não, é mais do que isso... ah, já sei!)* a afronta do orgulhoso, *(não, é mais do que isso... ah, já sei!)* as dores do amor desprezado, *(não, é mais do que isso... ah, já sei!)* a lentidão da justiça, *(não, é mais do que isso... ah, já sei!)* a insolência do poder, *(não, é mais do que isso... ah, já sei!)* e a rejeição
Que o virtuoso recebe do indigno,
Se pudesse dar fim a isso tudo
Com uma simples faca?

Essa noção da onda e do surfe intelectual e emocional também pode ser aplicada aos *beats,* às unidade de ação. O início do *beat* cria uma onda que o ator pega e surfa, até que a onda quebra no fim do *beat*. Depois da transição, com o novo *beat,* outra onda começa.

Uma onda está sempre em movimento, sempre continua seu avanço com pequenos impulsos, que renovam e aumentam sua força, como no exemplo do *Hamlet* que acabamos de ver.

Um exercício simples que demonstra esse processo de surfar uma onda intelectual e emocional é estabelecer a diferença entre o que é "bom", o que é "melhor" e o que é "ótimo". O ator diz que algo é "bom", imediatamente depois diz "não, é melhor!" e logo depois "não, é ótimo!". O raciocínio vai sempre se contradizendo e se ampliando, impelido sempre para a frente, como se o que é apenas "bom" ou "melhor" não satisfizesse, até chegar ao que é "ótimo".

Essa noção, aparentemente tão simples e comezinha, de que aquilo que vem depois tem sempre que ser, de alguma forma, melhor do que aquilo que vem antes, é fundamental para a interpretação de uma cena ou monólogo. É a ideia que propulsiona uma ação.

AS CESURAS

Estas pequenas interrupções, pausas minúsculas, cortes ou incisões quase imperceptíveis entre uma imagem e outra são chamadas de *cesuras*, e são uma ferramenta indispensável para o trabalho do ator.

A cesura cria um momento de indecisão em que o personagem não sabe o que dizer ou qual imagem está à sua disposição. É um momento cheio de possibilidades. Um momento de suspensão que resulta, finalmente, na escolha de uma imagem perfeita para exprimir exatamente o que o personagem está pensando ou sentindo naquele momento – mesmo que essa imagem venha a ser descartada em favor da imagem seguinte. Uma imagem é então "descoberta" pelo personagem, escolhida entre dezenas de outras. O resultado desse processo é a aparência de espontaneidade, a impressão de um improviso.

O cérebro humano funciona com uma velocidade incrível e, na vida, quando buscamos as palavras para dizer alguma coisa, nem percebemos que estamos usando cesuras. A não ser quando realmente temos dificuldade de lembrar uma palavra, nem ficamos sabendo que o nosso cérebro vasculha com incrível rapidez todo nosso vocabulário à procura daquela imagem perfeita, pois inventamos a nossa vida de momento a momento.

Durante um ensaio, uma estratégia bastante útil, e divertida também, é desacelerar artificialmente esse processo. O ator pode, então, verificar a infinidade de imagens à sua disposição e escolher aquela que mais lhe agrada. Como exercício, o ator coloca uma cesura antes de uma imagem e, em voz alta, examina todas as imagens que vêm à sua cabeça, até o momento em que estas são descartadas em favor daquela única que ele estava procurando. O ator "descobre", assim, a imagem.

Mais tarde, o processo pode ser encurtado e as cesuras podem desaparecer. Mesmo assim, sem perceber, um vestígio do processo pode restar, dando uma especificidade à descoberta daquela imagem. Ou, se desejar, o ator pode reter uma cesura longa, o que permite ao personagem "descobrir" a imagem novamente, diante do público. A imagem ganha, assim, uma presença imediata e enorme vigor.

Como exercício, vamos colocar algumas cesuras no primeiro monólogo de Edmundo em *Rei Lear*:

EDMUNDO   Por que nos tacham de bastardos?
                    Por quê? Por quê?
                  Se no prazer natural da cama
                  Somos gerados com mais *(cesura)* paixão e *(cesura)* vigor
                  Do que uma raça inteira de *(cesura)* frouxos,
                  Concebidos entre um sono e um despertar?

O ator, ao chegar às cesuras, interrompe o monólogo para imaginar quais outras imagens poderiam ilustrar exatamente o seu pensamento. No ensaio, isso pode ser feito em voz alta...

EDMUNDO   Somos gerados com mais *(amor não; tara, talvez, mas também não... Ah! Já sei)* paixão e *(e o que, o que foi que produziu um homem como eu? Ah! Já sei)* vigor do que uma raça inteira de *(de quê? De fracos? Tem que ser mais do que isso. De covardes? Também não! Então de quê? De quê? Ah! Já sei...)* de frouxos [...].

Aliás, a cesura pode também ser colocada depois da imagem, como se o personagem estivesse averiguando se era mesmo aquela imagem que ele estava procurando.

EDMUNDO   Somos gerados com mais paixão e... *(é, mas foi muito além de paixão, foi... ah, já sei, foi)* vigor *(isso, perfeito)* do que uma raça inteira de frouxos *(é isso, filhinhos de mamãe)* [...].

E assim por diante. O interessante é que, em todos esses exemplos, o gatilho no momento de descoberta da imagem foi o pensamento "ah! já sei!".

O uso da cesura faz com que a ênfase de uma palavra não seja necessária. A ênfase, como se uma palavra estivesse sublinhada, dá um peso mecânico e indesejado à palavra, ao passo que o resultado de uma cesura é uma imagem leve e viva.

Como exercício, é possível colocar uma cesura antes ou depois de toda e qualquer palavra ou imagem. Afinal, toda palavra que o ator fala é resultado de uma escolha. Isso é questão de gosto... Mas o importante é recuperar o embalo da fala, que vem da sua intenção e que, como já vimos, tem que levar o ator até o final da fala.

O uso da cesura que resulta na escolha de uma imagem auxilia o ator a se concentrar totalmente no *aqui* e no *agora*!

Dizem que não há subtexto em Shakespeare, isto é, no sentido de uma pausa de incerteza, que cria um monólogo interior e silencioso entre a fala de um ator e a fala de outro. Dizem que tudo se encontra no texto e que o ator precisa entrar com sua fala em cima de sua deixa.

Até certo ponto, isso é verdade. Para sustentar a narrativa, especialmente em teatros maiores, o embalo do texto precisa ser mantido com enorme vigor, com as falas vindo em cima das deixas: em geral, o ator precisa estar pronto com sua fala, e não tem tempo de preparar sua réplica com uma pausa para o subtexto. Pausas entre as falas podem interromper fatalmente a ação, a continuidade e o ritmo da cena. É como numa corrida de revezamento – quando se deixa cair o bastão, é difícil recuperar o impulso.

Mas, em primeiro lugar, como estratégia de ensaio, nos exemplos vistos, o uso do subtexto tem grande valor. Os subtextos imediatos são o trampolim que lança a fala no ar – aliás, com a adição de um palavrão, o subtexto é melhor ainda! Serve para enraizar a fala do ator no cotidiano e desmistifica a aura de importância que o trabalho pode ter.

Em segundo lugar, durante as pausas propositais no diálogo, e também quando um ator precisa ficar atento, ouvindo e reagindo às falas longas de outros atores em cena, com certeza o subtexto mais profundo do ator é de grande importância.

Porém, é preciso ter cuidado para não dissipar a energia do texto. Isso não significa que não possa haver pausas durante uma cena, ou que tudo deva ser feito com correria ou afobação. Pelo contrário. Mas essas pausas não podem acontecer por acaso – o silêncio é tão eloquente quanto a palavra. Uma pausa proposital, que suspende a ação por um momento, durante a qual, por exemplo, um personagem procura resolver uma crise ou encara um momento de escolha difícil, pode ser de grande efeito. Nesse caso, a pausa, preenchida com um subtexto silencioso, pode aumentar a tensão e renovar a energia da cena, impelindo a ação ainda mais.

À medida que cada um dos *beats* e cada uma das transições são pesquisados, e à medida que as imagens são "descobertas" com o uso das cesuras, e que estas vão sendo reduzidas a ponto de desaparecer quase completamente, a dinâmica da peça e a identidade dos personagens começam a se revelar.

OS PERSONAGENS

Já vimos como o ponto de partida de muitas peças de Shakespeare é a narrativa de uma família, ou de uma nação como família – de pais com seus filhos ou filhas, de reis ou líderes com seus súditos. As filhas desobedecem aos pais, os filhos se tornam rivais. Os súditos tramam a morte do rei e o rei/pai assassinado retorna como fantasma para assombrar os súditos/filhos. O olhar do personagem se dirige para fora e se depara com as coisas do mundo. Ao mesmo tempo, se volta para dentro e se depara com suas contradições interiores.

Pois se as narrativas têm uma dimensão ao mesmo tempo doméstica e épica, pessoal e política, seus personagens embarcam, também, numa trajetória profundamente existencial. Deslumbrados ou horrorizados, eles descobrem a si mesmos. E, no decorrer da peça, sofrem transformações que os tornam irreconhecíveis. Alguns, como Macbeth, entendem de momento a momento o que está acontecendo consigo mesmos – outros, atordoados como Hamlet, procuram desesperadamente se entender, mas não entendem nada. Outros, ainda, como Otelo, não se dão conta de como foram transformados até ser tarde demais.

Uma das estratégias que Shakespeare usa para traçar essas transformações é o monólogo, no qual, sozinho em cena, um personagem compartilha seus pensamentos mais íntimos com a plateia, confessando suas fraquezas mais humilhantes ou suas ambições mais secretas. É um momento de revelação raramente visto no teatro de hoje, o momento de uma intimidade absoluta entre o ator e uma plateia de 500, 800, talvez até 1.000 pessoas. O momento incrível de uma intimidade pública.

Macbeth não conta nem para a esposa quais são os terrores que açoitam sua imaginação, mas com a plateia ele se abre com um despojo total. Diante da plateia, com uma honestidade contundente, Macbeth se transforma, passo a passo, num assassino.

MACBETH   Quase não me lembro mais do gosto que tem o medo. Houve um tempo em que qualquer grito na noite me fazia tremer. Quando eu ouvia uma história de terror, meus cabelos ficavam arrepiados, de pé, como se estivessem cheios de vida. Estou farto de tantos horrores. O que é medonho não consegue mais me assustar.

Hamlet compartilha com os espectadores todas as suas incertezas e todo o nojo que sente de si mesmo, sem pudor algum. Além disso, olhando diretamente nos olhos do espectador, ele exige que o espectador tenha a mesma coragem de dizer a verdade. Mais ainda, ele desafia o espectador a subir no palco para lhe dar uma surra!

HAMLET   Será que sou um covarde?
          Está me chamando de canalha? Quer me dar um soco na cara?
          Me ofender? Me xingar? Tirar um sarro de mim?
          Quer? Hein? Então tira, vai! É isso que eu mereço!

Estes são momentos de um autoconhecimento e de uma honestidade aterradores.

No *Rei Lear* há dois monólogos importantes. No primeiro, Edmundo justifica sua amoralidade audaciosa:

EDMUNDO   Tu, Natureza, és minha deusa. Só a ti
          Juro servir. Por que preciso
          Aceitar a maldição dos costumes
          E ser deserdado só por ter
          Nascido pouco mais de um ano
          Depois de meu irmão?
          E por que sou bastardo?
          Já que meu corpo é tão bem-feito,
          Minha mente tão boa, minha forma tão bela
          Quanto a de um filho de mulher honesta.

No segundo, o fugitivo Edgar descarta toda a sua identidade e se transforma no Pobre do Tom, num nada:

EDGAR   Farei como os mendigos que fogem do hospício
          E com gritos horríveis enterram pregos,
          Alfinetes e espinhos nos seus braços magrelas,
          E com pragas loucas e rezas
          Vagam pelas aldeias pedindo esmola. Pobre de mim!
          Pobre do Tom!
          Só isso me resta: Edgar não é mais nada.

O Duque não tem monólogo algum e, por isso, não tem um momento de autoconhecimento – em *Medida por medida*, os monólogos são de Ângelo, que encara a si mesmo com horror:

ÂNGELO   O que é isso? O que é isso? A culpa é dela ou minha? Quem é
          o maior pecador, hein? Quem tenta ou quem é tentado? Não,

> não é ela, não é ela que está me tentando, mas sim eu, que em plena luz do sol, estando ao lado de uma flor, corrompo sua beleza como se fosse uma carcaça.

O palco passa a ser um espaço confessional. Nesse espaço, o personagem não mente. Nunca. Sempre diz a pura verdade. E, durante o monólogo, o ator precisa se pôr emocionalmente à inteira disposição da plateia. Não há como se esconder.

E a famosa "quarta parede" do teatro naturalista? A noção tão importante de que tudo está acontecendo num espaço "verdadeiro", num casarão no sul dos Estados Unidos, por exemplo, numa peça de Tennessee Williams, ou numa *dacha* nas estepes russas, numa peça de Tchekhov? Não é um crime o ator olhar para a plateia?

Não!

Não há quarta parede. Não há ilusão do "verdadeiro".

Estamos no teatro, aqui e agora! Atores e espectadores compartilhando a narrativa no mesmo espaço.

As peças de Shakespeare transcorrem no palco diante do público, seja quando a ação se passa numa ilha do Caribe, no ambiente escuro de uma prisão ou na corte de um rei. E o contato direto do ator com a plateia, sem pudor, medo ou constrangimento, é essencial no teatro de Shakespeare.

O estudo desses monólogos, desse olhar tão incrivelmente honesto e tão público dos personagens para dentro de si, confirma um fato curioso: todos os grandes personagens de Shakespeare sofrem da mesma doença, o excesso de imaginação. Hamlet, Macbeth, Lear, Ângelo, Otelo, Romeu, Julieta, Falstaff, Edgar, Edmundo, todos sofrem de uma imaginação inesgotável, rigorosa e até mesmo aterradora, que os leva – e a plateia também – a uma percepção tão sublime quanto trágica da condição humana.

Essa imaginação incrível leva os personagens não só a contemplar o abismo dentro de si mesmos, mas também a olhar ao redor e a indagar sobre as verdades do mundo. E na ação, no engajamento de um personagem com outro, Shakespeare nos leva aos grandes temas que o preocupam: é a razão que diferencia os homens dos animais? É possível dosar a severidade da justiça com compaixão e misericórdia? O que é verdadeiro, e o que é só aparência? Inventamos as nossas vidas ou tudo já está escrito? É possível viver uma vida equilibrada, sem excessos? Qual a responsabilidade que temos uns com os outros? O amor, o que é?

Mas esses encontros se dão não com discussões filosóficas e abstratas. Eles sempre fazem parte integral da narrativa dos personagens, isto é, da ação.

OS ENSAIOS. O TRABALHO DE MESA

Estes são alguns dos temas universais que percorrem a obra de Shakespeare, temas importantes que podem – na verdade, *devem* – ser debatidos entre os atores, o diretor e o resto da equipe, sentados em torno de uma mesa no início dos ensaios. Essas discussões são maravilhosas. Todos compartilham suas opiniões, suas expectativas e ansiedades e seu conhecimento, com alegria e entusiasmo. Todos dão palpites. O importante é que todos se sintam à vontade, que participem e comecem a pensar coletivamente sobre a peça. É um passo imprescindível no processo de criação.

Em meio às discussões, é bom lembrar que a ação de cada cena surge não do que é universal, mas do que é concreto e específico. Poderíamos dizer até que esses temas universais, e o que é chamado de poesia também, aparecem só por coincidência ou puro acaso! E certamente o ator em cena não pode pensar que está falando poesia, e muito menos que está lidando com temas universais. O texto pode ser de uma beleza incrível, mas a intenção do ator não pode ser a de escolher uma bela imagem e tampouco a de considerar um tema universal.

Sem dúvida, as peças de Shakespeare apresentam desafios e dificuldades com os quais atores modernos não estão acostumados. Há mitos e tabus sobre esses textos que podem amedrontar o ator – o enorme âmbito emocional dos personagens, o pensamento muito mais longo que no teatro moderno, o uso de metáforas e antíteses. Os ensaios de mesa permitem que esses desafios e dificuldades sejam identificados, discutidos e até mesmo desmistificados.

Vale a pena lembrar também que durante esses ensaios de mesa tudo é possível e todas as conclusões a que se chega são provisórias. A liberdade é total. Durante os debates em torno da mesa, todas as opiniões são válidas e todas as teorias merecem atenção. Escolhas ainda não precisam ser feitas. Mais tarde, quando os atores se levantarem da mesa e começarem a ensaiar para valer, quando olharem uns nos olhos dos outros à procura da vida dos seus personagens, outras possibilidades, sem dúvida, vão surgir; por isso, é bom adotar a postura de uma curiosidade constante e ficar sempre alerta.

Alerta ao que há de estranho, curioso, inesperado ou fora do comum numa frase ou numa fala, e também ao que há de familiar, comum ou corriqueiro, pois nisso existem pistas que podem levar ao que há de concreto e específico no texto.

É bom fazer perguntas: há palavras que se repetem? Pois às vezes as imagens ficam se repetindo como uma agulha presa num disco. O que isso nos diz do personagem? É sinal de uma preocupação específica ou de alguma obsessão? Há a presença de antíteses na fala, isto é, uma imagem que se opõe diretamente a uma outra? O que significa, para o personagem, o uso de oximoros, dois substantivos que contradizem um ao outro, mas que, lado a lado, criam algo inteiramente novo e inesperado, que só existe na imaginação? Quando dois substantivos aparecem ligados por um *e* – isso *e* aquilo, por exemplo –, o *isso* tem o mesmo significado do *aquilo* ou são diferentes? E o que acontece se houver uma troca de adjetivos ou advérbios na fala?

Deve-se ficar alerta, também, a como o texto soa. A frase é gostosa de falar e ouvir? Soa natural ou parece forçada? A intenção está clara e faz sentido? Como manter a energia do pensamento e impulsioná-lo sempre?

Há muitos "bifes" no teatro elisabetano, falas longas que parecem intermináveis, durante as quais o ator precisa sustentar a energia do pensamento ao longo de inúmeras frases, passo a passo. Determinada cesura está no melhor lugar possível? Renova a energia da fala? O que acontece se a cesura for colocada depois em vez de antes de uma imagem? Há cesuras demais? É por isso que a fala está perdendo sua forma e, com isso, seu sentido? Será que uma cesura a mais ajudaria na compreensão da frase?

Chega o momento em que o ensaio de mesa termina. Agora, com os atores de pé, a tarefa é descobrir como dar vida física à narrativa.

NA SALA DE ENSAIO

Como em qualquer encenação de qualquer peça de teatro, cada palavra, nuance de voz, olhar, movimento e postura do ator, tudo o que acontece em cena, cada detalhe, por mais insignificante que pareça, conta uma história. O espetáculo final é, na verdade, o acúmulo desses detalhes.

No cinema, a câmera escolhe tudo o que o espectador vê, tudo o que é importante para a narrativa. Em grande medida, a imaginação do espectador é controlada pelo que ele está vendo na tela. E o que ele está vendo é uma imagem concreta, que não depende muito de sua imaginação. Além disso, a dinâmica da narrativa depende inteiramente do ritmo em que as imagens lhe são apresentadas, isto é, dos cortes cinematográficos. E, uma vez gravada, a interpretação do ator vai sempre ser a mesma.

Isso não acontece no teatro. Muito menos no teatro de Shakespeare. Tudo que aparece no palco está à disposição do espectador, que a cada momento tem a liberdade de escolher o detalhe que mais lhe interessa. O teatro exige a participação ativa e constante do espectador. Por certo, é possível dirigir o olhar de quem assiste a um detalhe ou outro por intermédio de efeitos de luz, mas mesmo assim é o ator que capta e contém a atenção do espectador. A imagem que o ator oferece é apenas um gatilho para estimular a imaginação de quem assiste. A imagem precisa da imaginação dele. Além disso, a interpretação do ator, de uma noite para outra, nunca é a mesma.

Ensaiar não é, simplesmente, uma questão de procurar soluções cênicas ou inventar belas "marcações". O ensaio também não é lugar onde o ator pode repetir o texto mecanicamente, a fim de decorar suas falas – o ator precisa decorar o texto em casa, para que, na hora do ensaio, ele possa brincar. Se não for assim, a perda de tempo é enorme!

Ensaiar é brincar. Experimentar. Descobrir as possibilidades. Investigar alternativas. Buscar o que é mais interessante e estimulante para dar vida aos personagens.

AS FONTES DE INSPIRAÇÃO

São três as fontes principais de inspiração do ator à procura de seu personagem.

A primeira é a pesquisa, isto é, a procura de informações que vêm de livros acadêmicos sobre Shakespeare e dissertações sobre a peça, lembrando sempre que essa matéria é somente a opinião de outros, pois mesmo os acadêmicos mais estudiosos e eruditos nos oferecem apenas seus pontos de vista subjetivos. É bom escolher os acadêmicos com cuidado! Não há autoridade alguma que possa declarar, de modo definitivo, o que está certo ou errado. Não há verdades absolutas. Tudo é possível. Tudo é questão de gosto individual.

A segunda fonte de inspiração é a imaginação do diretor e dos atores. Sozinho em casa, cada um deve se perguntar o que mais lhe interessa na narrativa e no personagem, o que mais o toca e comove, o que há de mais misterioso e intrigante na peça. O que é que, na narrativa e no personagem, fala mais diretamente da sua vida e do seu mundo; pois o teatro não é um museu, e a peça, como já vimos, é o espelho do mundo.

Tudo é uma questão de subjetividade, opinião e gosto. Tudo é questão do que funciona melhor no momento e para cada um. Se desenvolver um passado imaginário para o personagem ajuda o ator, tudo bem. Mesmo esse passado tem que ser flexível, capaz de ser reinventado na hora pelo ator. O acadêmico L. C. Knights escreveu um estudo apresentado em 1932 com a famosa pergunta "Quantos filhos tem Lady Macbeth?". Não há nada no texto da peça que indique a existência de filhos, além desta frase:

LADY MACBETH   Eu já amamentei várias vezes e sei o amor que uma mãe sente pelo seu filho. Mas mesmo se ele estivesse sorrindo para mim, eu teria arrancado o meu seio dos seus lábios delicados e teria esmagado sua cabeça no chão, se eu tivesse assim jurado, tal como você jurou.

Então, a resposta mais interessante é "Depende!". Depende inteiramente da atriz que faz o papel de Lady Macbeth e do que a atriz acha mais estimulante no momento da fala.

Além disso, a resposta é um segredo que a atriz não precisa compartilhar com ninguém, nem mesmo com o ator com quem ela contracena, porque se hoje ela acha mais estimulante imaginar que Lady Macbeth é mãe de dois filhos que ainda estão vivos, tudo bem. Se amanhã ela imaginar que todos os filhos de Lady Macbeth já faleceram, tudo bem também. Ninguém vai saber.

Juntos, na sala de ensaio, a tarefa coletiva é construir um mundo coerente e definir claramente quais são os valores morais e éticos desse mundo, para que cada ator saiba onde seu personagem se encaixa nesse mundo. Mesmo depois do fim dos ensaios de mesa, as discussões e debates devem continuar. Mas vale a pena, também, inventar brincadeiras, exercícios e improvisações que ajudem não só a definir o mundo específico da peça, como também a forjar a identidade do elenco.

A fonte de inspiração mais importante para o diretor e o ator é a terceira, o texto – não só as imagens que o personagem escolhe, mas também tudo que um personagem diz a respeito de si e de seu mundo. E também tudo o que é dito sobre ele pelos outros personagens, lembrando que nem tudo o que é dito é verdade!

Como sempre, está tudo – ou quase tudo – no texto.

A ENCENAÇÃO

Nessa etapa do processo, com os atores de pé na sala de ensaio, as possibilidades que surgiram durante o trabalho de mesa são testadas na prática. Escolhas mais precisas começam a ser feitas, com o objetivo de transformar a narrativa em ação física. Onde o ator se encontra no palco a cada momento, a distância entre um ator e outro, cada um dos seus movimentos, tudo contribui para a narrativa.

Cada diretor tem seu processo para descobrir a dimensão física da narrativa. Alguns sozinhos, em casa, antes mesmo do ensaio, imaginam como decorre a movimentação dos atores em cada cena. Mais comum, hoje em dia, é o processo que começa com uma improvisação.

Com informações básicas, talvez apenas o *quando* e o *onde*, e com os *beats* marcados a lápis no texto, os atores leem a cena, andando livremente pela sala de ensaio. O diretor observa, inicialmente, sem interferir.

De volta à mesa, o diretor e os atores analisam a leitura: os *beats* e as transições estavam nas posições certas? Quais são as alternativas? Os atores sentiam que estavam no lugar certo durante cada *beat*? E o que aconteceu durante as transições? O que os movimentos dos atores revelaram sobre os personagens e suas intenções?

O ator não se movimenta em cena por acaso, ou apenas porque a cena parece estática demais. Os movimentos do ator são resultado de escolhas, e são essas escolhas que definem o personagem. Toda e qualquer marcação, isto é, movimento e posição do ator em cena, é provisória. Nada é definitivo.

O processo vai se repetindo: de pé, os atores passam a cena. Depois, voltam à mesa para compartilhar o que descobriram e verificar, mais uma vez, os *beats*, as transições e os movimentos relacionados a cada transição.

AS MOTIVAÇÕES

A pergunta que mais preocupa o ator sempre é "Quem é o meu personagem?". E mais ainda: "Qual é a minha intenção em cada cena? O que eu, isto é, meu personagem, quero nesse momento? O que me impede de realizar o meu querer? Quais são as minhas contradições interiores? Qual é a minha motivação?".

Em muitas peças, a motivação do personagem é um mistério que o ator, eventualmente, descobre. Não é assim nas peças de Shakespeare: nos seus monólogos para a plateia, e mesmo nos diálogos das cenas, os personagens descrevem em detalhes, sem inibições e sem segredos, quais são os motivos de suas ações.

DUQUE   A culpa é minha, eu sei. Mas seria terrível, agora, tiranizar o povo só porque durante anos permiti seus excessos. Daí porque, santo padre, transferi meu poder para Ângelo. Ele poderá fazer tudo o que for necessário sem que, com isso, venha a comprometer minha pessoa. Para observar sua conduta, vou me disfarçar de frade e me misturar ao povo.

LEAR   Deem-me o mapa. Saibam que o meu reino será
Dividido em três partes. E é meu firme propósito
Livrar minha velhice de responsabilidades,
Confiando-as a forças mais jovens
Enquanto eu, sem cargos, rastejo
Em direção à morte.

MACBETH	Estou mergulhado em tanto sangue que voltar atrás seria tão difícil quanto seguir em frente. Isso me causa muita agonia, mas danem-se as consequências, farei o que for preciso.
HAMLET	Esta é a hora em que as bruxas se reúnem, em que os mortos abandonam seus túmulos e o inferno empesta o ar com suas maldições. Agora eu poderia beber sangue e praticar atos terríveis. Minha mãe me espera. Oh coração, lembre-se de sua natureza. Que eu seja cruel, sem ser desalmado. Que minhas palavras sejam afiadas, mas não a minha faca. *(sai)* Mãe!

Certamente há situações em que a intenção de um personagem não está clara no texto. Nesse caso, cabe ao ator imaginar qual é essa intenção, para que sua interpretação tenha especificidade. Com isso, a plateia pode entender o que o ator está pensando ou sentindo, mesmo sem as palavras do texto. Por exemplo, por que o Duque contempla a morte com tanta intensidade no seu encontro na cadeia com Cláudio? Por que Cordélia se recusa com tanto orgulho a bajular o rei, seu pai, como fizeram suas irmãs? Mas até mesmo o grande enigma shakespeariano – por que Hamlet não se vinga e mata o rei usurpador? – tem uma explicação no texto!

HAMLET	O fantasma que vi Talvez seja o diabo, querendo me seduzir Com uma imagem tão querida. É. E talvez, Por causa da minha fraqueza e da minha melancolia, Queira abusar de mim para me levar para o inferno. Preciso de provas concretas.

Durante os ensaios, o texto deixa de ser palavra escrita e passa a ser ação na boca, no coração e na mente do ator. No seu corpo e no seu movimento. Isto é, na sua expressão corporal. À medida que um ator se aproxima ou se distancia de outro, a relação física de um com outro, os gestos que fazem e até mesmo os olhares que trocam, tudo faz parte da narrativa, e o objetivo do ensaio é descobrir, *beat* por *beat*, como realizar essa narrativa da maneira mais viva e verdadeira.

O diretor precisa, então, averiguar e ajustar constantemente as marcações durante cada *beat* da cena, para assegurar que a narrativa do *beat* esteja bem clara. E, se necessário, sugerir alternativas. É como se cada *beat* fosse fotografado e a foto, ou sequência de fotos, contasse perfeitamente o que está acontecendo a cada momento do *beat*. Ou se, filmado mas sem som, ainda fosse possível entender perfeitamente a história que está sendo contada no *beat*. E assim com todos os *beats* de uma cena. O ideal seria que a peça fosse entendida perfeitamente em silêncio, só com o movimento e o posicionamento dos atores.

Para dar uma dinâmica mais interessante à movimentação da cena, às vezes vale a pena pensar nos tipos de planos de uma filmagem. Assim, o *plano geral* mostraria o cenário ou espaço inteiro, aberto, permitindo ver o personagem ou grupo de personagens no contexto do seu mundo. A impressão que um ator sozinho no fundo do palco dá à plateia é de uma enorme vulnerabilidade. O *plano médio* seria o que ocorre no meio do palco, sem ênfase alguma e sem o realce de um ou outro personagem. O *plano próximo* ou *close* seria a posição mais próxima do público, o que seria, no palco italiano, o proscênio. Esse plano dá ênfase ao personagem e permite que haja intimidade com a plateia, especialmente nos monólogos.

O movimento de um ator do fundo do palco para o proscênio pode ter o mesmo efeito que o movimento de uma câmera que aproxima cada vez mais o ator do espectador. A caminhada passo a passo do ator parece aumentar, cada vez mais, a intensidade de um monólogo. O mesmo acontece quando o ator tem um aparte de algumas linhas no meio de uma cena que os outros atores, ainda em cena, não devem ouvir, só a plateia.

Um exemplo disso ocorre na cena 4 do *Macbeth*, em que o rei Duncan e o resto do exército estão em cena e o rei nomeia seu filho Malcolm como seu sucessor. Digamos que isso aconteça no meio do palco, no plano médio. Naquele momento, Macbeth pode virar-se para a plateia e dar um passo para a frente, entrando no plano próximo, em que ele pode compartilhar secretamente com a plateia o que está pensando. Em termos de convenção teatral, os outros personagens ainda em cena, no plano médio, continuam sua ação sem ouvir o que Macbeth está dizendo.

OS ENSAIOS CORRIDOS

Depois de várias semanas de ensaio de cada uma das cenas, com todos os *beats* e transições, chega a hora de averiguar o resultado desse trabalho minucioso com ensaios corridos. A procura, agora, é da dinâmica do espetáculo como um todo. É importante saber como uma cena se encaixa na seguinte. O teatro shakespeariano é um teatro vigoroso, e cada cena tem que impulsionar a narrativa sem interrupção, trégua ou descanso. Nesta etapa dos ensaios, também se procura dar cada vez mais definição à trajetória de cada um dos personagens.

Apesar da terrível reputação de personagens como Ricardo III ou Iago, ou Cláudio no *Hamlet*, ou as duas irmãs Goneril e Regana no *Rei Lear*, é preciso ver o mundo shakespeariano como um mundo sem heróis ou vilões. Cada personagem tem a razão do seu lado, e o ideal é que a plateia possa simpatizar com o pleito de cada um. Quanto mais bem delineada a trajetória de cada personagem, mais ele merecerá a simpatia do espectador.

No início da peça, por exemplo, Cláudio, homem viril e decisivo, ao ser coroado, tem todas as qualidades necessárias para ser um bom rei. Para ele, o mau comportamento de Hamlet subverte a ordem do reino e ameaça seu poder.

CLÁUDIO Ele é um tumor que se espalha pelo meu corpo e que eu preciso curar. *(sai)*

O espectador precisa simpatizar com a situação do rei, torcer por ele, e ao mesmo tempo o espectador precisa simpatizar igualmente com Hamlet, e torcer também por ele. Esse vai e vem, em que cada um dos protagonistas merece, por sua vez, a simpatia do espectador, pois cada um tem sua verdade e sua razão, é um dos grandes prazeres do teatro shakespeariano.

E quem não simpatiza com Macbeth, um criminoso infame? Mas isso só acontece porque acompanhamos passo a passo, e cada vez com mais horror – e até com admiração pelo seu rigor e sua honestidade para consigo mesmo – como um herói nacional e um homem tão bom se destrói e se transforma num assassino cruel e desumano.

Cada um dos personagens secundários também tem sua trajetória, e cabe a cada ator traçá-la com arrojo. Uma brincadeira gostosa é a de trocar o nome da peça pelo nome do personagem que o ator está interpretando. O título da peça, então, passa a ser *Banquo* ou *Malcolm* ou *O porteiro*, e não *Macbeth*; *Regana* ou *Kent*, e não *Rei Lear*; *Pompeu* ou *Madame Bempassada* e não *Medida por medida*; *Horácio* ou *Ofélia* ou *Osric*, e não *Hamlet*. Brincadeira, talvez, mas com um grão de seriedade – cada ator tem que considerar seu personagem como o personagem principal da peça, cuja trajetória é de grande importância. Cada personagem tem suas verdades, suas qualidades e suas falhas, suas expectativas e ansiedades, suas contradições, e o ator tem que compartilhar com o espectador como seu personagem vai fazendo escolhas e se transformando passo a passo no decorrer da peça.

Todos os personagens imaginados por Shakespeare se transformam, por vezes vertiginosamente. Reis ou súditos, soldados ou cafetões... O importante é que nenhum é bom nem mau, mas todos são cheios de contradições, e todo personagem é um herói para si mesmo. Cada um tem uma história a ser contada.

A CONTRADIÇÃO

A cada momento de nossas vidas estamos fazendo escolhas, algumas importantes, outras inconsequentes. O mesmo acontece com os personagens no teatro. É como se estivessem numa encruzilhada, perguntando a si mesmos: "E agora, o que é que eu faço?".

Como estudo de qualquer personagem, em qualquer peça, é importante definir a vontade e a contravontade do personagem durante todo o decorrer da ação – o seu querer e também aquilo que o impede de obter esse seu querer. Essa contradição provoca uma instabilidade interior do personagem que o leva a fazer escolhas que vêm a definir quem ele é. Esse estudo é também fundamental no trabalho com Shakespeare, já que muitas vezes seus personagens têm consciência de que suas escolhas põem em jogo toda a estrutura moral e ética de um ser humano, ou o futuro de uma nação. Às vezes, o que está em risco chega a ser a própria natureza e toda a humanidade!

E é claro que quanto mais um personagem tem a ganhar ou perder – o risco de cada escolha – em cada momento da peça, maior a intensidade do que está acontecendo em cena. Quanto maior a instabilidade interior de um personagem e o risco para o seu próprio ser, mais viva e imprevisível a ação cênica será. Por isso, é muito importante identificar no texto não só o que o personagem quer e qual é o obstáculo a esse querer, mas também a razão dessa vontade e dessa contravontade. O *porquê* da ação.

Eis um exemplo bastante óbvio, do ponto de vista de um ator que faz o papel de Macbeth:

> Eu (Macbeth) quero/preciso assassinar o rei *porque* mais do que tudo no mundo eu quero ser rei. Mas eu (Macbeth) não quero assassinar o rei *porque* ele é um homem virtuoso e um bom rei, *porque* eu sou seu anfitrião e *porque* não sei quais seriam as consequências do meu ato. Então, o que é que eu faço?

MACBETH   O rei veio até aqui porque confia em mim. Primeiro, porque sou seu parente e seu súdito leal, dois motivos poderosos contra o ato. Depois, porque sou seu anfitrião, que deveria fechar a porta na cara do assassino, e não erguer a faca eu mesmo. Além do que, esse soberano é um homem tão gentil e tem tanta integridade no exercício do poder que suas virtudes, como se fossem anjos revoltados, vão anunciar ao mundo o grande horror de sua morte. E a piedade, chorando como uma criança recém-nascida, vai soprar o maldito crime nos olhos do mundo e uma chuva de lágrimas vai afogar o vento.

Eu (Macbeth) chego, então, a uma conclusão, e faço uma escolha: não. Não posso assassinar o rei:

> Sou como um cavaleiro sem esporas, sem motivo para ir adiante, a não ser essa minha ambição, que de tão desenfreada salta e cai do outro – *(entra Lady Macbeth)*

Neste monólogo, tudo o que Macbeth quer e tudo o que impede a realização desse querer estão presentes no texto.

Mesmo quando a contravontade não está tão clara no texto, vale a pena o ator usar sua imaginação a fim de estabelecer qual é a contravontade do personagem na cena. Esta formulação "eu quero isso porque... mas não quero isso porque..." é de grande proveito na interpretação de todos os personagens, pois permite entender personagens cuja conduta em certos momentos, isto é, em certos *beats,* parece inexplicável ou incoerente.

Como, por exemplo, na chamada "cena do convento" de *Hamlet*:

HAMLET	Ha ha! Você é honesta?
OFÉLIA	Meu senhor?
HAMLET	Você é bonita?
OFÉLIA	O que quer dizer?
HAMLET	Que se você for honesta e bonita, não deixe que sua honestidade faça qualquer negócio com sua beleza.
OFÉLIA	Pode a beleza fazer melhor negócio do que com a honestidade?
HAMLET	Pode sim. Porque a beleza é capaz de transformar a honestidade numa puta antes que a honestidade consiga fazer da beleza uma mulher honesta.*(beat)* Houve um tempo em que eu te amei.
OFÉLIA	E fez com que eu acreditasse.*(beat)*
HAMLET	Não deveria ter acreditado. Eu nunca te amei.
OFÉLIA	Maior a minha ilusão.

Digamos (uma suposição somente!) que a vontade de Hamlet nesta cena seja a de se proteger contra a beleza de uma mulher, que seduz e enfraquece o homem. Essa vontade resulta num ataque violento a Ofélia. Mas qual é sua contravontade?

Intuímos que há, na cena, um *beat* misterioso em que Hamlet interrompe seu ataque, um *beat* de uma intensidade e com uma intenção que parecem ser diferentes do resto da cena. Como entender esse momento? Será que nesse *beat* Hamlet deixa de se proteger e se deixa seduzir pela beleza de Ofélia? Será que ele a toma nos braços com carinho e amor, desejando a tranquilidade que essa entrega lhe oferece? Por apenas um instante, já que no *beat* seguinte, talvez horrorizado com sua própria fraqueza, ele volta ao ataque.

Essa é apenas uma possível interpretação daquele *beat* misterioso, descoberto no texto, que talvez possa funcionar se a contravontade de Hamlet na cena for, precisamente, a de querer se entregar a Ofélia e se deixar seduzir.

Importante, também, é a transição que dá origem a esse *beat* misterioso, em que a contravontade de Hamlet ("quero ser seduzido pela beleza de Ofélia porque não suporto mais a dor da separação") supera, por um só momento, sua vontade ("preciso me proteger da beleza de Ofélia, porque a beleza da mulher é traiçoeira"). O embalo da narrativa da cena é interrompido para dar espaço à resolução desse conflito interno: há uma pausa até que, finalmente, Hamlet toma Ofélia em seus braços. Momentos depois, na transição seguinte, sua vontade volta a superar sua contravontade com força: Hamlet empurra Ofélia violentamente para longe de si.

A dinâmica do espetáculo é criada pela realização cênica de cada *beat* e das transições entre os *beats*. Uma vez que se assegure que essa dinâmica está bem esboçada e que as histórias dos personagens e suas contradições estão sendo contadas de forma clara e vívida, é hora de ir para o teatro, onde o palco está à espera do elenco.

NO PALCO. ONDE E QUANDO?

Não sabemos se o homem de Stratford viajou muito além de Londres durante sua vida. O que é surpreendente é que a ação de todas as suas peças sempre ocorre em lugares distantes ou épocas longínquas, nunca em Londres e no seu tempo. A Inglaterra antiga, a Dinamarca, a Escócia do século XI, Viena, Verona, Roma, Veneza, a ilha do Caribe em *A tempestade*... Até mesmo as cidades que ainda existem hoje em dia e aparecem nas suas peças históricas não são locais verdadeiros para Shakespeare – são lugares na sua imaginação, na sua fantasia e nos seus sonhos.

À medida que estudamos as peças com mais detalhe, começamos a imaginar o mundo em que elas ocorrem. Mas como realizar esse mundo concretamente no palco?

Verdade é que Shakespeare também não indicou um local específico onde transcorre a ação de cada cena. Quem introduziu a designação do lugar das cenas foi aquele mesmo Nicholas Rowe, em 1709. Como na época não havia cenários, muitas vezes Shakespeare nos diz, no próprio diálogo, quais são as circunstâncias precisas, o *onde* e o *quando* de uma cena. Por exemplo, durante a tempestade no *Rei Lear*, é claro que o diretor e o cenógrafo podem conceber efeitos estupendos e impressionantes, com relâmpagos espetaculares, rajadas de trovão, uma ventania pavorosa e tudo mais. Mas nada pode superar a força e a simplicidade estarrecedora do texto naquele momento:

BOBO   Ai, paizinho. Água benta em casa seca é melhor que chuva ao relento. Paizinho, entra, pede a bênção a tuas filhas; esta noite não tem pena nem de sábio nem de bobo.

LEAR   Arrota tuas entranhas! Escarra fogo, chuva também! Nem vento, nem chuva, nem fogo são filhas minhas.

Ou nas muralhas do castelo, com um diálogo tão simples e cotidiano em *Hamlet*:

HAMLET   Mas que frio. Que horas são?

HORÁCIO   Quase meia-noite.

MARCELO   Não, já passa.

HORÁCIO   Ah é? Foi nessa hora que o fantasma apareceu. *(sons de canhões)*

Ou com a descrição irônica do castelo de Macbeth:

DUNCAN   Este castelo fica num lugar muito agradável. O ar é tão leve e puro que me faz um enorme bem.

BANQUO   As andorinhas constroem seus ninhos aqui, nas sacadas do castelo, para criar seus filhotes. Dizem que elas se sentem atraídas pela doce brisa e por um ar tão delicado.

Ou em *Medida por medida*, quando o alvoroço para por um momento:

ÉSCALO   *(entra o superintendente)* Que horas são?

SUPERINT.	São onze horas, meu senhor.
ÉSCALO	Venha almoçar comigo.
SUPERINT.	Seria uma honra, meu senhor, mas não posso.

O *onde* e o *quando* da cena estão embutidos no texto.

O pano de fundo na época em que as peças foram escritas era o próprio teatro. No palco havia uma porta central e quatro entradas laterais: cinco entradas ao todo. É o que dizem. Não havia iluminação e os figurinos, como tais, não existiam: as roupas usadas pelos atores em cena eram as roupas de rua da época. Também é o que dizem.

Hoje em dia, estamos acostumados com cenários. Viciados com o realismo do cinema e da televisão, queremos ver exatamente em que lugar ocorre a ação. Nossa imaginação talvez tenha ficado preguiçosa. O visual impera! Já que é assim, como providenciar um espaço cênico para o espetáculo que possa satisfazer as expectativas da plateia?

O CENÁRIO – A CONCHA CÊNICA

Um bom ponto de partida é criar o que poderíamos chamar de "concha cênica". Um único ambiente que possa retratar, de forma abstrata, o mundo da peça; onde a ação possa fluir rapidamente, de uma cena para outra, sem interrupções. Com mais recursos, a "concha cênica" pode sugerir um mundo específico: um mundo civilizado ou selvagem, um mundo destroçado pela guerra ou uma floresta encantada, os corredores de um palácio austero ou as ruas de uma cidade. E esse espaço pode até se transformar, ao refletir tanto a narrativa como a subjetividade dos personagens.

A concha inicial do *Rei Lear*, por exemplo, desenhada pelo Serroni, era o palácio do rei, símbolo do poder, da ordem, da civilização: uma enorme parede de fundo dourada e um chão pintado com formas geométricas concêntricas. A parede tombava durante a tempestade e depois se tornava simplesmente uma plataforma, refletindo a subjetividade de Edgar: um vazio total, um nada.

A concha inicial do *Hamlet*, criada pelo André Cortez, numa montagem menos grandiosa, era simplesmente uma cortina preta com manchas cinzentas, que podiam ser interpretadas como simplesmente um fundo de palco descolorado, ou então nuvens pesadas num céu de chumbo. Um cenário abstrato. Os companheiros do revolucionário Laertes, na sua volta da França, arrancavam as pernas laterais e a cortina de fundo tombava, expondo a parede do palco e as varas com os refletores. Uma metáfora cênica, talvez, que expunha um mundo de verdades cruéis por detrás da fachada falsa do cenário.

A concha inicial do *Repertório Shakespeare* surgiu porque havia pouco tempo entre as apresentações de *Macbeth* e *Medida por medida*: era preciso criar uma só concha para as duas peças. André Cortez, então, concebeu uma estrutura de metal semicircular, com as cinco entradas tradicionais e outras secundárias, já que na estrutura de metal havia cortinas plásticas, divididas em gomos, que permitiam entradas e saídas rápidas dos atores. Além dessa estrutura permanente, um enorme telão como um grafite de rua, criado por Alexandre Orion e inspirado no quadro *Operários* de Tarsila do Amaral, pairava sobre o cenário. Quando começava o reino de terror e carnificina de Macbeth, os rostos no telão se transformavam em horríveis caveiras de um gigantesco ossuário.

A verdade é que nada disso é necessário! A concha pode ser muito simples – basta um praticável num espaço vazio, lembrando o que disse Lope de Vega, um dramaturgo espanhol contemporâneo de Shakespeare: teatro se faz só com dois atores, uma plataforma e uma paixão.

O objetivo é criar um espaço. Nada mais. Um espaço, não um lugar. Um espaço onde o ator pode se comunicar com o espectador com facilidade e intimidade. Infelizmente, como diz Fernanda Montenegro, os teatros no Brasil não têm boa acústica e é aconselhável dar uma "assistência sonora" ao espetáculo, com microfones e caixas de som, para que os atores possam falar com o mínimo de esforço e o máximo de naturalidade, e o espectador possa ouvir com prazer tudo o que o ator diz.

A era da voz empostada se foi.

A ILUMINAÇÃO

Quando pensamos em iluminar um espetáculo – e, com um cenário abstrato, a iluminação passa a ter enorme importância –, a qualidade da iluminação, sua direção e sua cor, e até a quantidade de luz em cena, ajudam a definir o *onde* e o *quando* da ação.

Além disso, é bom lembrar que a iluminação afeta profundamente o ritmo do espetáculo. Luz é movimento. Cada acender e cada apagar das luzes precisa ser estudado com muita atenção, pois cada efeito contribui para a dinâmica do espetáculo e influencia diretamente a maneira como o espectador percebe a narrativa.

OS FIGURINOS

Mesmo com os figurinos de rua, é bom que o espetáculo tenha uma identidade visual. O mundo da peça é um mundo em guerra e os personagens são soldados de uniforme, como em *Macbeth*? É um mundo de rua, alegre e colorido, como em *Medida por medida*? Se o cenário se transforma, como, por exemplo, em *Rei Lear*, o mesmo não deve acontecer com os figurinos?

É importante conceber figurinos que ajudem a contar a história de cada um dos personagens, para que o espectador possa entender exatamente o que está acontecendo com o personagem, qual é sua trajetória.

O número de personagens nas peças de Shakespeare é muito grande e, às vezes, um ator tem que representar vários deles. Por isso, o *look* de cada personagem precisa ser definido no seu vestuário, senão pode ficar difícil para o espectador identificar quem é quem no enredo.

MÚSICA E SONOPLASTIA

A linguagem de Shakespeare é tão rica que não precisa de acompanhamento musical – a palavra de um ator diante de uma plateia silenciosa e atenta tem enorme força. Apesar disso, uma trilha sonora com música entre as cenas pode ajudar a manter a dinâmica do espetáculo, ou até realçar momentos especiais. Afinal, estamos tão acostumados com as trilhas sonoras no cinema que podemos até estranhar e sentir que alguma coisa está faltando se não existir uma trilha sonora no espetáculo.

Vale a pena lembrar que uma peça de Shakespeare exige uma atenção do espectador à qual ele pode não estar acostumado. Ele precisa ouvir o que está sendo dito em cena com muito cuidado, e conta com poucos recursos visuais que possam ajudá-lo. Por isso, breves intervenções sonoras entre uma cena e outra podem até trazer um momento de descanso importante para o espectador e renovar sua atenção.

ENSAIOS GERAIS

Chegando no palco, todo o trabalho cuidadoso da sala de ensaio parece desaparecer. Há muitos elementos novos aos quais os atores precisam se adaptar – os figurinos, os efeitos de luz e, principalmente, o tamanho do espaço, que sem dúvida parece gigantesco. Tudo o que funcionava maravilhosamente bem na intimidade da sala de ensaio parece não funcionar mais e, mesmo com assistência sonora, as vozes dos atores não alcançam a última fileira da plateia. A naturalidade desaparece. Tudo parece forçado. Vem o desespero.

Mas, aos poucos, tudo vai sendo recuperado, à medida que os atores começam a se sentir mais à vontade no espaço. Eles se acostumam a compartilhar o texto e suas intenções sem empostar a voz. Os efeitos de luz não os incomodam mais, e eles descobrem que há algo mágico e empolgante nos figurinos. Quando saem dos camarins vestidos como seus personagens, já parecem estar a meio caminho do encontro com a plateia.

Os ensaios gerais adquirem cada vez mais fluência. Ajustes são sempre necessários – nas marcações e até mesmo nas intenções de cada personagem, pois a dinâmica de um ensaio geral no palco revela exigências inesperadas da narrativa. E à medida que as interpretações dos atores começam a se impor com autoridade, a peça começa a ter vida própria. Mas, como uma criança recém-nascida, ela precisa de muito carinho e cuidado.

Mais uma vez, é preciso fazer perguntas: a ação está embutida demais? Ou então, está sendo forçada demais? Os *beats* e transições estão sendo bem realizados? A narrativa de cada personagem está clara?

A essa altura, além dos ensaios gerais, outros tipos de ensaio podem também ser vantajosos: há o corrido alemão, no qual, sentados em cadeiras na boca de cena, olhando todos para a plateia e não um para o outro, os atores compartilham seu trabalho com a última fileira da plateia. É um corrido estranho, pois os atores anseiam sempre pelo olhar dos outros, mas é um ensaio que parece dar uma envergadura maior à narrativa.

Há o corrido italiano, no qual os atores falam o texto o mais depressa possível, uma deixa em cima da outra, sem pausas ou cesuras. Um ensaio mecânico, em que as intenções desaparecem e não há nem sutileza nem mesmo raciocínio, pois a intenção do ensaio é só a velocidade do texto.

E se o espetáculo, agora no palco, está perdendo sua verdade interior, há o corrido íntimo – vamos chamá-lo de corrido brasileiro –, em que os atores, sentados em roda, próximos uns dos outros, interpretam seus papéis rapidamente, mas com intensidade e emoção, em voz baixa, quase sussurrando, improvisando todos os movimentos, sem se importar com a encenação.

O resultado desses corridos é que o coração da criança recém-nascida começa a bater com mais força. Porém, ainda falta um ingrediente importante: o espectador.

A APRESENTAÇÃO

Finalmente, chega a hora do primeiro encontro com o público.

Tudo o que foi imaginado na preparação do espetáculo, todas as discussões em torno da mesa, todas as procuras e descobertas, os momentos de desespero e de alegria na sala de ensaio têm sua razão de ser no momento em que sobe o pano ou se acendem as luzes ao começar o espetáculo. É o momento em que o ator, por mais admirável que seja sua interpretação, passa a ser um mero intermediário entre a imaginação incrível de Shakespeare e o deslumbre do espectador.

E os espectadores, através das décadas, tiveram várias oportunidades de ver montagens formidáveis no país, concebidas por importantes diretores e interpretadas por grandes atores brasileiros, que permitiram acessar amplamente a imaginação do Bardo. Entre elas, o *Hamlet* de Sérgio Cardoso; o *Otelo* de Paulo Autran, dirigido por Adolfo Celi; *A comédia dos erros* e *Sonho de uma noite de verão*, dirigidos por Cacá Rosset; o *Péricles*, dirigido por Ulysses Cruz, que também dirigiu o *Rei Lear* de Paulo Autran e o *Macbeth* de Antônio Fagundes; o *Ham-Let* [sic] do Zé Celso; o *Hamlet* do Wagner Moura, dirigido por Aderbal Freire-Filho; o lindo *Romeu e Julieta* do Gabriel Villela e também o do Antunes Filho, com Giulia Gam e Marco Antônio Pâmio, que se encontraram em cena novamente, muitos anos mais tarde, no *Repertório Shakespeare*.

Toda peça de Shakespeare permite as mais variadas leituras. Afinal, somos todos diferentes e, ainda que tudo se encontre no texto, ele é somente um ponto de partida para cada um de nós.

Este guia serve apenas para apontar as incríveis maravilhas que podemos encontrar dentro do próprio texto, se tivermos paciência e curiosidade. Não há regras. Não há quem possa dizer o que está certo ou errado. Tudo depende do gosto e da sensibilidade de cada um. Quando, por alguma razão, um espetáculo não funciona, não faz mal – a peça continuará existindo para ser descoberta por outros diretores e outros atores. Mas, quando funciona, é um deslumbre.

E que sensação quando descobrimos que dá para entender tudo o que Shakespeare diz. Mas é claro! Ele era brasileiro, morou no Rio (sem dúvida, perto da praia) e escreveu em português! E, apesar das inúmeras mortes e assassinatos, apesar dos momentos da mais terrível escuridão, estas peças têm uma luminosidade incandescente, uma força e uma exuberância que sempre revelam, na sua compaixão e no seu entendimento, as possibilidades do mundo.

E é bom pensar que, quando o diretor e os atores permitem que a voz de Shakespeare seja ouvida com simplicidade no palco, naquele momento ouvimos, também, a música das esferas.

A PRÁTICA

Eis alguns exercícios e brincadeiras que podem auxiliar no estudo da peça e dos personagens. Alguns desses exercícios se aplicam ao trabalho dos atores, e outros, ao trabalho dos diretores. Mas tanto atores quanto diretores poderão fazer aqueles que desejarem.

AS CATÁSTROFES, ETAPAS, CENAS E *BEATS* DA PEÇA

1) Identificar, mesmo que por intuição, a catástrofe da peça.

2) Descrever o mundo da peça antes e depois da catástrofe.

3) Identificar, mesmo que por intuição, as etapas da peça.

4) Dar um título a cada etapa e descrever, em poucas palavras, o que acontece nela.

5) Descrever o mundo da peça em cada uma das etapas.

6) Descrever o *quando* e o *onde* de cada cena em cada etapa.

7) Dar um título a cada cena e descrever, em poucas palavras, o que acontece nela.

8) Dividir, mesmo que por intuição, os *beats* (unidades de ação) em cada cena e indicar claramente, traçando uma linha no texto, onde cada *beat* faz a transição para o *beat* seguinte.

9) Dar um título a cada *beat* e descrever, em poucas palavras, o que acontece nele.

10) Dar um título a cada transição entre os *beats* e descrever, em poucas palavras, o que acontece nela.

11) Fazer um corrido da cena com circunstâncias imediatas (o *quando* e o *onde*) diferentes – a cena é uma onda para ser surfada, mantendo a energia da onda.

AS FALAS E FRASES

12) Identificar os elementos da frase: substantivos, adjetivos, verbos e advérbios.

13) a) Colocar uma cesura *antes* de cada substantivo e imaginar dois ou três substantivos alternativos para colocar no lugar.

 b) Descartar cada substantivo alternativo até chegar ao substantivo do texto. O subtexto imediato antes de cada substantivo é "É esse? Ah, é esse sim...".

 c) Colocar uma cesura *depois* de cada substantivo para verificar se é o substantivo do texto. Se for, o subtexto é "Ah, é esse sim".

 d) Verificar como cada escolha afeta o significado da frase.

14) a) Colocar uma cesura *antes* de cada adjetivo e imaginar dois ou três adjetivos alternativos para colocar no lugar.

 b) Descartar cada adjetivo alternativo até chegar ao adjetivo do texto. O subtexto antes de cada adjetivo é "É esse? Ah, é esse sim...".

 c) Colocar uma cesura *depois* de cada adjetivo para verificar se é o adjetivo do texto. Se for, o subtexto é "Ah, é esse sim".

d) Verificar como cada escolha afeta o significado do substantivo e da frase.

15) a) Colocar uma cesura *antes* de cada advérbio e imaginar dois ou três advérbios alternativos para colocar no lugar.

b) Descartar cada advérbio alternativo até chegar ao advérbio do texto. O subtexto antes de cada advérbio é "É esse? Ah, é esse sim...".

c) Colocar uma cesura *depois* de cada advérbio para verificar se é o advérbio do texto. Se for, o subtexto é "Ah, é esse sim".

d) Verificar como cada escolha afeta o significado do verbo e da frase.

16) Falar o texto só com as consoantes (sem as vogais!) – cada consoante tem que ser a mais explosiva possível.

17) Falar o texto só com as vogais (sem as consoantes!) – cada vogal tem que ser a mais curta possível.

18) Perguntar o que há de estranho ou fora do comum na fala. Há imagens repetidas?

19) Quais as metáforas na fala?

20) Quais as antíteses? Elas estão claras e o contraste entre elas está bem visualizado?

21) Há oximoros na fala? O que eles trazem de novo ou inusitado?

22) Há expressões cotidianas na frase?

23) a) Conceber a frase como uma seta que só atinge o alvo com força na última sílaba da palavra final.

b) Bater palmas uma ou duas vezes no momento em que a fala chega ao final e atinge o alvo.

c) Andar numa direção durante a frase e trocar de direção quando a frase chega ao final e atinge o alvo.

24) Fazer a paráfrase da frase.

25) Usar um palavrão como subtexto imediato antes da frase.

26) Escolher as cesuras importantes e as que podem ser descartadas para ficar só na memória do personagem.

OS PERSONAGENS

27) Vasculhar o texto para identificar tudo o que é dito sobre o personagem.

28) Vasculhar o texto para identificar tudo o que o personagem diz que quer ou precisa na peça (a vontade) e o *porquê* desse querer.

29) Vasculhar o texto para identificar tudo o que impede o personagem de atingir o seu querer (a contravontade).

30) Formular a contradição (vontade e contravontade) do personagem cena por cena: "Eu quero (isso) porque (a razão), mas não quero (isso) porque (a razão)" ou "Eu não quero (isso) porque (a razão), mas quero (isso) porque (a razão)".

31) Nessa formulação, substituir *quero* por *preciso*.

32) Nessa formulação, intensificar os porquês (as razões).

33) Formular a contradição (vontade e contravontade) do personagem na peça como um todo.

34) Escrever uma biografia do personagem com base nas informações do texto e nas suas contradições.

35) Expandir os momentos de escolha do personagem nas transições principais em cada cena – momentos em que a ação para e o personagem pergunta "E agora, o que é que eu faço?".

36) Antes de responder a essa pergunta, avaliar cada um dos termos da contradição (vontade e contravontade) como um monólogo interior, chegando ao momento da escolha.

OS CORRIDOS

37) Traçar a trajetória do personagem em cada cena, perguntando como o personagem mudou no decorrer da cena e que fatores ou escolhas levaram a essa transformação.

38) Traçar a trajetória do personagem na peça como um todo, perguntando como o personagem mudou no decorrer da peça e quais os momentos mais importantes dessa transformação.

39) Imaginar a trajetória do personagem como uma onda enorme para ser surfada, do começo ao fim da peça.

40) Fazer uma defesa do personagem perante os outros atores, como se fosse num tribunal.

41) Perguntar quais os temas principais da peça que mais interessam.

42) Perguntar como esses temas estão incorporados aos personagens.

43) Fazer diferentes corridos da peça (o alemão, o italiano, o brasileiro).

44) O *aqui* e *agora*: repetir várias vezes "Não antes, nem depois, mas aqui, agora!" ao andar pela sala de ensaio, mudando de direção, olhando em torno de si e também para os colegas.

45) O *bom*, o *melhor* e o *ótimo*: dizer a palavra "bom" e, imediatamente depois, rejeitar o que é bom, dizendo "Não, não, é melhor!", e logo depois "Não, não, é melhor ainda, é ótimo!". Trocar o "bom" por outro adjetivo e surfar a mesma onda.

TERCEIRO ATO

PEÇAS TRADUZIDAS

E ADAPTADAS ESPECIALMENTE PARA AS MONTAGENS: *REI LEAR* [2000], *HAMLET* [2012] *MEDIDA POR MEDIDA* E *MACBETH* [O *REPERTÓRIO SHAKESPEARE*] [2016] POR MARCOS DAUD E RON DANIELS

REI LEAR

TRADUZIDA POR RON DANIELS
E REVISADA POR MARCOS DAUD.
O RESTANTE DAS PEÇAS TRADUZIDAS
POR MARCOS DAUD E RON DANIELS.

PERSONAGENS

LEAR, *rei da Britânia*

GONERIL, *filha mais velha de Lear*
REGANA, *segunda filha de Lear*
CORDÉLIA, *filha mais nova de Lear*

DUQUE DE ALBÂNIA, *casado com Goneril*
DUQUE DE CORNUALHA, *casado com Regana*

REI DA FRANÇA
DUQUE DE BORGONHA

CONDE DE GLÓSTER
EDGAR, *filho de Glóster*
EDMUNDO, *filho bastardo de Glóster*

CONDE DE KENT
BOBO

OSVALDO, *criado de Goneril*
MÉDICO
CAPITÃO
ARAUTO

Cavaleiros, oficiais, mensageiros, soldados

Cena 1

Palácio do Rei Lear. Entram Glóster, Kent e Edmundo.

KENT — Pensei que o rei preferisse o Duque de Albânia ao Duque de Cornualha.

GLÓSTER — Sempre nos pareceu assim. Mas agora, na divisão do reino, é difícil saber a quem ele estima mais.

KENT — Este rapaz não é seu filho, meu senhor?

GLÓSTER — Foi criado por mim. Já corei tantas vezes por aceitá-lo que nem percebo mais.

KENT — Não posso conceber o que...

GLÓSTER — Pois a mãe do rapaz pôde, e ficou de barriga grande. Na verdade, meu senhor, ela encontrou um filho no berço antes mesmo de um marido na cama. Acha que fiz mal?

KENT — Não acho que o senhor tenha feito mal, já que é um rapaz de tão boa aparência.

GLÓSTER — Tenho outro filho, nascido dentro da lei, um ano mais velho do que este, mas nem por isso mais amado. Esse moleque aqui veio ao mundo antes que o mandassem buscar. A mãe dele era linda, foi um gozo concebê-lo e o filho da mãe tem que ser aceito. *(a Edmundo)* Edmundo, sabe quem é este senhor?

EDMUNDO — Não, meu pai.

GLÓSTER — É o conde de Kent. Lembre-se sempre dele como meu honrado amigo.

EDMUNDO — Estou às suas ordens, meu senhor.

GLÓSTER — Ficou nove anos fora do país e em breve partirá de novo.

Entram o Rei Lear, Cornualha, Albânia, Goneril, Regana, Cordélia e séquito.

LEAR	*(a Glóster)* Peça ao Rei da França e ao Duque de Borgonha Que aguardem um pouco. *(sai Glóster)* Por ora, tratemos de assuntos mais urgentes. Deem-me o mapa. Saibam que o meu reino será Dividido em três partes. E é meu firme propósito Livrar minha velhice de responsabilidades, Confiando-as a forças mais jovens Enquanto eu, sem cargos, rastejo Em direção à morte. Meus caros genros, Duque de Cornualha e o não menos querido Duque de Albânia: aqui proclamo A herança das minhas filhas, para que sejam Evitadas hoje as guerras de amanhã. O Rei da França e o Duque de Borgonha, Grandes rivais pelo amor de minha caçula, Há tempos estão na corte à espera de uma decisão. Filhas, já que agora pretendo abdicar Do meu poder, de meus territórios e compromissos de Estado, Pergunto qual das três tem mais amor por mim, Para que a maior fortuna caiba a quem mais a merecer. Fale Goneril, a minha primogênita.
GONERIL	Senhor meu pai, eu o amo mais Do que é possível expressar em palavras; Mais do que a luz dos meus olhos, Do que o espaço ou a liberdade. Mais do que tudo que é rico, Não menos do que a própria vida. Tanto quanto um filho jamais amou um pai Ou um pai já foi amado, eu amo o senhor.
CORDÉLIA	*(à parte)* O que vai dizer Cordélia? Ama e se cala.
LEAR	Tudo que se encontra entre estas fronteiras, Com florestas abundantes e planícies férteis, Para sempre será seu, do seu marido e de seus filhos. Que diz então Regana, minha segunda filha?
REGANA	Sou feita do mesmo metal que minha irmã, E acredito ter valor igual ao dela. No coração Sinto que ela exprimiu bem o meu amor,

| | Porém, ainda foi pouco; pois me declaro
Inimiga de qualquer outra alegria:
Só no amor do meu pai é que me sinto feliz. |
|---|---|
| CORDÉLIA | *(à parte)* Pobre Cordélia.
Mas não, com certeza o teu amor
É mais profundo do que tua fala. |
| LEAR | Para você e seus herdeiros
Fica este terço do meu reino,
Tão cheio de encantos quanto
O que foi dado à sua irmã. E agora
A mais jovem e minha maior alegria,
Que diz você para obter um terço mais rico
Que os das tuas irmãs? |
CORDÉLIA	Nada, meu senhor.
LEAR	Nada?
CORDÉLIA	Nada.
LEAR	Nada virá do nada. Fale de novo.
CORDÉLIA	Infeliz que sou, não consigo trazer
À boca o meu coração. Eu amo o senhor
De acordo com o meu dever. Nem mais, nem menos.
LEAR	Como é que é? Cordélia, corrija um pouco a sua fala
Para não estragar a sua fortuna.
CORDÉLIA	Meu bondoso pai,
O senhor me deu vida, educação, amor.
Em troca, eu obedeço, amo e honro o senhor.
Para que minhas irmãs têm maridos
Se amam somente o senhor?
Quando me casar, que meu esposo
Leve consigo a metade do meu amor,
Dos meus cuidados e do meu dever.
Nunca vou me casar como as minhas irmãs,
Para amar somente o meu pai.

LEAR   Isso vem do seu coração?

CORDÉLIA   Sim, meu bom senhor.

LEAR   Tão jovem e tão fria.

CORDÉLIA   Tão jovem, meu senhor, e verdadeira.

LEAR   Pois bem. Sua verdade será sua fortuna.
Pelo brilho sagrado do Sol,
Pelos mistérios da noite,
Por tudo aquilo que nos dá a vida e a morte,
Renuncio a todos os cuidados
E deveres paternos; a todos os laços de sangue.
E, daqui por diante, será estranha
A mim e ao meu coração.

KENT   Bom senhor!

LEAR   Silêncio.
Não se meta entre o dragão e sua fúria.
Era ela a quem eu mais amava,
E sonhava confiar meus últimos anos aos seus cuidados.
Fora daqui. Não a quero ver mais.
Dela retiro o amor de pai.
Chamem o Rei da França!
Ninguém se move? Chamem o Duque de Borgonha!
Cornualha e Albânia, meus genros,
Dividam entre vocês mais um terço da minha fortuna.
Que leve como herança
O seu orgulho, que ela chama de franqueza.
Entrego aos dois todo o meu poder
E os grandes privilégios da majestade.
Quanto a mim, com um séquito de cem homens,
Irei residir a cada mês com um de vocês.
Só reservo para mim o nome e a pompa de rei.
As rendas e a autoridade agora lhes pertencem.
Como prova disso, parto ao meio esta coroa.

KENT   Meu senhor,
A quem sempre honrei como soberano,

	Amei como pai, segui como mestre...
LEAR	O arco está teso. Cuidado com a flecha.
KENT	Pois que ela fira meu próprio coração.
	Que eu seja grosseiro, já que Lear ficou louco.
	O que vai fazer, velho?
	Acha que a verdade se acovarda
	Só porque a bajulação se curva ao poder?
	Quando reis enlouquecem, temos que ser francos.
	Pense com mais cuidado. Essa imprudência é uma loucura.
	Aposto minha vida que a tua caçula
	É a que mais te ama.
LEAR	Basta. Cale essa boca ou morrerá.
KENT	Minha vida só serve para protegê-lo de inimigos, meu senhor.
	Não temo perdê-la se lhe trouxer algum bem.
LEAR	Fora daqui.
CORNUALHA e ALBÂNIA	Calma, meu senhor.
KENT	Revogue o que foi dado, meu rei,
	Ou, enquanto eu tiver voz, direi que agiu mal.
LEAR	Agora, escute bem, traidor.
	Por tentar me convencer a quebrar minha promessa,
	Coisa que nunca fiz, e por interferir com arrogância
	Entre o rei e o seu julgamento,
	Receba esta recompensa:
	Cinco dias terá para arrumar seus pertences
	E se preparar para enfrentar o mundo. No sexto,
	Terá que dar as costas ao reino. Se no décimo
	For visto no nosso território, morrerá.
	Vai! Por Deus, nada disso será revogado!
KENT	Adeus, meu rei. Sem teu amor,
	Minha liberdade está em outro lugar.
	Aqui só me sentirei exilado.

Que os deuses te protejam
(a Goneril e Regana)
E que atos bondosos surjam de suas palavras de amor.
Adeus.

Sai Kent. Entram Glóster, França e Borgonha.

GLÓSTER Senhor, o Rei da França e o Duque de Borgonha.

LEAR Meu senhor de Borgonha,
Me dirijo primeiro ao senhor, como rival deste rei
Pela mão de minha filha. Qual o mínimo
Que exige para dela não desistir?

BORGONHA Peço nada mais e nada menos do que me ofereceu o senhor.

LEAR Nobre Borgonha,
Ela tinha esse valor quando nos era cara.
Mas, agora, seu preço caiu. Aí está ela:
Se algo nesta figura pobre
Agradar ao senhor, ela é sua.

BORGONHA Não sei o que dizer.

LEAR Com os defeitos que ela tem,
Sem amigos, odiada e repudiada por mim,
Minha maldição como sua única herança,
O senhor pretende levá-la ou deixá-la para trás?

BORGONHA Perdão, Alteza. É impossível escolher assim.

LEAR Desista dela então, pois sua única riqueza é essa.
(a França) Grande rei,
Jamais ofenderia o senhor
Forçando-o a se casar com quem odeio. Portanto, peço
Que procure esposa onde há mais mérito
Do que nesta infeliz que a própria natureza
Tem vergonha em aceitar.

FRANÇA É muito estranho, meu senhor,
Que aquela que até há pouco era sua favorita,

	Seu grande apoio, a melhor, a mais amada,

Seu grande apoio, a melhor, a mais amada,
Tenha cometido uma ofensa tão monstruosa
Que num só momento perdeu todos os seus favores.
Deve ter sido um pecado contra a própria natureza,
Ou seu antigo amor por ela apodreceu.

CORDÉLIA Peço, Alteza,
Já que me falta a arte fácil de falar sem sentir,
Pois o que sinto eu expresso em atos, não em palavras,
Que aqui declare que não foi vício,
Falta de pudor, nem desonra,
Que me privou da sua graça e do seu afeto.
Mas a falta daquilo que me faz mais rica:
De um olhar que seduz e de uma língua falsa
Que fico feliz em não ter, mesmo se assim
Perco o seu amor.

LEAR Melhor seria
Não ter nascido do que não me agradar.

FRANÇA É só isso?
Nobre Borgonha, o que diz o senhor?
Ela é uma fortuna em si.

BORGONHA Rei Lear,
Se me der apenas o que me foi prometido,
Cordélia será minha.

LEAR Nada. Já lhe disse.

BORGONHA Lamento, então, que, após perder um pai,
Perca também um marido.

CORDÉLIA Meu senhor, fique em paz.
Se tem amor só pela minha fortuna
Não poderia ser sua esposa.

FRANÇA Bela Cordélia, é mais rica sendo pobre.
De você e de suas virtudes eu me aposso.
Rei Lear, sua filha será minha rainha.

                        Cordélia, incompreendida e rejeitada, despeça-se de todos.
                        O que perde aqui, na França terá muito melhor.

LEAR   Pois que seja tua. Não é mais filha minha
                        E seu rosto nunca mais quero ver. Partirão
                        Sem minha bênção, meu amor e meu lamento.
                        (a Borgonha) Venha, nobre Borgonha.

Saem Lear, Borgonha, Glóster, Cornualha e Albânia.

FRANÇA   Diga adeus às suas irmãs.

CORDÉLIA   Joias do nosso pai, com lágrimas nos olhos
                        Cordélia se despede. Conheço vocês
                        Mas, por ser sua irmã, não vou dar nome
                        Aos seus defeitos. Tratem bem o nosso pai.
                        Fica ele entregue ao amor que vocês lhe declararam,
                        Mas, ai de mim, ele merecia um destino melhor.
                        Então, adeus.

REGANA   Não venha ditar nossos deveres.

GONERIL   Procure antes agradar o seu marido
                        Que a aceitou como mendiga. Desobediente,
                        Recebeu o que merece.

CORDÉLIA   O tempo revela o que a astúcia encobre.
                        Prosperem muito!

Saem França e Cordélia.

GONERIL   Irmã, temos que falar sobre o que atinge a nós duas.
                        Parece que nosso pai parte hoje mesmo.

REGANA   Sim, com vocês. No mês que vem, ficará conosco.

GONERIL   Como é imprevisível! Há tempos que age sem pensar. Sempre gostou mais da nossa irmã, e agora, de repente, se volta contra ela.

REGANA   São coisas de velho. E ele nunca se conheceu muito bem.

GONERIL	Já na juventude, era precipitado demais. Sua velhice vai ser cheia de caprichos e de mau humor.
REGANA	E de atos sem sentido, como o exílio do seu amigo Kent.
GONERIL	Se mantiver qualquer autoridade, só irá nos prejudicar.
REGANA	Precisamos pensar mais sobre isso.
GONERIL	Temos é que fazer alguma coisa, e rápido.

Saem.

Cena 2

Castelo do Conde de Glóster. Entra Edmundo.

EDMUNDO Tu, Natureza, és minha deusa. Só a ti
Juro servir. Por que preciso
Aceitar a maldição dos costumes
E ser deserdado só por ter
Nascido pouco mais de um ano
Depois de meu irmão?
E por que sou bastardo?
Já que meu corpo é tão bem-feito,
Minha mente tão boa, minha forma tão bela
Quanto a de um filho de mulher honesta.
Por que nos tacham de bastardos?
Por quê? Por quê?
Se no prazer natural da cama
Somos gerados com mais paixão e vigor
Do que uma raça inteira de frouxos,
Concebidos entre um sono e um despertar?
Pois bem, legítimo Edgar, suas terras serão minhas.
O amor do nosso pai é tanto para o legítimo
Quanto para o bastardo. Bonita palavra essa, "legítimo".
Se esta carta atingir o alvo,
E meu plano triunfar, o bastardo Edmundo
Logo vai se legitimar.
Eu cresço. Eu prospero.

Entra Glóster.

Deuses, apoiem os bastardos!

GLÓSTER — Edmundo! Alguma novidade?

EDMUNDO — Nenhuma, meu senhor.

GLÓSTER — Que papel era aquele que você estava lendo?

EDMUNDO — Nada, meu senhor.

GLÓSTER — Nada? O nada não precisa se esconder. Me mostra. Vamos. Se não é nada, nem vou precisar de óculos.

EDMUNDO — O senhor me perdoe, pai. É só uma carta do meu irmão que ainda nem terminei de ler. Mas pelo que já li, acho que o senhor não vai gostar.

GLÓSTER — Me dá essa carta, menino. Vamos.

EDMUNDO — Espero que meu irmão tenha escrito isso só para provar a minha lealdade.

GLÓSTER — *(lendo)* "*Esse respeito à velhice torna o mundo amargo para nós, que somos os melhores do nosso tempo; e nos afasta das nossas fortunas, nos impedindo de gozá-las. Essa é a tirania insuportável dos velhos, que só aturamos porque somos tolos. Se meu pai dormisse para sempre, você gozaria da metade da herança dele, e teria o amor do teu irmão Edgar.*"
Ah, conspiração! "Dormisse para sempre!" Meu filho Edgar teve mão para escrever tal coisa? Cabeça e coração para concebê-la? Quem te trouxe esta carta?

EDMUNDO — Ninguém, pai. Foram espertos demais. Jogaram pela janela do meu quarto.

GLÓSTER — A letra é do teu irmão?

EDMUNDO — Se não fosse esse o assunto, juraria que sim. Mas, pelo que diz, prefiro acreditar que não.

GLÓSTER	É dele, sim. Alguma vez lhe falou sobre isso?
EDMUNDO	Nunca. Mas várias vezes o ouvi dizer que, quando os filhos estão em sua plenitude e os pais em declínio, os pais deviam ficar aos cuidados dos filhos. E os filhos, administrar os bens dos pais.
GLÓSTER	Ah, canalha! Canalha! É o que está escrito aqui! Monstro! Desnaturado! Pior que monstro. Vou mandar prender esse animal! Onde é que ele está?
EDMUNDO	Não sei, meu senhor. Mas não se precipite. Tenho certeza de que ele só disse isso para avaliar meu afeto pelo senhor, e que não há perigo nenhum.
GLÓSTER	Você acha? Que monstro!
EDMUNDO	Ele não é assim.
GLÓSTER	Sentir isso de um pai que o ama com tanta ternura! Meu filho, tente descobrir se é verdade o que o teu irmão escreveu. Use de todos os meios. Eu daria tudo para que não fosse assim.
EDMUNDO	Agora mesmo, pai.
GLÓSTER	Esses eclipses do Sol e da Lua não prenunciam nada de bom: o amor esfria, a amizade se desfaz, os irmãos se separam. Nas cidades, desordem; nos países, revolução; nos palácios, traições – e se rompem os laços entre pais e filhos. Tudo tende a piorar. Vá, Edmundo, descubra a verdade. Mas aja com cuidado. *(sai)*
EDMUNDO	Essa é a grande tolice do mundo: quando as coisas vão mal – às vezes, por causa de nós mesmos – culpamos o Sol, a Lua e as estrelas, como se fôssemos canalhas por necessidade celeste, safados e ladrões por comando do zodíaco, bêbados, mentirosos e adúlteros por influências planetárias, e maus e selvagens por impulsos sobrenaturais. Desculpa admirável do libertino, atribuir às estrelas sua vocação de devasso. Meu pai trepou com minha mãe sob o rabo do Dragão, e eu nasci sob a Ursa Maior. E por isso sou lascivo e perverso. Ora! Eu seria o que sou se a mais pura estrela do céu estivesse brilhando no momento em que fui concebido. Edgar...

Entra Edgar.

(à parte) Eis que ele entra em cena bem na deixa. Agora digo a minha fala, com uma profunda melancolia, como se eu fosse um louco do hospício. *(alto)* Ai! Esses eclipses prenunciam conflitos... fá, sol, lá, mi.

EDGAR — Irmão? Que cara é essa?

EDMUNDO — Estou pensando no que eu li outro dia sobre esses eclipses.

EDGAR — Você liga pra isso?

EDMUNDO — Infelizmente, o que disseram está acontecendo, meu irmão.

EDGAR — Não sabia que você se interessava por astrologia.

EDMUNDO — Me diga. Quando foi a última vez que você viu meu pai?

EDGAR — Ontem à noite.

EDMUNDO — Falou com ele?

EDGAR — Durante umas duas horas.

EDMUNDO — Não sentiu nenhum desagrado, na sua voz ou no seu rosto?

EDGAR — Não, nenhum.

EDMUNDO — Pense bem no que o poderia ter ofendido. E, por favor, fique longe dele até que passe sua irritação. Ele está furioso.

EDGAR — Algum canalha falou mal de mim.

EDMUNDO — Temo que sim. Esconda-se no meu quarto até que sua raiva diminua. Aqui está minha chave. Agora, vá. Se tiver que sair, saia armado.

EDGAR — Armado?

| EDMUNDO | Sim, confie em mim. É muito pior do que você imagina. Vá depressa! |

Sai Edgar.

| | Um pai ingênuo e um irmão tão bondoso
Que não suspeita de nada!
Com esse paspalho, faço o que eu quiser.
As terras que o berço negou, a astúcia vai me dar.
Farei tudo e qualquer coisa que minha cabeça mandar. |

Sai.

Cena 3

Palácio do Duque de Albânia. Entram Goneril e Osvaldo.

GONERIL	Meu pai bateu num dos meus homens?
OSVALDO	Bateu, sim, minha senhora.
GONERIL	Dia e noite ele me ofende. A cada momento Comete uma grosseria. Não aguento mais. Seus homens estão sempre brigando E ele reclama de tudo. Quando voltar da caça, Não quero falar com ele. Diga-lhe que estou doente. E se você faltar ao respeito com ele, Ficarei do seu lado.
OSVALDO	Ele está chegando, minha senhora.
GONERIL	Sejam negligentes no serviço, Você e os criados. Se ele não gostar, Que vá para a casa de minha irmã, E tenha uma surpresa, pois ela pensa como eu. Velho tolo, Quer exercer uma autoridade que não tem mais. Faça o que eu lhe disse.
OSVALDO	Sim, senhora.

GONERIL	Não importam as consequências. Vou escrever à minha irmã Para que aja da mesma forma. Prepare a janta.

Saem.

Cena 4

Palácio do Duque de Albânia. Entra Kent, disfarçado.

KENT	Se alterar o seu sotaque como fez com sua aparência, você, Kent, poderá prestar bom serviço ao rei que o condenou.

Entram Lear e seu séquito.

LEAR	O jantar! O jantar! Agora! Não quero esperar nem mais um minuto. E você, quem é?
KENT	Um homem, meu senhor.
LEAR	Tem profissão?
KENT	Professo não ser menos do que pareço, servir com lealdade a quem confia em mim, amar quem for honesto, conversar com quem for sábio, brigar só quando não houver outro jeito, e não comer peixe.
LEAR	Quem é você?
KENT	Um sujeito qualquer.
LEAR	E o que quer?
KENT	Servir.
LEAR	A quem?
KENT	Ao senhor.
LEAR	Sabe quem sou?

KENT	Não, meu senhor. Mas o senhor tem uma coisa no seu rosto que me faz querer chamá-lo de patrão.
LEAR	E o que é?
KENT	Autoridade.
LEAR	Quantos anos você tem?
KENT	Não sou tão jovem pra gostar de uma mulher só porque ela sabe cantar, nem tão velho pra ficar babando com qualquer besteira que ela faz. Estou com quarenta e oito anos.
LEAR	Muito bem, me acompanhe. Se eu não gostar menos de você depois da janta, será meu servidor. O jantar! Vamos! Vamos, o jantar! E o meu Bobo? Sumiu?

Entra Osvaldo.

	Você aí, rapaz, onde está a minha filha?
OSVALDO	Com licença.

Sai Osvaldo.

LEAR	O que é que ele disse? Chamem esse cara de pau aqui. *(sai um Cavaleiro)* E o meu Bobo? Como é, estão todos dormindo? *(volta o Cavaleiro)* Então? E o vira-lata?
CAVAL.	Senhor, ele disse que sua filha não está passando bem.
LEAR	Por que o palerma não voltou quando o chamei?
CAVAL.	O descarado disse que não queria.
LEAR	Não queria?
CAVAL.	Se o senhor me permite, não sei por que razão, mas acho que nem a criadagem nem o Duque e a Duquesa estão tratando o senhor com o devido respeito.

LEAR	Hum. Acha mesmo?
CAVAL.	Com sua licença, não consigo me calar diante de tamanha injustiça.
LEAR	Também notei uma certa negligência por parte deles, mas não sei se é de propósito. Vou prestar mais atenção. Onde está o meu Bobo? Faz dois dias que não aparece.
CAVAL.	Desde que Cordélia foi para a França, meu senhor, o Bobo ficou meio triste.
LEAR	Chega disso. Já percebi. Vá dizer a Goneril que quero falar com ela.

Sai o Cavaleiro. Entra Osvaldo.

O senhor aí. Venha cá. Quem sou eu, meu senhor?

OSVALDO	O pai da minha patroa.
LEAR	"O pai da minha patroa". Seu crápula, seu cachorro filho da mãe, seu vagabundo.
OSVALDO	Não sou nada disso, meu senhor, com todo respeito.
LEAR	Está me encarando, seu safado? *(bate nele)*
OSVALDO	Não devia bater em mim, meu senhor.
KENT	Nem te dar uma rasteira, seu jogador de futebol porcaria. *(passa uma rasteira nele)*
LEAR	Obrigado, meu amigo. Estou gostando cada vez mais de você.
KENT	*(a Osvaldo)* De pé, seu cafajeste. Aprendeu qual é o seu lugar? Fora daqui! *(Osvaldo sai)*
LEAR	Toma lá, rapaz.

Entra o Bobo.

BOBO	Também vou te pagar. Pega meu chapéu de bobo.

LEAR		Então, moleque, como está?
BOBO		*(a Kent)* Ei, pega meu chapéu.
KENT		Por que, Bobo?
BOBO		Por quê? Ué, por ficar do lado de quem não tem prestígio. Não senhor, quem não veleja com o vento apanha logo um resfriado. Toma aí o meu chapéu. Sabe, tio, esse cara exilou duas das suas filhas e deixou a terceira feliz, contra a sua vontade. Se vai segui-lo, tem que usar chapéu de bobo. Como é, paizinho? Quem me dera eu tivesse dois chapéus e duas filhas!
LEAR		Por que, moleque?
BOBO		Aí eu dava tudo pra elas, exceto o meu chapéu de bobo. *(oferece-lhe o seu chapéu)* Esse aqui é meu. Pede um outro às tuas filhas.
LEAR		Cuidado com o chicote, moleque.
BOBO		A verdade é um cachorro que é expulso de casa, enquanto a cadela fica lá dentro, deitada perto da lareira, com um cheiro insuportável.
LEAR		Você está me irritando.
BOBO		Quer ouvir um discurso?
LEAR		Fala.
BOBO		Presta atenção, paizinho.
Tenha mais do que o mostrado,
Diga menos que o aprendido,
Ande mais que o aconselhado,
Empreste menos que o pedido.
Desconfie do teu ouvido,
Arrisque só no garantido,
Largue o sexo e a bebida,
Eles não valem uma saída.
Fique em casa: e o resultado
É viver mais que o esperado.

LEAR　　　　　Isso não é nada, Bobo.

BOBO　　　　E daí? Você não me pagou nada! Você pode fazer uso do nada, paizinho?

LEAR　　　　　Claro que não, moleque. Nada pode ser feito do nada.

BOBO　　　　*(a Kent)* Diz pra ele que é isso que vão render as terras que ele não tem mais. No Bobo ele não acredita.

LEAR　　　　　Um bobo amargo.

BOBO　　　　Paizinho, me dá um ovo, que eu te dou duas coroas.

LEAR　　　　　Que duas coroas?

BOBO　　　　Ué, eu quebro o ovo, como o miolo todo, e olha, ainda sobram duas coroas. Mas você dividiu sua coroa e não sobrou nada. Isso é tão burro quanto carregar um burro nas costas. Quem achar isso bobo, mesmo vindo de um bobo, merece o chicote.
Aquele que o aconselhou a se desfazer
Do seu reino ao seu bel-prazer
Devia ser louco de pedra
Ou um bobo de merda.

LEAR　　　　　Desde quando anda cheio de cantigas, moleque?

BOBO　　　　Desde quando você botou um chicote nas mãos das suas filhas, arriou as calças e elas
Choraram de tanta alegria
E de tristeza eu cantei noite e dia
Ao ver um rei de tamanha estatura
Se comportar como uma cavalgadura.
Por favor, paizinho, arruma um professor pra ensinar o bobo a mentir. Quero aprender a mentir.

LEAR　　　　　Se mentir, moleque, vai levar uma surra.

BOBO　　　　Suas filhas me dão uma surra quando falo a verdade, o senhor me dá uma surra quando minto, e às vezes me dão uma surra quando fico calado. Quero ser outra coisa qualquer, paizinho, e não um bobo. Mas o senhor não quero ser, não. O senhor dividiu seu juízo em duas partes e ficou sem miolo nenhum. Aí vem uma das partes.

Entra Goneril.

LEAR — Então, filha? Sempre de cara feia?

BOBO — O paizinho era feliz quando não ligava pra cara dela. Agora, é um zero à esquerda. Sou melhor que você, paizinho: posso ser bobo, mas você não é nada. *(a Goneril)* Vou calar a boca. Sua cara está me mandando. Fico quietinho. Quietinho.
Quem não guarda nem a migalha, nem o miolo do pão,
Logo se arrepende, mas acaba ficando na mão.

(apontando para Lear) Esse aí é só vagem, sem ervilha.

GONERIL — Meu senhor, não só esse bobo abusado
Mas seus homens também
Queixam-se de tudo,
Brigando sem motivo,
Criando tanta confusão que a nossa vida aqui
Está ficando insuportável.
Pensei que, sabendo do meu desprazer,
O senhor iria me dar alguma satisfação.
Mas acho que estava enganada.
O senhor permite que eles sejam grosseiros
E gosta de conviver com gente dessa laia.
Esses abusos têm que ser punidos.

BOBO — Pois fique sabendo, paizinho, que
O cuco que a mãe-pardal alimentou com tanto carinho
Deu o troco, comeu sua cabeça e chispou.
E assim, a vela apagou, e ficamos todos no escuro.

LEAR — Você é minha filha?

GONERIL — O senhor devia se comportar com mais juízo
Em vez de se deixar influenciar por essa cambada.

BOBO	Até um asno sabe quando a carroça está puxando o cavalo. Eia, eia...
LEAR	Quem aqui me conhece? Este não é Lear. É assim que Lear anda? Fala? Onde estão os seus olhos? Será que ficou fraco da cabeça? Estamos acordados? Hein? Não, não pode ser. Quem vai me dizer quem sou eu?
BOBO	A sombra de Lear.
LEAR	Por gentileza, minha senhora, qual é o seu nome?
GONERIL	Pare com essa tolice, meu senhor. Peço que entenda o que estou dizendo. Já que ficou velho, seja sábio também. Esses seus homens são Tão debochados, tão desrespeitosos, Que nossa casa mais parece uma taverna Ou um bordel do que um palácio. Vexame como esse exige remédio. É meu desejo que o senhor Reduza ao meio o seu séquito E que escolha os mais dignos. Homens que saibam se comportar e respeitar o senhor.
LEAR	Demônios da escuridão! Meus cavalos! Reúnam os meus homens! Não a incomodarei mais, sua degenerada. Ainda tenho uma filha.
GONERIL	O senhor bate na minha gente e essa escória Trata seus superiores como se fossem criados.

Entra o Duque de Albânia.

LEAR	Pobre de quem tarde se arrepende... Ah! O senhor está aí! Foi o senhor que...? Meus cavalos! *(a Goneril)* Ah, ingratidão – demônio com coração de mármore –

| | És mais horrenda numa filha
Do que num monstro do mar. |
|---|---|
| ALBÂNIA | Calma, meu senhor. |
| LEAR | Desalmada! Mentirosa!
Meus homens são respeitosos, de alta linhagem,
E conhecem bem suas obrigações.
Ah, um erro tão à toa em Cordélia me pareceu horrível!
E como um instrumento de tortura, desfigurou minha natureza,
Arrancou o amor do meu coração e o deixou
Cheio de amargura. Ah Lear, Lear, Lear...
(bate na cabeça)
Repreenda esse portão que deixou a loucura entrar
E o juízo fugir. Vamos, vamos, minha gente. |
| ALBÂNIA | Senhor, não sou responsável por nada disso. |
| LEAR | Talvez, senhor. *(ajoelha-se)*
Escuta, ó Natureza, escuta, deusa amada, escuta.
Suspende a tua intenção, se tu a tens,
De fazer fértil essa criatura.
Que seu ventre fique estéril,
E que do seu sexo murchado
Não nasça criança para honrar
Esse corpo maldito. Se conceber,
Que sua cria seja má, desnaturada,
E viva só para atormentá-la,
Para que, mesmo jovem, fique velha
E enrugada por rios de lágrimas.
Que assim ela saiba que a dor
De ter um filho ingrato é pior
Que o da mordida de uma serpente.
Vamos! Vamos! |

Saem Lear e o Bobo.

ALBÂNIA	Meu Deus, de onde vem tanta amargura?
GONERIL	Não se preocupe com isso.
É só o capricho de um velho.

Volta Lear.

LEAR O quê? Cinquenta homens?

ALBÂNIA O que foi, meu senhor?

LEAR Já vou lhe dizer. *(a Goneril)* Vida e morte!
Sinto vergonha que você possa abalar
Tanto assim a minha condição de homem.
Você não é digna destas lágrimas que
Queimam meu rosto. Que todos os raios
Caiam sobre você! Que teu corpo sinta em cada poro
A maldição de um pai.
Olhos velhos e tolos, se chorarem mais uma vez
Eu os arranco e jogo-os na terra.
Então? É isso? Pois bem. Ainda me resta uma filha.
Ela é boa e carinhosa.
E quando souber como você me tratou,
Irá rasgar com as próprias unhas a sua cara de lobo.
Não pense que eu abri mão de todo o meu poder.
Espere e verá.

Sai Lear.

GONERIL Viu só, meu senhor?

ALBÂNIA Apesar do meu grande amor por você,
Eu não aprovo...

GONERIL Pare com isso. Osvaldo! *(ao Bobo)* E você, mais safado do que bobo, vá atrás do seu patrão.

BOBO Paizinho Lear! Paizinho Lear! Leva o Bobo consigo.
Uma filha assim desnaturada
Devia ser logo enforcada.
Daria meu chapéu por uma corda e uma laçada.
Ihhhhhhh... Melhor eu ir embora... na disparada.

GONERIL Cem homens! Armados!
Que apoiam qualquer capricho,
Qualquer excesso de meu pai.

	E ameaçam nossas vidas. Osvaldo!
ALBÂNIA	Você está exagerando.
GONERIL	É melhor ficarmos prevenidos. Eu o conheço bem...

Entra Osvaldo.

	Osvaldo, venha cá. Já escreveu a carta para a minha irmã?
OSVALDO	Escrevi, minha senhora.
GONERIL	Leve-a para ela, agora mesmo. Diga o que aconteceu. Inclusive com você. E volte rápido para me contar Como ela reagiu.

Sai Osvaldo.

	Não, meu marido. Não é que eu me oponha a esse seu jeito Tão cheio de bondade; Mas o senhor tem sido mais criticado por ser um ingênuo Do que elogiado por ser amável.
ALBÂNIA	Não sei o quanto você consegue enxergar Mas, às vezes, pioramos o que queremos melhorar.
GONERIL	Escute aqui...
ALBÂNIA	Chega. Vamos ver no que isso vai dar.

Saem.

Cena 5

Diante do palácio de Albânia. Entram Lear e seus homens, Kent e o Bobo.

LEAR	*(a Kent)* Vá na frente. Dê esta carta para minha filha. Não diga nada do que aconteceu. Depressa.

KENT   Não dormirei, meu senhor, enquanto não entregar a carta. *(sai)*

BOBO   Se o cérebro de um homem estivesse nos seus pés, não correria ele o risco de pegar frieiras?

LEAR   Correria, moleque.

BOBO   Então fique contente, paizinho. O senhor nunca vai calçar chinelos, já que cérebro o senhor não tem nenhum.

LEAR   Ha, ha, ha!

BOBO   Logo o senhor vai descobrir como a tua outra filha vai te tratar. Pois embora uma maçã se pareça com outra maçã, eu sei o que eu sei.

LEAR   E o que é que você sabe, moleque?

BOBO   Que o gosto de uma maçã amarga é o mesmo que o de outra maçã amarga. Sabe por que o nariz fica no meio da cara?

LEAR   Não.

BOBO   Ué, pra que os olhos fiquem um de cada lado do nariz. Assim, o que um homem não fareja ele pode espiar.

LEAR   Fui injusto com ela.

BOBO   Sabe como a ostra faz a sua concha?

LEAR   Não.

BOBO   Eu também não. Mas eu sei por que o caracol tem casa.

LEAR   Por quê?

BOBO   Pra proteger a cabeça, e não pra dá-la a suas filhas e ficar com os cornos sem abrigo.

LEAR   Acho que vou esquecer de quem sou. Um pai tão bondoso! Meus cavalos estão prontos?

BOBO	Os burros foram buscar. A razão pela qual as sete estrelas são só sete é uma bela razão.
LEAR	Porque não são oito?
BOBO	Exato. Você daria um ótimo bobo.
LEAR	Vou retomar tudo à força. Que ingratidão monstruosa!
BOBO	Se você fosse meu bobo, paizinho, eu te dava uma surra por ter ficado velho antes do tempo.
LEAR	Como é que é?
BOBO	Não devia ter ficado velho antes de ter ficado sábio.
LEAR	Eu não quero enlouquecer! Ah, céus, não permitam que eu fique louco. Louco não!

Entra um homem.

	Os cavalos estão prontos?
HOMEM	Prontos, meu senhor.
LEAR	Venha, moleque.

Saem todos, exceto o Bobo.

BOBO	*Você que é moça recatada* *Mas ri de tudo que é piada* *Vai logo perder a virgindade* *Se não perceber onde mora a verdade.*

Cena 6

Castelo do Conde de Glóster. Entra Edmundo.

EDMUNDO	Irmão, uma palavra! Depressa, irmão! *(entra Edgar)* Meu pai está atrás de você.

Alguém lhe disse onde você se escondeu.
Aproveita a escuridão para fugir.
Escuta! Ele vem vindo pra cá!
Acho que seria melhor
A gente fingir que está brigando.
Vamos. Defenda-se. Lute de igual pra igual.
(alto) Meu pai! Socorro!
(à parte) Fuja, irmão. *(alto)* Acendam as luzes!
(à parte) Boa viagem! *(alto)* Socorro!

Sai Edgar.

Umas gotas de sangue darão prova
De minha coragem. Já vi bêbado
Fazer bem pior só de farra.
(ele se fere no braço)
Papai! Aqui! Socorro! Socorro!

Entram Glóster e seus criados.

GLÓSTER	Para onde foi o canalha?
EDMUNDO	Estava aqui, agora mesmo, no escuro, com a espada na mão. Veja, meu senhor... sangue.
GLÓSTER	Mas para onde ele foi?
EDMUNDO	Fugiu por ali quando não conseguiu...
GLÓSTER	Atrás dele. *(saem alguns criados)* Não conseguiu o quê?
EDMUNDO	Me convencer a matar o senhor. Quando lhe lembrei dos laços sagrados Entre pais e filhos, sacou a espada, Me feriu aqui no braço e depois fugiu.
GLÓSTER.	Não vai escapar. Assim que o encontrarem, será executado.
EDMUNDO	Quando eu lhe disse que ia contar tudo para o senhor Me chamou de bastardo miserável.

> "Acha que vão acreditar em você? Nunca.
> Pode me acusar do que quiser
> E eu direi que são tramas e intrigas suas
> Para roubar a minha herança."

GLÓSTER   Um vilão da cabeça aos pés. Não é filho meu.

Trompas ao longe.

> É o Duque de Cornualha.
> Não sei por que está vindo para nossa casa a essas horas.
> Mas o canalha não escapa. E quanto a você,
> Meu querido filho, minhas terras
> Serão todas suas quando eu morrer.

Entram o Duque de Cornualha, Regana e outros.

CORNUALHA   Então, meu nobre amigo.
Ouvimos um boato estranho...

REGANA   Se for verdade, qualquer vingança é pouca.
O senhor está bem?

GLÓSTER   Meu velho coração está ferido, senhora. Ferido.

REGANA   Verdade? O afilhado do rei tentou assassiná-lo?
Seu filho, o seu Edgar?

GLÓSTER   Que vergonha, minha senhora, que vergonha!

REGANA   Ele não era amigo daquela cambada
Que acompanha o meu pai?

GLÓSTER   Não sei. Que coisa, que coisa!

EDMUNDO   Era, sim, minha senhora.

REGANA   Não admira que ele estivesse com más intenções,
Influenciado por um bando de arruaceiros
Que estavam de olho *(a Glóster)* no teu dinheiro.
Minha irmã me contou tudo

	Sobre o comportamento deles. Se forem hoje à noite para minha casa, Não estarei lá.
CORNUALHA	Nem eu. Edmundo, disseram que você prestou valorosos serviços a seu pai.
EDMUNDO	Não fiz mais do que minha obrigação, meu senhor.
GLÓSTER	Ele denunciou a trama, mas Edgar o feriu e fugiu, logo em seguida.
CORNUALHA	Foram atrás dele?
GLÓSTER	Sim, meu senhor.
CORNUALHA	Se ele for capturado O senhor nunca mais terá o que temer. Use minha autoridade para o que precisar. Quanto a você, Edmundo, de cuja virtude deu amplas mostras, Será agora meu servidor. Precisamos de homens de confiança à nossa volta.
EDMUNDO	Irei servi-lo com lealdade, meu senhor.
GLÓSTER	*(a Cornualha)* Fico-lhe grato por ele.
CORNUALHA	O senhor não sabe por que viemos visitá-lo –
REGANA	No meio desta escuridão. Meu senhor, Estamos precisando do seu conselho. O rei, meu pai, me escreveu – assim como minha irmã – Há desavenças graves entre eles. Julguei melhor Não responder lá de casa. Meu velho amigo, Que o seu coração logo encontre algum conforto. O que queremos agora é que nos dê Uma indicação de como agir.
GLÓSTER	Às suas ordens, minha senhora. Sejam muito bem-vindos.

Saem.

Cena 7

Diante do castelo de Glóster. Entram Kent e Osvaldo, de lados opostos.

OSVALDO   Bom dia, amigo. É aqui desta casa?

KENT   Sou.

OSVALDO   Onde é que eu posso deixar os cavalos?

KENT   Na lama.

OSVALDO   Por favor, se me quer bem, me diga.

KENT   Mas eu não te quero bem.

OSVALDO   Por que está me tratando assim? Nem te conheço.

KENT   Pois eu te conheço.

OSVALDO   Me conhece como?

KENT   Como patife, canalha, comedor de lixo, lacaio metido a besta, asqueroso, fofoqueiro, trapaceiro, cínico, puxa-saco, almofadinha, gigolô, cafajeste, pandilha, meliante, cafetão de quinta, filho de uma cadela vagabunda; que vai levar uma porrada se disser que tudo isso não é pura verdade.

OSVALDO   Que cara mais doido, xingando assim quem nunca te viu.

KENT   Seu vagabundo, cara de pau. Quer dizer que nunca me viu? Há dois dias não te dei uns safanões na frente do rei? Calhorda. Vou fazer picadinho de você, seu filho da puta atrevido.

OSVALDO   Se afaste de mim. Não quero nada com você.

KENT   Seu tratante. Vem com fuxicos contra o rei. Pilantra. Salafrário.

OSVALDO   Socorro! Assassino! Socorro!

KENT   Briga comigo, porra!

(Osvaldo tenta fugir)
Não foge não, seu borra-botas. Vem cá, seu cagão, seu cocô. Me enfrenta.

Entram Edmundo, Cornualha, Regana, Glóster e outros.

EDMUNDO O que é isso?

KENT *(a Edmundo)* Vamos lá, rapazinho de merda, vamos lá que eu arrebento os teus ossos.

GLÓSTER O que é que está acontecendo aqui?

CORNUALHA Parem com isso ou irão morrer.

REGANA São os mensageiros do meu pai e da minha irmã.

CORNUALHA Por que estão brigando? Falem!

OSVALDO Fiquei sem fôlego, meu senhor.

KENT Não é de se espantar, já que correu tanto. Seu covarde. Quem te fez foi um alfaiate.

CORNUALHA Que sujeito mais estranho. Um alfaiate?

KENT Sim, senhor. Um alfaiate. Nem pedreiro nem pintor seriam capazes de fazer uma coisa tão feia.

CORNUALHA Fale você. Quem começou a briga?

OSVALDO Esse velho grosseiro, meu senhor, cuja vida só poupei por causa da sua barba branca...

KENT Seu parasita inútil, filho de uma égua. "Por causa da sua barba branca." Seu lambe-cu!

CORNUALHA O que é isso, homem? Que falta de respeito!

GLÓSTER Por que estavam brigando?

KENT	Não há opostos que se odeiem tanto Quanto eu e esse safado.
CORNUALHA	Por que o chama de safado?
KENT	Não vou com a cara dele.
CORNUALHA	Vai ver que não vai com a minha também, nem com a dele, nem com a dela. *(aponta para Edmundo e Regana)*
KENT	Pra falar a verdade, já vi caras melhores.
CORNUALHA	Que sujeito abusado! *(a Osvaldo)* Como você o ofendeu?
OSVALDO	Não o ofendi, meu senhor. O rei resolveu Me agredir por causa de um simples mal-entendido. Aí esse cara me deu uma rasteira, Me xingou e ficou bancando o herói. E o rei o aplaudiu, por ele atacar Quem nem sequer tentou se defender.
CORNUALHA	Tragam o tronco. Criado fanfarrão e teimoso! Vou ensiná-lo.
KENT	Sou velho demais para aprender. O tronco não, meu senhor. Estou a serviço do rei. É falta de respeito e má vontade Contra o soberano fazer Com que seu criado sofra assim.
CORNUALHA	Tragam logo esse tronco! Ficará preso até o meio-dia.
REGANA	Até o meio-dia? Até a meia-noite e a noite inteira também.
KENT	Nem o cachorro do seu pai a senhora trataria desse jeito.
REGANA	Mas é assim que tratarei seu criado.

O tronco é trazido para a cena.

CORNUALHA Para o tronco, já.

GLÓSTER Imploro à Sua Graça que não faça isso.
Seu erro é grave e o rei irá castigá-lo.
Mas esse suplício é uma humilhação. O rei
Com certeza não vai gostar
Que o seu criado seja tratado assim.

CORNUALHA Eu respondo por isso.

REGANA Quem vai gostar menos ainda é minha irmã
Quando souber que seu mensageiro foi agredido.
Prendam suas pernas. Pronto. Vamos.

Saem todos, menos Glóster e Kent.

GLÓSTER Lamento muito, meu amigo.
Vou ver o que posso fazer.

KENT Não se incomode, meu senhor. Viajei longas horas.
Vou dormir um pouco
E assobiar o resto do tempo.
Até amanhã, meu senhor.

Sai Glóster.

Que meus olhos cansados aproveitem
A escuridão para que não possam enxergar
Esta minha vergonha.
Fortuna, boa noite. Sorri e deixa tua roda girar.

Cena 8

Bosque. Entra Edgar.

EDGAR Ouvi quando gritavam meu nome
E foi graças ao buraco de uma árvore
Que consegui escapar. Não existe abrigo,

Nenhum lugar seguro o bastante para eu me esconder.
Só há um jeito de não me pegarem.
Assumir a forma mais baixa e pobre
Que a miséria e o desprezo trazem ao homem,
Fazendo dele pouco mais do que um animal.
Com o rosto sujo, um farrapo nos quadris,
Os cabelos emaranhados, quase nu,
Vou desafiar os ventos e as perseguições do céu.
Farei como os mendigos que fogem do hospício
E com gritos horríveis enterram pregos,
Alfinetes e espinhos nos seus braços magrelas,
E com pragas loucas e rezas
Vagam pelas aldeias pedindo esmola. Pobre de mim!
Pobre do Tom!
Só isso me resta: Edgar não é mais nada.

Sai.

Cena 9

Diante do castelo de Glóster. Entram Lear, seus homens e o Bobo.

LEAR   Que estranho não ter ninguém em casa.

KENT   *(no tronco)* Eu o saúdo, nobre patrão!

LEAR   O quê?! Acha isso engraçado?

KENT   Não, meu senhor.

BOBO   Ha ha. Ele usa meias de pau. Amarram os cavalos pela cabeça, os macacos pela cintura, e os homens pelos pés.

LEAR   Quem foi que o prendeu aí?

KENT   Ele e ela. Seu genro e sua filha.

LEAR   Não.

KENT   Sim.

LEAR	Eu digo que não.

KENT	E eu digo que sim.

LEAR	Não fariam isso.

KENT	Pois fizeram.

LEAR	Por Júpiter, juro que não.

KENT	Por Juno, juro que sim.

LEAR	Não teriam a audácia, nunca fariam isso com um criado meu.
Me diga o que aconteceu para você sofrer tamanha injúria.

KENT	Logo que entreguei suas cartas, chegou um mensageiro
Com saudações da sua filha. Era o mesmo safado
Que mostrou tanto desrespeito ao senhor.
Estúpido que sou, puxei outra briga com ele.
Ele começou a berrar tanto que acordou todo mundo.
E foi por causa dessa confusão que seu genro e sua filha
Me prenderam aqui.

LEAR	Ah, como a dor vai apertando cada vez mais o meu coração.
Que tristeza me dá. Onde está essa minha filha?

KENT	Com o marido, dentro de casa.

LEAR	Fiquem todos aqui. *(sai)*

KENT	Por que o rei veio com tão poucos homens?

BOBO	Só por fazer uma pergunta dessas, já merece estar de castigo.

KENT	Por que, Bobo?

BOBO	Escuta bem que vou te ensinar: larga a roda quando ela rola morro abaixo, tio, senão vai quebrar o seu pescoço. Mas o cara que sobe o morro, é a ele que você deve se agarrar.
Quem serve só por vantagem
E é leal por formalidade

> *Quando chove arruma a bagagem*
> *E te larga na tempestade.*
> *Mas o Bobo vai ficar –*
> *E deixar o sabido escapar.*
> *O canalha vira bobo quando dá no pé*
> *Mas o bobo que fica, canalha não é.*

KENT — Onde aprendeu isso, Bobo?

BOBO — Preso aí é que não foi, bobo.

Entram Lear e Glóster.

LEAR — Não querem falar comigo? Estão passando mal?
Ficaram cansados da viagem? Desculpas!
Quero que me diga a verdade.

GLÓSTER — O senhor sabe como o Duque tem um gênio terrível.
Não muda de opinião, nunca volta atrás.

LEAR — Praga, morte e confusão!
Terrível...? Que gênio? Ora, Glóster, Glóster!
Quero falar com o Duque e sua mulher!
Está me entendendo?

GLÓSTER — Sim, meu senhor.

LEAR — O rei quer falar com o duque, o querido pai deseja falar
Com sua filha; e exige sua presença aqui.
Diga ao duque esquentadinho que...
Não, não. Talvez estejam mesmo
Passando mal. Aceito as suas desculpas.
(ao olhar para Kent)
Mas então, por que prenderam o meu criado? Não.
Estão fingindo. Tirem ele daí.
Diga ao duque e à sua mulher que quero
Falar com eles. Que venham imediatamente.
Senão vou eu mesmo bater um tambor
Na porta do quarto deles.

GLÓSTER — Quem me dera que tudo estivesse bem entre os senhores. *(sai)*

LEAR	Ah, meu coração!
BOBO	Isso, paizinho. Grita com ele, como a cozinheira quando estava enfiando a enguia viva pra dentro da torta. Batia com um pau na cabeça da coitada e gritava "Morre, descarada, morre".

Entram Cornualha, Regana e Glóster.

LEAR	Bom dia.
CORNUALHA	Salve, meu senhor.

Kent é libertado.

REGANA	Fico contente de ver o senhor.
LEAR	Acredito. Se não fosse assim, Não seria filha de uma mãe tão carinhosa. *(a Kent)* Está livre? Vamos então deixar isso para depois. Minha querida filha. A sua irmã é uma malvada. Como um abutre feroz, enterrou suas garras Aqui no meu coração. Mal posso falar. Você não imagina o que – Ah, Regana...
REGANA	Calma, meu senhor. Acho mais provável O senhor não estar dando o devido valor a ela Do que ela não estar cumprindo o seu dever.
LEAR	Como é? O que disse?
REGANA	Não acredito que minha irmã fosse faltar Com suas obrigações, meu senhor. Se por acaso Ela procurou controlar os excessos dos seus homens, Foi com boa razão. Não tem culpa de nada.
LEAR	Maldita seja ela!
REGANA	Meu pai, o senhor está velho. Precisa agir com mais juízo, Como convém à sua idade.

	Peço que volte para a casa da minha irmã
E diga-lhe que a ofendeu.
LEAR	Pedir perdão a ela? Suplicar assim, de joelhos:
"Filha querida, estou velho, confesso.
Sei que os velhos são uns inúteis. Mas eu lhe imploro
Me dê cama, roupa e comida"?
REGANA	Meu bom senhor, pare. Isso não é uma comédia.
Volte para a casa de minha irmã.
LEAR	Nunca.
Ela reduziu meu séquito pela metade,
Me olhou feio, me feriu com suas palavras
Como se fosse uma víbora. Partiu meu coração.
Que todas as vinganças do céu caiam
Sobre aquela ingrata! Que ventos horríveis
Atinjam seus ossos e a deixem aleijada!
CORNUALHA	Que é isso, meu senhor!
LEAR	Que os relâmpagos ceguem o desdém
Dos seus olhos, que os gases podres dos pântanos
Contaminem sua beleza, cobrindo-a de bolhas.
REGANA	Santo Deus! Dirá o mesmo de mim
Quando tiver oportunidade.
LEAR	Não, Regana, você nunca terá minha maldição.
Você é carinhosa. O olhar dela é feroz.
O seu me dá conforto. Você nunca iria
Limitar meus prazeres, reduzir meu séquito,
Me dar uma bronca ou reclamar dos meus gostos,
E nem fechar a porta na minha cara.
Você conhece bem as obrigações de uma filha,
As leis da cortesia e da gratidão.
Você não se esqueceu que eu lhe dei
Metade do reino.
REGANA	Senhor, vamos ao que interessa.

LEAR	Quem foi que prendeu o meu criado?

Entra Osvaldo.

REGANA	*(a Osvaldo)* Sua senhora chegou?
LEAR	Esse é o engraçadinho que fica de fuxicos com a patroa. Fora daqui, seu patife. *(bate nele)*
CORNUALHA	Calma, meu senhor!
LEAR	Quem foi que prendeu o meu criado? Espero, minha filha, que você não saiba de nada.

Entra Goneril.

Ah, meu Deus! Você aqui?
Não tem vergonha de olhar para o seu pai?
Regana, você está segurando a mão dela?

GONERIL	E por que não, meu senhor? Ofendi alguém?
LEAR	Ah, coração, será capaz de resistir? Quem foi que prendeu o meu criado?
CORNUALHA	Fui eu, meu senhor. Mas seus desacatos mereciam Castigo muito maior.
LEAR	O senhor! Foi o senhor?
REGANA	Eu lhe imploro, meu pai, Volte para a casa de minha irmã Com a metade dos seus homens. Fique com ela até o fim do mês E venha, então, me procurar. Não estou preparada para recebê-lo.
LEAR	Voltar para a casa dela? Com cinquenta homens? Não. Prefiro ficar sem abrigo, Enfrentar o tempo impiedoso, Ser companheiro do lobo e da coruja,

| | Sofrer qualquer necessidade. Voltar?
Antes ser escravo desse miserável. *(aponta para Osvaldo)*

GONERIL A escolha é sua, meu senhor.

LEAR Filha, não me faça enlouquecer.
Não vou mais incomodá-la.
Nunca mais nos veremos. Adeus.
Apesar disso, você é carne da minha carne,
Sangue do meu sangue.
Não. É uma doença que trago aqui na carne
E que preciso aceitar: você é um furúnculo, uma peste,
Um tumor canceroso no meu sangue infectado.
Não digo mais nada: um dia, você vai se envergonhar.
Não preciso te repreender,
Nem invocar os relâmpagos vingativos.
Sei ser paciente. Fico, então, aqui com Regana,
Eu e os meus cem homens.

REGANA Não é tão simples assim.
Procure entender minha irmã.
O senhor está velho, e por isso...
Ela sabe o que está fazendo.

LEAR E você, sabe o que está falando?

REGANA Sei, sim, meu senhor. Cinquenta homens não bastam?
Precisa de mais? Ou de tantos?
Já que o custo é tão grande e o perigo também?
Com duas pessoas mandando na mesma casa,
Como alguém poderia viver em paz?
É difícil, quase impossível.

GONERIL Por que, pai, o senhor não usa
Os meus criados, ou os criados dela?

REGANA Por que não? Se cometessem alguma falta,
Poderíamos corrigi-los. Agora que vejo o perigo,
Se o senhor quiser vir para minha casa,
Peço que traga apenas vinte e cinco homens;
Não aceitarei nem um a mais.

LEAR	Eu lhes dei tudo.
REGANA	E em boa hora.
LEAR	Fiz de vocês minhas beneficiárias, Mas com a condição de eu manter um séquito De cem homens. E agora, você os reduz a Vinte e cinco? É isso mesmo, filha?
REGANA	Isso mesmo, meu pai.
LEAR	A má criatura não parece tão má Quando fica ao lado de uma pior. Não ser o pior Merece até elogios. *(a Goneril)* Vou com você. Cinquenta é duas vezes vinte e cinco. E, portanto, o seu amor é o dobro do dela.
GONERIL	Escute, meu senhor: Por que precisa de vinte cinco, de dez ou cinco, Em uma casa onde já tem tantos para lhe servir?
REGANA	Por que precisa de um?
LEAR	Não se trata do que é preciso. Até os mendigos têm algo de que não precisam, Por mais pobres que sejam. Se damos à humanidade Somente o que ela precisa, então a vida de um homem Não vale mais do que a de um animal. Ó céus, que eu tenha paciência, É de paciência que eu preciso agora. Ó deuses, aqui estou eu, pobre e velho, Cheio de amarguras e fragilizado. Não permitam que eu suporte, Por pura ingenuidade ou tolice, As ofensas destas filhas contra o próprio pai. Toquem-me com uma nobre fúria, e não com Lágrimas de mulher para manchar minha face. Suas bruxas desnaturadas! Vou me vingar de vocês duas De tal modo que o mundo inteiro irá... Farei tais coisas... Ainda não sei o que,

Mas serão o horror deste mundo.
Acham que vou chorar? Não,
Não vou chorar: tenho razão para isso,
(ouve-se a tempestade ao longe)
Mas o meu peito vai explodir
Em mil pedaços antes que eu chore.
Bobo, estou ficando louco.

Saem Lear, Glóster, Kent e o Bobo.

CORNUALHA	Vamos entrar. Está vindo um temporal.
REGANA	Esta casa é muito pequena. Não tem como abrigar o velho E seus homens de forma decente.
GONERIL	A escolha é dele. Vai sentir, agora, o gosto da sua tolice.
REGANA	A ele recebo de bom grado. Mas só a ele. Nem a um só de seus seguidores.
GONERIL	Eu também.

Entra Glóster.

GLÓSTER	O rei está louco de raiva. Não sei para onde pretende ir.
CORNUALHA	A culpa é dele. É teimoso demais.
GONERIL	*(a Glóster)* Não vá sugerir de jeito nenhum que ele fique aqui, meu senhor.
GLÓSTER	A noite está caindo e a ventania está cada vez mais forte. Não vai encontrar abrigo.
REGANA	Meu senhor, os teimosos fazem mal a si mesmos. É melhor trancar os portões, Pois seus homens estão desesperados e podem Convencê-lo a partir para a violência.

CORNUALHA	Vamos nos proteger da tempestade. Tranque os portões, meu senhor.

Saem.

Cena 10

Charneca. Tempestade. Entram Lear e o Bobo.

LEAR	Sopra, vento! Rasga tua face furiosa! Cataratas! Furacões! Jorrem suas águas Até afogar as torres e os galos dos cata-ventos. Que os relâmpagos de enxofre, arautos dos raios Que estraçalham os carvalhos, Queimem meus cabelos brancos! E tu, trovão que faz tudo tremer, Dá golpes de fúria na terra Para arrasar a natureza E destruir as sementes Que fazem do homem um ser ingrato.
BOBO	Ah, paizinho. Água benta em casa seca é melhor que chuva ao relento. Paizinho, entra, pede a bênção a tuas filhas; esta noite não tem pena nem de sábio nem de bobo.
LEAR	Arrota tuas entranhas! Escarra fogo, chuva também! Nem vento, nem chuva, nem fogo são filhas minhas. Não os chamo de ingratos, não lhes dei reino Nem criação. A mim não devem lealdade. Gozem então do seu horrível prazer. Aqui estou eu, A seu serviço, velho, pobre, fraco e desprezado. Mesmo assim, eu os acuso: são ministros obedientes Com quem minhas duas perniciosas filhas desejam açoitar Minha velha e branca cabeça. Ai, ai, que horror!
BOBO	Num temporal desses, quem tem uma casa pra enfiar a cabeça tem um bom capacete. *Quem só usa a cabeça de baixo E da de cima nem se lembra Arruma gonorreia aos cachos*

> *E um abrigo só pra sua benga.*
> *O homem que age com o dedão*
> *Em vez de agir com o coração*
> *Ganha calo de montão*
> *E uma insônia do cão.*
> E quem já viu mulher bonita que não faz careta na frente do espelho?

Entra Kent.

LEAR
Não. Preciso ter paciência. Não direi mais nada.

KENT
Meu senhor, está aqui?
Nunca na minha vida ouvi
Trovões tão violentos quanto estes,
Gritos do vento e da chuva tão cheios de fúria.
É mais do que um homem pode suportar.

LEAR
São os deuses repreendendo seus inimigos!
Treme de medo, miserável que foge da justiça;
Mão sangrenta que se esconde; hipócrita incestuoso
Que finge virtude; assassino de rosto inocente:
Que a carapaça de suas mentiras se rompa,
E que gritem aos céus implorando perdão.
Sou homem contra quem outros pecaram
Mais do que ele mesmo pecou.

KENT
(à parte) Coitado, está tão desprotegido!
(a Lear) Meu bom senhor, há uma cabana perto daqui.
Vá para lá e descanse um pouco, enquanto eu suplico pelo senhor
Junto às suas filhas.

LEAR
Meus sentidos começam a ceder.
Como está, moleque? Com frio?
Eu também. Onde fica esse telhado de palha, rapaz?
A arte da necessidade é estranha,
Pois torna precioso o que não vale nada.
Vamos para a cabana. Bobo coitado,
Metade do meu coração sente pena de você.

BOBO	*Quem tem um grão de sabedoria* *Diante de tal chuva e tal ventania* *Com sua fortuna se contentaria,* *Pois a chuva chove noite e dia.*
LEAR	Isso é verdade, meu menino. Vamos.

Saem todos.

Cena 11

Castelo de Glóster. Entram Glóster e Edmundo, com tochas.

GLÓSTER	Ah, Edmundo, não gosto dessas atitudes. Quando pedi permissão para ajudar o rei, me proibiram de lhe dar qualquer apoio ou até de falar com ele.
EDMUNDO	Muito indelicado da parte deles.
GLÓSTER	Quieto, não diga nada: os dois duques brigaram. Dizem que vai haver guerra. Pior ainda. Hoje recebi uma carta – é perigoso até falar disso... Escondi a carta no meu quarto: o rei vai ser vingado. Tropas francesas já estão desembarcando. Vou em segredo encontrar o rei e prestar a ajuda que puder. Fique você aqui para que o duque não desconfie de nada. Se perguntar por mim, diga que fui me deitar. Tome cuidado, meu filho.

Sai.

EDMUNDO	Vou contar ao duque. Sobre a carta também. Assim, irá me recompensar com Tudo aquilo que vai perder meu pai, Pois o jovem sobe quando o velho cai.

Sai.

Cena 12

Charneca. Diante de uma cabana. Entram Lear, Kent e o Bobo.

KENT	É este o lugar. Entre, meu senhor.
LEAR	Me deixa em paz.
KENT	Melhor entrar, meu senhor.
LEAR	Quer partir meu coração?
KENT	Antes o meu. Agora, entre, senhor.
LEAR	Acredita ser sofrimento demais o temporal Encharcar a minha pele? Talvez seja para você. Mas onde há uma maldade maior, A menor desaparece. Com a mente em paz, O corpo é frágil: mas a tempestade Da minha mente faz com que eu não sinta nada, A não ser a ingratidão das minhas filhas. Não é como se a boca mordesse a própria mão Que a alimenta? Um dia, irei castigá-las. Não. Chega de chorar. Trancar os portões na minha cara, Numa noite como esta? Que chova, então! Tenho que resistir! Ah, minhas filhas, Tratar assim o seu velho e bondoso pai, Que do fundo do coração tudo lhes deu... Ah, não, nada disso. Assim vou ficar louco. Chega.
KENT	Vamos, meu senhor, entre.
LEAR	Entre você. E você também, moleque. Vão na frente.

Sai o Bobo.

                      Vocês que estão nus e sem abrigo, pobres criaturas
                      Que enfrentam a tempestade com pés descalços
                      E corpos famintos, como podem seus farrapos
                      Protegê-los de um tempo assim?
                      Ah, cuidei tão pouco disso! Se exponha, majestade:
                      Sinta o que sentem os desamparados.
                      Dê a eles tudo o que não necessita.
                      E o céu parecerá, assim, mais justo.

EDGAR	*(de dentro da cabana)* Uma braça e meia, uma braça e meia! Pobre do Tom.
BOBO	*(sai correndo da cabana)* Não entra aí não, paizinho. Tem assombração. Socorro! Socorro!
LEAR	Me dê a sua mão, moleque. Quem é que está aí?
BOBO	Um espírito. Um espírito. Diz que se chama Pobre do Tom.
KENT	Quem é que está resmungando aí dentro?

Entram na cabana Kent, Lear e o Bobo.

EDGAR	Sumam daqui! O capeta danado está atrás de mim. O vento sopra nos espinhos... Hmmmm. Vá pra cama se esquentar.
LEAR	Você deu tudo para as suas duas filhas E acabou assim?
EDGAR	Uma esmola pro Pobre do Tom! O capeta danado está vindo atrás dele através do fogo e da fumaça, da lama e do pantanal; bota facas debaixo do seu travesseiro e veneno no seu mingau. Tenha caridade. Tom está com frio. Olha ali. O capeta danado está ali. Olha! Olha!
LEAR	Será que as filhas são a causa disso? *(a Edgar)* Não conseguiu salvar nada? Deu tudo pra elas?
BOBO	Não, ficou só um farrapo, senão ia passar vergonha.
LEAR	Que todas as maldições caiam sobre suas filhas!
KENT	Ele não tem filhas, meu senhor.
LEAR	Morte e traição! Só a crueldade de filha poderia deixar um homem Numa condição tão degradante quanto esta. E dizer que foi a minha carne que gerou esses pelicanos.

EDGAR	*Pillicock na montanha sentou,* *Botou a maior banca e abafou.*
BOBO	Que noite é esta! Está todo mundo ficando bobo. E doido.
EDGAR	Cuidado com o capeta danado. Obedeça a seus pais; cumpra suas promessas; não diga palavrão; não durma com a mulher do outro. E vista-se com sobriedade. Tom está com frio.
LEAR	Quem era você?
EDGAR	Um criado vaidoso que satisfazia as taras da patroa e trepava com ela na escuridão, tinha amor pelo vinho e paixão pelos dados; tinha mais amantes que um sultão e traía todas; era preguiçoso como um porco, esperto como uma raposa, voraz como um lobo e louco como um cão. *O vento frio faz vummm, vummm* *E a nossa espinha geme mummm, mummm* *Deixa o capeta passar,* *Eu vou é me confessar.*
LEAR	Ora, seria melhor você apodrecer na sepultura do que enfrentar na sua nudez estes desatinos do céu. Será que um homem não é mais do que isso? Olhem bem pra ele. Não deve fio ao bicho-da--seda, couro ao boi, lã ao carneiro, nem perfume ao gato. Nós três aqui somos sofisticados. Você é a coisa em si. O homem sem os confortos da vida é apenas um animal de duas pernas, pobre e nu como você. Venham, desabotoem aqui. *(ele arranca suas roupas)*
BOBO	Paizinho, por favor, calma, a noite não está boa pra natação. Por favor, paizinho, me diga se o doido é gente fina ou homem do povo?
LEAR	É um rei, é um rei.
EDGAR	Ai ai ai. O capeta danado está picando as minhas costas.
BOBO	Doido é quem acredita em lobo manso, juramento de puta e amor de rapaz.
LEAR	Vai ser assim: vamos iniciar o julgamento de minhas filhas. *(a Edgar)* Venha se sentar aqui, sábio juiz.

	(ao Bobo) Sua Sapiência, sente-se aqui. *(a Kent)* O senhor é membro da corte. Sente-se também. E agora, suas raposas malvadas...
EDGAR	Os olhos delas brilham de raiva!
KENT	Como está, meu senhor? Por que não descansa um pouco nestas almofadas?
LEAR	Primeiro o julgamento. Tragam as testemunhas. Acusem a mais velha, Goneril. Juro perante esta assembleia solene que ela deu um pontapé no pobre rei, seu pai.
BOBO	Venha cá, dona. Seu nome é Goneril?
LEAR	Ela não pode negar.
BOBO	Desculpe, confundi a senhora com um caixote.
LEAR	Eis a outra, cujo olhar perverso Mostra do que é feito seu coração. Pega! Pega! Está fugindo. Falso juiz, por que deixou ela escapar?
KENT	Meu bom rei, onde está o equilíbrio que o senhor sempre prezou?
EDGAR	*(à parte)* Sinto tanta pena dele que minhas lágrimas vão acabar me desmascarando.
LEAR	Até meus cachorrinhos me censuram Com seus latidos. Vejam! Vejam!
EDGAR	*Cão de colo ou cão de caça* *Tom acaba com sua raça.* *Fora, seus vira-latas,* *Pisem fundo com suas patas!*
LEAR	*(a Edgar)* Meu rapaz, quero que faça parte do meu séquito. Só que não gosto de suas roupas. Vai dizer que estão na moda, mas prefiro que sejam trocadas.

KENT	Agora, meu senhor, deite-se aqui e descanse um pouco.
LEAR	Não façam barulho. Não façam barulho. Fechem as cortinas. Isso, isso, isso. Iremos jantar de manhã.
BOBO	E eu irei para a cama ao meio-dia.

Entra Glóster.

KENT	Quem está aí?
GLÓSTER	Quem são vocês? Seus nomes.
EDGAR	Eu sou o Pobre do Tom, que come rã, sapo e lagartixa; bebe a gosma verde da água parada, e leva surra em toda cidade que passa. Fica quieto aí, capeta danado.
GLÓSTER	Onde está o rei?
KENT	Aqui, meu senhor. Mas não fale com ele. O coitado ficou louco.

A tempestade continua.

GLÓSTER	Era de se esperar. As filhas querem que ele morra. Ah, o bondoso Kent, que foi exilado, previu tudo isso. Você diz, meu amigo, que o rei ficou louco. Eu também estou ficando louco: eu tinha um filho Que ainda há pouco quis me matar. Sabe, amigo, Eu o amava mais do que qualquer outro pai Seria capaz de amar um filho. E esta dor me atormenta tanto Que estou perdendo a razão.
EDGAR	Tom está com frio.
GLÓSTER	*(a Kent)* Amigo, carregue o rei nos seus braços e Leve-o para Dover, onde encontrará Sua filha Cordélia, junto com o Rei da França E suas tropas. Lá o nosso rei terá Conforto e proteção. Depressa. Se esperar meia hora, a vida

De todos vocês estará perdida.
Vamos, vamos.

Saem todos, menos o Bobo, que dorme abandonado.

Cena 13

Castelo de Glóster. Entram Cornualha, Regana, Goneril, Edmundo e outros.

CORNUALHA Me vingarei dele antes de ir embora desta casa.

EDMUNDO Fico com medo só de pensar o que as pessoas irão dizer por eu
Ter colocado minha lealdade ao senhor acima do meu dever
de filho.
Mas aqui está a carta que ele recebeu e que prova
Que ele se aliou ao Rei da França.
Ó céus, que má fortuna é a minha, que me fez descobrir a
traição do meu pai.

CORNUALHA Acaba de conquistar a minha confiança. E a partir de agora,
declaro você o novo Duque de Glóster.
Procurem o traidor.

Saem alguns criados.

REGANA Que seja enforcado imediatamente.

GONERIL Que arranquem os seus olhos.

CORNUALHA Deixem que eu cuido disso. *(a Goneril)* Vá depressa ao encontro de seu marido, minha senhora. Mostre-lhe esta carta: Cordélia e o exército francês já desembarcaram. Edmundo, vá junto com Goneril: é bom que não veja como nos vingaremos de seu pai. Adeus, minha querida cunhada. Adeus, Duque de Glóster. E avise o Duque de Albânia para deixar os seus soldados de prontidão. Farei o mesmo.

Saem Goneril e Edmundo.

Entra Osvaldo com Glóster e criados.

CORNUALHA	E então? Onde está o rei?
OSVALDO	O velho o ajudou a escapar.
CORNUALHA	Traidor!
REGANA	Raposa ingrata!
CORNUALHA	Amarrem seus braços. *(os criados começam a amarrá-lo)*
GLÓSTER	O que é isso? O que estão fazendo? Os senhores são meus hóspedes, meus amigos. Não me tratem dessa maneira...
REGANA	Seu traidor imundo.
GLÓSTER	Impiedosa senhora, não sou nada disso.
CORNUALHA	Canalha. Vai ver só o que –

Regana puxa-lhe a barba.

REGANA	Uma barba tão branca e uma mente tão escura.
GLÓSTER	Ah, que vergonha! Estão em minha casa. Não abusem da minha hospitalidade, Como se fossem ladrões.
CORNUALHA	Que cartas recebeu do Rei da França?
REGANA	Fale sem rodeios. Sabemos a verdade.
GLÓSTER	Recebi uma carta, sim. Mas não é de mão inimiga.
REGANA	Mentira.
CORNUALHA	Para onde mandou o rei?
GLÓSTER	Para Dover.

REGANA   Por que Dover? O senhor não foi proibido de – ?

CORNUALHA   Por que Dover? Responda.

REGANA   Por que Dover?

GLÓSTER   Para que eu não visse suas garras cruéis
            Arrancarem os olhos dele, ou sua irmã feroz
            Enterrar seus dentes na santa carne do rei.
            Mas logo irei ver a vingança dos céus
            Cair sobre vocês.

CORNUALHA   Não verá coisa alguma. Segurem a cadeira.
            (ele arranca um dos olhos de Glóster)

GLÓSTER   Aaaaaaai! Meu Deus! Me ajude!

REGANA   Um lado vai zombar do outro. Arranque o segundo.

CORNUALHA   *(a Glóster)* Então, quer ver os céus se vingarem de –

CRIADO 1   Pare, meu senhor. Pare.

REGANA   O quê? Seu cachorro.

CRIADO 1   Presto um bom serviço ao senhor, pedindo que pare.

CORNUALHA   Canalha! *(eles lutam)*

REGANA   *(ao criado 2)* Me dá sua arma! *(ela golpeia o criado 1 pelas costas)*

CRIADO 1   Estou ferido. *(a Glóster)* Ainda lhe resta um olho, meu senhor, para ver alguma maldade atingindo ele. *(morre)*

CORNUALHA   Não vai ver nada! Sai, geleia imunda.
            Onde está seu brilho agora?

GLÓSTER   Ai, que escuridão!
            Edmundo! Meu filho! Venha vingar o seu pai.

REGANA	Canalha traidor. Está chamando quem te odeia. Foi ele Que te delatou e que é bom demais para sentir Pena de alguém como você.
GLÓSTER	Ah, que insensatez a minha! Meu Edgar... Foi caluniado. Que os deuses me perdoem. E deem amparo ao meu filho.
REGANA	Jogue-o na rua. Que fareje O caminho para Dover.

Sai o criado 2 com Glóster.

Como está, meu senhor?

CORNUALHA	Ferido. Venha, venha comigo. Estou sangrando muito. Me dê o seu braço.

Saem.

Cena 14

Charneca. Entra Edgar.

EDGAR	É melhor saber que somos desprezados do que Sermos bajulados, enquanto continuam a nos desprezar. A criatura mais insignificante e rejeitada pela fortuna Sempre tem esperança, não vive com medo. É triste quando o que é bom piora. Mas depois do pior, só podemos nos alegrar.

Entra Glóster, guiado pelo criado 2.

GLÓSTER	Vá embora, amigo. Vá. É perigoso me dar qualquer ajuda.
CRIADO 2	Mas o senhor não consegue enxergar o caminho.
GLÓSTER	Não tenho mais caminho. Não preciso mais dos meus olhos.

| | Tropecei quando ainda enxergava. Ah, Edgar,
Tão injustiçado por seu pai;
Se eu pudesse viver, para vê-lo com meus dedos,
Diria que ainda tenho olhos. |

EDGAR   Meu pai! Mundo, mundo, ó mundo!
            Quem pode dizer "Isto é o pior"?
            Não chegamos ao que é de fato o pior
            Se temos voz para dizer "Isto é o pior".

GLÓSTER   Quem está aí?

EDGAR   Sua bênção, senhor.

GLÓSTER   É o garoto nu?
            Vi um rapaz assim na tempestade de ontem
            E pensei então que o homem
            É uma criatura sem nenhuma importância.
            Me fez lembrar do meu filho Edgar, mas naquele momento
            Eu estava furioso com ele.
            Como me equivoquei.
            Somos para os deuses como as moscas
            Para as crianças: matam-nos por esporte.

EDGAR   *(à parte)* O que é que eu faço, agora?

GLÓSTER   Ô, garoto! Garoto nu?

EDGAR   Tom está com frio.

GLÓSTER   Vem cá, garoto.

EDGAR   Coitados dos seus olhos. Estão sangrando.

GLÓSTER   Sabe o caminho para o litoral?

EDGAR   As passagens, as porteiras, todos os caminhos, a cavalo e a pé.
            O Pobre do Tom ficou louco de tanto susto que levou. Deus o
            proteja do capeta danado, senhor.

| GLÓSTER | Toma aqui este dinheirinho.
Que a minha desgraça o faça se esquecer da sua.
Que os homens que têm mais do que precisam
Sintam a ira dos deuses e distribuam
Parte de sua riqueza entre os necessitados.
Assim haverá o bastante para todos. Conhece Dover? |
|---|---|
| EDGAR | Conheço, meu senhor. |
| GLÓSTER | Lá há um alto e terrível penhasco
De onde a vista domina o mar.
Se me levar até a beira desse penhasco,
Eu lhe pagarei tão bem que trará alívio
À sua miséria. Quando chegarmos lá,
Não precisarei mais de você. |
| EDGAR | Me dá teu braço.
O Pobre do Tom será o teu guia. |
| GLÓSTER | Que tempos esses,
Quando cegos são conduzidos por loucos. |

Saem.

Cena 15

Diante do palácio de Albânia. Entram Goneril e Edmundo.

GONERIL	Osvaldo! *(ele entra)* Onde está seu patrão?
OSVALDO	Lá dentro, minha senhora. E muito mudado.
Quando lhe falei do exército francês,
Ele simplesmente sorriu.
Aí eu lhe disse que a senhora estava para chegar,
E ele respondeu "tanto pior". Quando lhe contei
Da traição do velho Glóster e da lealdade do filho,
Disse que sou um idiota e que confundi tudo.
O que ele mais devia odiar é o que mais lhe agrada.
E o que devia gostar, o deixa ofendido.

GONERIL	Que covarde. É incapaz de tomar qualquer iniciativa. Edmundo. Volte e diga para o meu cunhado reunir os soldados. Vou ter que assumir o comando das minhas tropas E dar ao meu marido as tarefas de dona de casa. Esse criado será nosso correio. E se quiser levar adiante O que ocorreu durante nossa viagem para cá, Receberá notícias minhas. Toma esta lembrança. Não diga nada. Abaixe a cabeça: se este beijo pudesse falar, Diria coisas que fariam teu espírito voar. Adeus.
EDMUNDO	Sou seu até a morte.
GONERIL	Meu querido Glóster.

Sai Edmundo.

GONERIL	*(à parte)* Que diferença de homem para homem. A você me dou por inteira. Um idiota divide os lençóis comigo.
OSVALDO	Senhora, aí vem o patrão. *(sai)*

Entra Albânia.

GONERIL	Eu valho mais do que um assobio, meu bem.
ALBÂNIA	Ah, Goneril, você não vale nem a poeira Que o vento sopra na sua cara.
GONERIL	Chega. Não quero saber de besteira.
ALBÂNIA	Tudo o que é bom e sensato, aos maldosos parece ruim. O que foi que vocês fizeram? Tigres é o que vocês são. Não filhas. Que barbaridade. Enlouqueceram o próprio pai, a quem Todos reverenciavam. Suas degeneradas! Se os céus não mandarem logo um castigo, Para esses atos de extrema crueldade,

| | Os homens irão devorar uns aos outros, |
| | Como os monstros do mar. |

GONERIL   Seu covarde. Você não sabe a diferença
            Entre honra e humilhação.
            Os franceses avançam por nosso reino,
            Ocupam nossas terras, enquanto você
            Fica sentado se perguntando
            "Que coisa, por que estão fazendo isso?".

ALBÂNIA   Olhe no espelho para ver como o diabo é feio.

GONERIL   Seu tolo enfadonho!

ALBÂNIA   Se não tivesse corpo de mulher,
            Rasgaria sua cara e quebraria seus ossos,
            Seu demônio!

GONERIL   Nossa, que macho! Miau!

Entra um mensageiro.

MENSAG.   Meu senhor, o Duque de Cornualha morreu.
            Foi ferido por um dos seus criados ao arrancar
            Os olhos do velho Glóster.

ALBÂNIA   Arrancar os olhos de Glóster?!

MENSAG.   Sim, meu senhor. Um criado tentou intervir,
            Mas o Duque de Cornualha o matou e morreu
            Em seguida, depois de perder muito sangue.

ALBÂNIA   Isso mostra que a justiça dos céus está vigilante!
            Ah, pobre Glóster.
            Os dois olhos, você disse?

MENSAG.   Sim, meu senhor, os dois.
            Esta carta, minha senhora, é de sua irmã.

GONERIL   *(à parte)* Vamos ver. Agora ela ficou viúva.
            E Edmundo está indo ao seu encontro.

| | Tudo com que sonhei
Para me livrar desta vida que odeio
Poderá cair por terra. Preciso pensar.
(alto) Aguarde a resposta. *(sai)*

ALBÂNIA   Onde estava Edmundo quando cegaram o seu pai?

MENSAG.   Vindo para cá, com a esposa do senhor.

ALBÂNIA   Mas ele não está aqui.

MENSAG.   Não, meu senhor. Encontrei-o no caminho,
Voltando para sua casa.

ALBÂNIA   Ele sabia dessa maldade?

MENSAG.   Sabia sim, meu senhor. Foi ele quem delatou o pai.
E depois sumiu para que pudessem torturar o bondoso Glóster
Sem se sentirem constrangidos.

ALBÂNIA   Ah Glóster, eu ainda estou vivo,
Para agradecer o amor que mostrou ao rei
E para vingar essa crueldade que fizeram com você.
Venha me contar tudo, amigo.

Saem.

Cena 16

Acampamento francês perto de Dover. Entram, com tambores e bandeiras, Cordélia, um médico e soldados.

CORDÉLIA   Sim, sim, é ele mesmo: foi visto há alguns minutos,
Tão louco como o mar turbulento,
Cantando em voz alta,
Com uma coroa de folhas secas e ervas do mato,
Com cicutas, agriões e urtigas.
Vão atrás dele
E tragam-no aqui. *(sai um oficial)*
Doutor, o que pode curar esses desvarios de meu pai?

MÉDICO	O que lhe falta é repouso, minha senhora, A melhor cura que a mãe natureza pode oferecer. Há também ervas muito eficazes Que poderão adormecer a sua dor.
CORDÉLIA	Que todas as plantas medicinais Possam brotar da terra Com minhas lágrimas e Aliviar a dor de meu querido pai! E que em breve eu possa vê-lo e ouvir sua voz.

Saem.

Cena 17

Castelo de Glóster. Entram Regana e Osvaldo.

REGANA	Mas o exército do meu cunhado já está a caminho?
OSVALDO	Sim, minha senhora.
REGANA	É ele quem comanda as tropas?
OSVALDO	É, mas só depois de muita briga. Como soldado, sua irmã é melhor.
REGANA	O que diz ela na carta que escreveu para Edmundo?
OSVALDO	Não sei, minha senhora.
REGANA	Bem, ele não está aqui, agora. Teve que sair às pressas. Foi uma estupidez deixar Glóster vivo, cego daquele jeito. Onde quer que ele apareça Todos se revoltam contra nós. Acho que Edmundo, por piedade, Foi acabar com sua escuridão.
OSVALDO	Tenho que ir atrás dele com esta carta, minha senhora.

REGANA   Mas por que minha irmã escreveu para ele?
            Você não podia trazer um simples recado?
            Talvez tenha coisas aí que... não sei.
            Ficaria muito agradecida, Osvaldo,
            Se me deixasse dar uma olhada na carta.

OSVALDO   Minha senhora, é melhor eu –

REGANA   Minha irmã não tem amor pelo marido,
            Sei disso muito bem. Quando ela esteve aqui
            Ficou dando umas piscadas para o nobre Edmundo.
            Sei também que você é íntimo dela.

OSVALDO   Eu, minha senhora?

REGANA   Não disfarce. É sim.
            Agora, presta atenção: meu marido morreu.
            Eu e Edmundo já nos falamos.
            É muito melhor ele
            Ficar comigo do que com minha irmã.
            Tire suas conclusões.
            Quando encontrar Edmundo,
            Dê a ele este anel.
            E ao contar tudo à sua patroa,
            Aproveite e peça-lhe para ter mais juízo.
            Adeus.
            E se por acaso descobrir onde se encontra o cego,
            Haverá uma recompensa para quem o matar.

OSVALDO   Espero que eu o encontre, minha senhora,
            Para mostrar de que lado estou.

REGANA   Adeus.

Saem.

Cena 18

Descampado perto de Dover. Entram Glóster e Edgar, vestido como camponês.

GLÓSTER	Quando vamos chegar ao alto do penhasco?
EDGAR	Estamos subindo, agora. Sinta como é dura a escalada.
GLÓSTER	O solo me parece plano.
EDGAR	É íngreme demais. Consegue ouvir o mar?
GLÓSTER	Não.
EDGAR	Então seus outros sentidos estão sendo prejudicados Pela dor dos seus olhos.
GLÓSTER	É bem possível. Sua voz me parece mudada e sua fala Melhorou muito.
EDGAR	Engano seu. Só mudei de roupa.
GLÓSTER	Está se expressando com maior clareza.
EDGAR	Pronto, senhor. Chegamos. Nem mais um passo. Sinto medo só de olhar. Os urubus e as gaivotas que voam abaixo de nós Não são mais do que mosquitos. No meio do penhasco – ai, que medo – Tem um homem pendurado, colhendo algas marinhas. Ele parece menor do que sua cabeça. Os pescadores na praia Lembram ratinhos, e o navio ancorado Lá adiante ficou do tamanho De um bote salva-vidas. O barulho das ondas Quebrando na areia, nem dá pra ouvir. É melhor eu fechar os olhos, senão vai me dar uma tonteira E eu vou cair lá embaixo.
GLÓSTER	É aí que eu quero ficar.
EDGAR	Me dê a sua mão. Agora O senhor está bem na beira do abismo.

| GLÓSTER | Pode soltar minha mão.
Tome esse dinheiro, meu amigo.
Que ele se multiplique. Agora, despeça-se.
Quero ouvir você indo embora. |

| EDGAR | Adeus, meu bom senhor. *(à parte)* Brinco
Com o seu desespero, só para poder curá-lo. |

| GLÓSTER | *(ajoelhando-se)* Deuses poderosos! Renuncio a este mundo
E a todas as minhas aflições.
Se eu pudesse suportar o que me resta
Dessa vida odiosa, em vez de desafiar
Sua vontade divina, deixaria, de bom grado,
Que ela se apagasse naturalmente.
Dai-lhe vossa bênção.
E agora, garoto, vá embora. |

| EDGAR | Já fui. Adeus. |

Glóster atira-se para a frente e cai no chão.

Se ele estivesse onde pensava,
Pensar não conseguiria mais.
Ei, amigo!
Está me ouvindo, meu senhor? Fala!
Poderia ter morrido mesmo. Está voltando a si.
O que é o senhor?

| GLÓSTER | Vá embora, deixe-me morrer. |

| EDGAR | Mesmo se fosse feito de teia de aranha,
De penas ou de ar,
Ao despencar lá do topo do penhasco
Ia se estraçalhar como uma casca de ovo;
Mas o senhor respira, tem vigor,
Não sangra, fala, está são e salvo.
Dez mastros não dariam
A altura da sua queda.
A sua vida é um milagre. Fale mais. |

| GLÓSTER | Eu caí ou não? |

EDGAR	Do pico assustador desta escarpa branca.
	Olhe só lá pra cima.
	Por mais que a cotovia gorjeie
	Não conseguimos vê-la, nem ouvi-la.
	Vamos, olhe.
GLÓSTER	Ai ai, não tenho olhos.
	Essa agonia não vai acabar nunca?
EDGAR	Me dê o seu braço.
	De pé. Isso. Suas pernas aguentam?
GLÓSTER	Demais. Demais.
EDGAR	O que era aquela coisa, lá no alto,
	Que se despediu do senhor?
GLÓSTER	Um pobre mendigo.
EDGAR	Daqui os seus olhos eram duas luas cheias.
	Tinha mil narizes e chifres tortos e enormes.
	Devia ser algum demônio. Portanto, bem-aventurado senhor,
	Acredite que os deuses, em sua infinita sabedoria,
	Decidiram preservá-lo.
GLÓSTER	Agora me lembrei de tudo. Daqui por diante, irei suportar
	Minha aflição até que ela mesma
	Grite "basta, basta" e morra por si só.
	Aquela criatura que você mencionou era o garoto
	Que vivia dizendo "Olha o capeta danado, olha o capeta danado".
	Foi ele que me levou até o penhasco.
EDGAR	Alegre-se, meu senhor, e pense no melhor.

Entra Lear, enfeitado fantasticamente com flores selvagens.

LEAR	Eles não podem me acusar de nada. Eu sou o rei.
EDGAR	Que agonia vê-lo assim!
LEAR	Nisso, a natureza supera a arte. Eis o soldo do recruta. Aquele

cara segura o arco como um espantalho: estica o arco direito! Olha só, um ratinho! Calma, calma. Esse pedaço de queijo frito resolve tudo. Eis minha luva. Desafio um gigante. *(faz o som de uma flecha voando)* Que belo voo, passarinho. Bem no alvo. Ha! Qual é a senha?

EDGAR   Manjericão doce.

LEAR   Pode passar.

GLÓSTER Conheço essa voz.

LEAR   Ha! Goneril de barbas brancas? Eles me bajulavam como um cachorro bajula o seu dono. Concordavam com tudo que eu dizia. Mas quando a chuva me encharcou e o frio me fez bater os dentes, quando o trovão não se calou assim que ordenei, aí eu vi de que metal eram feitos, aí eu farejei a hipocrisia deles. Que coisa. Não são homens de palavra. Me disseram que eu era tudo: mentira, pego febre como qualquer um.

GLÓSTER O tom dessa voz eu me lembro bem.
         Não é o rei?

LEAR   Da cabeça aos pés, um rei.
         Quando olho feio, o súdito treme de medo.
         Perdoo a vida desse homem aqui. Qual foi o seu crime?
         Adultério? Não vai sofrer pena de morte por isso.
         Por adultério? Não. A garça trepa e a mosca
         Também, na frente de todo mundo.
         Que todos se entreguem à devassidão,
         Pois o bastardo Edmundo foi mais carinhoso
         Com o pai do que minhas filhas legítimas foram comigo.
         Vai, luxúria, se espalhe depressa,
         Não tenho soldados para te impedir!
         Veja aquela dama de sorriso tímido,
         Querendo se passar por virtuosa,
         Finge horror só de ouvir falar do prazer;
         Mas nem uma égua nem o seu macho
         Trepam com tanto apetite.
         Da cintura pra baixo, são selvagens.
         Da cintura pra cima, se dizem mulheres.

O domínio de Deus só vai até o quadril.
Dali pra baixo, pertence ao diabo.
Tudo é inferno, tudo é escuridão.
Um poço de enxofre,
Que queima, arde, cheira mal e destrói.
Pá! Pá! Pá!
Me dá um perfume qualquer
Pra adoçar minha imaginação.
Toma aqui este dinheirinho.

GLÓSTER   Ah, quero beijar essa mão!

LEAR   Deixe-me limpá-la primeiro. Cheira a mortalidade.

GLÓSTER   O senhor se lembra de mim?

LEAR   Me lembro bem dos teus olhos.
Está piscando pra mim?
Não adianta atirar tuas flechas, Cupido cego,
Nunca voltarei a amar.
Leia este desafio. Vamos, leia.

GLÓSTER   Com o quê? Com o buraco dos olhos?

LEAR   O quê? Ficou doido? Um homem pode ver sem olhos. Veja com seus ouvidos. O juiz castiga o ladrão. Agora, troque o lugar deles e tente adivinhar, só com os ouvidos, quem é o juiz, quem é o ladrão? Já viu o cão de algum fazendeiro latir pra um mendigo?

GLÓSTER   Sim, meu senhor.

LEAR   E o mendigo fugir do vira-lata? Eis aí
O retrato da autoridade.
Obedecemos até a um cachorro,
Se ele tem um poder qualquer.
Seu oficial malandro, por que açoita a prostituta
Se a tua luxúria é igual a dela?
Roupas pobres revelam os pequenos pecados.
Roupas de luxo e togas escondem os grandes.
Quem irá julgar aquele que julga?

| | Arranje uns olhos de vidro e, como
Um político corrupto, só dê atenção
Ao que lhe traz benefícios.
Que é isso, que é isso?
Tire as minhas botas. Força. Força.

EDGAR   *(à parte)* Verdade e tolice se misturam.
Ele encontra a razão na loucura.

LEAR   Se quiser chorar por mim, toma aqui os meus olhos.
Sei bem quem você é. Seu nome é Glóster.
É preciso ter paciência.
Chegamos a este mundo aos berros.
Escute o meu sermão. Escute.

GLÓSTER   Ah, que dia mais triste!

LEAR   Ao nascer, e entrar em cena
Neste grandioso palco de tolos, só o que nos resta é chorar.
Boa ideia seria dar ferraduras de feltro pros cavalos,
E aí, eu chego de surdina perto dos genros
E mato, mato, mato, mato, mato, mato!

Entram um oficial e soldados.

OFICIAL   Aí está ele. Meu senhor, sua adorada e gentil filha...

LEAR   O que é isso? Vieram me salvar ou me prender?
Nasci para ser o bobo da fortuna.
Me tratem bem e vão receber uma recompensa.
Estou precisando de um médico: minha cabeça não para de doer.

OFICIAL   O senhor terá tudo que quiser.

LEAR   Vamos, vamos. Eu sou um rei, sabiam?

OFICIAL   É um rei e nós lhe obedecemos, meu senhor.

LEAR   Então, há ainda uma esperança. Mas vão ter que me pegar.
Pega, pega, pega, pega!

Sai correndo, o oficial e os soldados atrás.

GLÓSTER   Oh, deuses gentis, tirem o meu alento
Para que eu não tente de novo
Dar um fim à minha vida.

EDGAR   Bonita oração!

GLÓSTER   E agora, me diga quem é o senhor.

EDGAR   Sou um pobre coitado que sofreu muito
E assim aprendeu a ter compaixão. Me dê a sua mão.
Vamos procurar um abrigo.

Entra Osvaldo.

OSVALDO   Estou feito. Velho traidor!
Infeliz! Lembre-se dos seus pecados.
Minha espada vai trazer o seu fim.

GLÓSTER   Que a sua mão tenha força o suficiente para isso, meu amigo.

Edgar se interpõe.

OSVALDO   Camponês atrevido!
Saia da minha frente ou terá o mesmo destino.

EDGAR   *(com sotaque rústico)* Não saio não, senhor, só se o senhor me forçar!

OSVALDO   Suma daqui, escravo, ou vai morrer!

EDGAR   *(com sotaque rústico)* Não cria encrenca não, meu senhor. Fica longe do velho, senão vai logo descobrir o que é mais duro, sua cuca ou esse cacete aqui. Será que fui claro?

OSVALDO   Saia da minha frente, estrume!

Eles lutam.

EDGAR   (*com sotaque rústico*) Vou arrebentar a tua fuça. Não tenho medo de você, não.

Edgar o derruba.

OSVALDO   Escravo, você acabou comigo. Não esperava morrer tão jovem... (*morre*)

EDGAR   Te conheço bem, seu pau-mandado.
               Tão conivente com os vícios da tua patroa
               Quanto a maldade desejaria.

GLÓSTER   Ele está morto?

EDGAR   Pode ficar descansado, pai. Está morto sim. Só lamento
               Que não tenha sido outro o seu carrasco. Vamos ver
               O que ele tem nos bolsos. (*Pega uma carta*)
               (*Lê*) *Edmundo, lembre-se do nosso pacto. Você terá muitas oportunidades para matá-lo. Se ele voltar vitorioso, eu serei sua prisioneira, e a cama dele, minha prisão. Peço que me liberte e, como recompensa, poderá usufruir do meu leito. Sua afetuosa servente – adoraria dizer esposa – Goneril.*
               Os desejos dessa mulher não têm limites.
               Ela conspira contra o marido virtuoso e pretende
               Trocá-lo pelo meu irmão. Quando chegar a hora,
               O pobre Duque vai arregalar os olhos
               Com o conteúdo desta carta.
               (*Olhando para Osvaldo*) Vai ficar contente de saber
               Que te dei um fim.

Tambores ao longe.

               Estou ouvindo tambores. Sua mão, rápido.
               Vou alojá-lo com um amigo.

Saem.

Cena 19

Tenda no acampamento francês. Entram Cordélia, Kent e o médico.

CORDÉLIA   Gentil Kent! Como poderei
Recompensar sua bondade?

KENT   Servir a senhora é a maior
Das recompensas. O que lhe contei sobre seu pai
É a pura verdade. Foi assim que se passou.

CORDÉLIA   *(ao médico)* E o rei, como está?

MÉDICO   Continua dormindo, minha senhora.

CORDÉLIA   Ó, deuses! Por caridade,
Curem a sua natureza que foi tão violentada.
Afinem as cordas dos seus sentidos
Para que meu pai saia desse estado infantil.

MÉDICO   A senhora permite que o acordemos?
Já dormiu muito.

CORDÉLIA   Faça o que achar melhor.

MÉDICO   Quando o rei despertar,
Peço-lhe que permaneça ao seu lado.

CORDÉLIA   Muito bem.

Entram criados carregando Lear, que dorme. Música.

MÉDICO   Mais alta, essa música!

CORDÉLIA   Meu bom pai! Que meus lábios lhe deem saúde
E que este beijo repare o mal que minhas duas irmãs
Fizeram ao senhor.

KENT   Como ela é carinhosa!

CORDÉLIA   Mesmo que não fosse pai delas, estes cabelos brancos
Deveriam provocar-lhes alguma compaixão.
Este rosto merecia encarar a fúria da tempestade?

Este corpo tão indefeso merecia enfrentar
O relâmpago e o terrível rugido do trovão?
Numa noite como aquela, até um cão raivoso
Seria acolhido em minha casa. Mas o senhor, pobre pai,
Só encontrou abrigo numa cabana
Úmida e lamacenta,
Entre porcos e coitados.
Que milagre que o seu coração
Tenha suportado tanto.
(ao médico) Está acordando. Fale com ele.

MÉDICO Madame, é melhor a senhora falar.

CORDÉLIA Como se sente, meu senhor? Como está Sua Majestade?

LEAR Você me faz mal, ao me tirar da sepultura.
Alma cheia de graça,
Estou atado a uma roda de fogo.
Minhas lágrimas queimam o meu rosto
Como se fossem chumbo derretido.

CORDÉLIA O senhor sabe quem eu sou?

LEAR Um espírito, eu sei. Quando foi que você morreu?

CORDÉLIA Ele está longe. Muito longe de nós.

MÉDICO Mal acordou. Talvez seja melhor deixá-lo a sós por uns instantes.

LEAR Onde estive? Onde estou? É dia?
Alguém está me enganando!
Morreria de pena vendo outro ser torturado assim.
Não sei o que dizer. Não vou jurar que estas mãos são minhas.
Deixe-me ver. Consigo sentir esse alfinete me picar.
Seria bom saber se ainda estou sonhando.

CORDÉLIA Olhe para mim, meu senhor, e me dê sua bênção.
Não, meu senhor, não se ajoelhe.

LEAR Eu lhe peço, não zombe de mim. Sou um homem velho e tolo.
E para falar a verdade,

	Acho que não estou muito bom da cabeça. Eu devia saber quem é você e quem é esse senhor, Mas tenho muitas dúvidas, pois Não sei que lugar é este. E por mais que eu me esforce Não consigo me lembrar destas roupas Nem onde dormi na noite passada. Não vão rir de mim, mas acho Que esta menina é a minha filha, Cordélia.
CORDÉLIA	Sou eu mesma, eu mesma.
LEAR	Lágrimas? Está chorando? Não. Nada de choro, eu lhe peço. Se trouxe veneno para mim, Beberei sem hesitar. Sei que você não me ama. Tuas irmãs, até onde me lembro, Me fizeram muito mal. Você tem motivos para não me amar, Elas não.
CORDÉLIA	Motivo nenhum, meu senhor. Motivo nenhum.
LEAR	Estou na França?
KENT	No seu próprio reino, meu senhor.
LEAR	Não tente me enganar.
MÉDICO	Alegre-se, minha senhora. Está mais calmo. Melhor não lembrá-lo das agruras por que passou.
CORDÉLIA	O senhor gostaria de ir lá para dentro?
LEAR	Você vai precisar ter paciência comigo. Por favor, esqueça tudo e me perdoe. Sou velho e tolo.

Saem todos.

Cena 20

Acampamento inglês, perto de Dover. Entram Edmundo, Regana e soldados.

EDMUNDO *(a um soldado)* Pergunte ao Duque de Albânia
Se o plano continua o mesmo
Ou se ele vai mudar de ideia outra vez.
Ele vacila demais. Se sente culpado
De enfrentar os franceses
Porque Lear está com eles.
Precisamos agir com firmeza.

Sai o soldado.

REGANA O mensageiro da minha irmã deve ter se perdido.

EDMUNDO Temo que sim.

REGANA Meu querido Edmundo,
Você sabe o quanto lhe quero bem.
Mas preciso que me diga: você ama a minha irmã?
Vamos, a verdade, mesmo que doa.

EDMUNDO Amo, com todo respeito.

REGANA Alguma vez se deitou com ela?

EDMUNDO Por minha honra, madame, não.

REGANA Eu não suportaria olhar pra cara dela,
Se isso acontecesse. Meu amor,
Evite qualquer intimidade com minha irmã.

EDMUNDO Não precisa se preocupar –
Aí vêm ela e o marido!

Entram Albânia, Goneril e soldados.

GONERIL *(à parte)* Antes perder a batalha do que perder o meu amor.

ALBÂNIA *(a Regana)* Querida cunhada, este encontro é bem oportuno.

| | O velho rei e sua filha se uniram aos rebeldes
Que se revoltam contra nosso regime opressor.
Nossa luta é contra o exército francês
E não contra seu pai e sua irmã. |
|---|---|
| REGANA | Como é que é? |
| GONERIL | Vamos nos unir contra o inimigo.
Deixemos as brigas de família para depois. |
| ALBÂNIA | Pois bem. Vamos então decidir com nossos generais
Qual será o plano de ataque. |
| EDMUNDO | Me juntarei a vocês em instantes. |
| REGANA | Você vem conosco, irmã? |
| GONERIL | Não. |
| REGANA | Seria melhor. Venha, eu lhe peço. |
| GONERIL | *(à parte)* Ela não é nada boba. *(alto)* Muito bem, vamos. |

Começam a sair. Entra Edgar, disfarçado.

| EDGAR | *(a Albânia)* Por gentileza, se o senhor puder dar atenção a um pobre,
Gostaria de lhe falar. |
|---|---|
| ALBÂNIA | *(aos outros)* Já alcanço vocês. *(a Edgar)* Fale. |

Saem todos, exceto Albânia e Edgar.

| EDGAR | Leia esta carta antes da batalha.
Se for o vencedor, toque os tambores
E um guerreiro virá provar,
Em duelo armado, o que está nela escrito.
Boa sorte. |
|---|---|
| ALBÂNIA | Espera, vou ler a carta agora. |

EDGAR   Não posso.
               No momento certo, basta soarem os tambores
               E volto a aparecer.

Sai Edgar. Entra Edmundo.

EDMUNDO   O inimigo se aproxima.
               Os generais aguardam suas ordens.

ALBÂNIA   Não percamos mais tempo.

Sai Albânia.

EDMUNDO   A ambas as irmãs prometi meu amor.
               Com qual devo ficar?
               Com as duas? Com uma? Ou com nenhuma?
               Não posso usufruir de qualquer uma delas
               Se as duas estiverem vivas.
               Isso é preciso ser resolvido
               Assim que terminar a batalha.
               O importante é que eu leve a melhor.

Sai.

Cena 21

Descampado entre os dois acampamentos. Alarma: soldados do exército francês atravessam o palco e saem. Entram Edgar e Glóster.

EDGAR   Temos que fugir, meu bom senhor. O rei Lear foi derrotado.
               Ele e sua filha são prisioneiros. Venha.

GLÓSTER   Deixe-me apodrecer aqui.

EDGAR   O quê? Desesperado de novo?
               Devemos suportar a vida, mesmo que não queiramos,
               E partir deste mundo só quando nossa hora chegar.

GLÓSTER   É verdade.

Saem.

Cena 22

Acampamento inglês. Entram Edmundo e seus soldados, com Lear e Cordélia, prisioneiros.

EDMUNDO Conduzam o rei e sua filha à prisão.
Ficarão lá aguardando a sentença.

CORDÉLIA Desejando o que é bom, nos aconteceu o pior.
Só lamento a derrota pelo senhor, meu rei.
Não fosse isso, enfrentaria o destino sem medo.
Será que iremos ver essas filhas e essas irmãs?

LEAR Não, não, não, não! Vamos para a prisão.
Você e eu iremos cantar, sozinhos,
Como pássaros na gaiola.
Quando você pedir minha bênção,
Vou me ajoelhar e implorar o seu perdão.
Vamos viver e rezar e cantar,
E contar histórias antigas,
E rir das borboletas coloridas.
E tentar explicar os mistérios das coisas,
Como se fôssemos espiões de Deus.

EDMUNDO Levem-nos daqui.

LEAR Minha filha, agora que a encontrei,
Só o céu poderá nos separar.
Enxugue as suas lágrimas. Que nossos inimigos
Sejam devorados vivos pelas forças do mal
Antes de nos fazer chorar.
Vamos.

Saem Lear e Cordélia, escoltados.

EDMUNDO Venha cá, capitão. Aqui estão suas ordens.
Nestes tempos cruéis,
Não cabe ao soldado ser gentil.

>   Cumpra sua grande tarefa
>   Sem fazer perguntas. Vá. Depressa.

Sai o capitão. Entram Albânia, Goneril, Regana e outros.

ALBÂNIA Meu senhor, hoje o senhor provou ser corajoso
E a fortuna iluminou o seu caminho.
Agora, entregue-nos os seus prisioneiros
Para que possam receber tratamento adequado.

EDMUNDO Meu senhor, julguei melhor
Deter o rei miserável e sua filha,
E mantê-los sob estrita vigilância.
Amanhã, ou talvez depois,
Serão conduzidos ao senhor para serem julgados.
Agora estamos todos sangrando e cansados demais.

ALBÂNIA Devo lembrar-lhe, meu senhor,
Que nesta guerra é apenas um subordinado,
E não meu igual.

REGANA Por que não?
Ao comandar os meus soldados, ele assumiu
A minha autoridade e a minha posição.
Merece, por isso, ser seu igual.

GONERIL Vá com calma! O que ele merece é pela sua coragem
E não pela autoridade que você lhe deu.

REGANA Pelos direitos que me cabem, declaro agora
Que ele será igual a quem o mais alto posto ocupa.

GONERIL Assim seria se ele resolvesse se casar com você.

REGANA Os palhaços costumam ser bons profetas.

GONERIL Ora, ora! Quem lhe disse essa asneira não sabe o que se passa por aqui.

REGANA Escuta, irmã, não estou me sentindo muito bem.
Não fosse isso, você teria uma resposta mais do que calorosa.

	(a Edmundo) General, entrego a você minhas tropas, meus prisioneiros, e tudo o que me pertence. Disponha dos meus bens e de mim; é tudo seu. Saibam todos que aqui lhe torno Meu homem e senhor.
GONERIL	Pensa que vai desfrutar dele?
ALBÂNIA	*(a Goneril)* Não é algo que você possa impedir.
EDMUNDO	E tampouco o senhor.
ALBÂNIA	Posso sim. Edmundo, acuso você E esta serpente dourada *(apontando para Goneril)* de traição! Que toquem os tambores. Se não aparecer um guerreiro Para desafiá-lo e provar que você não passa de um Traidor desprezível, eu mesmo o desafiarei.
REGANA	Ai, que dor, que dor!
GONERIL	*(à parte)* Se não sentisse dor, de que serviria o meu veneno.
EDMUNDO	Quem me chamar de traidor, não passa de um canalha. Que um guerreiro ouse me desafiar e provarei que sou Um homem honrado e leal.
REGANA	Estou ficando pior.
ALBÂNIA	Levem-na para a minha tenda.

Sai Regana, acompanhada.

	(chamando) Arauto, aproxime-se. *(entra o arauto)* Toquem os tambores...

Os tambores tocam.

	(ao arauto) Leia isto.
ARAUTO	*(lê)* Se qualquer homem, nobre de nascença ou das fileiras do exército, tiver conhecimento de que Edmundo, suposto Duque

de Glóster, é um traidor, que ele apareça após o terceiro toque dos tambores.

Os tambores tocam três vezes. Entra Edgar, armado.

Quem é o senhor? Qual o seu nome e posição?

EDGAR   Meu nome eu perdi.
Mas sou de linhagem tão nobre
Quanto meu oponente.

ALBÂNIA   E quem é o teu oponente?

EDGAR   Quem responde por Edmundo, Duque de Glóster?

EDMUNDO   Eu aqui. O que quer comigo?

EDGAR   Eu proclamo que você é um traidor,
Que apesar de sua posição, de seu valor e de sua coragem,
Você traiu a Deus, ao seu irmão e ao seu pai,
E conspirou *(apontando Albânia)* contra esse nobre e ilustre príncipe,
E que é do último fio de cabelo
Até o menor dedo do pé,
Tão falso quanto desleal.
Se ousar dizer que não,
Vou provar com essa espada
Que mente.

EDMUNDO   Devia perguntar quem é você.
Mas já que é um guerreiro,
E sabe se expressar com desenvoltura,
Revelando que tem origem nobre,
Vou devolver essas acusações,
Enterrando minha espada no seu peito
E calando suas mentiras para sempre.
Toquem os tambores!

Os tambores tocam. Eles lutam. Edmundo cai.

GONERIL   Ah, Edmundo, ele te enganou ao não revelar o seu nome.

| | Pelas leis de combate, você não é obrigado
A enfrentar um oponente desconhecido. |
|---------|---|
| ALBÂNIA | Cale a boca, mulher,
Ou faço você engolir este papel.
Você é a pior coisa do mundo. Leia as tuas maldades.
Não adianta rasgar, minha senhora.
Pelo jeito, já sabe o que esta carta contém. |
GONERIL	E se eu souber, as leis são minhas, ninguém pode me prender.
ALBÂNIA	Seu monstro. Esta carta é sua ou não é?
GONERIL	Não me pergunte mais nada. *(sai)*
ALBÂNIA	Vão atrás dela. Tentem controlá-la. Está desesperada.

Saem alguns atendentes.

| EDMUNDO | *(a Edgar)* Confesso que fiz tudo aquilo de que me acusou,
E mais, muito mais: o tempo vai mostrar.
Isso é passado. E eu também sou.
Mas quem é você, que me derrotou?
Seja lá quem for, eu o perdoo. |
|---------|---|
| EDGAR | Vamos nos perdoar um ao outro.
Meu nome é Edgar. Sou filho do mesmo pai que te gerou.
Os deuses são justos:
Usam nossos vícios para nos castigar.
A escuridão onde você foi concebido
Custou os olhos do nosso pai. |
| EDMUNDO | É verdade. A roda da fortuna deu uma volta completa.
Agora estou aqui. |
| ALBÂNIA | *(a Edgar)* Deixe-me abraçá-lo.
Que o meu coração se esfacele
Se alguma vez eu odiei você ou seu pai. |
| EDGAR | Eu sei disso, nobre príncipe. |

Entra um homem, segurando uma faca.

HOMEM Meu senhor, meu senhor.

ALBÂNIA O que foi?

HOMEM Ah, meu senhor, ela está morta!

ALBÂNIA Quem? Fala, homem!

HOMEM Sua esposa, meu senhor.
Enterrou esta faca no coração.
Mas antes de se matar, ela envenenou
A própria irmã. Que também acabou morrendo.

EDMUNDO Estava prometido às duas.
Logo estaremos casados os três.

EDGAR Kent se aproxima.

ALBÂNIA *(ao homem)* Peça para trazerem os corpos.

Sai o homem.

Esta é a justiça dos céus, que nos faz tremer.

Entra Kent.

Kent, é você mesmo?

KENT Sim, o mesmo Kent que foi banido,
Mas que, usando um disfarce, seguiu o rei
E lhe prestou inúmeros serviços.
Meu senhor, só vim para dizer adeus ao meu soberano.
Ele não está aqui?

ALBÂNIA. Edmundo, onde está o rei? E onde está Cordélia?

Entram carregando os corpos de Goneril e Regana.

Veja isto, Kent.

KENT	O que aconteceu?
EDMUNDO	Edmundo foi mesmo amado. Por minha causa, uma envenenou a outra E depois se matou.
ALBÂNIA	Cubram seus rostos.
EDMUNDO	Quero fazer algum bem, apesar da minha natureza. Corram até a prisão. Dei ordens para que Lear e Cordélia Fossem executados. Depressa! Ainda há tempo.
ALBÂNIA	*(a Edgar)* Corra, corra!

Sai Edgar.

EDMUNDO	Disse ao capitão para enforcar Cordélia E depois espalhar que foi o desespero que A levou a se suicidar.
ALBÂNIA	Que Deus a proteja! Levem-no daqui.

Sai Edmundo, carregado por dois homens.
Entra Lear, com Cordélia morta nos braços. Em seguida, entra Edgar.

LEAR	Ai ai ai, ai! Vocês são homens de pedra! Tivesse eu suas vozes e seus olhos Eu faria desabar a abóbada do céu. Ela se foi para sempre! Sei muito bem Quando alguém está morto e quando ainda vive. Ela está tão morta quanto a terra. Emprestem-me um espelho! Se ainda respira e embaça o cristal Ora, então está viva.
KENT	Será este o dia do Juízo Final?
EDGAR	Ou apenas uma imagem do horror que virá?
ALBÂNIA	Que tudo caia em ruínas e chegue ao fim!

LEAR		A pena se move. Ela está viva! Se for verdade, Minha alegria será maior do que todas as dores Que sofri na vida.
KENT		*(ajoelha-se)* Meu bom senhor.
LEAR		Por favor, afaste-se de mim.
KENT		Sou eu, seu amigo.
LEAR		Malditos sejam todos, traidores assassinos! Eu poderia ter salvado ela; agora se foi para sempre! Cordélia, ah, Cordélia, fica um pouco mais. Como? O que você disse? Sua voz foi sempre tão suave, Meiga e gentil... Mas eu matei o escravo que a enforcou.
CAPITÃO		É verdade.
LEAR		Não foi, meu rapaz? *(a Kent)* E você, quem é? Meus olhos estão fracos: mas já te digo.
KENT		Se a fortuna amou e odiou apenas dois homens, Um deles está diante de nós.
LEAR		Você não é Kent?
KENT		Sim, sou eu, o seu amigo Kent. E aquele seu criado fanfarrão, onde está?
LEAR		Ele é um bom sujeito, pode acreditar. Enfrentava qualquer um. Mas morreu e apodreceu.
KENT		Não, meu senhor, aquele criado sou eu...
LEAR		Vou pensar nisso depois.
KENT		Que, desde o início de sua queda, seguiu seus tristes passos.
LEAR		Seja bem-vindo.

KENT	Sou eu, sim. Tudo é morte e escuridão. Suas filhas mais velhas se arruinaram E morreram de desespero.
LEAR	Também acho.
ALBÂNIA	Ele não sabe o que está dizendo e não nos reconhece.

Entra um oficial.

OFICIAL	Meu senhor, Edmundo está morto.
ALBÂNIA	Isso não importa, agora.
LEAR	Enforcaram a minha bobinha. Não, não, não, não há mais vida! Por que um cavalo, um rato, um cão podem viver E você não? Nunca mais vai voltar. Nunca, nunca, nunca, nunca, nunca. Por favor, desabotoe aqui. Obrigado, senhor. Está vendo isso? Olhe para ela, para os seus lábios. Olhe! Olhe!

Morre.

EDGAR	Desmaiou. Meu rei! Meu rei!
KENT	Que meu coração se esfacele.
EDGAR	Meu senhor!
KENT	Não torture o seu espírito. Deixe que ele se vá em paz.
EDGAR	Está morto.
KENT	Surpresa é que tenha suportado tanto. Viveu muito mais do que a própria vida.
ALBÂNIA	Nossa nação mergulha em um triste pesar. *(a Edgar e Kent)* Amigos de minha alma, Assumam vocês dois o poder, E tragam nova vida a essa terra mutilada.

KENT   Não eu, meu senhor. Tenho uma jornada a fazer, muito
            em breve.
            Meu rei me chama. A ele nada posso negar.

EDGAR   Temos que assumir o peso destes tristes tempos.
            Dizer o que sentimos, e não o que deveríamos dizer.
            Os velhos sofreram muito; nós, os jovens,
            Jamais veremos tanto, nem tanto iremos viver.

FIM

REI LEAR

Elenco

RAUL CORTEZ
Rei Lear
LU GRIMALDI
Goneril
LÍGIA CORTEZ, depois CHRISTIANE TRICERRI
Regana
BIANCA CASTANHO
Cordélia
GILBERTO GAWRONSKI
O Bobo
MÁRIO CÉSAR CAMARGO
Glóster
LUIZ GUILHERME
Kent
CACO CIOCLER, depois RUBENS CARIBÉ
Edgar
ROGÉRIO BANDEIRA
Edmundo
LEONARDO FRANCO
Duque de Cornualha
MARIO BORGES
Duque de Albânia
BARTHOLOMEU DE HARO
Osvaldo
ALEXANDRE BAMBA, ERNANI SANCHEZ, RAONI CARNEIRO, FÁBIO PENNA, FERNANDO FECHIO, JULIO ROCHA, LEANDRO FARIA, MILTON MORALES, NICOLAS TREVIJANO, PEDRO MOUTINHO, PITTA DE SOUZA, RODRIGO SANCHEZ
Exército

FICHA TÉCNICA

TEXTO: William Shakespeare
DIREÇÃO/TRADUÇÃO E ADAPTAÇÃO: Ron Daniels (com Ruy Cortez)
CENOGRAFIA E FIGURINOS: J. C. Serroni
ILUMINAÇÃO: Domingos Quintiliano e Fábio Retti
FOTOGRAFIA: Juliano e Vânia Toledo
FOTOS DE CENA: João Caldas Fº
EQUIPE J. C. SERRONI: Márcio Vinícius, Simone Mina, Alfredo Gomes, Laura Carone, Terumi e Marília
ASSISTENTE DE DIREÇÃO: Ruy Cortez
DIREÇÃO DE CENA: Alexandre Torres
MAQUINISTA: Valter de Miranda
COREOGRAFIA DE LUTA: Ariela Goldman
PREPARADORA CORPORAL: Neide Neves
CAMAREIRAS: Maria de Lourdes, Ruth Aprígio, Sonia M. Caetano
PROJETO GRÁFICO: Carlos Perrone, Ana Basaglia
PRODUÇÃO EXECUTIVA: Rosangela Longhi
ADMINISTRAÇÃO: Flandia Mattar
VISAGISMO: Marcos Ribeiro, Westerley Dornellas
DIRETOR DE PRODUÇÃO: João Federici
ASSESSORIA DE IMPRENSA: Ideias e Ideais
REALIZAÇÃO: Raul Cortez Promoções Culturais

HAMLET

PERSONAGENS

HAMLET, *príncipe da Dinamarca*
FANTASMA *do falecido rei, seu pai*
HORÁCIO, *seu amigo*

CLÁUDIO, *rei da Dinamarca*
GERTRUDES, *rainha da Dinamarca, mãe de Hamlet*

POLÔNIO, *conselheiro do rei*
LAERTES, *seu filho*
OFÉLIA, *sua filha*
REINALDO, *seu servidor*

ROSENCRANTZ e GUILDENSTERN, *amigos de Hamlet*
BERNARDO, FRANCISCO e MARCELO, *sentinelas*
ATORES, *que interpretam o Prólogo, o ator-rei, o ator-rainha e Luciano*

DOIS COVEIROS
OSRIC
PADRE
MENSAGEIRO *do rei*

FORTINBRÁS, *príncipe da Noruega*
CAPITÃO *do exército norueguês*

Nobres, músicos, soldados, seguidores de Laertes e atendentes

Cena 1

Nas muralhas. Francisco está de guarda. Entra Bernardo.

BERNARDO   Quem está aí?

FRANCISCO   Não, responda você. Pare! Mostre quem é.

BERNARDO   Vida longa ao rei!

FRANCISCO   Bernardo?

BERNARDO   Ele mesmo.

FRANCISCO   Chegou bem na sua hora.

BERNARDO   Já é meia-noite. Pode ir pra cama, Francisco.

FRANCISCO   Obrigado. Está fazendo um frio danado, e não me sinto bem.

BERNARDO   Sua guarda foi tranquila?

FRANCISCO   Nem um rato se mexeu.

BERNARDO   Então, boa noite. Se encontrar meus companheiros de vigia, Horácio e Marcelo, diga que se apressem.

FRANCISCO   Acho que são eles. Parem! Quem está aí?

Entram Horácio e Marcelo.

HORÁCIO   Amigos desta terra.

MARCELO   E súditos do rei.

FRANCISCO   Boa noite.

MARCELO   Pode ir, soldado. Quem o substituiu?

FRANCISCO   Bernardo. Então, boa noite. *(sai)*

MARCELO	Olá, Bernardo!
BERNARDO	Horácio veio com você?
HORÁCIO	Um pedaço dele, só.
BERNARDO	Bem-vindo, Horácio. Bem-vindo, Marcelo.
MARCELO	E então, ele apareceu de novo?
BERNARDO	Não vi nada.
MARCELO	Horácio acha que é só nossa imaginação. Foi por isso que pedi pra ele vir comigo. Se o fantasma aparecer, ele vai ter prova do que vimos e vai poder falar com ele.
HORÁCIO	Quê, aparece nada.
BERNARDO	Deixa eu te contar o que a gente viu por duas noites seguidas.
HORÁCIO	Tudo bem. Conta, Bernardo.
BERNARDO	Ontem à noite, quando aquela estrela estava no mesmo lugar onde se encontra agora, Marcelo e eu, bem na hora em que o sino tocou...

Toca o sino e entra o Fantasma.

MARCELO	Quieto. Olhem, lá vem ele de novo!
BERNARDO	Igualzinho ao falecido rei.
MARCELO	Você é um homem culto, Horácio. Fale com ele.
BERNARDO	Não é a cara do rei?
HORÁCIO	É. Me enche de espanto e de pavor.
MARCELO	Fale com ele, Horácio.
HORÁCIO	Quem é você, que invade a noite com a imagem do falecido rei? Fale!

MARCELO	Ficou ofendido.
HORÁCIO	Pare, ilusão! Se puder usar sua voz, fale comigo! Se houver algum bem que possamos fazer e que possa lhe trazer algum conforto, fale comigo!

O Fantasma vai falar. O galo canta.

	Espere! Fale! Marcelo, não deixe ele fugir!
BERNARDO	Está aqui!
HORÁCIO	Está aqui!
MARCELO	Sumiu! Não, isso está errado. Não devíamos ser tão violentos.
BERNARDO	Ele ia falar quando o galo cantou.
HORÁCIO	E ficou assustado, como se sentisse culpa de alguma coisa. Ouvi dizer que, quando o galo canta anunciando a manhã, os espíritos errantes, estejam na terra ou no ar, na água ou no fogo, voltam apavorados para os seus confins.
MARCELO	Bastou o galo cantar para ele desaparecer.
HORÁCIO	Mas, vejam, o sol está nascendo e seus raios avermelhados encobrem as montanhas. Vamos encerrar nossa vigia e contar ao príncipe Hamlet o que acabamos de ver. Sinto que esse fantasma, que ficou tão mudo diante de nós, irá falar com ele. Vocês concordam?
MARCELO	Sim, vamos logo. *(saem)*

Cena 2

Uma sala. Entram Cláudio, Gertrudes, Hamlet, Polônio, Laertes, Ofélia e outros.

CLÁUDIO	Ainda que na nossa memória a morte de meu querido irmão Hamlet esteja fresca e, com isso, seja correto manter o luto em nossos corações e todo o reino vestir a face única da tristeza, a

prudência, em luta com a natureza, faz-nos pensar nele com a mais sábia dor, sem nos esquecermos de nós mesmos: portanto, decidi tomar por esposa minha ex-cunhada, agora minha rainha, embora com uma felicidade frustrada, com olhos esperançosos mas cheios de lágrimas, com júbilo nos funerais e com cantos fúnebres no casamento, pesando igualmente a alegria e a aflição. Também não ignoramos o apoio que recebemos do Conselho de Estado, para que tal união fosse consumada nos melhores interesses do país. A todos agradecemos. E então, Laertes, quais são as novidades? Você falou de um pedido. O que poderá Laertes pedir que o rei não venha a conceder? O cérebro não depende tanto do coração quanto o reino da Dinamarca de seu querido pai. Fale, Laertes.

LAERTES   Meu senhor, peço licença para retornar à França, de onde vim ansioso para assistir à sua coroação. Mas agora devo confessar que, cumprido esse dever, meus pensamentos e desejos se voltam novamente para a França, submetendo-me, pois, à sua graciosa vontade.

CLÁUDIO   Você tem a permissão de seu pai? O que diz Polônio?

POLÔNIO   Ele conseguiu arrancá-la de mim, meu senhor, com notável perseverança. Eu lhe peço que o deixe ir.

CLÁUDIO   Concedido. Fique quanto tempo quiser. E aproveite, Laertes, enquanto ainda é jovem. Faça bom uso de seus inúmeros talentos. E agora, meu sobrinho Hamlet e meu filho.

HAMLET   *(à parte)* Um pouco mais do que sobrinho e menos do que filho.

CLÁUDIO   Por que é que as nuvens ainda pairam sobre você?

HAMLET   Não, meu senhor; o sol é que paira sobre mim.

GERTRUDES   Querido Hamlet, deixe de lado essa aparência sombria e permita que seus olhos vejam no rei um amigo. Não fique para sempre de cabeça baixa, à procura de seu nobre pai na poeira. Você sabe que é comum, tudo que vive deve morrer, passando da natureza para a eternidade.

HAMLET	Sim, minha senhora, é comum.
GERTRUDES	Nesse caso, por que parece ser tão importante para você?
HAMLET	Parece, senhora? Não. É. Não é apenas a minha roupa preta, bondosa mãe, Nem um luto solene, como este, Não, nem um rio de lágrimas, que não para de correr, Além de outras expressões de pesar, Que podem demonstrar a verdade de quem eu sou. Estas parecem mesmo, Pois são atos que qualquer um pode representar. Mas o que eu tenho no meu coração é bem mais do que "parece".
CLÁUDIO	É muito doce e louvável de sua natureza, Hamlet, expressar esses sentimentos por seu pai. Mas você bem sabe que seu pai perdeu um pai. Que ele também perdeu um pai. E que é obrigação dos filhos demonstrar, por um certo tempo, uma tristeza respeitosa. Mas chorar demais não é coisa digna de homem e mostra um coração fraco, pois a morte de um pai é um tema comum, que diz "Tem que ser assim". Procure superar essa dor excessiva e nos considere como um pai. E um amor tão nobre quanto aquele que o mais dedicado pai tem por seu filho, eu passo agora a ter por você. E declaro aqui que você é o meu herdeiro e sucessor mais próximo do trono. Quanto à sua intenção de voltar à Universidade de Wittenberg, isso é contra os nossos desejos e pedidos, querido filho, que permaneça aqui, no conforto da nossa companhia e do nosso olhar.
GERTRUDES	Não deixe que eu desperdice minhas orações, Hamlet. Eu lhe peço, fique conosco. Não vá para Wittenberg.
HAMLET	Farei de tudo para obedecer à senhora, minha mãe.
CLÁUDIO	Ora, é uma resposta bela e sensível. Esse consentimento, tão sincero e gentil, faz sorrir o meu coração e, para comemorar, quando o rei beber hoje à sua saúde, os canhões irão soar como um trovão, por todos os cantos da nossa terra. Vamos.

Música. Saem todos, exceto Hamlet.

| HAMLET | Ah, se esta carne tão, tão sólida pudesse derreter
E se transformar em orvalho!
Ou se o Pai Eterno nos permitisse
Tirar a própria vida. Oh, Deus! Deus!
Como tudo neste mundo me parece
Cansativo, rançoso, mofado e sem valor!
Que nojo. Ah, que nojo que me dá! É como um lindo jardim
Tomado por ervas daninhas, deformadas e podres.
Chegar a isso!
Faz dois meses que ele morreu; não, nem tanto; nem dois...
Um homem excelente, tão bom e carinhoso,
Que só permitia aos ventos acariciar o rosto de minha mãe
Se fosse com ternura. Céu e terra,
Preciso me lembrar? Ora, ela vivia agarrada a ele,
Como se a sua fome crescesse
À medida que ia se alimentando. E mesmo assim, em um mês...
Chega de pensar! Fraqueza, teu nome é mulher!
Um mês, ou antes mesmo que seus sapatos tivessem envelhecido
Ao acompanhar o cortejo do meu pobre pai. Ora, ela. Justo ela...
Meu Deus, até um animal teria ficado mais tempo de luto.
Ela se casou com meu tio, irmão de meu pai,
Mas tão parecido com meu pai
Quanto eu com Hércules. Em menos de um mês,
Antes que suas lágrimas mentirosas
Tivessem secado em seus olhos,
Ela se casou. Que pressa atroz, atirar-se
Numa cama incestuosa com tanta afobação!
Não, isso não é nada bom, nem pode acabar bem.
Mas esfacela, coração! Tenho que ficar calado. |
|---|---|

Entram Horácio, Bernardo e Marcelo.

HORÁCIO	Salve, meu senhor.
HAMLET	Prazer em vê-lo. Horácio! Se não é você, já não sei mais quem sou.
HORÁCIO	O mesmo, meu senhor, e seu pobre servidor.

HAMLET		Não, você é meu bom amigo. Nada de cerimônia. Marcelo.
MARCELO		Meu senhor.
HAMLET		Que bom te ver. *(a Bernardo)* Boa noite, meu senhor. Mas o que te traz da universidade, Horácio?
HORÁCIO		Uma vontade danada de matar as aulas.
HAMLET		Sei muito bem que você não é de vadiagem. Falando sério, o que é que você veio fazer aqui? Antes de ir embora, vamos te ensinar a encher a cara.
HORÁCIO		Meu senhor, eu vim assistir ao funeral de seu pai.
HAMLET		Por favor, não goze de mim, meu amigo. Acho que você veio é assistir ao casamento de minha mãe.
HORÁCIO		É mesmo, foi logo depois.
HAMLET		Economia, Horácio, economia. Os salgadinhos do funeral foram servidos no casamento. Quisera nunca ter visto aquele dia, Horácio. Meu pai! Parece que estou vendo meu pai.
HORÁCIO		Onde, meu senhor?
HAMLET		Na minha mente, Horácio.
HORÁCIO		Eu o vi uma vez. Era um rei muito bom.
HAMLET		Era um homem e tanto. Nunca verei seu igual.
HORÁCIO		Meu senhor, acho que o vi ontem à noite.
HAMLET		Viu? Quem?
HORÁCIO		O rei, seu pai.
HAMLET		O rei, meu pai!
HORÁCIO		Fique calmo para que eu possa lhe contar essa maravilha.

HAMLET	Pelo amor de Deus, fale logo!
HORÁCIO	Por duas vezes seguidas, Marcelo e Bernardo aqui foram visitados no meio da noite, enquanto estavam de vigia. Uma figura igual a seu pai surge de repente e, com um andar solene e grandioso, passa diante deles. Por três vezes, ele se aproxima, deixando-os mudos de pavor. Em segredo e temerosos, eles vieram me contar o que aconteceu. Na terceira noite, resolvi acompanhá-los e, tal como eles haviam descrito, na mesma hora e lugar, o fantasma apareceu. Eu conhecia seu pai. Estas mãos não são mais parecidas.
HAMLET	Onde foi isso?
MARCELO	Meu senhor, nas muralhas, onde estávamos de vigia.
HAMLET	Vocês falaram com ele?
HORÁCIO	Sim, meu senhor, mas ele não respondeu. Houve um momento em que ele levantou a cabeça, como se quisesse dizer alguma coisa. Mas o galo cantou anunciando a madrugada e ele, assustado, desapareceu.
HAMLET	Que estranho!
HORÁCIO	Juro que é verdade.
HAMLET	Sei, sei. Vocês viram o seu rosto?
HORÁCIO	Vimos, sim.
HAMLET	E sua expressão, como era?
HORÁCIO	Mais de mágoa que de cólera.
HAMLET	E ficou olhando para vocês?
HORÁCIO	O tempo todo.
HAMLET	O tempo todo quanto?

HORÁCIO	Dava pra contar até cem.
BERNARDO e MARCELO	Mais, muito mais.
HORÁCIO	Não quando eu o vi.
HAMLET	Vou com vocês esta noite. Talvez ele apareça de novo.
HORÁCIO	Sem dúvida, vai aparecer.
HAMLET	Se ele assumir a forma de meu pai, falarei com ele mesmo que o inferno, com sua boca enorme, me mande calar. *(a Bernardo e Marcelo)* Eu lhes peço, continuem mantendo isso em segredo.
BERNARDO e MARCELO	Às suas ordens, meu senhor.
HAMLET	Nos vemos nas muralhas entre onze e meia-noite. Adeus. *(saem)* O fantasma de meu pai! As coisas não vão nada bem. Sinto que há maldade no ar. Ah, noite, por que não chega logo! Mais cedo ou mais tarde, tudo que é mau acaba por se revelar. *(sai)*

Cena 3

Uma sala na casa de Polônio. Entram Laertes e Ofélia.

LAERTES	O resto da minha bagagem já está a bordo. Adeus, querida irmã. Não deixe de me escrever.
OFÉLIA	E você duvida?
LAERTES	Quanto a Hamlet, o amor que ele diz ter por você é algo passageiro, coisa de jovem, um capricho, nada mais.
OFÉLIA	Nada mais? Só isso?
LAERTES	Talvez ele te ame agora e tenha a melhor das intenções, mas não se iluda. Ele é o herdeiro do trono. A felicidade e o bem--estar de todos dependem da sua escolha. Só acredite nele se

| | permitirem que ele se case com você. Cuidado, Ofélia, doce irmãzinha, cuidado. Tente controlar a sua paixão e não desperte o desejo de Hamlet. Às vezes, nem meninas virtuosas como você escapam da calúnia. Por isso, cuidado. A melhor segurança é o medo. |

OFÉLIA   Prometo que seguirei teus bons conselhos e ficarei em estado de alerta. Mas, querido irmão, não faça como certos padres, que nos mostram o caminho espinhoso da graça divina enquanto eles mesmos se entregam à mais escandalosa libertinagem e não seguem seus próprios conselhos.

LAERTES Não se preocupe comigo. Aí vem o papai. *(entra Polônio)* Uma segunda bênção é uma graça em dobro.

POLÔNIO Ainda aqui, Laertes! Depressa, depressa! O vento está soprando e o navio já vai zarpar. Venha – tome minha bênção mais uma vez. E uns conselhos antes de partir. Nunca revele seus pensamentos e nunca aja sem pensar. Seja amável com todos, mas não bajule ninguém. Cuidado para não entrar numa briga, só que, uma vez nela, faça com que seu inimigo tenha receio de você. Dê ouvidos às críticas dos outros, mas siga o que, no seu entender, é o correto. Gaste o que puder em roupas, mas com bom gosto, pois as roupas que um homem veste mostram quem ele é. Jamais empreste ou peça emprestado, já que com o empréstimo a amizade se vai também. E isto acima de tudo: seja fiel a si mesmo e, tão certo quanto a noite segue o dia, você será sempre fiel aos outros. Adeus. A bênção, meu filho.

LAERTES Adeus, pai. Adeus, Ofélia. E não se esqueça do que eu lhe disse.

OFÉLIA   Está trancado na minha memória e a chave vai ficar com você.

LAERTES Adeus. *(sai)*

POLÔNIO O que foi que ele te disse, Ofélia?

OFÉLIA   Com todo respeito, papai, uma tolice sobre Hamlet.

POLÔNIO Ah, bem lembrado. Veio à minha atenção – e veio como um

	alerta – que ele tem estado muito com você. E que você anda se comportando com uma certa leviandade. O que há entre vocês dois? Vamos, fale.
OFÉLIA	Nestes últimos dias, papai, ele me disse, várias vezes, que sente muita afeição por mim.
POLÔNIO	Afeição? Ah! Você não passa de uma ingênua. Não tem a mínima ideia do perigo em que se meteu. Você acredita nele?
OFÉLIA	Não sei no que acreditar, papai.
POLÔNIO	Pois, escute bem. Acredite que você é uma boboca e que está sendo levada na conversa. Comporte-se com dignidade ou todos vão dizer que seu pai é um idiota.
OFÉLIA	Mas, papai, ele me fala do seu amor com muita decência.
POLÔNIO	Decência? Não me venha com essa.
OFÉLIA	E suas declarações de amor vêm acompanhadas dos votos mais sagrados.
POLÔNIO	Armadilhas! Eu sei muito bem que, quando o sangue de um homem está fervendo, ele jura qualquer coisa. Aprenda a se valorizar, menina. Não acredite nesses votos, pois, embora soem pios e sagrados, escondem segundas intenções e vão acabar te levando à perdição. De agora em diante, você está proibida de se encontrar com Hamlet. Entendeu? Isso é uma ordem. Trate de me obedecer.
OFÉLIA	Eu obedeço, sim, papai. *(saem)*

Cena 4

Nas muralhas. Entram Hamlet, Horácio e Marcelo.

HAMLET	Mas que frio. Que horas são?
HORÁCIO	Quase meia-noite.

MARCELO | Não, já passa.

HORÁCIO | Ah, é? Foi nessa hora que o fantasma apareceu. *(sons de canhões)* O que isso significa, meu senhor?

HAMLET | O rei festeja esta noite. Enche a cara, diverte a todos com suas piadinhas e dança como um desvairado. E cada vez que bebe, as trombetas tocam e os canhões soam em sua homenagem.

HORÁCIO | Isso é um costume?

HAMLET | Pode apostar. Graças a ele, nosso país virou motivo de troça para o resto do mundo. Chamam-nos de bêbados e nos acusam de – *(entra o Fantasma)*

HORÁCIO | Veja, meu senhor, lá vem ele!

HAMLET | Que os anjos nos protejam! Quer sejas um espírito bondoso ou um demônio, quer venhas do céu ou do inferno, quer sejam tuas intenções perversas ou caridosas, tua imagem é tão bela que falarei contigo. Vou chamar-te de Hamlet, rei, pai. Ah, fala comigo! Diz por que teus santos ossos abandonam a sepultura e vêm nos visitar assim, perturbando a noite e aterrorizando nossas almas. Diz, por quê? O que queres? O que devemos fazer?

HORÁCIO | Está pedindo que o acompanhe, meu senhor, como se quisesse lhe falar a sós.

MARCELO | Mas não vá com ele, não.

HORÁCIO | Não, de jeito nenhum.

HAMLET | Por quê, qual é o perigo? A minha vida não vale mais do que um alfinete. E, quanto à minha alma, é tão imortal quanto ele. Continua acenando. Vou segui-lo.

HORÁCIO | E se ele o arrastar para a beira de um abismo, e lá assumir uma forma terrível, até levá-lo à loucura? Pense nisso.

HAMLET | Vá, eu te sigo.

MARCELO	Não faça isso, meu senhor.
HAMLET	Tire as mãos de mim.
HORÁCIO	Obedeça, meu senhor. Não vá com ele.
HAMLET	Meu destino me chama. Me larguem. Ou eu farei um fantasma de quem me impedir. Afastem-se. *(ao Fantasma)* Pode ir! Eu te seguirei!

Saem o Fantasma e Hamlet.

HORÁCIO	Todo esse desespero incendeia sua imaginação.
MARCELO	Vamos atrás dele.
HORÁCIO	Vamos. Qual será o desfecho de tudo isso?
MARCELO	Há algo de podre no reino da Dinamarca.
HORÁCIO	Estamos nas mãos dos deuses.
MARCELO	Nada disso! Vamos. *(saem)*

Cena 5

Nos arredores. Entram o Fantasma e Hamlet.

HAMLET	Aonde me leva? Fale. Mais longe eu não vou.
FANTASMA	Preste atenção.
HAMLET	Presto, sim.
FANTASMA	Sou o fantasma de seu pai, condenado a vagar pela noite e, durante o dia, forçado a jejuar nas labaredas sulfurosas, até que os crimes terríveis que cometi durante minha vida tenham sido incinerados e purgados. Escute, Hamlet, escute, oh, escute, se alguma vez sentiu amor por mim...

HAMLET Oh, Deus!

FANTASMA Vingue-se de meu cruel assassinato.

HAMLET Assassinato!

FANTASMA Sim, um assassinato mais cruel não poderia haver. E, mais do que cruel, estranho e contra a própria natureza.

HAMLET Conte-me. Conte-me tudo, para que eu, tão rápido quanto os impulsos do amor, possa me entregar à minha vingança.

FANTASMA Vejo que está preparado. Agora escute, meu filho. Proclamaram que, enquanto eu dormia no jardim, uma serpente me picou. Mas saiba que a serpente que tirou a vida de seu pai agora veste a sua coroa.

HAMLET Ah, minha alma profética. Meu tio!

FANTASMA Sim, aquele animal incestuoso e adúltero, com habilidade e poder de sedução, enfeitiçou, para a sua vergonhosa luxúria, o desejo de minha outrora imaculada rainha. Ah, Hamlet, que queda foi aquela, do meu amor tão puro e tão digno para a volúpia de um sedutor degenerado, que contamina tudo com sua imundície. Mas espere! Sinto que a aurora se aproxima. Preciso ser breve. Enquanto dormia no jardim, como fazia todas as tardes, seu tio entrou furtivamente, trazendo num pequeno frasco uma poção venenosa de hioscíamo, e no meu ouvido despejou o asqueroso líquido, cujo efeito, tão rápido quanto o mercúrio, se espalha pelas artérias do corpo e, com eficácia assustadora, congela todo o sangue e faz com que a pele se transforme numa crosta repugnante e dolorosa, como se fosse a mais devastadora das lepras. E assim, graças ao meu irmão, eu fui privado, enquanto dormia, da minha vida, do meu reino e da minha mulher; morto sem que pudesse confessar os meus pecados, sem ser absolvido e sem receber os últimos sacramentos. Ah, que horror! Que horror! Que horror! Se ainda lhe resta algum sentimento de filho, aja sem demora e não permita que o leito real da Dinamarca se torne uma cama para a luxúria e o incesto maldito. Mas o que quer que venha a fazer, procure não corromper a sua

	mente; e tampouco se volte contra a sua mãe. Deixe-a para os céus e para os espinhos que irão se alojar em sua alma e picá--la de remorsos. Adeus. O vaga-lume anuncia a chegada da manhã. Adeus, adeus, Hamlet. Lembre-se de mim. *(sai)*
HAMLET	Oh, céu! Oh, terra! E o inferno também? Cuidado, coração, cuidado para não se esfacelar. Lembrar-me de você! Lembrar-me de você! A partir deste momento, não vou pensar em mais nada, só em você. Ah, mulher, de todas a mais devassa! Ah, canalha, canalha! Sorridente e maldito canalha! Preciso lembrar disso: é possível sorrir, sorrir e ser um canalha. *(escreve)* Pelo menos, é assim na Dinamarca. Pronto, meu tio, aqui está você. "Adeus, adeus, lembre-se de mim." Juro.
MARCELO e HORÁCIO	*(de dentro)* Meu senhor, meu senhor. *(entram)*
MARCELO	Príncipe Hamlet!
HORÁCIO	Que os céus o protejam.
HAMLET	Assim será! Aqui, passarinho, aqui.
MARCELO	Como está, meu senhor?
HORÁCIO	E então? O que houve?
HAMLET	Ah, que maravilha!
HORÁCIO	Conte-nos.
HAMLET	Não, vocês vão espalhar.
HORÁCIO	Eu não, juro.
MARCELO	Nem eu, meu senhor.
HAMLET	Não há um só canalha na Dinamarca que não seja um patife.
HORÁCIO	Meu senhor, não é preciso um fantasma vir do inferno para nos dizer isso.

HAMLET	Ora, tem razão, tem toda razão. Portanto, vamos apertar as mãos e nos despedir, para que cada um possa tratar de seus negócios e de suas paixões – já que todo mundo tem negócios e paixões –, enquanto eu mesmo, olhem só, vou rezar.
HORÁCIO	Essas palavras não têm sentido, meu senhor.
HAMLET	Desculpe se o ofendi, Horácio. Desculpe mesmo.
HORÁCIO	Não há ofensa, meu senhor, nenhuma.
HAMLET	Mas há, sim, Horácio, e muita ofensa. No que se refere a essa aparição aqui – é um fantasma honesto, isso eu posso lhe garantir. E agora, meus queridos amigos, façam-me apenas um favor.
HORÁCIO	Claro, meu senhor, o que é?
HAMLET	Jamais digam, para quem quer que seja, o que vocês viram esta noite.
HORÁCIO e MARCELO	Sim, meu senhor.
HAMLET	Jurem, os dois.
HORÁCIO	Eu juro.
MARCELO	Eu também.
HAMLET	Sobre a minha espada.
MARCELO	Mas nós já juramos, meu senhor.
HAMLET	Sobre a minha espada, sobre a minha espada.
FANTASMA	*(de baixo)* Jurem.
HAMLET	Oi, guri, é você que está aí? Sujeito honestíssimo. Rápido, mudemos de lugar. Vocês ouviram o que ele disse. Jurem.
FANTASMA	*(de baixo)* Jurem.

HAMLET	Bem falado, tatuzão! Ele está em toda parte. Vamos mudar de novo. Corram para cá, meus amigos.
HORÁCIO	Como isso é estranho!
HAMLET	Pois então, vamos acolher o que nos é estranho. Há mais coisas no céu e na terra, Horácio, do que sonha a nossa filosofia. Mas agora escutem, jurem que nunca, por mais esquisito que seja, se me der na cabeça me comportar como um louco, jurem que vocês nunca vão dar a mínima indicação, cruzando os braços assim, ou fazendo caretas, ou sussurrando "Ah, eu estou por dentro. Ah, eu sei de tudo", como se soubessem o que está acontecendo comigo. Jurem.
FANTASMA	*(de baixo)* Jurem.
HAMLET	Descanse, descanse, espírito inquieto! *(eles juram sobre a espada)* Venham, vamos juntos. Em nome de nossa amizade, eu lhes dedico todo o meu amor e lhes peço que fiquem de lábios bem fechados. Vamos. O mundo está fora dos eixos. Maldito azar eu ter nascido para pô-lo no lugar! Não foi nada. Vamos. *(saem)*

Cena 6

Uma sala na casa de Polônio. Entram Polônio e Reinaldo.

POLÔNIO	Reinaldo, ao chegar a Paris, entregue este dinheiro ao meu filho.
REINALDO	Sim, senhor.
POLÔNIO	Antes de visitá-lo, porém, tente descobrir como ele anda se comportando.
REINALDO	Era o que eu pretendia.
POLÔNIO	Ora, bem falado, muito bem falado. Misture-se aos nossos conterrâneos e mencione, discretamente, que Laertes tem lá suas fraquezas. Se for o caso, invente algumas.

REINALDO	Dizendo, por exemplo, que ele é um jogador?
POLÔNIO	Um jogador, um bêbado, um arruaceiro, um mulherengo, mas não mais do que isso.
REINALDO	Certo, entendi. Mas por que –
POLÔNIO	Por que você deve proceder assim?
REINALDO	É. É o que eu gostaria de saber.
POLÔNIO	Fazendo essas leves acusações a meu filho, você vai encontrar alguém que o viu e –
REINALDO	E? Meu senhor?
POLÔNIO	E o quê? Ah, sim, e ele, essa pessoa, vai lhe dizer "Ué, eu conheço o cara. Outro dia mesmo, eu o vi tomando um porre" ou ainda "Ele vive na zona lá perto de casa". É assim, por meio de indiretas, que nós, os sábios e capazes, descobrimos, de forma direta, a verdade sobre alguém. Siga as minhas instruções e você saberá tudo sobre o meu filho. Está entendendo?
REINALDO	Perfeitamente, meu senhor.
POLÔNIO	Não vá cair na dele, viu?
REINALDO	Não, nunca, meu senhor.
POLÔNIO	Adeus. *(sai Reinaldo, entra Ofélia)* O que é isso, Ofélia? O que houve?
OFÉLIA	Ah, papai, estou tão assustada!
POLÔNIO	Mas por quê?
OFÉLIA	Ah, papai, eu estava costurando no meu quarto quando, de repente, Hamlet apareceu, todo desarrumado, com o rosto pálido e com um olhar tão aflito como se tivesse fugido do inferno para falar de seus horrores.

POLÔNIO	Louco de amor por você?
OFÉLIA	Não sei, papai, mas temo que sim.
POLÔNIO	E o que é que ele te disse?
OFÉLIA	Ele me segurou firme pelo pulso e, com a outra mão na testa, assim, ficou me olhando durante muito tempo, como se quisesse fazer um retrato de mim. Depois, ele sacudiu o meu braço, balançou a cabeça três vezes e deu um suspiro tão profundo e tão comovente que eu achei que sua vida fosse acabar. Aí ele me soltou e foi andando de costas, sem tirar os olhos de mim, até que desapareceu.
POLÔNIO	Esse é o êxtase do amor. Você foi muito dura com ele?
OFÉLIA	Não, papai. Apenas fiz o que o senhor me mandou. Devolvi suas cartas e me recusei a vê-lo.
POLÔNIO	Foi isso que o enlouqueceu. Lamento muito que eu tenha sido injusto com ele. Achei que só queria se aproveitar de você. Tolice minha ter suspeitado de Hamlet. Vamos contar tudo ao rei, antes que seja tarde demais. *(saem)*

Cena 7

Uma sala. Entram Cláudio, Gertrudes, Rosencrantz e Guildenstern.

CLÁUDIO	Sejam bem-vindos, caros Rosencrantz e Guildenstern. Vocês já devem estar sabendo como Hamlet anda transformado. O que poderia ser, além da morte de seu pai, que o deixou assim, tão longe da compreensão de si mesmo, eu não posso imaginar. Eu peço a vocês, por serem amigos dele de escola, que descubram o que o aflige, para que possamos encontrar uma cura.
GERTRUDES	Ele fala muito de vocês e tenho certeza de que não existem dois amigos a quem ele é mais dedicado. Se puderem ficar aqui conosco, o rei saberá como recompensá-los.

ROS.	Suas Majestades, pelo grande poder que têm, precisam apenas comandar em vez de pedir tão gentilmente.
GUIL.	Mas obedecemos e nos colocamos à sua disposição de livre e espontânea vontade.
CLÁUDIO	Obrigado, Rosencrantz e gentil Guildenstern.
GERTRUDES	Obrigada, Guildenstern e gentil Rosencrantz. Eu lhes peço para irem ver imediatamente o meu tão transtornado filho.

Saem Rosencrantz e Guildenstern. Entram Polônio e Ofélia.

POLÔNIO	Meu senhor, meu senhor – a menos que o meu poder de dedução tenha se degenerado com a idade –, acho que descobri a razão da loucura de Hamlet.
CLÁUDIO	O quê? Fale logo.
GERTRUDES	Duvido que seja outra senão a morte do pai e o nosso casamento apressado.
POLÔNIO	Meu senhor, e minha senhora, discutir o que a majestade deveria ser, o que é o dever, por que o dia é dia, a noite é noite, e o tempo, tempo, nada mais seria do que se perder noite, dia e tempo. Portanto, já que a brevidade é a alma da sabedoria, e tediosos os meneios e floreios que a acompanham, eu serei breve: seu nobre filho está louco. Louco, digo eu, pois afinal, o que é a loucura senão o fato de se estar completamente doido. E por aí afora.
GERTRUDES	Mais conteúdo e menos palavreado.
POLÔNIO	Senhora, juro que não estou usando palavreado nenhum. Que ele está louco é verdade. E é verdade que é uma pena. E é uma pena por ser verdade. Uma figura de linguagem, admito. Mas adeus a ela, pois eu não usarei palavreado algum. Ele está louco e pronto! Tudo o que temos a fazer agora é descobrir a causa desse efeito, ou melhor, a causa desse defeito, pois todo efeito, por mais defeituoso que seja, tem uma causa. Considerem: eu tenho uma filha – tenho enquanto ela ainda é minha –

que, menina obediente e prestativa que é, me entregou isto. *(mostra-lhes uma carta)* Tirem suas próprias conclusões. *(lê)* "Para a minha deusa, alimento de minha alma, a doce e embelezada Ofélia" – "embelezada", que palavra mais boba! Continuando. *(lê)* "Em teu seio delicado e róseo, eu..." etc. etc.

GERTRUDES   Foi Hamlet que escreveu isso?

POLÔNIO   Calma, senhora, eu serei fiel. *(lê)*
"Duvida que a estrela brilhe no firmamento
Duvida que o sol esteja em movimento
Duvida que a verdade seja tão pura
Mas não duvides que o meu amor perdura.
Ah, adorada Ofélia, não sei escrever versos, não tenho talento para expressar minhas angústias, mas que eu a amo acima de tudo, acredite. Para sempre seu, minha querida, enquanto esta máquina me pertencer, Hamlet."

CLÁUDIO   E Ofélia retribuiu o seu amor?

POLÔNIO   O que o senhor acha de mim?

CLÁUDIO   Acho que o senhor é um homem honrado e leal.

POLÔNIO   Pois bem, então. Logo que percebi um amor tão caloroso como esse querendo alçar voo, vejam bem, mandei chamar minha filha e lhe disse: "Hamlet é um príncipe, acima de suas pretensões. Acabe com isso". E continuei: "Feche a porta de seu quarto, evite qualquer contato com ele e nada de presentes". Ela seguiu o meu conselho e ele, se sentindo rejeitado, para encurtar a história, ficou triste, e depois ficou com insônia, e depois ficou sem fome, e depois ficou fraco, e depois começou a delirar, até que, lamento dizer, ficou completamente maluco.

CLÁUDIO   *(a Gertrudes)* Você acredita que foi isso?

GERTRUDES   Pode ser. É possível.

POLÔNIO   Separe isto disto aqui, se não for como eu digo.

CLÁUDIO   E podemos provar?

POLÔNIO   O senhor sabe que, às vezes, ele fica andando por aqui durante horas e horas.

GERTRUDES   É verdade.

POLÔNIO   Em tal ocasião, permitirei que minha filha tenha um encontro com ele, enquanto nós dois ficaremos escondidos ouvindo tudo. Se ele não estiver apaixonado por ela, renuncio ao meu cargo, viro fazendeiro e vou puxar carroça.

CLÁUDIO   Vamos tentar.

GERTRUDES   Mas vejam como ele está. Pobrezinho. Tão triste.

CLÁUDIO   Deixe-nos, doce Gertrudes.

GERTRUDES   Ofélia, espero que você e seus encantos sejam a causa feliz do mal-estar de Hamlet. Que as suas virtudes possam trazê-lo de volta ao que ele era antes, para o bem de ambos.

OFÉLIA   É o meu desejo também, senhora. *(sai Gertrudes)*

POLÔNIO   Agora, Ofélia, fique aqui e, para disfarçar, leia esse livro. Meu senhor, vamos nos esconder.

Eles se escondem. Entra Hamlet.

Cena 8

HAMLET   Ser ou não ser, eis a questão.
                O que é mais nobre, sofrer
                As pedradas e flechadas de um destino cruel
                Ou empunhar armas contra um mar de provações
                E, batendo-se contra elas, dar-lhes fim?
                Morrer: dormir –
                Mais nada; e nesse sono, nos livrarmos
                Das angústias e dos golpes infinitos
                Que são a herança natural da carne; é um fim

Ardentemente a ser desejado. Morrer, dormir –
Dormir? Talvez sonhar; ah, aí é que está o problema.
Pois nesse sono de morte, os sonhos que hão de vir
Quando estivermos livres de nosso corpo
Nos obrigam a hesitar. É por isso
Que aceitamos as misérias da vida, por tão longo tempo.
Pois quem iria suportar o desdém e as pancadas deste mundo,
O abuso do opressor, a afronta do orgulhoso,
As dores do amor desprezado, a lentidão da justiça,
A insolência do poder e a rejeição
Que o virtuoso recebe do indigno
Se pudesse dar fim a isso tudo
Com uma simples faca? Quem suportaria toda essa carga,
Gemendo e suando sob o peso de uma vida cansativa,
Se não fosse o pavor de alguma coisa depois da morte –
Aquele país desconhecido, de onde
Nenhum viajante retorna – que nos confunde a vontade,
E nos faz antes suportar os males que conhecemos
Do que voar para outros dos quais não sabemos nada?
Assim a consciência nos torna a todos covardes.
E assim as nossas resoluções vão se enfraquecendo,
Encobertas pelo véu do pensamento,
E planos de grande vulto e importância
Se desviam de seu curso,
E perdem o nome de ação. Mas, silêncio!
A linda Ofélia! Ninfa, em suas orações,
Lembre de todos os meus pecados.

OFÉLIA   Meu bom senhor, como tem passado estes últimos dias?

HAMLET   Eu lhe agradeço com toda humildade: bem, bem, bem.

OFÉLIA   Meu senhor, tenho aqui algumas lembranças suas, que há muito venho querendo devolver. Por favor.

HAMLET   Não, nunca lhe dei nada.

OFÉLIA   Meu honrado senhor, sabe muito bem que me deu, sim, e com elas palavras tão doces que as tornaram mais preciosas ainda. Agora que o perfume se foi, aceite-as de novo. Para as almas nobres, os presentes ricos perdem seu valor, se quem os dá se mostra indelicado.

HAMLET　　Ha ha! Você é honesta?

OFÉLIA　　Meu senhor?

HAMLET　　Você é bonita?

OFÉLIA　　O que quer dizer?

HAMLET　　Que se você for honesta e bonita, não deixe que sua honestidade faça qualquer negócio com sua beleza.

OFÉLIA　　Pode a beleza fazer melhor negócio do que com a honestidade?

HAMLET　　Pode sim. Porque a beleza é capaz de transformar a honestidade numa puta antes que a honestidade consiga fazer da beleza uma mulher honesta. Houve um tempo em que eu te amei.

OFÉLIA　　E fez com que eu acreditasse.

HAMLET　　Não deveria ter acreditado. Eu nunca te amei.

OFÉLIA　　Maior a minha ilusão.

HAMLET　　Vá para um convento. Para que dar cria a pecadores? Sou um homem bastante honesto, mas posso me acusar de tais coisas que teria sido melhor que a minha mãe não tivesse me concebido. Sou arrogante, vingativo, ambicioso. Tão mau que não tenho nem tempo para praticar todas as minhas maldades. Por que é que existem criaturas como eu rastejando entre o céu e a terra? Somos todos canalhas. Não acredite em nenhum de nós. Onde está seu pai?

OFÉLIA　　Em casa, meu senhor.

HAMLET　　Que suas portas fiquem trancadas, para que só em casa ele se faça de imbecil. Adeus.

OFÉLIA	Oh, céus, ajudem-no.
HAMLET	Se você se casar, seu dote será esta maldição: seja você tão casta quanto o gelo, tão pura quanto a neve, não vai escapar da calúnia. Vá para um convento. Vá. Adeus. Ou, se quiser mesmo se casar, case-se com um idiota, pois os espertos sabem em que monstros vocês os transformam. Para um convento. Vá. Depressa. Adeus.
OFÉLIA	Que ele volte à razão!
HAMLET	Vocês não me enganam. Ficam se pintando o tempo todo! Deus lhes deu uma cara e vocês inventam outra. Vocês rebolam, fazem biquinho, carinha de anjo, dão apelido a tudo e usam a inocência para esconder o seu tesão. Chega! Não aguento mais! Isso me deixa louco. Digo que não haverá mais casamentos. Dos que já estão casados, todos – menos um – vão viver. Os outros – vão ficar como estão. Para um convento, vá. *(sai)*
OFÉLIA	Ah, que espírito tão nobre, assim arruinado! Tão gentil, forte, culto, admirado por todos, a nossa esperança e o nosso encanto, estraçalhado e fora de si. E eu, de todas as mulheres, a mais infeliz e desgraçada, que provei a doce melodia de suas promessas, ouço agora a sua nobre e perfeita razão soar como sinos desafinados e vejo a sua juventude, tão bela e perfeita, entregue ao êxtase da loucura. Ai de mim! Ter visto o que vi, ver o que vejo. *(entram Cláudio e Polônio)*
CLÁUDIO	Amor? Não, não é isso coisa nenhuma. E nada do que ele disse é loucura. Há uma semente qualquer, por trás dessa sua melancolia, que está germinando e pode se transformar num enorme perigo. Para impedir que isso aconteça, ele irá o mais depressa possível para a Inglaterra. O que acha?
POLÔNIO	Ótima ideia. Mas ainda acredito que o seu desespero venha do amor rejeitado. Ofélia, não precisa nos contar o que Hamlet disse. Nós ouvimos tudo. *(sai Ofélia)* Meu senhor, tenha um pouco mais de paciência. Eu mesmo vou falar com ele. Quem sabe consigo descobrir mais alguma coisa? Veja, ele está voltando. Deixe-me a sós com o rapaz. Vou a fundo nisso. Agora retire-se, meu senhor.

Sai Cláudio. Entra Hamlet.

POLÔNIO Como está o senhor Hamlet?

HAMLET Bem. Graças ao bom Deus.

POLÔNIO Sabe quem sou?

HAMLET Sei muito bem. É um pescador.

POLÔNIO Eu não, meu senhor.

HAMLET Quisera que fosse tão honesto.

POLÔNIO Honesto, meu senhor?

HAMLET Sim, senhor. Ser honesto, hoje em dia, é ser um homem entre dez mil.

POLÔNIO É verdade, meu senhor.

HAMLET Pois se o sol pode gerar minhocas num cachorro morto, que é uma carcaça boa de se beijar... O senhor tem uma filha?

POLÔNIO Tenho sim, senhor.

HAMLET Não deixe ela andar à luz do sol. Conceber é uma graça divina, mas não na concepção da sua filha. Fique de olho, meu amigo.

POLÔNIO *(à parte)* Ora, o que foi que eu disse? Não para de pensar na minha filha. Se bem que, no início, ele não me reconheceu. Disse que eu era um pescador. Está doidinho, doidinho. Para dizer a verdade, eu também tive esses acessos de paixão quando era garoto. Vou falar com ele de novo. O que está lendo, meu senhor?

HAMLET Palavras, palavras, palavras.

POLÔNIO Qual é o argumento, meu senhor?

HAMLET Entre quem?

POLÔNIO	Quero dizer, o argumento do livro, meu senhor.
HAMLET	Calúnias, senhor. Pois o safado diz aqui que os velhos têm barbas grisalhas, a cara cheia de rugas, pernas pra lá de bambas, que um pus nojento escorre de seus olhos e que eles foram abençoados com uma burrice de proporções bíblicas; apesar de concordar com tudo isso, meu senhor, acho que não fica bem dizer coisas assim; pois o senhor mesmo, meu senhor, seria tão velho quanto eu se andasse para trás, como um caranguejo.
POLÔNIO	*(à parte)* Embora isso seja loucura, há método no que ele diz. Meu senhor, gostaria de se resguardar?
HAMLET	No meu caixão?
POLÔNIO	De fato, lá estaria resguardado. *(à parte)* Nossa Mãe, como, às vezes, são sagazes suas respostas. Uma felicidade que se dá melhor com a loucura do que com a razão. Meu senhor, com toda humildade, irei privá-lo de minha companhia.
HAMLET	Não poderá me privar de nada, meu senhor, a que eu não renuncie com maior prazer, a não ser minha vida, a não ser minha vida, a não ser minha vida.
POLÔNIO	Adeus, meu senhor.
HAMLET	Esses velhos, tolos e chatos.

Entram Rosencrantz e Guildenstern.

POLÔNIO	Estão procurando Hamlet? Lá está ele. *(sai)*
GUIL.	Meu caro senhor!
ROS.	Meu excelentíssimo senhor!
HAMLET	Meus queridos amigos! Como é que é, Guildenstern! Ei, Rosencrantz! Rapazes, como vão vocês?
ROS.	Na mesma, como todo mundo.

GUIL.	Felizes por não sermos felizes demais. Não vivemos no auge da Fortuna. Não somos o seu chapéu.
HAMLET	E nem as solas dos seus sapatos?
ROS.	Também não.
HAMLET	Então vocês vivem em torno de seu quadril, nas suas partes baixas?
GUIL.	Na verdade, somos bem íntimos delas.
HAMLET	Das partes secretas da Fortuna? É verdade. Ela é uma puta. Quais são as novidades?
ROS.	Nenhuma, só que o mundo está ficando mais honesto.
HAMLET	Então, chegou a hora do Juízo Final. Mas vocês não estão falando a verdade. O que é que vocês fizeram, meus amigos, para serem mandados para esta prisão?
GUIL.	Prisão?
HAMLET	A Dinamarca é uma prisão.
ROS.	Então o mundo também é.
HAMLET	Uma prisão enorme, cheia de celas e calabouços. E a Dinamarca é das piores.
ROS.	Não pensamos que seja assim.
HAMLET	Ué, então não é para vocês. Pois a forma de pensar é que faz com que uma coisa seja boa ou má. Para mim, é uma prisão.
ROS.	É a sua ambição que faz dela uma prisão. É pequena demais para contê-lo.
HAMLET	Ah, meu Deus, uma casca de noz poderia me conter e ainda assim eu seria rei do espaço infinito, se não fossem os meus pesadelos. Na verdade, minha cabeça não está funcionando

	muito bem. Mas me digam, em nome de nossa amizade, o que os trouxe aqui?
ROS.	Viemos visitá-lo, só isso.
HAMLET	Não foram chamados? Vieram de livre e espontânea vontade? Vamos, sejam honestos comigo. Vamos, vamos, falem logo.
GUIL.	O quê?
HAMLET	Ué, o que quiserem, desde que parem de me enrolar. Sei muito bem que o rei e a rainha convocaram vocês.
ROS.	A troco de quê?
HAMLET	Vocês é que sabem.
ROS.	*(à parte, a Guildenstern)* E agora?
HAMLET	Se me querem bem, falem a verdade.
GUIL.	É. Fomos chamados.
HAMLET	Eu lhes direi por quê. E depois vocês vão poder contar para o rei e para a rainha o que descobriram a duras penas. De uns tempos para cá – e eu não sei por que – perdi toda a minha alegria. Nada me interessa. Ando tão desanimado que esta terra tão rica mais me parece um rochedo enorme e estéril. Esta abóbada celeste, este firmamento glorioso, vejam, esta maravilha de teto, com rajadas de fogo dourado, para mim não passa de um acúmulo de gases pestilentos. Que obra-prima é o homem! Que nobre a sua razão! Que infinitas as suas capacidades! Como é expressivo e admirável! Quando age, parece um anjo! Quando pensa, parece um deus! A beleza do mundo! O mais perfeito dos animais! No entanto, para mim, o que é essa essência do pó? O homem não me dá prazer; não, nem a mulher, embora o seu sorriso pareça dizer o contrário.
ROS.	Meu senhor, não estava pensando em nenhuma sacanagem.

HAMLET	E por que você riu quando eu disse que o homem não me dá prazer?
ROS.	Porque se o homem não lhe dá prazer, *(música ao longe)* então vai ser muito sem graça a recepção aos atores.
HAMLET	Que atores?
ROS.	Os que o divertiam tanto quando se apresentavam por aqui. Encontramos eles na estrada.
HAMLET	O ator que faz o papel do rei será bem recebido. *(a música vai aumentando)*
GUIL.	Aí vêm eles.
HAMLET	*(a Ros. e Guil.)* Senhores, sejam bem-vindos. Suas mãos. Bem-vindos os dois. Mas meu tio-pai e minha tia-mãe estão enganados.
GUIL.	No quê?
HAMLET	Só estou louco quando sopra o noroeste. Quando sopra o vento do sul, sei bem a diferença entre o falcão e a garça.

Entra Polônio.

POLÔNIO	Que tudo esteja bem com os senhores
HAMLET	*(a Ros. e Guil.)* Vou fazer uma profecia. Ele vem falar dos atores.
POLÔNIO	Meu senhor, tenho ótimas notícias para o senhor.
HAMLET	Meu senhor, tenho ótimas notícias para o senhor. Quando Róscio era ator em Roma...
POLÔNIO	Os atores chegaram, meu senhor.
HAMLET	Brrrrrrr!
POLÔNIO	Juro! Os melhores atores do mundo, na tragédia, comédia,

peça histórica, pastoral, pastoral-cômica, histórico-pastoral, trágico-histórica, trágico-cômico-histórico-pastoral. Sêneca nunca foi tão sanguinário nem Plauto tão engraçado.

HAMLET   Ó Jefté, juiz de Israel, que tesouro você tinha!

POLÔNIO   Que tesouro ele tinha, meu senhor?

HAMLET   Ué, "Uma filha bela e jovem
          Que ele amava como a ninguém".

POLÔNIO   *(à parte)* Sempre pensando na minha filha!

HAMLET   Não é verdade, velho Jefté?

POLÔNIO   Se o senhor me chama de Jefté, tenho uma filha, sim senhor, que amo como a mais ninguém.

HAMLET   Não. Uma coisa não leva à outra.

POLÔNIO   Por que não, meu senhor?

HAMLET   Porque – "É só por sorte que Deus" –
          Mas olha, estão chegando. *(entram os atores)* Bem-vindos, mestres, sejam todos bem-vindos. Ah, meu velho amigo, estou feliz por vê-lo tão bem. Ora, se não é a minha jovem amante. A senhorita cresceu mesmo, ou agora só sai de salto alto? Meus amigos, sejam muito bem-vindos. Vamos, uma amostra de seu talento. Vamos, uma fala cheia de emoção.

ATOR   Alguma preferência, meu senhor?

HAMLET   Certa vez, vi o senhor representar uma peça. Tinha uma fala em especial que eu adorei, na qual Enéas narrava à rainha Dido o massacre de Príamo. Se é que o senhor ainda se lembra dela, comece por esta frase – deixa eu ver, deixa eu ver...
          O brutal Pirro, como a besta da Hircânia...
          Não, não é isso. Mas começa com Pirro:
          O brutal Pirro, cuja armadura,
          Tão negra como seu propósito,
          Lembrava a escuridão da noite,

>   *Quando se escondeu no cavalo de madeira,*
>   *Agora ostenta em seus trajes*
>   *Uma cor ainda mais sinistra.*
>   *Da cabeça aos pés, ei-lo vestido*
>   *Com um vermelho aterrador,*
>   *Manchado pelo sangue de pais, mães, filhas e filhos.*
>   *Com os olhos brilhando como rubis,*
>   *O infernal Pirro caça agora o venerável Príamo.*
>   É isso. Prossiga.

POLÔNIO   Parabéns, meu senhor, muito bem recitado; com ótima dicção e gosto impecável.

ATOR   *Logo ele o encontra,*
          Lutando sem grande eficácia contra os gregos.
          Sua antiga espada, rebelde ao seu braço,
          Agora cai no chão e não obedece mais ao seu comando.
          Rival superior, Pirro ataca Príamo.
          Mas, na sua fúria, o golpe não acerta o alvo.
          Porém, o vento que a sua espada cria
          Faz tombar o velho, já muito debilitado.
          E, vejam só, a espada que se inclinava sobre a cabeça de Príamo
          Fica cravada no ar.
          Tal qual um tirano aprisionado numa pintura,
          Pirro permanece de pé e, neutro de vontade e de propósito,
          Não faz nada.
          Mas, assim como antes da tempestade,
          Muitas vezes um silêncio invade os céus,
          As nuvens ficam imóveis, os ventos se calam
          E a terra parece morta de tão quieta,
          Até que um terrível trovão rasga o ar...
          Também, depois da pausa,
          A vingança de Pirro desperta com mais força
          E o impele a agir.
          E nunca os martelos dos Ciclopes
          Caíram sobre a armadura de Marte
          Com tamanha falta de remorso
          Como agora a espada sangrenta de Pirro
          Cai sobre Príamo.
          Fora, fora, Fortuna,
          Pois não passas de uma prostituta sórdida!

POLÔNIO	Essa fala é longa demais.
HAMLET	Ela irá para o barbeiro junto com suas barbas. Por favor, continue. Ele só se interessa por sacanagem. O resto lhe dá sono. Continue. Vamos a Hécuba.
ATOR	*Mas quem, ah, quem tivesse visto a rainha velada...*
HAMLET	"A rainha velada"?
POLÔNIO	Isso é bom. "Rainha velada" é muito bom.
ATOR	*Quase extinguindo as chamas com seu choro cego,* *Um trapo na cabeça, onde antes vestia uma coroa,* *E para cobrir o ventre, exaurido de tantos filhos,* *Um cobertor, apanhado num momento de pânico.* *Quem a tivesse visto assim, por pior que fosse,* *Teria amaldiçoado a Fortuna por tanta crueldade.* *E se os próprios deuses tivessem ouvido os urros de desespero que ela soltou,* *Ao presenciar o brutal Pirro no prazer perverso de sua chacina,* *Esquartejando e moendo a carne de seu marido,* *Mesmo que as coisas mortais não os emocionassem,* *Eles teriam inundado os céus com suas lágrimas,* *De tanta compaixão.*
POLÔNIO	Veja só como ele ficou pálido e com os olhos cheios de lágrimas. Por favor, chega disso.
HAMLET	Está bem. Mais tarde, ouviremos o resto. Meu bom senhor, providencie alojamento e comida para os atores. Que eles sejam bem tratados, pois são a crônica e o retrato do nosso tempo.
POLÔNIO	Meu senhor, vou tratá-los tão bem quanto merecem.
HAMLET	Muito melhor, velho. Trate cada homem como merece, e quem vai escapar da chibata? Trate-os de acordo com a sua própria dignidade. Quanto menos merecerem, mais generoso o senhor irá parecer.

POLÔNIO	Venham, senhores.
HAMLET	Atrás dele, meus amigos. Vamos ver uma peça hoje mesmo. *(sai Polônio com os atores, exceto o primeiro)* Meu velho amigo, escute. O senhor conhece "O assassinato de Gonzaga"?
ATOR	Conheço, meu senhor.
HAMLET	Prepare para hoje à noite. E o senhor poderia decorar uma fala de umas doze ou dezesseis linhas, que eu mesmo vou escrever, e inseri-la no texto?
ATOR	Certamente.
HAMLET	Muito bem. Siga aquele senhor. E nada de gozar do velho, viu? *(sai o primeiro ator)* Meus queridos amigos, vou deixá-los até a noite. Sejam bem-vindos à Dinamarca.
ROS.	Meu bom senhor. *(saem Ros. e Guil.)*
HAMLET	É isso. Adeus. Finalmente só. Ah, que indigno e miserável que eu sou! Não é um absurdo que esse ator, Num simples faz-de-conta, no sonho de uma paixão, Submeteu a sua alma tão completamente à sua fantasia, Que seu rosto perdeu a cor, Seus olhos se encheram de lágrimas, sua voz se quebrou, E todo o seu ser foi se transformando De acordo com a sua imaginação? E tudo por nada. Por Hécuba! O que é Hécuba para ele ou ele para Hécuba, Para ele chorar tanto assim? O que ele faria Se tivesse o motivo e a deixa de paixão Que eu tenho? Ele iria inundar o palco com suas lágrimas E contaminar o ar com seus gritos de horror, Enlouquecer o culpado e encher o inocente de pavor, Deixar o ignorante perplexo e deslumbrar Os olhos e os ouvidos de cada um de nós. Mas eu, Um sonhador idiota, não digo nada – Não, nada por um pai querido

De quem roubaram os bens e uma vida tão preciosa.
Será que sou um covarde?
Está me chamando de canalha? Quer me dar um soco na cara?
Me ofender? Me xingar? Tirar um sarro de mim?
Quer? Hein? Então tira, vai! É isso que eu mereço!
Porque não passo de um frouxo e não tenho raiva
Bastante para enfrentar a opressão, senão
Já teria dado as tripas daquele verme aos urubus. Canalha! Traidor!
Depravado! Calhorda! Canalha asqueroso e imundo!
Ah, vingança!
Mas que ridículo eu sou. É, sou mesmo. Sou tão corajoso
Que eu, o filho de um querido pai assassinado,
Impelido à vingança pelo céu e pelo inferno,
Fico aqui, como uma putinha, desabafando meu coração com palavrões
E xingando aquele verme como uma vagabunda qualquer.
Que nojo! Vai, cabeça, vê se funciona!
Dizem que as pessoas que se sentem culpadas,
Ao assistir a uma peça,
Podem ficar tão abaladas com o enredo
Que, na mesma hora, revelam seus crimes.
Vou fazer com que esses atores representem alguma coisa
Parecida com o assassinato de meu pai,
Diante de meu tio. Vou ficar de olho nele.
Vou provocá-lo. Se ele piscar os olhos,
Eu saberei como agir. O fantasma que vi
Talvez seja o diabo, querendo me seduzir
Com uma imagem tão querida. É. E talvez,
Por causa da minha fraqueza e da minha melancolia,
Queira abusar de mim para me levar para o inferno.
Preciso de provas concretas. É com a peça
Que hei de revelar a consciência do rei! *(sai)*

Cena 9

O salão. Entra Hamlet, acompanhado de alguns atores.

HAMLET   Fale o texto como lhe mostrei, por favor, com muita simplicidade. Se for para declamar, como alguns atores fazem por aí, seria melhor eu chamar um camelô. Nem fique cortando o ar com as mãos assim, e cuidado com os cacos.

ATOR Pode deixar, meu senhor.

HAMLET Faça com que a palavra combine com o gesto e o gesto com a palavra; tente ser natural, já que qualquer exagero é uma afronta ao teatro, cuja meta é, e sempre foi, servir de espelho à natureza, e assim revelar, a cada época, sua verdade.

ATOR Muito bem, meu senhor.

HAMLET Agora vão se preparar.

Saem os atores.

HAMLET Horácio!

HORÁCIO Estou aqui.

HAMLET Horácio, você é um dos homens mais justos que eu conheço.

HORÁCIO Ora...

HAMLET Não, não estou te bajulando. Por que é que eu iria te bajular? Você não tem nada a não ser a si mesmo! Não. Escuta. Desde que me tornei dono de mim, eu te escolhi como amigo porque você é um homem que aceita tanto as recompensas como os golpes da Fortuna, com igual gratidão. Um daqueles agraciados que, sofrendo tudo, não sofre nada. Mostre-me um homem que não é escravo de suas paixões e eu o trarei para junto do meu coração. Para o coração do meu coração. Como faço com você. Mas chega disso. Daqui a pouco, a peça vai começar. Uma das cenas se parece muito com a morte do meu pai, como eu já lhe contei. Quando chegar esse momento, não tire os olhos do meu tio. Se a sua culpa não vier à tona, então o fantasma que vimos é um demônio maldito e imunda é a minha imaginação.

HORÁCIO Deixe comigo. *(música)*

HAMLET Estão chegando. Procure um lugar.

Entram Cláudio, Gertrudes, Polônio, Ofélia, Rosencrantz, Guildenstern e outros.

CLÁUDIO	Como vai o nosso filho Hamlet?
HAMLET	Maravilhosamente bem. Como o camaleão, eu me alimento do ar e me empanturro de promessas. Até os porcos têm inveja de mim.
CLÁUDIO	Não sei o que você está dizendo, Hamlet. Não tenho nada com essas palavras.
HAMLET	Nem eu. *(a Polônio)* Meu senhor, o senhor disse que atuou numa peça quando era estudante. É verdade?
POLÔNIO	É sim, senhor. E fui considerado um bom ator.
HAMLET	E que papel interpretou?
POLÔNIO	Eu fiz o papel de Júlio César. Me mataram no Capitólio. Brutus me matou.
HAMLET	Foi um ato bruto dele matar um pateta tão capital. *(a Ros. e Guil.)* Os atores já estão prontos?
ROS.	Sim, meu senhor, aguardando para começar.
GERTRUDES	Hamlet, venha sentar-se ao meu lado.
HAMLET	A senhora é muito bondosa, mãe, mas aqui há metal mais atraente.
POLÔNIO	*(a Cláudio)* Ahá! Viu só?
HAMLET	*(a Ofélia)* Posso me deitar no seu colo, linda dama?
OFÉLIA	Não, meu senhor.
HAMLET	Quero dizer, deitar minha cabeça no seu colo?
OFÉLIA	Sim, meu senhor.

HAMLET	Você acha que estou sendo indecente?
OFÉLIA	Não acho nada, meu senhor.
HAMLET	Mas é bom pensar no que existe entre as pernas de uma mulher.
OFÉLIA	O quê, meu senhor?
HAMLET	Nada.
OFÉLIA	O senhor está muito alegre.
HAMLET	Quem? Eu?
OFÉLIA	Sim, meu senhor.
HAMLET	Só dá pra gente ficar alegre. Olha como a minha mãe está feliz e meu pai morreu não faz nem duas horas.
OFÉLIA	Não, meu senhor, faz duas vezes dois meses.
HAMLET	Tanto assim? Morreu há dois meses e ainda não foi esquecido! Então, talvez seja possível se lembrar de um homem importante até seis meses depois de sua morte.

Música. Entra o prólogo.

PRÓLOGO	*A nós e a nossa tragédia,* *Pedimos vossa clemência,* *Para nos escutar com paciência. (sai)*
HAMLET	Isso é um prólogo ou a inscrição de um anel?
OFÉLIA	Foi muito breve.
HAMLET	Como o amor de mulher.

Entram o Ator-Rei e o Ator-Rainha.

ATOR-REI	*Por trinta anos a carruagem de Apolo* *Circundou as águas salgadas de Netuno*

> *E a região globular de Telo,*
> *Desde que o amor os nossos corações,*
> *E Himeneu as nossas mãos,*
> *Uniu com cerimônias sagradas.*

ATOR-RAINHA *Que o mesmo número de jornadas*
> *Possam o sol e a lua de novo realizar*
> *Antes do nosso amor ao fim chegar.*
> *Mas, meu Deus, andas tão enfermo,*
> *Tão sem alegria e transformado,*
> *Que me preocupas demasiado.*

ATOR-REI *Muito em breve e cheio de dor,*
> *Deverei deixar-te, meu amor;*
> *As minhas forças ao meu comando*
> *Já não obedecem tanto.*
> *Mas continuarás depois de mim,*
> *Neste belo mundo a viver assim:*
> *Honrada e amada*
> *E por um novo marido apaixonada.*

ATOR-RAINHA *Não digas mais nada!*
> *Que eu seja amaldiçoada ao ter segundo marido,*
> *Pois, com tal amor, terei o meu coração traído.*
> *Só vem a se casar com o segundo*
> *Quem o primeiro despachou do mundo.*

ATOR-REI *Acredito no que falas,*
> *Pois sei que é o que pensas;*
> *Mas o que prometemos*
> *Quase sempre não cumprimos.*
> *Nossos desejos e destinos são tão contrários*
> *Que os nossos planos se tornam precários;*
> *Assim, embora te recuses a segundo marido ter,*
> *Esquecerás disso quando o primeiro morrer.*

ATOR-RAINHA *Que a terra o alimento me negue,*
> *Que o céu da luz me prive,*
> *Que a alma para sempre me atormente,*
> *Se, uma vez viúva, eu me casar novamente!*

HAMLET	Se ela quebrar a palavra agora!
ATOR-REI	*És sincera em assim jurar. Mas, doce rainha, deixe-me por um instante,* *Pois meu espírito está muito ofegante,* *E eu gostaria do dia tedioso* *Passar em absoluto repouso.*
ATOR-RAINHA	*Como quiser, querido esposo. (ele dorme)* *Possa o sono te trazer muita paz* *E que ninguém de nos separar seja capaz! (sai)*
HAMLET	Está gostando da peça, senhora?
GERTRUDES	A rainha faz promessas demais.
HAMLET	Ah, mas ela manterá sua palavra.
CLÁUDIO	Você conhece o enredo? Não há nada de ofensivo?
HAMLET	Não, não, é tudo faz-de-conta. Veneno de mentira. Nenhuma ofensa no mundo.
CLÁUDIO	Qual é o nome da peça?
HAMLET	*A ratoeira*. A peça retrata um assassinato cometido na Guiana Francesa, lá nos trópicos. É uma história cheia de velhacarias. Mas e daí, papai? Sua Majestade e eu somos inocentes, essas coisas não nos afetam. *(entra Luciano)* Este é Luciano, sobrinho do rei.
OFÉLIA	Está muito excitado, meu senhor.
HAMLET	Custaria só um gemido para você descobrir toda a verdade. *(a Luciano)* Vamos, comece, assassino. Pro inferno com essas caretas e comece: "o corvo crocitante grita por vingança"...
LUCIANO	*Pensamentos negros, mãos competentes,* *Veneno preparado e hora atraente;* *Mistura viçosa de ervas à meia-noite colhidas,* *Com a praga de Hécate três vezes corrompidas,*

> *O seu feitiço natural e horrível propriedade*
> *A vida saudável usurpe sem piedade.*
> *(despeja o veneno no ouvido do rei)*

HAMLET   Ele o envenena no jardim e se apodera do seu trono. Logo vocês irão ver como ele conquista o amor da viúva.

OFÉLIA   O rei se levanta.

HAMLET   O quê, com medo de tiros de festim?

GERTRUDES   Que foi, meu senhor?

POLÔNIO   Parem a peça.

CLÁUDIO   Acendam as luzes! *(sai)*

TODOS   Luzes, luzes, luzes!

Saem todos, exceto Hamlet e Horácio.

HAMLET   Que o corço ferido
Vá chorar escondido,
E o alegre cervo se ponha a comemorar,
Pois enquanto dorme o sensato,
O outro é que paga o pato.
Ah, Horácio, eu aposto cem moedas de ouro que o fantasma disse a verdade. Você viu a reação do meu tio?

HORÁCIO   Vi, meu senhor.

HAMLET   Na hora do envenenamento?

HORÁCIO   Vi, muito bem. *(entram Rosencrantz e Guildenstern)*

HAMLET   Viva! Tragam as flautas. Eu quero música.
Se o rei não gosta da comédia,
É porque ele não gosta dela, ora. *(entram os músicos)*
Música, música!

GUIL.   Meu senhor, uma palavra, por favor.

HAMLET	Uma história inteira.
GUIL.	O rei –
HAMLET	O que é que tem o rei?
GUIL.	Está profundamente transtornado.
HAMLET	De tanto beber?
GUIL.	Não, de tão enfurecido.
HAMLET	Seria melhor dizer isso ao seu médico.
GUIL.	Por favor, tente se comportar com mais delicadeza.
HAMLET	Muito bem, serei delicado. Fale.
GUIL.	A sua mãe está muito aflita e me pediu que eu viesse falar com o senhor.
HAMLET	Bem-vindo seja.
GUIL.	Não, não me trate assim, por favor. Se puder responder de maneira sensata, eu farei o que sua mãe mandou...
HAMLET	Não posso.
GUIL.	O quê?
HAMLET	Responder de maneira sensata. Eu estou maluco, lembra? A minha mãe...
ROS.	Mandou dizer que ficou muito admirada com o seu comportamento.
HAMLET	Oh, filho maravilhoso, que desperta a admiração de sua mãe! Que mais? Minha mãe? Fale!
ROS.	Ela deseja vê-lo nos seus aposentos, antes do senhor ir para a cama.

HAMLET	Eu a obedeceria mesmo que ela fosse dez vezes minha mãe. Tem mais algum negócio a tratar comigo?
ROS.	Meu senhor, o senhor sempre gostou de mim.
HAMLET	E juro que ainda gosto, por estas mãos de trapaceiro.
ROS.	Por que é que anda tão descontente? O senhor faz mal a si mesmo se não confia suas mágoas ao seu amigo.
HAMLET	Não tenho futuro aqui.
ROS.	Como é que o senhor pode dizer isso? O próprio rei declarou que o senhor é seu herdeiro e sucessor.
HAMLET	É, eu sei, mas enquanto a grama cresce... Toque um pouco essa flauta.
GUIL.	Não posso.
HAMLET	Eu lhe peço.
GUIL.	Acredite, não posso.
HAMLET	Eu lhe suplico.
GUIL.	Mas eu não sei tocar.
HAMLET	É tão fácil quanto mentir. Basta manipular os registros, assoprar aqui e terá a música mais eloquente. E então?
GUIL.	Mas eu não sei como extrair uma única nota sequer. Não tenho talento.
HAMLET	Veja só como você me despreza! Você quer me tocar, como se conhecesse todos os meus registros. Quer extrair a essência do mistério de quem eu sou. E, no entanto, há música excelente, uma linda voz, neste pequeno instrumento, e você não consegue fazê-lo falar. Por Deus, você acha que pode me manipular com mais facilidade do que a uma flauta?

Entra Polônio.

POLÔNIO — Meu senhor, a rainha quer falar com o senhor imediatamente.

HAMLET — Está vendo aquela nuvem ali, que tem quase a forma de um camelo?

POLÔNIO — Pela Santa Ceia, se parece mesmo com um camelo!

HAMLET — Na verdade, acho que se parece mais com uma toupeira.

POLÔNIO — Tem as costas de uma toupeira.

HAMLET — Ou de uma baleia?

POLÔNIO — Pois bem, de uma baleia.

HAMLET — Nesse caso, vou ver a minha mãe logo, logo.

POLÔNIO — Vou dizer isso a ela. *(sai)*

HAMLET — "Logo, logo" é fácil de se dizer. Deixem-me, amigos. *(saem Horácio, Rosencrantz, Guildenstern e músicos)* Esta é a hora em que as bruxas se reúnem, em que os mortos abandonam seus túmulos e o inferno empesta o ar com suas maldições. Agora eu poderia beber sangue e praticar atos terríveis. Minha mãe me espera. Oh, coração, lembre-se de sua natureza. Que eu seja cruel, sem ser desalmado. Que minhas palavras sejam afiadas, mas não a minha faca. *(sai)* Mãe!

Cena 10

Uma sala. Entram Cláudio, Rosencrantz e Guildenstern.

CLÁUDIO — Eu não aguento mais! A presença dele é um perigo. Vou mandá-lo para longe daqui. Vocês vão para a Inglaterra com ele imediatamente. Sua loucura passou dos limites e nos ameaça cada vez mais.

GUIL.	Santa e zelosa é a preocupação de Sua Majestade com a segurança e bem-estar de seus súditos.
ROS.	Quando o rei sofre, todos padecem junto. O que seria desta nação sem a sábia liderança de Sua Majestade?
CLÁUDIO	Apressem-se.
ROS. e GUIL.	Com sua licença. *(saem)*
CLÁUDIO	Ah, o meu pecado é tão podre que até os céus sentem o mau cheiro. Carrega consigo a mais antiga das maldições, a do assassinato de um irmão. Rezar eu não posso, embora tenha o desejo e a disposição: o peso da minha culpa derrota a minha vontade e me leva a não fazer nada. Para que serve a misericórdia senão para encarar o pecado e absolvê-lo? E não tem a reza o duplo poder de impedir a nossa queda e de nos perdoar quando tivermos caído? Então, posso me confortar. Meu delito está no passado. Mas que reza pode me servir? "Perdoe o meu crime abominável"? Não, isso não pode ser, já que ainda estou de posse dos frutos que me levaram a matar o meu irmão: a minha coroa, a minha ambição e a minha mulher. Podemos ser perdoados sem devolver o que roubamos? O que fazer então? O que me resta? Tentar o que pode o arrependimento? E o que é que ele não pode? Mas o que é que ele pode, quando não posso me arrepender? Ah, infeliz condição! Ah, peito negro como a morte! Alma viscosa que, lutando para se libertar, mais presa fica. Anjos, me ajudem! Para baixo, joelhos obstinados. E, coração de aço, seja tão dócil quanto um recém-nascido. Talvez tudo possa acabar bem.

Ajoelha-se. Entra Hamlet.

HAMLET	Pronto. Agora eu posso matá-lo, agora que ele está rezando. E agora, eu o farei. E assim, ele vai para o céu. E assim, eu estou vingado. Um canalha mata meu pai e em troca eu, seu único filho, envio esse mesmo canalha para o céu. Isso não é vingança, é morte por encomenda. Ele matou meu pai em pleno pecado, sem que ele pudesse confessar e se arrepender de seus crimes. Seria vingança matá-lo bem na hora em que está pronto para morrer? Não! Quero pegá-lo em flagrante,

	quando estiver no gozo incestuoso de sua cama, ou cometendo algum crime para o qual não há salvação. E aí sim eu acabo com ele, para que sua alma negra e amaldiçoada possa ir direto para o inferno. Minha mãe me espera. Essas preces só prolongam os seus dias de degenerado. *(sai)*
CLÁUDIO	As minhas palavras voam para os céus, mas os meus pensamentos ficam travados aqui na terra. Palavras vazias não valem nada. *(sai)*

Cena 11

Os aposentos da rainha. Entram Gertrudes e Polônio.

POLÔNIO	Ele está vindo aí. Diga que suas maluquices foram longe demais. Seja dura com ele.
GERTRUDES	Fique tranquilo.
POLÔNIO	Vou me esconder aqui.
HAMLET	*(de dentro)* Mãe, mãe, mãe!
GERTRUDES	Depressa!

Polônio se esconde. Entra Hamlet.

HAMLET	Então, mãe, o que é que a senhora quer?
GERTRUDES	Hamlet, você ofendeu muito o seu pai.
HAMLET	Mãe, a senhora ofendeu muito o meu pai.
GERTRUDES	Vamos, vamos, que maneira tola de me responder.
HAMLET	Ora, ora, que maneira maldosa de falar.
GERTRUDES	O que é isso, menino!
HAMLET	O que é isso, mãe!

GERTRUDES	Você está se esquecendo de quem eu sou?
HAMLET	Não, senhora. A senhora é a rainha, a esposa do irmão do seu marido e – quisera que não o fosse! – a senhora é minha mãe.
GERTRUDES	Pois bem, vou chamar alguém que consiga falar com você.
HAMLET	Fique onde está. A senhora não vai a lugar nenhum.
GERTRUDES	O que você vai fazer? Vai me matar? Socorro, socorro, alguém!
POLÔNIO	*(de dentro)* Alguém aí! Socorro, socorro, socorro!
HAMLET	*(tirando a espada)* O que é isso? Um rato? Morre, desgraçado, morre! *(enterra a espada nas cortinas)*
GERTRUDES	Meu Deus, o que é que você fez?
HAMLET	Não sei. Não sei. É o rei?
GERTRUDES	Ah, que ato mais impetuoso e cruel!
HAMLET	Tão cruel, bondosa mãe, quanto matar um rei e se casar com o seu irmão.
GERTRUDES	Quanto matar um rei!
HAMLET	É, minha senhora, foi o que eu disse. *(descobre Polônio)* Seu intrometido estúpido e infeliz, adeus. Pensei que fosse o rei. *(a Gertrudes)* Pare de se contorcer toda. Sente-se aí e me deixe torcer o seu coração, se é que ele ainda é capaz de sentir alguma coisa.
GERTRUDES	O que foi que eu fiz para você me insultar assim?
HAMLET	Um ato tão terrível que chama a virtude de hipócrita e zomba da santidade do casamento; que enrubesce os céus e assusta a terra, como se o mundo fosse chegar ao fim.
GERTRUDES	Pobre de mim, que ato é esse que na sua boca soa como um trovão?

HAMLET	Olhe para esta imagem, e para esta aqui; dois retratos, dois irmãos. Veja o encanto deste rosto; uma combinação de traços em que cada um dos deuses parece ter deixado a sua marca, para fazer dele um verdadeiro homem. Este era o seu marido. Agora, veja o que vem a seguir. Este é o seu marido. Um ser repugnante e nojento. A senhora não tem olhos? Não? Amor isso não é, pois na sua idade o ardor perde a força e cede lugar à razão; e que razão trocaria este por isto aqui? Olhar sem sentir. Sentir sem enxergar. Qual foi o demônio que a enganou assim e a deixou tão cega? Ah, que vergonha!
GERTRUDES	Oh, Hamlet, você me faz olhar para dentro da minha alma, onde eu vejo manchas tão negras que jamais perderão a cor.
HAMLET	É, mas viver na imundície de uma cama com cheiro de sêmen e suor, falando obscenidades, gemendo de prazer como se fosse uma prostituta...
GERTRUDES	Pare, pare! Não diga mais nada. Essas palavras doem nos meus ouvidos como se fossem punhais. Por favor, pare, meu querido filho.
HAMLET	Um assassino. Um canalha. Um degenerado que não vale um milésimo do seu primeiro marido. Um ladrão que roubou a coroa...
GERTRUDES	Pare...
HAMLET	Um rei de farrapos, um rei abjeto, indigno, safado, um... *(entra o Fantasma)* Anjos, me protejam! O que deseja, meu senhor?
GERTRUDES	Coitado, ficou louco.
FANTASMA	Venho para lembrá-lo da minha morte e afiar sua vingança, que ficou cega. Veja como sua mãe está cheia de espanto! Procure acalmar sua alma atormentada. Fale com ela, Hamlet.
HAMLET	Como está, minha senhora?
GERTRUDES	Como está você, que contempla o vazio e conversa com o ar? Meu querido filho, procure esfriar essa febre doentia com um pouco de paciência. Para o que é que você está olhando?

HAMLET	Para ele. Para ele. Veja como seu rosto está abatido.
GERTRUDES	Ele quem?
HAMLET	Não está vendo nada?
GERTRUDES	Não, nada; apenas o que há para ver.
HAMLET	Nem ouviu nada?
GERTRUDES	Não, nada além de nós mesmos.
HAMLET	Pois olhe, olhe ali. Veja, ele está indo embora, tão triste e cabisbaixo! Meu pai, com as roupas que costumava usar! *(sai o Fantasma)*
GERTRUDES	Isso é coisa da sua cabeça. É o êxtase da loucura que cria essas alucinações.
HAMLET	Êxtase? O meu coração bate como o seu. Não estou louco, não. Mãe, pelo amor de Deus, não tente curar a sua alma doentia pensando que é a minha loucura que inventa os seus delitos. Nem procure esconder a podridão que está se espalhando pelo seu corpo e destruindo tudo que há de bom em você. Confesse os seus pecados. Arrependa-se do passado. E, no futuro, não se entregue mais às suas tentações. Não permita que a corrupção a faça ainda mais imunda.
GERTRUDES	Ah, Hamlet, você está estraçalhando o meu coração!
HAMLET	Então jogue fora o que é pior e fique só com o que há de mais puro. Boa noite, mãe. Abstenha-se hoje do prazer e amanhã será mais fácil. E depois, mais fácil ainda. E quando estiver arrependida, eu virei pedir a sua bênção. Quanto ao velho conselheiro ali, lamento a sua morte. Foi o seu castigo, e com isso o destino me castiga. Mais uma vez, boa noite. Se estou sendo cruel, é para o seu bem. Isso começou mal e mal vai acabar. Mais uma palavra, mãe.
GERTRUDES	O que quer que eu faça?

HAMLET	Não vá mais para a cama com meu tio. Não deixe que aquele gordo inchado toque no seu pescoço, nem que lhe dê beijinhos lascivos, nem que te chame de meu amor. E não vá dizer ao rei que estou fingindo. Diga que estou louco mesmo.
GERTRUDES	Pode ter certeza. Se as palavras são feitas de ar e o ar é vida, não darei vida às palavras que você me disse.
HAMLET	Vão me mandar para a Inglaterra. Sabia?
GERTRUDES	É verdade, tinha me esquecido. Já tomaram a decisão.
HAMLET	É, e os meus dois colegas, em quem eu confio como se fossem víboras, têm o mandado do rei. Mas pode deixar, vai ser um prazer ver o feitiço se voltar contra o feiticeiro. Boa noite. Este conselheiro que agora se calou Foi na vida um velho tolo e falador. Venha, meu senhor, vamos dar um fim a tudo isso. Boa noite, mãe.

Sai com o corpo de Polônio.

CLÁUDIO	*(entrando)* Por que suspira assim? O que aconteceu? Onde está seu filho?
GERTRUDES	Ah, meu bom senhor, o que eu acabei de ver!
CLÁUDIO	O quê, Gertrudes? Como está Hamlet?
GERTRUDES	Tão louco quanto o céu e o mar quando ambos se enfrentam para descobrir qual é o mais poderoso. Ao ouvir alguma coisa se mexer atrás das cortinas, ele fica possuído por uma fúria, pega sua faca, grita "Um rato, um rato!" e mata o bom e velho homem que estava escondido.
CLÁUDIO	Que desgraça! Teria sido eu a vítima, se estivesse lá! Sua liberdade ameaça a todos. Você, eu, todo mundo. Meu Deus, como iremos justificar esse ato? A culpa vai cair em cima de mim por eu ter permitido que esse facínora ficasse rondando por aí. O amor que tenho por nosso filho me impe-

diu de lidar com ele como eu deveria. É como alguém que guarda em segredo uma doença terrível e a deixa se alastrar até que todo o seu organismo seja consumido. Para onde ele foi?

GERTRUDES   Esconder o corpo. Suas lágrimas, de tão puras, brilham como o ouro entre metais menos preciosos. Ele chora pelo que fez.

CLÁUDIO   Antes do amanhecer, vou despachá-lo. Venha, Gertrudes. Temos que dissipar os boatos antes que nos atinjam. Minha alma está cheia de angústia e tristeza.

Cena 12

Uma sala. Entra Hamlet.

VOZES   Hamlet! Hamlet!

HAMLET   Bem escondido.

ROS. e GUIL.   *(de dentro)* Hamlet! Hamlet!

Entram Rosencrantz, Guildenstern e soldados.

ROS.   O que é que o senhor fez com o corpo do conselheiro?

HAMLET   Misturei-o ao pó, do qual é parente.

ROS.   Diga-nos onde está para que ele possa ser levado à capela.

HAMLET   Não conte com isso.

ROS.   Com o quê?

HAMLET   Que eu possa guardar o seu segredo e não o meu. Além disso, ao ser interrogado por uma esponja, o que deveria responder o filho de um rei?

ROS.   O senhor está me chamando de esponja?

HAMLET	Estou sim, que chupa os favores do rei, suas recompensas e privilégios. Quando ele quer informações, é só te espremer que você, como uma esponja, fica seco.
ROS.	Não sei do que o senhor está falando.
HAMLET	Bobagem. Está fora do seu alcance.
ROS.	Diga logo onde escondeu o corpo.
HAMLET	O corpo está com o rei, mas o rei não está com o corpo. O rei é uma coisa...
GUIL.	Uma coisa!
HAMLET	De nada. Foge, raposa, e todos atrás.

Hamlet sai correndo, mas é capturado. Entra Cláudio.

CLÁUDIO	Então, Hamlet, onde está Polônio?
HAMLET	Jantando.
CLÁUDIO	Jantando? Onde?
HAMLET	Não onde ele come, mas onde é comido. Um monte de minhocas está lhe fazendo companhia. A minhoca é quem manda na nossa dieta. Nós engordamos as criaturas para que elas nos engordem, e assim ficamos gordos para as minhocas. O rei gordo e o mendigo magro são apenas dois petiscos diferentes, dois pratos para a mesma mesa. E este é o fim.
CLÁUDIO	Que lástima, que lástima.
HAMLET	Um homem pode pescar com a minhoca que se alimentou de um rei e comer um peixe que comeu aquela minhoca.
CLÁUDIO	O que é que você quer dizer com isso?
HAMLET	Nada. Só estou querendo lhe mostrar como um rei pode viajar pelas entranhas de um mendigo.

CLÁUDIO	Onde está Polônio?
HAMLET	No céu. Mande alguém buscá-lo. Se não o encontrar lá em cima, o senhor mesmo vai poder procurá-lo naquele outro lugar. Agora, se em um mês não achar nada, vai sentir o cheiro dele debaixo da escadaria.
CLÁUDIO	Vá ver se ele está lá. Rápido. *(sai um soldado)*
HAMLET	Não tenha pressa. Ele está te esperando.
CLÁUDIO	Hamlet, por causa do seu crime, é melhor você partir o mais depressa possível. Tudo está pronto; seus amigos aqui vão com você para a Inglaterra.
HAMLET	Inglaterra!
CLÁUDIO	Sim, Hamlet.
HAMLET	Bom.
CLÁUDIO	Realmente, se soubesse dos nossos propósitos.
HAMLET	Eu vejo um anjinho que os vê. Mas que assim seja. Adeus, querida mãe.
CLÁUDIO	Seu amado pai, Hamlet.
HAMLET	Mamãe. Pai e mãe são marido e mulher; marido e mulher são uma carne só; portanto, minha mãe. *(a Rosencrantz e Guildenstern)* Vamos, para a Inglaterra! *(sai)*
CLÁUDIO	Não desgrudem dele nem por um minuto. E estejam a bordo antes do amanhecer. *(saem Rosencrantz e Guildenstern)* Tão logo ele pise na Inglaterra, será executado. Ele é um tumor que se espalha pelo meu corpo e que eu preciso curar. *(sai)*

Cena 13

Nos arredores. Entram Fortinbrás, um capitão e soldados.

FORTINBRÁS	Capitão!
CAPITÃO	Meu senhor.
FORTINBRÁS	Peça para ser recebido pelo rei da Dinamarca e dê a ele as minhas mais calorosas saudações.
CAPITÃO	Sim, meu senhor.
FORTINBRÁS	Diga à Sua Majestade que Fortinbrás, príncipe da Noruega, a caminho da guerra contra a Polônia, solicita permissão para atravessar, junto com suas tropas, as terras dinamarquesas.
CAPITÃO	Farei isso, meu senhor.
FORTINBRÁS	Diga também ao rei que, se desejar nos ver, nos sentiremos muito honrados de desfrutar da real presença do nosso maior aliado. Pode ir. *(sai)*

Entram Hamlet, Rosencrantz e Guildenstern.

HAMLET	Bom capitão, de quem são essas tropas?
CAPITÃO	Da Noruega, senhor.
HAMLET	E para onde estão indo?
CAPITÃO	Para a Polônia.
HAMLET	Quem as comanda?
CAPITÃO	Fortinbrás, o príncipe da Noruega.
HAMLET	Pretendem invadir o país ou ocupar alguma região da fronteira?
CAPITÃO	Para dizer a verdade, vamos lutar por um pedaço de terra que não tem nenhum valor.

HAMLET	Então os poloneses nem vão defendê-lo.
CAPITÃO	Pelo contrário, o exército deles já está de prontidão.
HAMLET	Eu lhe agradeço, capitão. *(sai o capitão)*
ROS.	Podemos ir, meu senhor?
HAMLET	Vão na frente. Já alcanço vocês. *(saem Ros. e Guil.)* Como tudo ao meu redor volta-se contra mim, Incitando a minha vingança adormecida! O que é um homem Se ele gasta todo o seu tempo Só comendo e dormindo? Um animal, nada mais. Ora, aquele que nos deu o poder de raciocinar, De evocar o passado e imaginar o futuro, não o fez Para que deixássemos nossa inteligência Enferrujar por falta de uso. Então, seja Por esquecimento ou covardia, Eu não sei por que eu vivo ainda a dizer "Isso precisa ser feito", Quando tenho a razão, o desejo e a força Para fazê-lo. Vejam esse exército, Liderado por um jovem e audacioso príncipe, Que, engrandecido pelo sopro de uma ambição divina, Não se intimida diante do desconhecido, Arriscando sua vida, Desafiando o perigo e a morte, Por causa de uma casca de ovo. Meu pai foi assassinado, minha mãe violentada, E tudo isso adormeceu dentro de mim, Enquanto, para a minha vergonha, eu vejo A morte iminente desses corajosos soldados, Que por um capricho, por uma simples aventura, Vão lutar por um pedaço de terra tão pequeno Que não haverá espaço nem para Enterrar os mortos. Ah, que a partir deste momento Seja só de sangue o meu pensamento!

Sai.

Cena 14

Uma sala. Entram Gertrudes, um mensageiro e Horácio.

GERTRUDES   Não quero falar com ela.

MENSAG.   A coitada não está nada bem. Dá muita pena.

GERTRUDES   Mas o que é que ela quer?

MENSAG.   Ela fala muito do pai e diz, para quem quiser ouvir, que o mundo está cheio de armadilhas. Nada do que ela diz faz muito sentido. Mas por trás de tudo há uma grande tristeza.

HORÁCIO   Seria bom a senhora falar com ela antes que a sua conduta comece a criar suspeitas.

GERTRUDES   Muito bem. *(sai o mensageiro)* Para a minha alma adoentada, o menor contratempo prenuncia uma enorme tragédia. A culpa age assim e nos faz desconfiar de tudo. *(entra Ofélia)*

OFÉLIA   Onde está a bela rainha?

GERTRUDES   E então, Ofélia!

OFÉLIA   *(canta)*
              Como saber qual o fiel
              E verdadeiro apaixonado?
              Pela concha do chapéu,
              As sandálias e o cajado.

GERTRUDES   Pobre menina, o que significa essa canção?

OFÉLIA   O que disse? Escute só. *(canta)*
              Ele morreu e desapareceu,
              Ele morreu e nos deixou;
              Na sua cabeça a relva cresceu,
              Nos seus pés a pedra se postou.

GERTRUDES   Ofélia...

OFÉLIA   Espere. *(canta)*
Branca como a neve foi a mortalha...

Entra Cláudio.

GERTRUDES   Veja isso, meu senhor.

OFÉLIA   *(canta)*
Com as mais belas flores enfeitada
Atiradas sobre o túmulo com dor
E com rios de lágrimas de amor.

CLÁUDIO   Como vai, menina?

OFÉLIA   Bem, que Deus lhe ajude. Eles dizem que a coruja era filha de um padeiro. Meu Deus, sabemos o que somos, mas não o que vamos ser.

CLÁUDIO   Pensa no pai.

OFÉLIA   Por favor, não falemos mais disso. Mas quando perguntarem o que significa, diga apenas... *(canta)*
Amanhã é São Valentim,
E bem cedo na sua janela
Estará uma donzela,
Para ser a sua Valentina.
Então ele logo se levantou
E a porta do quarto abriu,
Deixando entrar a donzela,
Que donzela não mais saiu.

CLÁUDIO   Ofélia, é melhor...

OFÉLIA   Sim, sim, nada de indecências. Já estou acabando. *(canta)*
Por Jesus e a Santa Caridade,
Não tenho pra quem olhar!
Eles o fazem sem piedade,
São os culpados do meu pesar!
Antes de me violentar,

> *Prometeu comigo se casar.*
> *Pelo sol, assim eu o teria feito,*
> *Se não tivesse dormido no meu leito.*

CLÁUDIO   Há quanto tempo ela está assim?

OFÉLIA   Eu espero que tudo acabe bem. Temos que ser pacientes. Mas eu não posso deixar de chorar quando me lembro que o largaram naquele chão gelado. Meu irmão vai ficar sabendo disso. Eu lhe agradeço pelo seu bom conselho. Vamos, a minha carruagem! Boa noite, senhoras; boa noite, doces senhoras; boa noite, boa noite. *(sai)*

CLÁUDIO   Esse é o veneno da profunda dor. Ah, Gertrudes, Gertrudes, quando as desgraças vêm, elas não vêm como soldados solitários, mas aos batalhões. O povo está confuso, inquieto. E não para de espalhar os piores boatos sobre a morte de Polônio. Foi um erro enterrá-lo às escondidas, com pressa e sem cerimônias. Como se não bastasse, Laertes acaba de voltar em segredo da França. E não faltam os que ficam envenenando os seus ouvidos, dizendo que sou eu o culpado da morte de seu pai. Ah, Gertrudes, minha querida, isso está me remoendo e me causando um profundo mal-estar. *(barulho e gritos de dentro)*

GERTRUDES   Meu Deus, o que será isso? *(entra um mensageiro)*

CLÁUDIO   Onde estão os meus guardas?

MENSAG.   Salve-se, meu senhor. Laertes e um bando de rebeldes estão invadindo o palácio. E como se o mundo estivesse novamente a começar, todas as tradições esquecidas e os costumes ignorados, eles gritam: "Quem escolhe somos nós. Laertes será rei. Laertes, rei".

Entra Laertes.

LAERTES   Esperem lá fora!

HOMENS   Não! Queremos entrar!

LAERTES	Não, por favor! Vigiem as portas! Onde está esse rei? Rei infame! Me dê o meu pai!
GERTRUDES	Calma, Laertes.
CLÁUDIO	Qual é a causa dessa rebelião, Laertes? Não se preocupe, Gertrudes. O rei está protegido pela graça divina. A traição mal pode tocá-lo. Por que tanta fúria, Laertes? Largue-o, Gertrudes. Fale, rapaz.
LAERTES	Onde está o meu pai?
CLÁUDIO	Morto.
GERTRUDES	Mas não por ele.
CLÁUDIO	Deixe-o perguntar o que quiser.
LAERTES	Como foi que ele morreu? Eu não quero ser enganado. Danem-se a lealdade e a consciência. Mesmo que eu seja condenado por toda a eternidade, eu desafio tudo o que é sagrado. Aconteça o que acontecer, vou vingar a morte do meu pai.
CLÁUDIO	Bom Laertes, pretende se vingar de todos, amigos e inimigos?
LAERTES	Não, só dos inimigos.
CLÁUDIO	E quanto aos amigos?
LAERTES	Eu os receberei de braços abertos.
CLÁUDIO	Ah, agora você está falando como um bom filho. Que eu sou inocente da morte de seu pai e que sinto profunda e sincera dor por ele... *(barulho de dentro)*
HORÁCIO	*(de dentro)* Deixe-a entrar.
LAERTES	O que é isso? *(entra Ofélia, trazendo flores)* Oh, rosa da primavera, queridíssima irmã, doce Ofélia. Oh, céus, será que o juízo de uma menina pode ir se esvaindo como a vida de um velho?

OFÉLIA *(canta)*
Em um caixão aberto eles o enterraram;
E olhe, olhe, olhe, olhe, olhe só,
No seu cadáver muitas lágrimas...
Adeus, meu pombinho!

LAERTES Vendo você assim, me dá motivo ainda maior para a minha vingança.

OFÉLIA *(a Laertes)* Tome este alecrim; para a recordação. Meu amor, eu lhe peço, lembre-se de mim. E este aqui é um amor-perfeito, para a sua melancolia.

LAERTES Ela dá sentido até mesmo à sua loucura.

OFÉLIA Anises-doces para você, e aquilégias. Aqui tem um pouco de arruda para você e um pouco para mim. Não vá usá-la pelo mesmo motivo que eu. Eis uma margarida. Eu queria lhe dar algumas violetas também, mas elas todas murcharam quando meu pai morreu. Dizem que ele teve um bom fim.
(canta)
O belo e doce pintarroxo é toda a minha alegria.

LAERTES A aflição, o sofrimento, a tristeza, ela transforma no que há de mais belo.

OFÉLIA *(canta)*
E ele não voltará?
Não, ele me abandonou.
Vai para o teu leito de morte,
Pois ele jamais irá rever-te.
Que Deus esteja convosco. *(sai)*

LAERTES Oh, Deus, está vendo isso?

CLÁUDIO Laertes, me considere seu amigo, já que posso provar que quem matou seu querido pai atentou contra a minha própria vida.

Cláudio e Laertes conversam à parte. Sai Gertrudes. Entra um mensageiro.

MENSAG.	*(a Horácio)* Deus o abençoe, senhor.
HORÁCIO	Que ele o abençoe também.
MENSAG.	Trouxe-lhe uma carta, se o seu nome for mesmo Horácio, como me disseram.
HORÁCIO	*(lê a carta) Horácio, no nosso segundo dia de viagem, um navio pirata começou a nos perseguir. Durante o combate, eu saltei para o navio deles e, no mesmo instante, eles bateram em retirada. Rosencrantz e Guildenstern seguem rumo à Inglaterra. Deles tenho muito para lhe contar. Venha logo ao meu encontro, a leste da cidade. Seu amigo de sempre, Hamlet.*

Sai Horácio. Cláudio e Laertes se aproximam.

LAERTES	Mas por que é que ele não foi preso e julgado?
CLÁUDIO	Por duas razões. A primeira é que a rainha vive quase que só para ele, e eu vivo só para ela. E a segunda é que o povo tem uma afeição tão doentia por ele que, se eu o levasse a um julgamento público, ele acabaria sendo absolvido.
LAERTES	E assim, já não tenho mais pai; e minha irmã, cuja pureza desafia a perfeição, está completamente fora de si. Mas hei de me vingar.
CLÁUDIO	Não se preocupe com isso. Não pense que sou frouxo e que não sei reagir quando me ameaçam. As medidas que já tomei... *(o mensageiro dirige-se para ele)* E então?
MENSAG.	Cartas, meu senhor, de Hamlet. Esta para Sua Majestade. Esta para a rainha.
CLÁUDIO	De Hamlet? Quem as trouxe?
MENSAG.	Uns marinheiros, meu senhor. Não os conheço.
CLÁUDIO	Laertes, vamos ver o que ele diz. Deixe-nos. *(sai o mensageiro)*

(lê) Meu poderosíssimo soberano, fique sabendo que me encontro nu em seu reino. Amanhã, pedirei permissão para ver os seus majestosos olhos, quando então irei lhe revelar os fatos de meu inesperado e estranho retorno. Hamlet.
O que é isso? Que brincadeira é essa? Estão zombando de mim?

LAERTES   Deixe que ele venha, meu senhor. Para que eu possa esfregar na cara dele tudo que ele fez.

CLÁUDIO   Laertes, você amava mesmo o seu pai? Ou você é como a pintura de um sofrimento? Um rosto sem coração?

LAERTES   Por que diz isso?

CLÁUDIO   Hamlet retorna. O que é que você faria para provar em atos e não em palavras que você é um filho digno de seu pai?

LAERTES   Eu cortaria a sua garganta na igreja.

CLÁUDIO   A vingança não deve ter limites. E um assassino não deve ter direito a um santuário. Mas, diga-me, meu bom rapaz, você faria isso mesmo? Então eis o meu plano – nem a mãe dele irá suspeitar: organizaremos um torneio de esgrima entre vocês dois. Como ele é ingênuo e distraído e nunca desconfia de nada, não irá examinar os floretes. Assim, você poderá escolher aquele cuja ponta esteja sem proteção. E numa estocada, terá vingado a morte de seu pai.

LAERTES   É o que farei. E só como segurança, vou mergulhar a ponta do meu florete num veneno que eu trouxe comigo. É tão mortal que, com o golpe mais leve, ele estará liquidado.

CLÁUDIO   Se isso falhar... Deixe-me ver... Já sei: se, durante o torneio, Hamlet pedir alguma coisa para beber, mandarei que lhe sirvam uma taça de vinho que eu mesmo vou preparar. Se, por acaso, ele escapar de sua estocada, bastará que ele beba um gole e pronto. *(entra Gertrudes)* O que aconteceu, Gertrudes?

GERTRUDES   Uma desgraça segue no encalço da outra. Laertes, sua irmã se afogou.

LAERTES	Se afogou? Como assim?
GERTRUDES	Há um salgueiro que se inclina sobre um riacho, E cujas folhas se refletem em suas águas; Ali ela apareceu, com belíssimas grinaldas, Feitas de margaridas, botões-de-ouro e longas orquídeas, E pôs-se a subir nos ramos para pendurá-las, Quando um deles se quebrou, atirando-a no riacho. Suas roupas espalharam-se à sua volta, E a deixaram flutuando, tal qual uma sereia, Enquanto ela ficava cantando antigas baladas, Sem se dar conta de sua própria desgraça. Mas não demorou muito para que suas roupas Afundassem com o peso da água, levando a pobre coitada Do canto melodioso para a morte lamacenta.
LAERTES	Então, ela se afogou.
GERTRUDES	Se afogou, se afogou.
LAERTES	Adeus, meu senhor. Quero parar de chorar e não consigo. Dane-se essa vergonha. Minhas lágrimas afogam palavras de fogo que clamam por vingança. Mas quando a fraqueza passar... *(sai)*
CLÁUDIO	Vamos atrás dele. Fiz de tudo para acalmar a sua fúria, mas agora receio que de nada adiantou. Vamos. *(saem)*

Cena 15

O cemitério. Entram dois coveiros com pás e outras ferramentas.

COVEIRO 1	Como é que ela pode ter um enterro cristão, se ela deu cabo da sua própria vida?
COVEIRO 2	Uai, foi o que o sinhô magistrado decidiu, sô!
COVEIRO 1	Mas como é que pode? Só se ela se afogou em legítima defesa.
COVEIRO 2	Deve ser isso.

COVEIRO 1   Porque olha só, acompanha comigo. Se eu me afogo porque eu quero, isso é uma ação e uma ação tem três etapas: agir, fazer e executar. Conclusão: ela se afogou porque quis.

COVEIRO 2   Sei, mas...

COVEIRO 1   Prestenção! Aqui está a água, certo? E aqui está o homem, certo? Se o homem vai até a água e morre afogado, é porque ele foi até a água e se afogou, quer ele goste ou não. Agora, se a água vem até o homem e afoga ele, então não foi ele que se afogou. Conclusão: aquele que não é culpado da própria morte não encurta a própria vida.

COVEIRO 2   Isso é lei?

COVEIRO 1   Claro que é. Pergunte ao magistrado.

COVEIRO 2   Quer saber o que eu penso? Eu penso é que ela nunca teria um enterro cristão se não fosse uma mulher rica.

COVEIRO 1   Uai, cê tem razão! É uma pena que os ricos podem se afogar ou se enforcar e ter um enterro cristão, e os pobrezinhos não. E já que você pensa tanto, me responda esta. Quem constrói melhor do que o pedreiro, o marceneiro e o carpinteiro?

COVEIRO 2   Aquele que constrói uma forca, pois ela dura mais do que seus clientes.

COVEIRO 1   Forca... Forca é bão também! Mas pra quem que ela é boa? Ela é boa pra quem é ruim. E é ruim você dizer que a forca dura mais do que uma igreja. Conclusão: a forca talvez seja boa pra você. De novo, vai.

COVEIRO 2   "Quem constrói melhor do que o pedreiro, o marceneiro e o carpinteiro?"

COVEIRO 1   Se acertar, está tudo bem.

COVEIRO 2   Já sei, já sei.

COVEIRO 1   Então fala.

COVEIRO 2   Pela santa missa, não sei.

COVEIRO 1   Ah, que marmota! Qualquer burro sabe. O coveiro. Pois as casas que ele constrói duram até o Juízo Final. Agora, dá um pulo lá no buteco e me pega uma branquinha.

Sai o segundo coveiro. Entram Hamlet e Horácio.

COVEIRO 1   *(canta)*
Eu amava e achava bonito,
Quando amava na juventude,
Mas só pensava na libido,
E isso não era virtude.

HAMLET   Esse cara não se dá conta da sua ocupação, que fica cantando enquanto cava uma sepultura?

HORÁCIO   Está tão acostumado que nem liga mais.

COVEIRO 1   *(canta)*
Mas a idade a passos furtivos,
Com suas garras me pegou,
Tirou o maior sarro dos vivos,
E para os mortos me enviou. (joga uma caveira)

HAMLET   *(ao coveiro)* De quem é essa sepultura, meu amigo?

COVEIRO 1   É minha. *(canta)*
Uma picareta e uma pá,
E uma mortalha para cá,
Um buraco de terra feito
Para um convidado perfeito.

HAMLET   É sua mesmo, pois você está dentro dela.

COVEIRO 1   E você está fora dela, e isso quer dizer que ela não é sua. E, mesmo que eu estivesse fora dela, ainda assim seria minha.

HAMLET   Você está mentindo ao dizer que ela é sua. É para os mortos, não para os vivos.

COVEIRO 1   Os mortos não mentem. Já os vivos, sei não.

HAMLET   Para que homem ela é?

COVEIRO 1   Pra homem nenhum.

HAMLET   Então, para que mulher?

COVEIRO 1   Pra nenhuma.

HAMLET   Quem é que vai ser enterrado nela?

COVEIRO 1   Alguém que era uma mulher. Mas – que ela descanse em paz – morreu.

HAMLET   *(a Horácio)* Como é preciso o safado. Há quanto tempo você é coveiro?

COVEIRO 1   Desde o dia em que o nosso finado rei Hamlet derrotou o velho Fortinbrás.

HAMLET   Isso foi há muito tempo?

COVEIRO 1   Você não sabe? Qualquer idiota sabe. Foi no dia em que o jovem Hamlet nasceu. Aquele que ficou doido e foi pra Inglaterra.

HAMLET   Ah, é? E por que é que ele foi para a Inglaterra?

COVEIRO 1   Uai, porque ficou doido. Estão pensando que lá ele vai ficar curado. Mas se não ficar, não faz mal.

HAMLET   Por quê?

COVEIRO 1   Porque lá ninguém vai notar. Lá, todo mundo é doido.

HAMLET   Como é que ele ficou doido?

COVEIRO 1   De um jeito muito esquisito.

HAMLET   Esquisito? Como?

COVEIRO 1	Perdeu o juízo.
HAMLET	E até onde chegou sua loucura?
COVEIRO 1	Sei lá até onde chegou. Mas começou bem aqui, na Dinamarca. Sou coveiro desde que era garoto. Faz trinta anos.
HAMLET	Quanto tempo leva para um homem apodrecer depois de enterrado?
COVEIRO 1	Bem, se ele já não estiver podre antes de morrer, já que tem muito sifilítico por aí que não espera nem pelo enterro, pode levar uns oito ou nove anos. Um curtidor de couro leva nove anos.
HAMLET	Por que mais do que os outros?
COVEIRO 1	Ué, porque a sua pele fica tão curtida com o seu ofício que ele resiste à água por mais tempo. A água é o que apodrece os pobres defuntos. Ó só essa caveira. Essa caveira aí está enterrada há vinte e três anos.
HAMLET	Era de quem?
COVEIRO 1	Era de um cara completamente doido. Sabe de quem era?
HAMLET	Não sei.
COVEIRO 1	Era maluco de tudo. Uma vez, ele despejou uma jarra inteira de vinho na minha cabeça. Essa caveira, ó só, é a caveira de Yorick, o bobo do rei.
HAMLET	Essa?
COVEIRO 1	Ué, essa mesmo.
HAMLET	Deixe-me ver. *(pega a caveira)* Ah, coitado do Yorick! Eu o conhecia, Horácio. Um homem cheio de graça e de uma imaginação sem igual. Quantas vezes ele me carregou nas suas costas! Que nojo me dá. Fico com vontade de vomitar. Aqui ficavam os lábios que eu beijei tantas vezes. E agora, Yorick?

Onde estão suas brincadeiras? Suas piadas? Suas canções? Suas macaquices que faziam todo mundo quase morrer de tanto rir? Ninguém mais para zombar deste seu sorriso tão debochado? Ficou de queixo caído? Vá correndo até o quarto de minha senhora e diga-lhe que não adianta nada se pintar toda, pois no final ela vai acabar assim. Veja se ela consegue rir disso. Horácio.

HORÁCIO   Diga.

HAMLET   Você acha que Alexandre o Grande ficou assim depois que foi enterrado?

HORÁCIO   Ficou.

HAMLET   E cheirando desse jeito? *(joga a caveira)*

HORÁCIO   Sim.

HAMLET   Só de pensar que chegamos a isso, Horácio! Por que a imaginação não pode ir atrás de Alexandre e encontrar a sua nobre poeira tapando um barril de vinho?

HORÁCIO   Isso seria abusar da imaginação, não acha?

HAMLET   Não, não. Nem um pouco. Veja só. Alexandre morreu. Alexandre foi enterrado. Alexandre virou pó. O pó é terra e da terra se faz barro. Por que não poderia esse barro de Alexandre ter se transformado numa simples rolha?
O poderoso César, com todo o seu ardil,
Não conseguiu ir além da boca de um barril.
Venha, vamos sair daqui.

Afastam-se. Entram atendentes, carregando o caixão de Ofélia, seguidos de um padre, Laertes, Cláudio e Gertrudes.

LAERTES   É só isso? Só isso?

PADRE   Fizemos tudo que era permitido. A sua morte foi suspeita. Não fosse a exigência do rei, ela nem teria sido enterrada num cemitério.

LAERTES	Não se pode fazer mais nada?
PADRE	Nada. Seria como profanar os rituais fúnebres se fôssemos cantar um réquiem ou rezar pela encomendação de seu corpo, como daqueles que partem em paz.
LAERTES	Podem enterrá-la. E que as violetas cresçam de sua carne bela e pura. Escute bem, seu padre grosseiro, minha irmã vai estar cantando com os anjos quando o senhor estiver ardendo no inferno.
HAMLET	O quê? A bela Ofélia!
GERTRUDES	Flores para uma flor. Adeus. Que tristeza que estas flores sejam para o seu funeral, e não para o seu casamento.
LAERTES	Que todas as desgraças possam cair em cima do amaldiçoado que a privou de sua inocente alegria. *(ao coveiro e outros)* Parem. Quero tê-la nos meus braços mais uma vez. Adeus, minha irmã. *(pula dentro da sepultura)* Agora podem sepultar os vivos e os mortos, até que se forme uma montanha de terra em cima de nós, mais alta do que o Olimpo.
HAMLET	*(avançando)* Quem é esse, cuja dor é tão profunda que assombra a todos? Sou eu, Hamlet, príncipe da Dinamarca. *(atira-se na sepultura; lutam)*
LAERTES	Que o diabo te carregue.
HAMLET	Você reza mal.
CLÁUDIO	*(aos atendentes)* Acabem com isso.
GERTRUDES	Hamlet! Hamlet!
HORÁCIO	Calma, meu senhor.

Os atendentes os separam e eles saem da sepultura.

HAMLET	Ora, vou lutar com ele por esta causa. Até que meus olhos parem de piscar.

GERTRUDES	Que causa, meu filho!
HAMLET	Eu amava Ofélia. Quarenta mil irmãos não teriam mais amor do que eu.
CLÁUDIO	Cuidado, Laertes, ele está louco.
GERTRUDES	Pelo amor de Deus, deixem-no em paz.
HAMLET	Vai chorar? Vai brigar? Vai se cortar todo? Beber vinagre? Comer um crocodilo? Eu também posso. Vai ser enterrado vivo com ela? Pois então, que me enterrem também. Vai gritar? Eu grito mais do que você.
GERTRUDES	Isso é só sua loucura. Ele logo, logo vai se acalmar.
HAMLET	Por que é que você está me tratando assim? Eu sempre gostei de você. Mas tanto faz. Aconteça o que acontecer, o gato vai continuar miando e o cachorro aprontando das suas. *(sai)*
CLÁUDIO	Por favor, vá com ele, Horácio. *(a Laertes)* Fique calmo. Não se esqueça do nosso plano. Gertrudes, mande vigiar o seu filho. *(a todos)* A morte de Ofélia não será esquecida. Logo teremos um momento de paz. Até que isso aconteça, vamos acalmar nossos espíritos. *(saem)*

Cena 16

O salão. Entram Hamlet e Horácio.

HAMLET	Horácio, eu estava tão agitado que não conseguia dormir. A minha impetuosidade – e que o ímpeto seja louvado, pois nos faz agir sem pensar e acaba nos ensinando que há uma divindade que determina as nossas ações, indiferente aos nossos próprios desejos...
HORÁCIO	Com certeza.
HAMLET	Eu me levantei, me agasalhei de tanto frio, fui até a cabine deles e encontrei o mandado do rei. Ah, que patife. Sua dig-

	níssima majestade ordenava que, assim que eu chegasse à Inglaterra, eu deveria ser decapitado.
HORÁCIO	Será possível?
HAMLET	Então eu me sentei e fiz um novo mandado. Sabe o que eu escrevi?
HORÁCIO	O quê?
HAMLET	*O rei, exaltando os laços que unem Inglaterra e Dinamarca, faz um apelo ao rei inglês para que os portadores do mandado sejam sumariamente executados, não podendo nem se confessar perante um padre.*
HORÁCIO	Então, Rosencrantz e Guildenstern estão mortos.
HAMLET	Ora, é o que eles mereciam. Não deviam ter se intrometido. Minha consciência está em paz.
HORÁCIO	Mas que rei é esse!
HAMLET	Pense bem. Esse rei safado matou o meu pai, fez da minha mãe uma puta, usurpou o trono que era meu por direito e, ainda por cima, tentou se livrar de mim – você acha que, se eu o matasse, isso iria abalar a minha consciência? Não serei amaldiçoado por toda a eternidade se eu permitir que essa pústula continue a viver e a fazer o mal?
HORÁCIO	O rei logo vai ficar sabendo o que aconteceu com eles.
HAMLET	Não se preocupe. Nesse meio-tempo, muita coisa pode acontecer. Pois a vida de um homem não dura mais do que alguém leva para dizer "um". Eu só lamento, Horácio, que eu tenha me excedido com Laertes. A situação dele é um espelho da minha. Vou fazer as pazes com ele.
HORÁCIO	Cuidado!

Entra Osric, tirando o chapéu.

OSRIC   Seja bem-vindo de volta à Dinamarca.

HAMLET   Muito obrigado. *(a Horácio)* Você conhece essa mosca?

HORÁCIO   Não.

HAMLET   Sorte sua. É um vício conhecê-lo. Não passa de uma gralha.

OSRIC   Doce senhor, se Sua Alteza estiver disponível, eu gostaria de lhe participar uma comunicação do rei.

HAMLET   Por favor, faça uso correto de seu chapéu. É para a sua cabeça.

OSRIC   Eu agradeço a Sua Alteza, mas está fazendo muito calor.

HAMLET   Não, não. Está é fazendo muito frio.

OSRIC   Verdade, está fazendo um frio de gelar.

HAMLET   É, mas está muito abafado e o calor é insuportável.

OSRIC   Insuportável mesmo, meu senhor; está abafado demais. Mas, meu senhor, o rei pediu-me para expressar-lhe que ele fez uma grande aposta na sua pessoa...

HAMLET   Por favor, não se esqueça... *(Hamlet aponta para o chapéu)*

OSRIC   Eu lhe peço, meu senhor, para a minha comodidade... Senhor, recentemente, voltou da França Laertes; acredite-me, um mancebo primoroso, repleto das mais excelentes fidalguias, de sociedade suave e de aparência exuberante.

HAMLET   A questão, senhor?

OSRIC   Como?

HAMLET   O que implica a nomeação desse mancebo?

OSRIC   De Laertes?

HAMLET   É, senhor, de Laertes.

OSRIC	Eu sei que o senhor não é ignorante...
HAMLET	Espero que realmente o saiba, senhor.
OSRIC	Não é ignorante da habilidade de Laertes.
HAMLET	Não me atrevo a admiti-lo, senhor.
OSRIC	Refiro-me à sua arma.
HAMLET	Qual é a sua arma?
OSRIC	Florete e adaga.
HAMLET	Isso perfaz duas de suas armas. Mas continue.
OSRIC	O rei, meu senhor, apostou seis cavalos árabes, contra os quais Laertes empenhou seis floretes e adagas francesas, com os seus devidos acessórios, tais como cintos, correias e –
HAMLET	Por que elas foram "empenhadas", meu senhor?
OSRIC	O rei apostou que, nesse duelo, Laertes não o vencerá por mais de três assaltos. E, se o senhor concordar, poderemos realizar o torneio imediatamente.
HAMLET	Senhor, vou ficar por aqui. Se o rei mantiver sua aposta e o mancebo quiser me desafiar, podem trazer os floretes.
OSRIC	Eu me recomendo à Sua Alteza.
HAMLET	Todo seu, todo seu. *(sai Osric)*
HORÁCIO	O senhor vai perder essa aposta.
HAMLET	Acho que não. Mas você nem faz ideia do quanto tudo isso me inquieta...
HORÁCIO	Se tem algum receio, é melhor desistir. Direi que não está se sentindo bem.

HAMLET	Nada disso. Desafiamos os presságios. Há uma providência divina na queda de um pardal. Se for agora, não será depois; se não for depois, será agora; e se não for agora, ainda assim será depois. Estar pronto é tudo. Já que o homem, ao morrer, não sabe o que fica para trás, que importa o momento de sua morte? Deixa estar.

Entram Cláudio, Gertrudes, Laertes, Osric, nobres e atendentes com floretes e luvas. Uma mesa é preparada com jarros de vinho.

CLÁUDIO	Venha, Hamlet, e aperte a mão de Laertes.
HAMLET	Perdoe-me, senhor, eu o ofendi. O que eu fiz, que tenha ferido a sua honra e o seu coração, eu aqui declaro ter sido loucura e não uma maldade intencional. Permita, meu senhor, que eu possa me resgatar um pouco em sua alma generosa, pois eu atirei uma flecha às cegas e atingi o meu irmão.
LAERTES	Eu aceito suas desculpas de coração, embora não me faltem motivos para a mais impiedosa vingança. Quanto à minha honra, resta que a justiça seja feita. Mas até lá, receberei seu amor com amor, e procurarei honrá-lo.
HAMLET	Sendo assim, enfrentarei meu irmão, neste desafio, com enorme prazer. Vamos, me deem um florete.
LAERTES	Um aqui para mim.
HAMLET	Laertes, eu serei o alvo de sua glória. Em mim, sua habilidade, como uma estrela na mais escura noite, brilhará sem ter rival.
LAERTES	Está zombando de mim, senhor.
HAMLET	Não, juro.
CLÁUDIO	Hamlet, meu filho, conhece os termos da aposta?
HAMLET	Sim, meu senhor. Sua Majestade apostou no mais fraco.
CLÁUDIO	Duvido. Já vi ambos lutarem. *(Hamlet e Laertes escolhem os floretes)*

LAERTES	Este é pesado demais. Deixe-me ver outro.
HAMLET	Este está bom para mim. Todos eles têm o mesmo comprimento?
OSRIC	Sim, meu senhor. *(preparam-se para lutar)*
CLÁUDIO	Se Hamlet vencer o primeiro ou o segundo assalto, o rei beberá em sua honra. E dentro da taça, ele colocará um anel com a pérola mais valiosa do reino da Dinamarca. E o tambor anunciará às trombetas, as trombetas aos canhões, os canhões ao céu, e o céu à terra: "Agora o rei bebe à saúde de Hamlet". Comecem.
HAMLET	Em guarda. *(eles esgrimam)* Um toque.
LAERTES	Não.
HAMLET	Juiz.
OSRIC	Um toque. Um toque indiscutível.
LAERTES	De novo.
CLÁUDIO	Espere. Hamlet, esta pérola é sua. *(ele bebe; põe a pérola na taça)* À sua saúde. *(sons de tambores, trombetas e canhões)* Dê-lhe a taça.
HAMLET	Vou disputar este assalto primeiro. Em guarda. *(esgrimam)* Outro toque. O que diz você?
LAERTES	Um toque, um toque, confesso.
CLÁUDIO	*(a Gertrudes)* Nosso filho vai vencer.
GERTRUDES	Ele está quase sem fôlego e suando demais. Aqui, Hamlet, o meu lenço. Enxugue a testa. A rainha faz um brinde à sua sorte, Hamlet. *(pega a taça)*
HAMLET	Querida mãe.

CLÁUDIO	Gertrudes, não beba.
GERTRUDES	Com sua licença, meu senhor. Vou beber, sim.
CLÁUDIO	*(à parte)* Tarde demais.
GERTRUDES	Venha, deixe-me secar o seu rosto.
LAERTES	*(a Cláudio)* Meu senhor, eu vou atingi-lo agora.
CLÁUDIO	Não creio.
LAERTES	*(à parte)* E, no entanto, é quase contra a minha vontade.
HAMLET	Vamos para o terceiro. Laertes, você está escondendo o jogo. Mostre-me tudo que sabe.
LAERTES	Pois bem. Em guarda. *(esgrimam)*
OSRIC	Nada, de ambas as partes.
LAERTES	*(avançando de surpresa)* Toma esta!

Fere Hamlet. Hamlet revida e, durante a luta, o florete de Laertes cai. Hamlet oferece o seu a Laertes, ficando com o dele. Continuam a luta, agora mais acirrada.

CLÁUDIO	*(a Osric)* Separe-os.
HAMLET	Não, continue. *(fere Laertes; Gertrudes cai)*
OSRIC	Vejam, a rainha!
HORÁCIO	*(a Hamlet)* Como está, meu senhor?
OSRIC	Como está, Laertes?
LAERTES	Caí na minha própria armadilha, Osric. Sou vítima da minha traição.
HAMLET	Como está a rainha?

CLÁUDIO	Está passando mal de vê-los sangrar.
GERTRUDES	Não, não; o vinho, o vinho! Oh, meu querido Hamlet! O vinho! O vinho! Fui envenenada. *(morre)*
HAMLET	O quê, traição! Tranquem as portas. Traição! Procurem o culpado!
LAERTES	Aqui, Hamlet. Hamlet, você vai morrer. O florete com veneno está na sua mão. A rainha também foi envenenada. O rei, o rei, a culpa é do rei.
HAMLET	Então, veneno, acabe o seu trabalho! *(atinge o rei com o florete)*
CLÁUDIO	Defendam-me, amigos, eu estou apenas ferido!
HAMLET	Assassino incestuoso, beba o resto da sua poção. *(Hamlet o força a beber da sua taça)* Seu anel está aqui? Siga a minha mãe. *(Cláudio morre)*
LAERTES	Recebeu o que merecia. Perdoemos um ao outro, Hamlet. Que você não seja culpado da minha morte nem da de meu pai. E que eu não seja culpado da sua. *(morre)*
HAMLET	Que os céus possam perdoá-lo. *(aproxima-se de Gertrudes)* Estou morrendo, Horácio. Adeus, rainha infeliz. *(aos nobres)* Vocês que estão pálidos com o que acabaram de ver, se eu tivesse tempo – eu poderia lhes dizer que – mas deixa estar. *(a Horácio)* Eu morro, Horácio. Continue vivendo para revelar a todos o que aconteceu aqui...
HORÁCIO	Nunca. Ainda resta algum veneno.
HAMLET	Largue isso. Largue. Se você é mesmo meu amigo, Horácio, deixe a doce morte para depois e fique neste mundo cruel para narrar tudo o que – *(sons de canhões)* Que barulho é esse?
OSRIC	É uma saudação de Fortinbrás, que volta triunfante da Polônia.

HAMLET   Ah, eu morro, Horácio. O veneno domina o meu espírito. Não deixe de contar a Fortinbrás toda a minha história. O resto é silêncio. *(morre)*

HORÁCIO   Boa noite, príncipe querido, e que o canto dos anjos possa lhe trazer a paz.

Entra Fortinbrás, acompanhado de seus soldados.

FORTINBRÁS   Deixe-me ver esta chacina!

HORÁCIO   Se está em busca de tristeza ou horror, não precisa procurar mais.

FORTINBRÁS   Oh, morte orgulhosa, que banquete estás preparando na tua morada eterna que te levou a abater tantos príncipes de um só golpe?

HORÁCIO   Eu lhe peço, meu caro senhor, dê ordem para que estes corpos sejam velados neste palco, à vista de todos. E me permita ser testemunha da tragédia que ocorreu aqui. Disso posso falar com toda a sinceridade.

FORTINBRÁS   Revele tudo com a maior urgência. E na presença de todos. Mas antes, vamos prestar a Hamlet homenagens dignas de um rei, pois não tenho dúvida de que ele teria sido um governante bom e justo. Mandem soar os canhões.

FIM

HAMLET

Elenco (por ordem de entrada em cena)
ANDRÉ HENDGES
Francisco, sentinela e Fortinbrás, príncipe da Noruega
MARCELO VALENTE LAPUENTE
Bernardo, sentinela, Padre e O Terceiro Ator
RAFAEL LOSSO
Horácio, amigo de Hamlet
ROGÉRIO ROMER
Marcelo e Capitão do exército norueguês
ANTONIO PETRIN
Fantasma do velho rei da Dinamarca e O Primeiro Ator
THIAGO LACERDA
Hamlet, seu filho, príncipe da Dinamarca
ANNA GUILHERMINA
Ofélia, filha de Polônio
MARCOS SUCHARA
Laertes, filho de Polônio
EDUARDO SEMERJIAN
Cláudio, o novo rei da Dinamarca
SELMA EGREI
Gertrudes, a rainha da Dinamarca
RONEY FACCHINI depois SYLVIO ZILBER
Polônio, conselheiro do rei e O Primeiro Coveiro
FERNANDO AZAMBUJA
Reinaldo, servidor de Polônio e O Segundo Coveiro
CHICO CARVALHO
Rosencrantz, amigo de Hamlet
RICARDO NASH
Guildenstern, amigo de Hamlet
EVERSON ROMITO
Segundo Ator e Osric

FICHA TÉCNICA

TEXTO: William Shakespeare
TRADUÇÃO E ADAPTAÇÃO: Marcos Daud e Ron Daniels
CONCEPÇÃO E DIREÇÃO: Ron Daniels

Equipe de criação
CENOGRAFIA: André Cortez
FIGURINOS: Cássio Brasil
DESENHO DE LUZ: Domingos Quintiliano
TRILHA SONORA: Aline Meyer
COREOGRAFIA DE LUTAS: Ricardo Rizzo
ASSISTÊNCIA DE DIREÇÃO: Leonardo Bertholini
PREPARAÇÃO VOCAL: Babaya
CURADORIA: Ruy Cortez
CONSTRUÇÃO DE CENÁRIO E ADEREÇOS: Mais Cenografia – Márcio Vinícius, André Aires, Júlia Munhoz, Niltom Vieira, Ailtom Vieira, Gabriela Souza
ASSISTÊNCIA DE CENOGRAFIA: Fernanda Ocanto
PROJETO DE SONORIZAÇÃO: André Luís Omote
PRODUÇÃO DE FIGURINOS: Ângela Figueiredo
COSTUREIRAS: Salete e Nilda
ASSISTENTE DE ILUMINAÇÃO: Luiz Fernando Vaz
PROGRAMADOR E OPERADOR DE LUZ: Marcos Fávero
OPERADOR DE SOM: Guilherme Ramos
CONTRARREGRA: Jeferson Batista
CAMAREIRA: Sônia Caetano
FOTOGRAFIA: Adriano Fagundes, Pedrinho Fonseca, João Caldas Fº
DESIGN GRÁFICO: 6D
DIREÇÃO DE PRODUÇÃO: Claudio Fontana
PRODUÇÃO NACIONAL: BF Produções
PRODUÇÃO LOCAL: Rubim Projetos e Produções

MEDIDA POR MEDIDA

PERSONAGENS

VINCÊNCIO, *Duque de Viena*
ÂNGELO, *um juiz*
ÉSCALO, *um juiz*
CLÁUDIO, *um jovem*
LÚCIO, *um excêntrico*
SUPERINTENDENTE *de polícia*
FREI PEDRO
FREI TOMÁS
COTOVELO, *um oficial simplório*
LELÉ, *um tolo*
POMPEU, *um cafetão*
FRANCHÃO, *um carrasco*
BARNABÉ, *um preso desbocado*

ISABELA, *uma noviça*
MARIANA, *uma mulher rejeitada*
JULIETA, *uma jovem grávida*
FRANCISCA, *uma freira*
MADAME BEMPASSADA, *uma cafetina*
KÁTIA FRANÇOIS, *uma prostituta*

Atendente, mensageiro

Cena 1

Palácio do Duque. Entram o Duque e Éscalo.

DUQUE	Éscalo.
ÉSCALO	Meu senhor.
DUQUE	Seria pretensioso ensinar ao senhor o que é uma boa governança, pois sei que sua experiência e sabedoria excedem todos os meus conselhos. O senhor conhece melhor do que qualquer um o caráter do nosso povo, nossas instituições e como funciona nossa justiça. Aqui estão as minhas ordens, que tenho certeza que seguirá à risca. Já mandei chamar o senhor Ângelo. Como pensa que ele irá representar a minha pessoa? Saiba que foi só depois de uma profunda reflexão que eu o escolhi para ser o meu substituto e exercer, na minha ausência, tanto o terror quanto a misericórdia, com total autoridade. O que acha disso?
ÉSCALO	Se há alguém que possa desempenhar tal papel com integridade, esse alguém é o senhor Ângelo.
DUQUE	Aí vem ele.

Entra Ângelo.

ÂNGELO	Sempre obediente, vim para saber o que o senhor deseja.
DUQUE	Ângelo, sua vida tem tal transparência que sua história se revela por completo. Mas os espíritos só se aperfeiçoam quando buscam a perfeição e a natureza só cria grandes almas para grandes fins. Portanto, caro Ângelo, durante a minha ausência, goze de todo o meu poder. Seu coração e sua mente serão os juízes do castigo e da clemência. Éscalo ficará sob seu comando.
ÂNGELO	Não, meu caro senhor, antes me ponha à prova para saber se mereço tamanha distinção.
DUQUE	Nada de desculpas. Eu não poderia ter feito escolha mais cuidadosa. Aceitem ambos a honra desta incumbência. Então, adeus. Espero que possam desempenhar bem as suas funções.

ÂNGELO	Podemos acompanhá-lo uma parte do caminho?
DUQUE	Não, estou com muita pressa. E não tenha escrúpulos, seu poder será absoluto, como se fosse o meu, para impor as leis de acordo com o que a sua consciência ditar. Deem-me suas mãos. Parto discretamente. Amo o povo, mas não gosto de me exibir diante de seus olhos. Não acredito muito naqueles governantes que se deleitam com os gritos e urros da multidão. Mais uma vez, adeus.
ÂNGELO	Que os céus o ajudem em seus desígnios!
ÉSCALO	E abençoem sua viagem para que possa logo retornar!
DUQUE	Obrigado. Adeus.

Sai o Duque.

ÉSCALO	Se me permite, gostaria que me revelasse os limites do meu poder, pois não estou bem certo do seu alcance.
ÂNGELO	Eu também. Vamos nos retirar e tentar esclarecer quais são nossas responsabilidades.
ÉSCALO	Estou às suas ordens.

Saem.

Cena 2

Uma rua. Entram Lúcio e Lelé de um lado e Madame Bempassada do outro.

LÚCIO	Olha lá a Madame Bempassada, a luxúria em pessoa. E então, Madame, a senhora continua espalhando suas doenças por aí?
MADAME	Deixa disso, seu Lúcio. A polícia acabou de prender um rapaz que vale dez de vocês.
LELÉ	Quem?

MADAME	Cláudio, o seu Cláudio.
LELÉ	Cláudio foi preso? Não acredito.
MADAME	Pois pode acreditar. Vi os homens caindo em cima dele. O pobrezinho vai ver o sol nascer quadrado. Você não sabe, menino, imagina que, daqui a três dias, vão cortar a cabeça do coitado.
LÚCIO	Como é que pode? Tem certeza?
MADAME	Absoluta! Estão dizendo que é porque ele emprenhou a Julieta.
LELÉ	Deve ser por causa do novo decreto.
LÚCIO	É, deve ser. Vamos ver se isso é verdade. *(sai com Lelé)*
MADAME	Com essa crise toda, com uma lei escrota que mete medo em todo mundo, e com a polícia não dando trégua, eu vou é ficar sem freguesia. *(entra Pompeu)* E então, Pompeu?
POMPEU	É, o cara vai mesmo pra cadeia.
MADAME	No que ele se meteu?
POMPEU	Numa mulher.
MADAME	Sei, mas o crime dele, qual foi?
POMPEU	Atirou seu anzol num rio proibido.
MADAME	Pois é, coitado.
POMPEU	Tá sabendo do novo decreto?
MADAME	Essa não, outro decreto?
POMPEU	É. Todos os bordéis da periferia vão ser demolidos.
MADAME	E os do centro?

POMPEU	Iam ser demolidos também, mas aí um empresário muito do esperto, de olho no futuro, arrematou eles todos.
MADAME	Então, eles vão mesmo demolir os bordéis da periferia?
POMPEU	Até o chão, Madame.
MADAME	Que mundo mais decadente! O que vai acontecer comigo?
POMPEU	Não se preocupe, patroa, os seus fregueses não vão deixar a senhora na mão. A gente vai ter que mudar de endereço, só isso! E pode contar comigo, que eu vou continuar servindo no bar. Aguenta firme, Madame.

Entram o Superintendente, Cláudio e Julieta. Em seguida, entra Lúcio.

MADAME	O que é isso, Pompeu? Vamos embora daqui. *(saem)*
CLÁUDIO	Por que o senhor fica me exibindo assim, na frente de todo mundo? Leve-me logo para a prisão.
SUPERINT.	Não é por mal. Estou apenas cumprindo as ordens do senhor Ângelo.
CLÁUDIO	Ele quer que paguemos caro por nossas ofensas. Mesmo assim, que a ira de Deus caia onde tem que cair.
LÚCIO	O que aconteceu, Cláudio? Você está preso por quê?
CLÁUDIO	Abusei da minha liberdade, Lúcio, da minha liberdade. Assim como os ratos engolem vorazmente o veneno, perseguimos o mal com tanta sede que, ao bebê-lo, acabamos morrendo.
LÚCIO	É um palavreado e tanto para quem está preso. Prefiro dizer bobagens aqui fora do que moralizar atrás das grades. Qual foi a tua ofensa, Cláudio?
CLÁUDIO	Se eu mencionar, vou ofender de novo.
LÚCIO	Ué, latrocínio?

CLÁUDIO	Não.
LÚCIO	Galinhagem?
CLÁUDIO	É uma maneira de dizer.
SUPERINT.	Vamos, meu senhor.
CLÁUDIO	Só um momento, meu amigo. Lúcio, uma palavra.
LÚCIO	Ou cem, se isso lhe traz algum conforto. Mas por que estão implicando tanto com a luxúria?
CLÁUDIO	O que aconteceu foi isso: fui pra cama com a Julieta antes de me casar com ela. Para nós, era como se já estivéssemos casados. Faltava só o registro oficial. Só que o prazer que tivemos às escondidas já está à vista de todos.
LÚCIO	Você a engravidou?
CLÁUDIO	Infelizmente. E esse governador, talvez porque seja um novato, ou talvez porque pense que o povo é um cavalo que o governante monta e logo enfia a espora, para mostrar quem está no comando, ou porque a tirania está na essência do poder, não tenho ideia, mas ele se lembrou de leis que estavam esquecidas há muito tempo e resolveu jogar todas elas em cima de mim. Quer ficar famoso às minhas custas.
LÚCIO	É. Pelo jeito, tua cabeça está por um fio. Basta um leve sopro e adeus. Você precisa apelar para o Duque.
CLÁUDIO	Ninguém sabe onde ele está. Lúcio, quero te pedir um favor. Minha irmã deve entrar para um convento ainda hoje. Vá até ela e diga que corro enorme perigo. Peça que procure o senhor Ângelo e faça tudo o que puder. Que ela seja amável com ele. Há algo na aparência, no silêncio de minha irmã, que é muito sedutor. E quando ela joga com as palavras, não há quem resista.
LÚCIO	Nem mesmo ele, eu espero. Para que você possa continuar gozando a vida em vez de perdê-la por causa de uma trepadinha.

| CLÁUDIO | Obrigado, caro amigo. *(ao Superintendente)* Vamos. |

Saem.

Cena 3

Um mosteiro. Entram o Duque e Frei Tomás.

DUQUE	Não, santo padre, não é nada disso. Não se trata de questões amorosas. O que me faz pedir o seu auxílio é algo mais sério e mais grave do que o fogo que move a juventude.
FREI TOMÁS	E o senhor pode me revelar o que é?
DUQUE	Pois bem, temos certas leis, muito estritas e severas, que são necessárias para controlar os excessos e abusos da nossa sociedade, mas que deixei de impor há mais de dez anos. Assim como um bondoso pai, que só empunha o chicote para assustar seus filhos, mas nunca o usa, tornando-se, com o passar do tempo, motivo de riso, nossas leis também deixaram de ser levadas a sério. A liberdade zomba da justiça, o bebê bate na ama, e tudo é desordem.
FREI TOMÁS	Sempre coube à Sua Excelência soltar as amarras da justiça quando lhe agradasse.
DUQUE	A culpa é minha, eu sei. Mas seria terrível, agora, tiranizar o povo só porque durante anos permiti seus excessos. Daí porque, santo padre, transferi meu poder para Ângelo. Ele poderá fazer tudo o que for necessário sem que, com isso, eu venha a comprometer minha pessoa. Para observar sua conduta, vou me disfarçar de frade e me misturar ao povo. Se ainda deseja um motivo mais contundente para esse meu ato, considere: Ângelo é um puritano, zeloso de sua reputação. Mal aceita que o sangue corra em suas veias e que seu apetite prefira o pão e não a pedra. Vamos ver se o poder muda com os homens ou os homens com o poder.

Saem.

Cena 4

Um convento. Entram Isabela e Francisca.

ISABELA Vocês, freiras, têm outros privilégios?

FRANCISCA Não bastam esses?

ISABELA Sim, sem dúvida. Não é que eu queira mais, pelo contrário, o meu desejo seria de entrar para uma ordem que fosse ainda mais austera.

LÚCIO *(de fora)* Ô de casa! Que a paz esteja neste lugar!

ISABELA Quem está chamando?

FRANCISCA É uma voz de homem. Doce Isabela, vá ver o que ele quer. Você pode e eu não. Ainda não fez seus votos. Depois de fazê-los, só poderá falar com homens na presença da Madre Superiora. E, ao falar, não poderá mostrar seu rosto ou, se mostrar o rosto, não poderá falar.

LÚCIO Ô de casa!

FRANCISCA É ele de novo. Vá, por favor! *(sai)*

ISABELA Paz e prosperidade! Quem está aí?

Entra Lúcio.

LÚCIO Salve, virgem, se é que você é mesmo, como proclamam suas faces coradas. Pode me levar até Isabela, a linda irmã do infeliz Cláudio?

ISABELA Infeliz por quê? Isabela, sua irmã, sou eu.

LÚCIO Encantadora e meiga senhorita, seu irmão lhe manda saudações. Para ser curto e grosso, ele está preso.

ISABELA Ai, meu Deus! O que foi que ele fez?

LÚCIO	Aquilo que, se fosse eu o juiz, como castigo ele ia receber meus parabéns. Engravidou uma menina.
ISABELA	Senhor, pare com esses gracejos.
LÚCIO	Com certeza. Meu pecado é sempre ser debochado e atrevido com mulheres mais mundanas. Mas jamais faria isso com você, uma criatura celeste e angelical, com quem só se deve falar com sinceridade, como se fosse uma santa.
ISABELA	Além de caçoar, o senhor está blasfemando.
LÚCIO	Nunca! Eis a verdade, nua e crua: seu irmão e a tal menina deram uma leve trepada. Como quem come bem engorda, e como o plantio bem-feito faz o campo estéril produzir uma colheita abundante, da mesma forma um ventre fértil foi bem fertilizado.
ISABELA	A menina está grávida? Só pode ser a Julieta.
LÚCIO	Conhece ela?
ISABELA	Frequentamos a mesma escola.
LÚCIO	Pois é isso.
ISABELA	Então, que ele se case com ela!
LÚCIO	Aí é que está o problema. O Duque viajou e ninguém sabe por quê. O que sabemos é que, como sempre, o que ele declarou está bem longe de suas verdadeiras intenções. Em seu lugar, governa o senhor Ângelo, homem por cujas veias só corre água gelada e que nunca sofre com as fraquezas da carne. Ele reprime tudo quanto é desejo através do estudo constante e do jejum. Para que fiquemos com medo das nossas próprias liberdades, ele escolheu um decreto cujas disposições terríveis o levam a condenar Cláudio, a fim de fazer dele um exemplo para todos. Nada poderá salvá-lo, a não ser que suas doces orações possam comover o senhor Ângelo.
ISABELA	Então Ângelo pretende matá-lo?

LÚCIO	Já pronunciou a sentença e, pelo que sei, o Superintendente já está com a ordem de execução.
ISABELA	Pobre de mim, que meios tenho eu para lhe fazer algum bem?
LÚCIO	Use todo o seu poder.
ISABELA	Que poder? Não tenho nenhum.
LÚCIO	Nossas dúvidas nos traem e, por medo de tentar, deixamos de fazer o bem. Procure Ângelo e ensine a ele que, quando as mulheres suplicam, os homens atendem como os deuses, e quando elas choram e caem de joelhos, conseguem tudo o que desejam.
ISABELA	Vou ver o que posso fazer.
LÚCIO	O mais rápido possível.
ISABELA	Agora mesmo. Só vou dar satisfações à Madre Superiora. Diga ao meu irmão que terá notícias minhas antes do anoitecer.
LÚCIO	Sendo assim, eu me despeço.
ISABELA	Adeus, meu bom senhor.

Saem.

Cena 5

Sala no Palácio. Entram Ângelo e Éscalo.

ÂNGELO	Não podemos fazer da lei um espantalho com o propósito de afugentar as aves de rapina mas que, por falta de uso, acaba virando um pouso para elas e não o seu terror.
ÉSCALO	Concordo, mas vamos fazer uma incisão pequena e não um corte que possa ser mortal. Seria uma lástima, pois esse rapaz é de boa família. Meu senhor, sei que é rígido na sua virtude, mas considere: se o seu desejo fosse despertado, se

a hora e o local permitissem, o que não faria o senhor para satisfazer a sua paixão desenfreada? Não cometeria o senhor o mesmo erro pelo qual agora condena esse rapaz, atraindo para si próprio todo o rigor da lei?

ÂNGELO   Uma coisa é ser tentado, Éscalo, e outra é cair na tentação. Não vou negar que em todo júri possam existir, entre os doze, um ou dois ladrões, mais culpados que o próprio réu. Só quando o crime é exposto é que a justiça pode agir. Que importa às leis se ladrões condenam ladrões? Nos abaixamos para apanhar uma pedra preciosa se a vemos caída no chão. Mas o que não vemos, esmagamos, sem perceber o que fazemos. O senhor não pode reduzir a pena desse rapaz só porque eu poderia cometer o mesmo erro. Ouça bem, se eu, que passo essa sentença de morte, um dia assim errar, assim serei condenado. Meu senhor, ele vai morrer.

ÉSCALO   Se é o que deseja.

ÂNGELO   *(chama)* Superintendente!

SUPERINT.   *(entrando)* Aqui, senhor.

ÂNGELO   Providencie para que o jovem Cláudio seja executado amanhã às nove horas. Chame o confessor para que o prepare para a morte, pois sua jornada chegou ao fim.

Sai o Superintendente.

ÉSCALO   Que o céu perdoe a ele e a todos nós.
Uns sobem graças aos seus pecados,
Outros, apesar das virtudes, são condenados.

Entram Cotovelo, Lelé e Pompeu.

COTOVELO   Venham. Se essa boa gente não faz nada além de bater ponto nos randevus da cidade, então eu não sei pra que serve a porra da lei.

ÂNGELO   Meu senhor, qual é o seu nome e qual é o seu problema?

COTOVELO   Se Vossa Excelência me permite, meu nome é Cotovelo.

ÉSCALO   Cotovelo?

COTOVELO   Eu me apoio na justiça! Sou chefe de polícia do coitado do Duque e trago à sua ilustre presença, para que a justiça seja feita, dois notórios benfeitores.

ÂNGELO   Benfeitores? Você quer dizer malfeitores?

COTOVELO   Já nem sei o que eles são, Excelência. Malandros de primeira, pode acreditar, e não é só isso, não passam de consumados cristãos.

ÉSCALO   Um oficial que não sabe escolher bem as suas palavras.

ÂNGELO   Qual é a profissão deles?

COTOVELO   Este aqui, meu senhor, serve atrás do bar mas não passa de um gigolô, que trabalha pra uma madame de ótima reputação. Ela diz que é uma respeitável casa de massagem mas, aqui entre nós, é o maior puteiro da cristandade.

ÉSCALO   Como é que você sabe?

COTOVELO   Minha mulher, senhor.

ÉSCALO   O que tem ela?

COTOVELO   Uma mulher honesta, pura, indecente.

ÉSCALO   Indecente?

COTOVELO   Isso mesmo. Se ela fosse dada aos prazeres da carne, a gente podia acusar ela de decência, de adultério e de todo tipo de sacanagem.

ÉSCALO   E o que isso tem a ver com a dona da casa de massagem?

COTOVELO   Com a dona do puteiro, meu senhor, a Madame Bempassada.

POMPEU   Com licença, meu senhor, posso falar?

COTOVELO   Pois então vai, fala com esses patifes aqui, ô seu homem decente! Vai, fala.

ÉSCALO   *(a Ângelo)* Ele troca todas as palavras.

COTOVELO   Vai, fala!

POMPEU   Meu senhor, ela apareceu com uma barriga enorme, tão grávida que não acabava mais, louca pra comer, Suas Excelências me desculpem a expressão, umas ameixas. Acontece que só tinha duas ameixas na fruteira. A fruteira não era de porcelana, mas era de ótima qualidade.

ÉSCALO   Tudo bem, deixa a fruteira pra lá.

POMPEU   Não, não, pode crer. O senhor Lelé, este cidadão aqui, tinha comido todas as outras. As outras ameixas, meu senhor. E tinha pago por elas. Porque ele é um cara muito honesto. É, é sim. E eu nem tive tempo de te dar o troco direito, seu Lelé. Ficou faltando três centavos.

LELÉ   É verdade.

POMPEU   É, não é, e eu estava falando daqueles dois sifilíticos que estão com um pé na cova, bem, o senhor sabe como é...

LELÉ   Tudo isso é verdade.

POMPEU   É, é mesmo, e aí...

ÂNGELO   Chega! Isso vai durar o dia todo. E a noite também. Deixo em suas mãos. Espero que encontre motivos para jogar todos os três na cadeia.

ÉSCALO   Com certeza. *(sai Ângelo)* Muito bem, senhores, voltemos ao assunto, o que aconteceu com a esposa do chefe de polícia?

POMPEU   Eu lhe peço, meu senhor, que o senhor olhe bem para a cara deste rapaz. Seu Lelé, olhe para Sua Excelência. Sua Excelência está reparando nesta cara, Excelência?

ÉSCALO	Estou.
POMPEU	Não, peço que repare bem.
ÉSCALO	Estou reparando bem.
POMPEU	Então, dá pra Sua Excelência ver alguma maldade nesta carinha?
ÉSCALO	Hum, não.
POMPEU	Agora, me diga como é que alguém com uma carinha de santo dessas podia fazer mal à mulher do chefe de polícia? Vai, responde essa, Excelência.
ÉSCALO	Ele tem razão, chefe.
COTOVELO	O quê? Em primeiro lugar, a tal casa de massagem é uma casa respeitosa. Em segundo lugar, esse cara é respeitoso. E em quinto lugar, a patroa dele é uma puta respeitosa.
POMPEU	Juro que a mulher dele é mais respeitosa do que todo mundo.
COTOVELO	Mentira, seu pilantra. Eu estou pra ver o dia em que a minha mulher vai mostrar respeito pra homem, mulher ou criança.
POMPEU	Mas, Excelência, ela até mostrou respeito por ele antes dos dois se casarem.
ÉSCALO	Quem é o mais louco aqui, o que acusa ou o acusado? Isso é verdade?
COTOVELO	Ah, seu filho da mãe, ah, seu topa-tudo, ah, seu come-quieto, seu rola-bosta, seu rala e raspa, seu roda e avisa. Falei e disse, Sua Excelência. E então, o que eu faço com esse cafajeste, Excelência?
ÉSCALO	A verdade, chefe, é que ele cometeu algum crime que o senhor nem sabe qual é. O melhor é deixar que ele continue fazendo o que faz, até que o senhor descubra do que ele é culpado.
COTOVELO	Pode crer, eu agradeço à Sua Excelência. Ouviu só, seu benfeitor, ouviu? É pra você continuar fazendo o que faz.

ÉSCALO	Meu amigo, você é de onde?
LELÉ	Sou do interior, meu senhor.
ÉSCALO	E está aqui há muito tempo?
LELÉ	Ih, pra lá de um ano, meu senhor!
ÉSCALO	Senhor Lelé, não se misture mais com gente de caráter duvidoso. Eles vão levar o senhor pro mau caminho e o senhor vai acabar na cadeia. Tente se comportar. Pode ir.
LELÉ	Eu agradeço, Excelência. É que tomar um pileque de vez em quando tá no sangue. Mas me desculpe, eu vou fazer de tudo pra resistir à tentação.
ÉSCALO	Bem falado, senhor Lelé. Adeus. *(sai Lelé)* E o senhor, onde trabalha?
POMPEU	No bar da Madame.
ÉSCALO	Que madame?
POMPEU	Madame Bempassada, uma pobre viúva.
ÉSCALO	Ela foi casada só uma vez?
POMPEU	Nove, meu senhor.
ÉSCALO	E seu nome, qual é?
POMPEU	Pompeu, meu senhor.
ÉSCALO	Do quê?
POMPEU	Pinto, meu senhor.
ÉSCALO	Ora, veja. Pompeu. E já que o senhor tem o tamanho avantajado, poderíamos chamá-lo de Pompeu, o Grande. Pompeu, você é um cafetão. Por que está fingindo que trabalha atrás do bar? Vamos, diga a verdade. Será melhor para você.

POMPEU	A verdade, meu senhor, é que eu sou um pé-rapado que precisa ganhar a vida.
ÉSCALO	Como cafetão, Pompeu? Isso é profissão honesta, Pompeu?
POMPEU	Se a lei permite...
ÉSCALO	Aí é que está, Pompeu, a lei não permite.
POMPEU	Sua Excelência vai capar todos os rapazes da cidade?
ÉSCALO	Não, Pompeu.
POMPEU	Tá aí. Então, eles vão continuar mandando brasa. Se Sua Excelência desse ordem pras putas se entenderem com os clientes no *tête-à-tête*, acabava logo com os cafetões.
ÉSCALO	Ordens estão vindo, não se iluda, mas são para decapitar os infratores.
POMPEU	Se o senhor for decapitar todos os que caem na gandaia, daqui a dez anos não vai ter mais ninguém na cidade. Se viver até lá, diga que foi Pompeu que lhe deu esse toque.
ÉSCALO	Obrigado por sua profecia, Pompeu. E que você, Pompeu, não apareça mais neste tribunal, por qualquer delito que seja. Senão, da próxima vez, te mando direto pra cadeia. Pode ir, Pompeu. E passe bem.
POMPEU	Eu agradeço o seu conselho, Excelência. *(à parte)* Mas enquanto cada homem pegar sua puta Pompeu aqui vai continuar na labuta. *(sai)*
ÉSCALO	Aproxime-se, mestre. Há quanto tempo o senhor está no comando da polícia?
COTOVELO	Há sete anos e meio, meu senhor.
ÉSCALO	Pensei que, pela sua enorme competência, estivesse no cargo há mais tempo. Sete anos, o senhor disse?

COTOVELO	E meio, meu senhor.
ÉSCALO	Deve ser muito desgastante. Acho que estão exigindo demais do senhor.
COTOVELO	Pra falar a verdade, só eu tenho cabeça naquela delegacia pra resolver uma pedrada como essa. Cai sempre em cima de mim. Ganho só uns trocados, mas eu cumpro o meu dever.
ÉSCALO	Continue assim. Passe bem. *(sai Cotovelo, entra o Superintendente)* Que horas são?
SUPERINT.	São onze horas, meu senhor.
ÉSCALO	Venha almoçar comigo.
SUPERINT.	Seria uma honra, meu senhor, mas não posso.
ÉSCALO	Lamento tanto que Cláudio tenha que morrer. Mas não há remédio.
SUPERINT.	O senhor Ângelo é muito severo.
ÉSCALO	Tem que ser assim. O excesso de misericórdia encoraja a transgressão, E um segundo crime nasce sempre do perdão. Mesmo assim... pobre do Cláudio. Mas remédio não há. *(sai Éscalo)*

Cena 6

Sala no Palácio.

SUPERINT.	*(sozinho)* Quem sabe se o senhor Ângelo muda de ideia. O crime do rapaz é tão inocente quanto um sonho. Ora essa, é um vício de todos nós – e por isso ele vai morrer?

Entra Ângelo.

ÂNGELO	E então, o que é que o senhor deseja?

SUPERINT.	O senhor quer mesmo que o jovem Cláudio morra amanhã?
ÂNGELO	Já não lhe disse que sim? Não recebeu a ordem? Por que me pergunta?
SUPERINT.	Só não quero ser imprudente. O senhor me perdoe, mas a lei, às vezes, se equivoca e condena um inocente.
ÂNGELO	Deixe isso comigo. Cumpra o seu dever ou peça demissão.
SUPERINT.	Mil desculpas, meu senhor. E quanto à coitada da Julieta? Já está para ter o filho.
ÂNGELO	Que essa libertina tenha o necessário, mas nenhum luxo.
SUPERINT.	A irmã do condenado pede para falar com o senhor.
ÂNGELO	Ele tem uma irmã?
SUPERINT.	Sim, meu senhor. Uma moça virtuosa que pretende ser freira, se é que já não fez os seus votos.
ÂNGELO	Peça para ela entrar.

Entram Lúcio e Isabela.

SUPERINT.	*(saindo)* Com sua licença, meu senhor.
ÂNGELO	Espere só um pouco... *(a Isabela)* Seja bem-vinda! O que deseja?
ISABELA	Uma suplicante aflita pede à Sua Excelência para escutá-la.
ÂNGELO	Bem, e o seu pedido qual é?
ISABELA	Há um vício que abomino mais do que todos e para o qual desejo todo o rigor da justiça; para o qual não gostaria, mas devo pleitear; para o qual não deveria pleitear, mas o faço, pois estou em guerra comigo mesma.
ÂNGELO	Muito bem, do que se trata?

ISABELA	Tenho um irmão que foi condenado à morte. Peço que condene o crime, mas não o irmão.
SUPERINT.	*(à parte)* Que o céu a ajude a comovê-lo!
ÂNGELO	Condenar o crime sem condenar o autor? Ora, todo crime já está condenado antes de ser cometido. Meu cargo não seria nada se servisse só para condenar os crimes e deixar os criminosos em liberdade.
ISABELA	Ó lei severa, mas justa! Sendo assim, adeus, irmão. Que o céu proteja Sua Excelência! *(começa a sair)*
LÚCIO	*(à parte para Isabela)* Não desista. Volte a falar com ele, implore. Caia de joelhos, agarre a sua roupa. Você está fria demais, tímida demais. Vamos, coragem!
ISABELA	Ele precisa morrer?
ÂNGELO	Não há outro remédio, senhorita.
ISABELA	Há, sim, pois acho que está em seu poder perdoá-lo. Nem o céu, nem os homens iriam lamentar a sua misericórdia.
ÂNGELO	Não o farei.
ISABELA	Mas poderia fazê-lo, se quisesse?
ÂNGELO	Escute, não posso fazer o que não quero.
ISABELA	Mas não poderia fazê-lo, se o seu coração sentisse a mesma pena que eu sinto?
ÂNGELO	Tarde demais, ele já foi condenado.
LÚCIO	*(à parte para Isabela)* Continua fria.
ISABELA	Tarde demais? Não, nunca. Acredite: de toda a pompa que pertence aos grandes, não há nenhuma, nem a coroa do rei, nem a espada do regente, nem o bastão do marechal ou a toga do juiz, que lhes dê tanto prestígio quanto a misericórdia.

	Se Cláudio estivesse em seu lugar e o senhor no dele, e se o senhor tivesse se deixado levar pela mesma fraqueza, sei que ele não seria tão severo.
ÂNGELO	Por favor, vá embora.
ISABELA	Ah, se os céus me dessem o poder do senhor Ângelo e se o senhor Ângelo fosse Isabela! Seria assim? Não! Eu lhe mostraria o que é ser um juiz e o que é ser um condenado.
LÚCIO	*(à parte para Isabela)* É por aí, é por aí!
ÂNGELO	Seu irmão foi condenado pela lei. Perde seu tempo.
ISABELA	Ai! Ai! Ora, todas as almas já foram condenadas, mas Nosso Senhor encontrou para elas um remédio. O que aconteceria se o Todo-Poderoso julgasse o senhor só pelo que o senhor é? Pense nisso e a misericórdia irá soprar de seus lábios, transformando-o num novo homem.
ÂNGELO	Entenda, bela senhorita, é a lei e não eu quem condena o seu irmão. Se fosse alguém da minha família, meu irmão, meu filho, receberia a mesma sentença. Ele vai morrer amanhã.
ISABELA	Amanhã? Ai, assim, tão depressa? Poupe o meu irmão! Ele não está preparado para a morte. Meu senhor, meu caro senhor, pense um pouco. Quem já pagou com a vida esse pecado? E quantos já não o cometeram?
LÚCIO	*(à parte para Isabela)* Bom, muito bom!
ÂNGELO	A lei estava adormecida e não morta. Não teriam cometido esse mal se o primeiro a desobedecer a lei tivesse sido condenado. Agora ela despertou e, como um profeta, vislumbra os males do futuro e põe fim a eles antes mesmo de serem concebidos.
ISABELA	Tenha piedade!
ÂNGELO	Mostro ter piedade, acima de tudo, ao agir de acordo com a lei. Outros poderiam cometer o mesmo crime se este fosse ignorado. E faço um bem ao criminoso, que não viverá mais

	para fazer o mal. Não adianta, seu irmão morrerá amanhã. Terá que se conformar.
ISABELA	Então, o senhor será o primeiro a pronunciar tal sentença e ele será o primeiro a sofrer. Ah, é ótimo quando se tem a força de um gigante. Mas usá-la como um gigante é tirania.
LÚCIO	*(à parte para Isabela)* Nossa, é isso aí!
ISABELA	Se os homens pudessem trovejar como Deus, qualquer lacaio iria abusar do trovão para punir a ofensa mais insignificante. O céu, em sua misericórdia, prefere golpear com seus raios o sólido carvalho em vez da planta indefesa. Já o homem, com uma autoridade passageira, ignorando sua frágil essência e seguro nessa sua ignorância, fica, como o macaco, fazendo travessuras tão ridículas diante do céu que aos anjos só resta chorar ou morrer de tanto rir.
LÚCIO	*(à parte para Isabela)* Boa, menina, vai, vai, ele está quase no papo!
ISABELA	Se um homem importante zomba de um santo, não passa de gracejo. Mas se for um homem humilde, é sacrilégio.
LÚCIO	*(à parte para Isabela)* Perfeito, menina, não pare!
ISABELA	O que no capitão soa como cólera, no soldado é desacato.
LÚCIO	*(à parte para Isabela)* Por essa eu não esperava. Mais! Mais!
ÂNGELO	Por que é que a senhorita me ataca com essas frases de efeito?
ISABELA	Porque só os poderosos têm como encobrir os seus crimes. Vá fundo na sua alma e pergunte a ela se alguma vez cometeu erro igual ao do meu irmão. Se ela se confessar culpada, que ela não permita que sua língua pronuncie uma palavra sequer contra a vida de meu irmão.
ÂNGELO	*(à parte)* Quando ela fala, me faz perder a noção de tudo. *(a Isabela)* Adeus.

ISABELA   Não vá, meu bom senhor.

ÂNGELO   Tenho que pensar. Volte amanhã. *(saindo)*

ISABELA   Veja como vou suborná-lo! Meu bom senhor –

ÂNGELO   Como? Vai me subornar?

ISABELA   Sim, com presentes que, no céu, valem ouro.

LÚCIO   *(à parte para Isabela)* Epa, quase estragou tudo.

ISABELA   Não com o ouro infame que alimenta nossos caprichos, mas sim com orações sinceras, que hão de penetrar os céus antes mesmo da aurora; orações de virgens inocentes, que renunciaram às coisas terrenas e agora estão consagradas a Deus.

ÂNGELO   Procure-me amanhã.

LÚCIO   *(à parte para Isabela)* Chega, está bom demais. Vamos.

ISABELA   Que os céus protejam Sua Excelência.

ÂNGELO   *(à parte)* Amém. Pois estou numa encruzilhada, a caminho da tentação.

ISABELA   A que horas devo vir?

ÂNGELO   Pela manhã.

ISABELA   Que os céus o protejam.

Saem Isabela, Lúcio e o Superintendente.

ÂNGELO   De você, de sua virtude! O que é isso? O que é isso? A culpa é dela ou minha? Quem é o maior pecador, hein? Quem tenta ou quem é tentado? Não, não é ela, não é ela que está me tentando, mas sim eu, que em plena luz do sol, estando ao lado de uma flor, corrompo sua beleza como se fosse uma carcaça. Será que o pudor da mulher nos seduz mais do que a sua leviandade? Quando há tantas terras arrasadas, por que queremos destruir um santuário para ali instalar os nossos vícios? Ai, que vergonha! Que vergonha! Que vergonha! O que é isso, Ângelo? Quem é você? Será que você é tão sórdido que a deseja justo pelas coisas que a fazem tão boa? Ah, deixe seu irmão viver. Quando o juiz é corrupto, os ladrões têm o direito de roubar. O quê, será que a amo tanto que desejo ouvir mais uma vez a sua voz e desfrutar do seu olhar? Que sonho é esse? Ah, demônio astuto, que para pegar um santo coloca uma santa em teu anzol. A tentação mais perigosa é aquela que nos conduz ao pecado por amor à virtude. Nenhuma mulher da vida, por mais bela e sedutora, pôde despertar o meu desejo. Já essa moça, de tão virtuosa, me conquistou. Até hoje, ao ver os homens apaixonados, eu sempre sorri, sem nada entender.

Sai.

Cena 7

Uma prisão. Entram o Duque, disfarçado de frei, e o Superintendente.

DUQUE   O senhor é o superintendente?

SUPERINT.   Isso mesmo. O que deseja?

DUQUE   Vim trazer conforto para as almas aflitas desta prisão.

SUPERINT.   Estou ao seu dispor. *(entra Julieta, acompanhada)* Eis uma delas. Uma menina que ficou grávida e o rapaz foi condenado. Ele merecia pecar de novo em vez de morrer assim.

DUQUE   E quando será executado?

SUPERINT.   Amanhã.

DUQUE   Está arrependida, menina?

JULIETA   Estou, sim senhor.

DUQUE   Você ama o homem que a desonrou?

JULIETA	Sim, tanto quanto eu amo a mulher que o desonrou.
DUQUE	Então vocês dois pecaram por consentimento mútuo?
JULIETA	Sim, senhor. Confesso e aceito essa vergonha com alegria, santo padre.
DUQUE	Faz muito bem, minha filha. Me disseram que o seu companheiro vai morrer amanhã.
JULIETA	Amanhã?
DUQUE	Vou agora levar-lhe o meu conforto. Que o céu te abençoe. *(sai)*
JULIETA	Que horror! Ó, lei injusta, que condena uma vida só por ter concebido uma outra.
SUPERINT.	É mesmo uma pena. *(saem)*

Cena 8

Sala no Palácio. Entra Ângelo.

ÂNGELO	Quero rezar e meditar, mas não consigo. Minhas palavras vazias vão para o céu, minha imaginação fica aqui, presa a Isabela. O céu está em minha boca, mas no meu coração está essa maldade, que o meu desejo só faz crescer. Governar, e com a melhor das intenções, sempre foi a minha maior ambição. Mas tudo perdeu o sentido, e nada mais me interessa. Minha seriedade, da qual tenho – que ninguém me ouça – tanto orgulho, se transformou numa pluma que flutua no ar. Ah, prestígio, ah, poder, como suas pompas e rituais deslumbram os tolos e aprisionam até os mais sábios no teu falso semblante. Carne, tu és carne! Podemos escrever "anjo bom" no chifre do diabo, que ele continuará sendo o que é. Quem está aí?

Entra o atendente.

ATENDENTE	A freira Isabela deseja falar com o senhor.

ÂNGELO	Peça para ela entrar. *(sai o atendente)* Oh, céus! Meu coração dispara e eu não consigo respirar. *(entra Isabela)* E então, bela senhorita?
ISABELA	Vim para conhecer o seu desejo.
ÂNGELO	Muito me agradaria se já o conhecesse. Seu irmão não pode viver.
ISABELA	Muito bem. Que o céu fique com Sua Excelência.
ÂNGELO	Entretanto, poderia viver um pouco mais; talvez, até tanto quanto nós. Mesmo assim, vai morrer.
ISABELA	Por sua sentença?
ÂNGELO	Sim.
ISABELA	Quando? Me diga. Para que, no tempo que lhe resta, ele possa se preparar e para que sua alma não se deixe levar pelo desespero.
ÂNGELO	Ha! Mas que horror. Esses vícios imundos! Perdoar aquele que concebe uma vida num prazer proibido é o mesmo que perdoar um assassino que destrói uma vida.
ISABELA	Isso faz sentido no céu, não na terra.
ÂNGELO	É isso o que você pensa? Pois então, te pergunto: o que prefere, deixar que uma lei, que é justa, tire a vida de seu irmão ou, para salvá-lo, entregar seu corpo à mesma doce impureza com a qual ele deflorou a menina?
ISABELA	Meu senhor, acredite, prefiro perder o corpo do que a alma.
ÂNGELO	Não, não estou falando de sua alma. Os pecados a que somos obrigados não contam como pecados.
ISABELA	O quê?
ÂNGELO	Responda-me apenas isto: eu, como representante da lei, condeno seu irmão à morte. Não haveria caridade no pecado que tenta salvar a vida desse irmão?

ISABELA — Faça isso, então, pois não seria pecado; apenas caridade.

ÂNGELO — Faça isso, então, você, e a caridade compensaria o seu pecado.

ISABELA — Se for pecado implorar por sua vida, que o céu me castigue. E se for pecado o senhor conceder o que eu pedi, rezarei todas as manhãs para que essa falta seja só minha e não sua.

ÂNGELO — Não, não, escute, você não está me entendendo. Ou você é ignorante ou, por astúcia, está fingindo que é. E isso não é nada bom.

ISABELA — Que eu seja ignorante e nada boa apenas para reconhecer que não sou melhor do que sou.

ÂNGELO — É assim que a sabedoria se humilha para parecer mais brilhante. Pois bem, vou ser mais claro. Seu irmão vai morrer.

ISABELA — Certo.

ÂNGELO — Essa é a pena imposta pela lei para delitos como o dele.

ISABELA — É verdade.

ÂNGELO — Vamos admitir que a única maneira de salvar a sua vida é que você, sua irmã, ao descobrir que é desejada por um homem importante, que poderia influenciar o juiz, não tem outra escolha a não ser entregar o seu corpo a esse homem. O que você faria?

ISABELA — Faria por meu irmão o que faria por mim mesma: eu, sendo a condenada, mostraria ao mundo minhas feridas como se fossem joias preciosas e iria nua ao encontro da morte, antes de entregar meu corpo a uma tal vergonha.

ÂNGELO — Sendo assim, seu irmão tem que morrer.

ISABELA — É dos males o menor. Melhor o irmão logo morrer do que a irmã sofrer danação eterna.

ÂNGELO — Você não está sendo tão cruel quanto a sentença que tanto criticou?

ISABELA	A infâmia como preço do resgate e o livre perdão são bem diferentes.
ÂNGELO	Há pouco, você falava da tirania da lei e sugeria que o crime do seu irmão foi apenas um passatempo.
ISABELA	Desculpe-me, senhor; acontece que, para alcançar o que desejamos, nem sempre dizemos o que estamos pensando. Tento perdoar um pouco aquilo que odeio, só para favorecer a quem tanto amo.
ÂNGELO	Somos todos fracos.
ISABELA	Então por que ele tem que morrer, se só o que fez foi herdar a fraqueza de todos os homens?
ÂNGELO	Não, as mulheres também são fracas.
ISABELA	Sim, como os espelhos em que elas se contemplam e que podem se quebrar com tanta facilidade. As mulheres? Que o céu as proteja! E como o homem se diminui ao tirar vantagem dessa fraqueza! Sim, somos tão frágeis quanto parecemos e fáceis de ser enganadas.
ÂNGELO	Também penso assim. Perdoe a minha ousadia, mas faço uso das suas palavras. Seja o que você é, uma mulher. Se quiser ser mais, não será nada. Mas se for tudo aquilo que indica tua bela aparência, mostre-o agora e aceite o seu destino.
ISABELA	Não sei o que isso quer dizer. Meu bom senhor, seja mais claro.
ÂNGELO	Vou ser mais claro, então: estou apaixonado por você.
ISABELA	Meu irmão está apaixonado por Julieta, e é por isso que ele vai morrer.
ÂNGELO	Não, Isabela, se você me der o seu amor.
ISABELA	Sei que, por ser virtuoso, o senhor quer parecer sórdido, só para me testar.

ÂNGELO	Não, estou falando sério. Dou-lhe minha palavra de honra.
ISABELA	Ha! Que honra há em tal palavra? E o que o senhor deseja é uma imundície! Hipócrita! Hipócrita! Vou denunciá-lo, Ângelo, cuidado. Assine já um decreto perdoando meu irmão ou vou dizer ao mundo que homem o senhor é.
ÂNGELO	E quem vai te acreditar, Isabela? Minha vida austera, meu nome limpo, o cargo que ocupo e a minha palavra pesariam tanto que a sua acusação teria o cheiro de calúnia. Basta, não vou mais lutar comigo mesmo. Esqueça seus pudores, pare de resistir e se deixe levar pelo prazer. É isso que você também quer. Só poderá salvar o seu irmão se entregando a mim. Se não, ele não só vai morrer como a tua crueldade vai resultar numa longa e terrível tortura. Me responda amanhã, ou, pelo desejo que agora me possui, seu irmão vai sofrer nas mãos de um tirano! Fale o que quiser, vão acreditar mais nas minhas mentiras do que nas suas verdades. *(sai)*
ISABELA	A quem posso me queixar? Quem vai acreditar em mim? Ah, essas bocas perigosas, que se sentem no direito de condenar e absolver, e que forçam a lei a se curvar aos seus caprichos, fazendo o bem ou o mal, de acordo com a vontade do momento! Vou ver meu irmão. Mesmo que tenha cedido à tentação da carne, é um homem tão honrado que, se tivesse vinte cabeças para serem decapitadas, estaria pronto para perdê-las todas, antes de deixar que o corpo de sua irmã fosse poluído por tamanha imundície. Portanto, Isabela, viva casta, e que ele morra. Mais do que a vida do meu irmão é a minha castidade. Vou lhe contar o que Ângelo me propôs para que ele venha a aceitar a sua morte e a sua alma possa descansar. *(sai)*

Cena 9

A prisão. Entram o Duque, disfarçado, e o Superintendente, com Cláudio.

DUQUE	Ainda conta com o perdão do senhor Ângelo?
CLÁUDIO	O remédio do desgraçado é a esperança. Tenho esperança de viver, mas estou preparado para a morte.

DUQUE	A morte é inevitável. Se aceitar essa verdade, a morte e a vida serão mais doces. Encare a vida assim: se eu te perco, perco uma coisa que só para os tolos tem valor. Não passas de um sopro à mercê dos ventos que, de hora em hora, açoitam esta habitação em que vives. És apenas o joguete da morte, pois quanto mais foges dela, mais dela te aproximas. Não és nobre, pois fazes concessões que são alimentadas pela baixeza. Não és valente, pois temes que venhas a ser a refeição de um pobre verme. O teu melhor descanso é o sono, que tanto buscas, mas tens pavor da morte, que não passa de um sono. Feliz tu não és, porque o que não tens, lutas para ter e o que tens, ignoras. Se és rico, és pobre, pois como um burro de carga, vergado por barras de ouro, carregas o peso das tuas riquezas por uma breve jornada e, chegando ao fim, a morte te priva de todas elas. Não tens amigos, pois teus filhos, teus herdeiros, amaldiçoam tua febre, teu reumatismo e tua tosse, por não te matarem mais depressa. Toda a tua bela juventude logo envelhece e, ao ficar velho e rico, não tens mais o calor, a força, a beleza nem a vontade para gozar de tuas riquezas. É isso que chamamos de vida? E mesmo assim não deixamos de temer a morte, que acaba com tudo.
CLÁUDIO	Eu lhe agradeço. Ao desejar viver, percebo que quero morrer, e ao buscar a morte, eu encontro a vida. Que venha a morte!
ISABELA	*(de fora)* Tem alguém aí?
SUPERINT.	Pode entrar.
DUQUE	Meu filho, daqui a pouco voltarei a vê-lo.
CLÁUDIO	Muito obrigado, santo padre.

Entra Isabela.

ISABELA	Gostaria de falar com Cláudio.
SUPERINT.	Seja bem-vinda. Veja, senhor, é sua irmã.
DUQUE	Superintendente, uma palavra.
SUPERINT.	Quantas desejar.

DUQUE   Mostre-me um lugar onde eu possa escutar esses dois sem ser visto.

O Superintendente e o Duque se afastam.

CLÁUDIO   E então, irmã, que consolo me traz?

ISABELA   Ora, como qualquer consolo, um muito bom, muito bom mesmo. O senhor Ângelo, tendo assuntos urgentes a tratar no céu, nomeou você como seu embaixador. Assim, prepare-se logo, pois partirá amanhã.

CLÁUDIO   Não há nenhum remédio?

ISABELA   Nenhum, a não ser aquele que, para salvar a cabeça de um, destruiria o coração de outro.

CLÁUDIO   Então existe um?

ISABELA   Sim, meu irmão; você poderá viver. A misericórdia do senhor Ângelo é diabólica: ao mesmo tempo que salva a sua vida, o prende até a morte.

CLÁUDIO   Prisão perpétua?

ISABELA   Sim, é isso, prisão perpétua, pois mesmo tendo toda a liberdade do mundo, você seria escravo de um só pensamento.

CLÁUDIO   Em que sentido?

ISABELA   No sentido em que, se concordar, você será despojado de toda a sua honra e ficará nu.

CLÁUDIO   Fale mais claro.

ISABELA   Ah, Cláudio, você me mete medo. Tremo só de pensar que você prefira uma curta vida de prazeres à honra eterna. Tem coragem para morrer?

CLÁUDIO   Por que é que você me humilha assim? Se devo morrer, irei abraçar a escuridão como se fosse minha noiva.

ISABELA	Bem falado, meu irmão. Sim, você vai morrer. Você é tão nobre que jamais iria aceitar uma vida de tanto vexame. Esse Ângelo, que tem a aparência de um santo, cujo olhar impassível e palavras severas castram a juventude, é, na verdade, um demônio. Dentro dele há tanta imundície que daria para encher um poço tão fundo quanto o inferno.
CLÁUDIO	O virtuoso Ângelo?
ISABELA	Ah, que astúcia tem o diabo, que veste os seres mais infames com trajes respeitáveis. Você nem imagina, Cláudio, mas o senhor Ângelo propôs que, se eu lhe desse a minha virgindade, você seria libertado.
CLÁUDIO	Ah, não! Não é possível!
ISABELA	Sim, ou eu me entrego esta noite ao que me dá nojo até de dizer, ou você morre amanhã.
CLÁUDIO	Não faça isso!
ISABELA	Ah, se fosse só a minha vida, eu a daria pela sua liberdade, como se fosse um alfinete.
CLÁUDIO	Obrigado, querida Isabela.
ISABELA	Prepare-se, Cláudio, para morrer amanhã.
CLÁUDIO	Sim. Será que ele é mesmo capaz de sentir tamanha paixão que zomba da lei que ele deseja impor? Então, com certeza, não é pecado, ou dos sete pecados capitais é o menor.
ISABELA	Como, o menor?
CLÁUDIO	Se não fosse, por que ele, que é tão sábio, arriscaria uma condenação eterna pelo prazer de um só momento? Oh, Isabela!
ISABELA	O que você está dizendo, meu irmão?
CLÁUDIO	A morte é uma coisa horrível.

ISABELA	Pior é uma vida desonrada.
CLÁUDIO	Sim, mas morrer e ir para onde não sabemos; jazer debaixo da terra fria e apodrecer; este movimento aqui, cheio de calor, se transformar num monte de lama; o espírito insaciável se afogar em torrentes de fogo ou se perder no meio de geleiras imensas e assustadoras; ser prisioneiro de ventos invisíveis que, furiosos e sem trégua, nos atiram ao redor de um mundo suspenso no espaço; e, pior dos piores, ser um daqueles condenados que uivam de desespero por toda a eternidade – isso é horrível demais. A vida mais odiosa – a dor, a velhice, a prisão, a miséria – é um paraíso perto do temor que sentimos da morte.
ISABELA	Não, não, não!
CLÁUDIO	Doce irmã, deixe-me viver. Qualquer pecado que se comete para salvar a vida de um irmão, a natureza transforma em virtude.
ISABELA	Ah, desgraçado! Ah, traidor! Ah, covarde sem fé! Quer mostrar que é homem às custas da minha dor? Não é incesto viver da vergonha da sua irmã? Será possível? Deus que me perdoe, mas minha mãe traiu meu pai, pois um ser tão degenerado não é sangue do seu sangue. Eu te desprezo. Que você morra. Morra! Rezarei mil vezes pela sua morte, nenhuma pela sua salvação.
CLÁUDIO	Não, Isabela, escuta...
ISABELA	Vergonha! Vergonha! Vergonha! Teu pecado não é um acidente, mas uma profissão. Te perdoar seria uma indecência. Quanto mais cedo morrer, melhor. *(começa a sair)*
CLÁUDIO	Ah, me escuta, Isabela!

O Duque avança.

DUQUE	Jovem irmã, espere, só uma palavra.
ISABELA	O que quer?

DUQUE	A mão que te fez bela, te fez boa. A beleza, por si só, é passageira, mas a graça que vem da tua alma te conservará bela para sempre. Chegou ao meu conhecimento a agressão que você sofreu do senhor Ângelo.
ISABELA	Ah, como o bom Duque está sendo traído! Se um dia ele retornar, vou denunciar o senhor Ângelo e expor os abusos do seu governo.
DUQUE	Faça isso, sim. Mas agora, ouça bem o meu conselho. Talvez haja um remédio. Talvez você possa prestar um serviço a uma mulher injustiçada, redimir seu irmão diante da lei severa, conservar a honra de sua pessoa tão graciosa, e agradar ao Duque ausente se, por acaso, um dia ele retornar.
ISABELA	Continue. Farei qualquer coisa desde que possa preservar a minha virtude.
DUQUE	A virtude é ousada, e a bondade nunca é temerosa. Você já ouviu falar de Mariana, irmã de Frederico, o famoso soldado?
ISABELA	Já ouvi falar dela, sim, e muito bem.
DUQUE	Ângelo jurou que ia se casar com ela. O casamento já estava até marcado. Mas, nesse meio-tempo, o irmão Frederico morreu no mar e toda a fortuna da família se afundou com o navio. Essa mulher honrada perdeu, então, o dote de seu casamento e o marido, esse Ângelo hipócrita.
ISABELA	Verdade? Ângelo a abandonou?
DUQUE	Exato. Esqueceu seu juramento, alegando que ela tinha sido leviana. Ela, de sua parte, ainda chora pelo que sente por ele.
ISABELA	Quanto mérito teria a morte se a levasse deste mundo! Mas que vantagem a pobre coitada pode tirar disso?
DUQUE	É uma ferida que você poderia facilmente curar.
ISABELA	Mostre-me como, bom padre.

DUQUE	Procure Ângelo e aceite suas exigências com aparente submissão. Faça apenas estas ressalvas: que não ficará muito tempo com ele; que o encontro será de noite e em silêncio total; e que o lugar será de sua escolha. Se ele concordar com isso, diremos a Mariana para ir a esse encontro em vez de você. Se tudo der certo, seu irmão irá se salvar, sua honra continuará intacta, Mariana ficará feliz e o corrupto Ângelo terá que responder pelos seus atos. Gosta do plano?
ISABELA	Só de pensar nele já me sinto melhor.
DUQUE	Agora, vá depressa falar com Ângelo. Se ele quiser que o encontro seja hoje à noite, diga que irá satisfazer o seu desejo. Não perca tempo.
ISABELA	Bondoso frade, obrigada por tudo.

Saem.

Cena 10

A prisão. Entram o Duque, disfarçado, de um lado, Cotovelo e Pompeu, do outro.

COTOVELO	Seu rematado piedoso, essa coisa de comprar e vender animais como se fossem gente vai fazer o mundo virar um grande puteiro.
DUQUE	Santo Deus, o que é isso?
POMPEU	O mundo perdeu toda a alegria: trepar virou crime e emprestar dinheiro a juros, que é pecado muito maior, virou lei.
COTOVELO	Chega disso. Venha. Que Deus o abençoe, bom padre.
DUQUE	Que Deus o abençoe também, bom irmão. Este homem te desrespeitou?
COTOVELO	Não, meu senhor, ele acatou a lei. Foi pego em indecência presumida, trabalhando num bordel.

DUQUE	Ah, cafetão, cafetão miserável! Você vive do mal. De um vício nojento. Pense assim: eu bebo, eu como, eu me visto e vivo dos prazeres bestiais da carne. Como pode alguém ganhar a vida com algo tão sórdido e malcheiroso? Acabe com isso!
POMPEU	Pois é, meu senhor, o cheiro não é lá dos melhores. Mas mesmo assim, meu senhor, posso provar que...
DUQUE	Jogue ele na cadeia. Uma estadia atrás das grades vai lhe ser de grande proveito.
COTOVELO	O senhor Ângelo não dá mole pra ninguém. Se ficar provado que ele é um cafetão, coitado, vai se ferrar em dúbio pró réu!

Entra Lúcio.

LÚCIO	Ei, Pompeu!
POMPEU	Estou salvo, fiança à vista! Esse senhor é meu chapa.
LÚCIO	Ah, nobre Pompeu, e então? O que é isso? Te pegaram com a boca na botija?
DUQUE	Um é pior do que o outro.
LÚCIO	E aquele bagulho da tua patroa, a Madame Bempassada? Passa bem?
POMPEU	Passa bem!
LÚCIO	Continua corrompendo as menores?
POMPEU	Corrompendo! *(ri)* As meninas já deram tudo que tinham que dar, até a patroa teve que entrar na roda.
LÚCIO	Boa. O que tem que ser, será. E acabou. Mas o que é isso, Pompeu, foi preso de novo?
POMPEU	Pois é, doutor.

LÚCIO	Ora, faz sentido, Pompeu. Adeus. Mas por que mesmo, Pompeu?
COTOVELO	Por ser um cafetão, um cafetão.
LÚCIO	Então, se é isso, leva ele logo pra cadeia, lugar de cafetão hoje em dia é na cadeia, e ele já nasceu cafetão. Adeus, meu bom Pompeu. Divirta-se na cadeia, Pompeu.
POMPEU	Espero, meu senhor, que o doutor possa pagar a minha fiança.
LÚCIO	Não, Pompeu, poder não posso. Eu devia, Pompeu, é pedir pra eles aumentarem sua sentença. Quanto mais tempo atrás das grades, maior será sua fibra. Adeus, Pompeu. Confio em você.
COTOVELO	Vamos indo, rapaz.
POMPEU	Então o doutor não vai mesmo pagar a minha fiança?
LÚCIO	Não vou não, Pompeu, nem agora, nem nunca.
COTOVELO	Vamos, rapaz, vamos.
LÚCIO	Pro canil, Pompeu, pro canil.

Saem Cotovelo e Pompeu.

LÚCIO	Então, padre. Alguma notícia do Duque?
DUQUE	Não.
LÚCIO	Ai, ai, ai...
DUQUE	O senhor sabe de alguma coisa?
LÚCIO	Uns dizem que ele está na Rússia, outros que ele está em Roma. E o senhor, faz alguma ideia?
DUQUE	Não faço, não, mas onde quer que esteja, desejo-lhe sucesso.

LÚCIO	Que doidice ele dar no pé assim. Se bem que ele não nasceu pra governar, me entende? Enquanto ele passeia por aí, o senhor Ângelo virou dono do pedaço e mete bronca em tudo.
DUQUE	Faz muito bem.
LÚCIO	É, mas ele não precisa ficar caindo de pau em cima da garotada desse jeito. Que cara mais ranzinza, padre.
DUQUE	É preciso ser severo com a imoralidade.
LÚCIO	É, tem razão, mas veja bem, padre, é mais fácil parar de comer do que parar de trepar. Estão dizendo que esse Ângelo não veio ao mundo graças a uma transa bem dada.
DUQUE	Hein?
LÚCIO	O senhor acha que é verdade?
DUQUE	E então como ele foi concebido?
LÚCIO	Alguns dizem que ele nasceu de uma sereia. Outros, de um encontro amoroso entre dois bacalhaus. Quando ele urina, saem cubos de gelo. Isso é verdade, eu sei que é. E vou lhe dizer mais, ele é um brocha.
DUQUE	Como? O senhor tem uma língua bem afiada.
LÚCIO	Que crueldade matar um homem só porque ele não consegue ficar com a braguilha fechada. Acha que o Duque faria isso? Um cara bem rodado como ele, um galinha de marca maior, ia ser bem mais tolerante.
DUQUE	Não me consta que o Duque seja um galinha.
LÚCIO	Ih, o senhor está é muito enganado, viu?
DUQUE	Estou, é?
LÚCIO	Quem? O Duque? Até em bagulho o safado dava em cima. E tomava cada porre. Cá entre nós.

DUQUE   O senhor está sendo injusto.

LÚCIO   Padre, eu era seu amigo do peito. E, sabe de uma coisa? Acho que até sei por que ele sumiu assim.

DUQUE   Então me diga.

LÚCIO   Ah, não, não senhor, o senhor vai me desculpar, mas da minha boca não sai nada. Mas, olha, o povo achava que o Duque era um homem sábio.

DUQUE   Sábio? Com toda a certeza.

LÚCIO   Nada disso!

DUQUE   Hein?

LÚCIO   Um cara ignorante...

DUQUE   Oi?

LÚCIO   ...superficial...

DUQUE   Sei

LÚCIO   ...e sem nenhum critério.

DUQUE   Ou o senhor é maldoso ou está enganado. A integridade de sua vida e os serviços prestados no exercício de seu cargo merecem todo o crédito. Que ele seja julgado de acordo com seus atos e parecerá a todos nada menos do que um estadista, um soldado e um intelectual. Se o senhor, de fato, o conhecia bem, está sendo muito malicioso.

LÚCIO   Meu senhor, eu sei o que eu sei.

DUQUE   Não acredito, o senhor não sabe coisa nenhuma. Mas se um dia o Duque voltar, gostaria que repetisse na sua presença o que acabou de me dizer. Espero que tenha coragem, pois farei com que seja convocado. O seu nome qual é?

LÚCIO	Lúcio, meu senhor. E o Duque me conhece muito bem.
DUQUE	Ele vai te conhecer melhor ainda, isso eu te prometo.
LÚCIO	Medo do senhor não tenho não, padre. Mas vamos mudar de assunto. O senhor sabe se Cláudio vai mesmo morrer amanhã?
DUQUE	E por que ele deveria morrer, meu senhor?
LÚCIO	Por quê? Ora, por ter enchido uma garrafa com o seu funil. Seria bom o Duque voltar logo. Esse substituto dele é um assexuado, que vai despovoar nossa cidade. Ele não deixa nem os pardais fazerem os ninhos no seu telhado, porque acha que eles trepam demais. O Duque, pelo menos, sempre permitiu que os atos escuros fossem resolvidos na escuridão, entre as partes, nunca num tribunal, à luz do dia. Ora essa, Cláudio vai morrer só porque baixou as calças. Adeus, bom padre, reze por mim. E não se iluda com o Duque, ele comia carne às sextas-feiras. Ele está ficando velho, mas, se deixar, é capaz de beijar uma piranha na boca...
DUQUE	É???
LÚCIO	... mesmo se ela estiver com bafo de alho e cebola. E pode dizer que quem disse isso fui eu. Adeus. *(sai)*
DUQUE	Nenhum mortal, por mais nobre ou influente, Escapa da censura, da acusação mentirosa. Existe alguém com poder suficiente Que possa calar uma língua venenosa?

Entram Éscalo e o Superintendente, escoltando Madame Bempassada.

ÉSCALO	Vai, leva ela para a prisão!
MADAME	Ô simpatia, tenha pena de mim. Todo mundo fala que Sua Chefia tem um coração de ouro. Piedade, meu senhor.
ÉSCALO	A senhora foi advertida não uma, não duas, mas três vezes, e mesmo assim continua desobedecendo a lei. Sua cota de piedade se esgotou.

SUPERINT.	Uma cafetina com onze anos de estrada, imagina o senhor.
MADAME	Ô chefia, quem me caguetou foi aquele safado do Lúcio. O senhor está sabendo que, no tempo do Duque, a coitada da Kátia François ficou grávida com filho dele? Pois é. Ele jurou por tudo quanto é sagrado que ia se casar com ela e, até agora, porra nenhuma, não é? Quem ficou tomando conta do menino desde o ano passado, quando ele nasceu, foi esta aqui. E olha só como ele me agradece, com calúnias.
ÉSCALO	Esse Lúcio é um sem-vergonha. Será intimado a depor na justiça! E você, chega de falar. Leve-a para a prisão.
SUPERINT.	Sim, meu senhor.

Saem o Superintendente e Madame.

ÉSCALO	Boa noite, padre.
DUQUE	Que a alegria e a bondade estejam com o senhor!
ÉSCALO	O senhor é de onde?
DUQUE	Cheguei de Roma há pouco, a serviço de Sua Santidade.
ÉSCALO	E quais as notícias pelo mundo afora?
DUQUE	Nenhuma, exceto a de que a bondade anda tão doente que só a morte pode curá-la. Não há nada de novo nisso, mas é novidade todo dia. Agora, diga-me, que tipo de pessoa era o Duque?
ÉSCALO	Era um homem sempre em conflito consigo mesmo.
DUQUE	E se entregava a algum prazer?
ÉSCALO	Sentia tanto prazer na alegria dos outros que sua própria alegria não lhe dava prazer. Era uma boa pessoa. E Cláudio, o senhor sabe como está?
DUQUE	Está resignado com a morte.

ÉSCALO	Fiz de tudo para defender o pobre rapaz, mas a justiça de Ângelo é implacável. Vou agora visitar o condenado. Passe bem.
DUQUE	Que a paz esteja com o senhor. *(sai Éscalo)* Que vergonha! Ângelo condena nos outros os crimes que ele mesmo comete. Dez vezes vergonha, combater o meu vício, enquanto ele se rende secretamente ao seu. Ah, o que um homem não esconde por trás da aparência de um anjo! Contra o vício farei uso da astúcia. Esta noite, Mariana irá ao encontro de Ângelo no lugar de Isabela. Ângelo sempre julga os outros sem nenhuma piedade. Então, por que não pagar quem é falso com falsidade? *(sai)*

Cena 11

Uma granja em São Lucas. Entram Mariana e uma menina, cantando. Durante a canção, entra Isabela.

> Lábios se afastem, lábios vão embora
> Não me beijem, lábios doces sem verdade
> Olhos como brilham, brilham como a aurora
> Com nenhuma ou bem pouca intensidade

Entra o Duque, disfarçado.

DUQUE	Então, Mariana?
ISABELA	Ela está de acordo, se é isso que o senhor aconselha.
DUQUE	Você acredita que tudo que eu desejo é para o seu bem?
MARIANA	Bom padre, tenho certeza que sim.
DUQUE	Vamos nos apressar, pois a noite se aproxima.
ISABELA	Mariana, no fim do seu encontro com Ângelo, sussurre no ouvido dele: "Lembre-se do meu irmão". Não diga nada além disso.
MARIANA	Não tenha medo.

DUQUE	Nem você, querida filha. Ele havia se comprometido com você. Este encontro, que parece ser imoral, não é pecado nenhum, pelos direitos que você tem sobre ele. Vamos indo. Para a colheita amadurecer, temos antes que plantar a semente.

Saem.

Cena 12

A prisão. Entram o Superintendente e Pompeu.

SUPERINT.	Venha cá. Me diga uma coisa, você é capaz de cortar a cabeça de um homem?
POMPEU	Se ele for solteiro, tudo bem. Agora, se ele for casado, já perdeu a cabeça com a mulher.
SUPERINT.	Chega de gracinhas. Preste atenção: Cláudio e Barnabé, o "miolo mole", vão ser executados amanhã de manhã. Mas o carrasco está precisando de um ajudante. Se você aceitar o trabalho, tudo bem, aí vai diminuir a sua pena; se não, vai ficar em cana até o fim e, ainda por cima, levar um puta trato por ser o cafetão mais notório da cidade.
POMPEU	É isso, de cafetão pra carrasco da noite pro dia. Que beleza! Estou pronto pra receber ordens do meu mais novo patrão.
SUPERINT.	Ô, Franchão, onde é que você está? Franchão!
FRANCHÃO	*(entrando)* O senhor me chamou?
SUPERINT.	Este sujeito aqui vai te ajudar, amanhã.
POMPEU	Não, não, não!
SUPERINT.	Mas não deixa ele contar vantagem pra cima de você. Ele não passa de um cafetão.
FRANCHÃO	Um cafetão, meu senhor? Isso eu não admito, é falta de respeito com a minha vocação.

SUPERINT.   Nada disso, vocês dois são farinha do mesmo saco. *(sai)*

POMPEU   O senhor me dá licença? Vamos dar uma voltinha? Eu não estou querendo fazer gracinha, não, mas acho engraçado essa do senhor dizer que ser carrasco é uma vocação.

FRANCHÃO   É uma vocação, sim senhor.

POMPEU   Como é que pode? Ser carrasco é moleza, vocação mesmo é ser cafetão. Acha que tomar conta de todas aquelas putinhas endiabradas é pra qualquer um? Pode me matar, mas dizer que matar os outros é uma vocação... Pera aí!

FRANCHÃO   É uma vocação, está me ouvindo?

POMPEU   Prova, prova.

FRANCHÃO   Não é você que escolhe, você é escolhido.

POMPEU   Então é isso!

SUPERINT.   *(voltando)* Chegaram a um acordo?

POMPEU   Mais do que o senhor imagina.

SUPERINT.   A execução vai ser às quatro da manhã. Preparem-se.

FRANCHÃO   Siga-me, cafetão. Vou te ensinar os mistérios da minha profissão.

POMPEU   Estou louco pra aprender. Fico te devendo uma, viu?

Saem Pompeu e Franchão.

SUPERINT.   Já é meia-noite. Espero que, antes do amanhecer, um perdão chegue para o pobre do Cláudio. *(entra o Duque, disfarçado)* Bem-vindo, padre.

DUQUE   Que os mais puros espíritos da noite o protejam. Alguém veio me procurar?

SUPERINT.	Depois do toque de recolher, não apareceu ninguém.
DUQUE	Nem mesmo Isabela?
SUPERINT.	Não.
DUQUE	Logo estarão aqui.
SUPERINT.	Alguma esperança para o Cláudio?
DUQUE	Esperança sempre há.
SUPERINT.	Esse Ângelo é cruel demais.
DUQUE	Nem tanto, nem tanto. A rigidez de sua vida reflete a sua rígida noção de justiça. Se ele praticasse o mal que condena, aí sim seria um tirano. Como não é esse o caso, ele é justo. *(batidas na porta. Sai o superintendente)* Chegaram. *(mais batidas na porta)* Que urgência é essa?
SUPERINT.	*(voltando e falando para alguém lá fora)* Deixa ele em paz. Quando chegar a hora, a gente chama.
DUQUE	A execução foi adiada?
SUPERINT.	Não foi não, padre.
DUQUE	Antes do amanhecer, vamos receber uma boa notícia.
SUPERINT.	É o mensageiro do senhor Ângelo.

Entra o mensageiro.

DUQUE	Trazendo o perdão de Cláudio.
MENSAG.	Meu senhor mandou lhe entregar isto e pediu para dizer que não deve se afastar nem um milímetro do que está escrito aqui, quaisquer que sejam as circunstâncias. Já está amanhecendo. Tenham um bom dia.
SUPERINT.	Assim será.

Sai o mensageiro.

DUQUE	*(à parte)* É o perdão de Cláudio, comprado pelo pecado daquele que o perdoa. E então, o que diz a mensagem?
SUPERINT.	Será que o senhor Ângelo não confia em mim, que precisa me dar essas ordens?
DUQUE	Vamos, leia isso logo.
SUPERINT.	*(lendo)* "Não importa o que você ouça em contrário, Cláudio deverá ser executado às quatro horas da manhã de hoje. E Barnabé logo de tarde. Como prova de que minhas ordens foram cumpridas, me envie a cabeça de Cláudio até as cinco horas. Se falhar, terá que enfrentar as consequências." O que o senhor acha disso, padre?
DUQUE	Quem é esse Barnabé?
SUPERINT.	Um boêmio que está condenado à morte há nove anos.
DUQUE	Mas por que o Duque, nesse tempo todo, não o perdoou ou mandou executá-lo?
SUPERINT.	Não havia prova definitiva de sua culpa, mas agora ele confessou o crime.
DUQUE	Como é que ele tem se comportado na prisão?
SUPERINT.	Ele encara a morte como se fosse o sono de um bêbado. É indiferente a ela. Bebe tantas vezes por dia que tem dias que fica bêbado de vez. A ideia de ser executado não o abala.
DUQUE	Vejo que o senhor é um homem honesto, com quem eu posso contar. Preciso que me preste um serviço urgente e perigoso.
SUPERINT.	E qual é?
DUQUE	Adiar a execução de Cláudio.

SUPERINT.	O quê?! Não! Como? Olha aqui a ordem assinada. Ângelo exige ver a cabeça do rapaz. Se eu desobedecer, é a minha cabeça que vai rolar.
DUQUE	Pelos votos da minha Ordem, confie em mim. Siga minhas instruções. Faça com que Barnabé seja executado e leve a cabeça dele para Ângelo.
SUPERINT.	Ângelo conhece os dois e não vai cair nessa.
DUQUE	Ah, mas a morte disfarça quem somos, e você pode dar umas retocadas no defunto.
SUPERINT.	Perdão, padre, mas isso é contra o meu juramento.
DUQUE	Prestou juramento ao Duque ou ao seu substituto?
SUPERINT.	Aos dois.
DUQUE	Se o Duque aprovar a sua conduta, isso o deixará mais tranquilo?
SUPERINT.	Mas isso é possível?
DUQUE	Não só possível como uma certeza. Olhe bem para esta carta. Você conhece a letra e o sinete do Duque?
SUPERINT.	Sim, sim, conheço.
DUQUE	Então, o Duque afirma aqui que em dois dias estará de volta. Veja, a estrela da manhã convoca o pastor para o seu rebanho. Livre-se desse espanto. As dificuldades, quando conhecidas, são fáceis de ser resolvidas. Chame o carrasco e dê ordem para que corte a cabeça de Barnabé. O sol está raiando.

Saem.

Cena 13

A prisão. Entra Pompeu.

POMPEU	Meus chapas, vou contar pra vocês, que maneiro! Estou em casa, sabem? É como o puteiro da Madame Bempassada. Nossa, como tem cliente dela aqui na cadeia! Está cheio de trambiqueiro, de assaltante, caloteiro, tem laranja que não acaba mais, tem sonegador, estelionatário, playboyzinho traficante, lobista, empreiteiro, mas ó, deputado e senador que é bom, prendem uns gatos-pingados, e os que são presos ficam gritando: "Não fui eu! Não fui eu! Não sei de nada! Me dá meu *habeas corpus*! Vou processar por calúnia!".

Entra Franchão.

FRANCHÃO	Chame Barnabé. Rápido.
POMPEU	Seu Barnabé, acorda, vai. Psiu! Está na hora do senhor ir pro inferno. Ô, seu Barnabé!
FRANCHÃO	Ô, Barnabé!
BARNABÉ	*(de fora)* Vão à merda! Que esculhambação é essa? Quem é que quer falar comigo?
POMPEU	É o carrasco, seu Barnabé. Tenha a gentileza de se levantar, a morte está te esperando.
BARNABÉ	*(de fora)* Desapareça, seu safado, suma daqui! Estou dormindo, porra.
FRANCHÃO	Vai lá, manda ele acordar, e depressa.
POMPEU	Ô, seu Barnabé, acorda pra ser executado, depois o senhor pode dormir o quanto quiser.
FRANCHÃO	Traz esse cara aqui de qualquer jeito.
POMPEU	Não precisa não, chefe, ele está vindo, está vindo.
FRANCHÃO	Já preparou o machado?
POMPEU	Tudo pronto, chefe.

Entra Barnabé.

BARNABÉ   Que é que foi?

FRANCHÃO   Começa a rezar aí, Barnabé, que a tua hora chegou.

BARNABÉ   Estou de porre, porra. Não estou em condição de rezar.

POMPEU   Ah, melhor ainda, seu Barnabé, porque quem passa a noite toda de porre e morre na manhã seguinte, não fica de ressaca.

BARNABÉ   Cuidado com essas intimidades aí, rapá!

Entra o Duque, disfarçado.

FRANCHÃO   Olha, aí vem o padre pra você se confessar. Ainda acha que é gozação?

DUQUE   Meu senhor, ao tomar conhecimento de que terá que nos deixar daqui a pouco, vim para lhe dar alguns conselhos, confortá-lo e rezar na sua companhia.

BARNABÉ   Nada disso, padre. Eu enchi tanto a cara, ontem à noite, que preciso de mais tempo pra me preparar. Não tenho a mínima intenção de morrer hoje, viu? Fim de papo.

DUQUE   Não, não, é importante, o senhor precisa. Por isso, eu lhe imploro: encare essa sua jornada com muita alegria.

BARNABÉ   Ô, santidade! Hoje eu não morro. Quer apostar?

DUQUE   Escuta aqui...

BARNABÉ   Chega, não quero saber! Se precisar falar comigo, ele sabe onde me encontrar. De lá não saio mais hoje.

Sai Barnabé. Entra o Superintendente.

DUQUE   Esse não presta nem para viver nem para morrer. Que coração de pedra!

SUPERINT.   Atrás dele. Está na hora. *(saem Franchão e Pompeu)* E então, padre, o que achou do prisioneiro?

DUQUE   Uma criatura despreparada, sem dignidade para morrer. Iria direto para o inferno se fosse ao encontro da morte assim.

SUPERINT.   Padre, hoje de manhã, morreu aqui na prisão, de uma terrível febre, um sujeito chamado Ragozin, um assassino da pior espécie. Ele tinha, mais ou menos, a idade de Cláudio. O que acha de, por ora, deixarmos o Barnabé de lado até que ele esteja pronto para morrer e levarmos para Ângelo a cabeça desse Ragozin, que pelo menos é um pouco mais parecido com Cláudio?

DUQUE   Ah, foi o céu que nos abençoou com essa feliz coincidência! Vamos, não perca tempo, providencie logo a cabeça desse assassino e leve-a ao senhor Ângelo.

Sai o Superintendente.

ISABELA   *(de fora)* Que a paz esteja neste lugar!

DUQUE   É a voz de Isabela. Veio saber se o seu irmão foi perdoado. Não vou lhe revelar que ele está salvo, para que, no momento certo, o seu desespero se transforme em alegria.

Entra Isabela.

ISABELA   Com sua permissão.

DUQUE   Desejo-lhe um bom dia, minha bela e graciosa filha.

ISABELA   Bom dia será, pois quem o deseja é um homem santo. Ângelo já mandou o perdão?

DUQUE   Seu irmão está livre, Isabela, deste mundo. Sua cabeça já foi enviada para Ângelo.

ISABELA   Como? Não é possível!

DUQUE   É sim. Mostre sabedoria, minha filha, suportando sua dor com paciência.

ISABELA Ah, vou arrancar os olhos dele!

DUQUE Não será nem admitida à sua presença.

ISABELA Ah, infeliz Cláudio! Pobre Isabela! Mundo perverso! Maldito, maldito Ângelo!

DUQUE Você não ganha nada com isso. Chega, confie no céu e preste bem atenção no que vou lhe dizer. O Duque volta amanhã... Vamos, pare de chorar. Ângelo vai receber o Duque na entrada da cidade, quando então irá lhe transferir o poder. Se for possível, não faça nada até chegar o momento em que você poderá acusar esse miserável na frente de todos. Assim, você cairá nas graças do Duque e terá a sua vingança.

ISABELA Como o senhor achar melhor.

DUQUE Procure Frei Pedro. Diga-lhe para ir, amanhã de manhã, sem falta, até a casa de Mariana, e conduzir vocês duas ao Duque. Infelizmente, não poderei estar lá devido a um voto sagrado a que tive que me submeter. Pare de chorar e confie em mim. *(alguém se aproxima)* Quem é?

Entra Lúcio.

LÚCIO Bom dia, padre. O senhor viu o Superintendente?

DUQUE Aqui ele não está.

LÚCIO Ah, linda Isabela, fico pálido só de ver esses seus olhos tão vermelhos. É preciso ser paciente. Gostava muito do seu irmão, doce Isabela. Se o velho Duque, aquele safado, que conhecia as fraquezas humanas melhor do que ninguém, estivesse aqui, aposto que o seu irmão ainda estaria vivo.

Sai Isabela.

DUQUE Meu senhor, felizmente a reputação do Duque não depende em nada dos seus comentários. Isso é calúnia.

LÚCIO — Padre, eu conheço o Duque muito melhor que o senhor. Ele é um garanhão. Mulher nenhuma escapa dele.

DUQUE — Muito bem. Mais cedo ou mais tarde, o senhor vai ter que responder por isso. Adeus.

LÚCIO — Não, espere, vou com o senhor. Tenho histórias do Duque de arrepiar.

DUQUE — Não quero saber.

LÚCIO — Uma vez, tive que comparecer diante dele, acusado de engravidar uma menina.

DUQUE — E era verdade?

LÚCIO — Era, era sim. Era a vagaba da Kátia François! Mas, olha, neguei tudo, senão iam me forçar a casar com a putinha.

DUQUE — Meu caro senhor, o senhor é muito engraçado, mas pouco honesto; passe bem.

LÚCIO — Nada disso, vamos juntos até o fim da rua. Se sacanagem não interessa ao senhor, a gente muda de assunto. Não, padre, vem cá. Sou que nem cola. Eu grudo.

Saem.

Cena 14

Sala no Palácio do Duque. Entram Ângelo e Éscalo.

ÉSCALO — Cada carta que ele escreve contradiz a anterior.

ÂNGELO — Nada faz sentido. Até parece que ele enlouqueceu. Por que temos que ir ao seu encontro nos portões da cidade e transferir o poder na frente de todo mundo?

ÉSCALO — Não faço a menor ideia.

ÂNGELO	E por que nos obriga a anunciar, uma hora antes de sua chegada, que se alguém se sente injustiçado poderá apresentar sua queixa em plena rua?
ÉSCALO	Ele diz que pretende resolver tudo ali mesmo, para que depois não haja repercussões.
ÂNGELO	Muito bem. Temos que cumprir suas ordens. Vejo você pela manhã.
ÉSCALO	Sim, Excelência. Boa noite.
ÂNGELO	Boa noite. *(sai Éscalo)* Esse ato me deixou sem saber mais quem eu sou. Nada me interessa ou me anima. Uma virgem deflorada! E pelo juiz que exigiu que a lei fosse cumprida com tanto rigor. Se não fosse pela vergonha de revelar que perdeu a virgindade, o que ela não ia dizer de mim! Não, ela não ousará dizer nada. Além do que, a minha autoridade me protege de qualquer escândalo. Todos iriam pensar que foi ela que me seduziu. Eu devia ter poupado a vida do rapaz, só que, com certeza, ele ia se vingar de mim, pois o preço do seu resgate foi a vergonha da irmã. Mesmo assim, quisera que ele ainda estivesse vivo. Ah, desgraça, quando perdemos a noção de moral, o que não queremos, queremos, e tudo vai mal.

Sai.

Cena 15

Uma rua na entrada da cidade. Entram Isabela e Mariana.

ISABELA	Eu não queria mais fingir, eu queria jogar tudo na cara desse Ângelo. Mas o frade disse que quem tem que fazer isso é você.
MARIANA	Vamos obedecê-lo.
ISABELA	Me disse ainda que, se o Duque começar a fazer acusações contra a minha pessoa, não é para eu estranhar, pois se trata de um remédio amargo que vai produzir o mais doce efeito.

Entra Frei Pedro.

MARIANA Veja, é Frei Pedro.

FREI PEDRO Rápido, os sinos já soaram duas vezes. O Duque está chegando! Vamos.

Saem.

Cena 16

Nos portões da cidade. Entram o Duque, em seus próprios trajes, Ângelo, Éscalo, Lúcio e o Superintendente.

DUQUE *(a Ângelo)* Querido senhor, que encontro feliz! *(a Éscalo)* Meu velho e fiel amigo, que prazer em revê-lo!

ÂNG./ÉSC. Seja bem-vindo, meu senhor.

DUQUE Obrigado a ambos, de coração. Indaguei a seu respeito e ouvi falar tão bem de como o senhor aplicou a justiça na minha ausência, que me sinto no dever de agradecer-lhe publicamente. Maiores recompensas hão de vir, muito em breve.

ÂNGELO Isso fortalece ainda mais os nossos laços.

DUQUE Ah, seu mérito fala tão alto que seria injusto mantê-lo em segredo e não gravá-lo em bronze contra os desgastes do tempo e do esquecimento. Dê-me sua mão. Que nossos súditos possam ver que essas cortesias são uma expressão do profundo afeto que sinto pelo senhor. Venha, Éscalo, também você me dê sua mão. Quero me cercar de meus dois maiores aliados.

Entram Frei Pedro e Isabela.

FREI PEDRO Agora. Fale bem alto.

ISABELA Justiça! Ah, meu senhor, olhe para esta mulher que foi violentada. Ah, meu bom senhor, tudo o que eu lhe peço é que faça justiça! Justiça! Justiça! Justiça!

DUQUE	Violentada? Por quem? Fale. Aqui está o senhor Ângelo, que lhe concederá justiça. Conte tudo a ele.
ISABELA	Meu senhor, não posso pedir redenção ao demônio! É ao senhor que me dirijo. Se for falso o que vou dizer, que seja meu o castigo. Se for verdade, exijo reparação. Me escute, me escute, ah, me escute!
ÂNGELO	Meu senhor, receio que a coitada esteja delirando. Ela veio, várias vezes, suplicar pela vida de seu irmão, que foi executado por decisão da justiça.
ISABELA	Decisão da justiça!
ÂNGELO	Ela está cheia de amargura e tudo o que diz é muito estranho.
ISABELA	Tudo o que eu digo é muito estranho, mas é tudo verdade. Que Ângelo seja um mentiroso, isso não é estranho? Que Ângelo seja um assassino, isso não é estranho? Que Ângelo seja um adúltero, um hipócrita, um estuprador de virgens, isso não é estranho? Não é estranho?
DUQUE	Não, é dez vezes estranho.
ISABELA	Não, é dez vezes verdade, pois a verdade é a verdade até o fim dos tempos.
DUQUE	Levem a coitada. Perdeu o juízo.
ISABELA	Ah, meu senhor, eu lhe suplico, não me ignore dizendo que eu estou louca. E não considere impossível aquilo que só parece improvável. Não é impossível que o maior canalha deste mundo pareça tão tímido, tão sério, tão justo e virtuoso quanto o senhor Ângelo. Do mesmo modo que o senhor Ângelo, com todo o seu prestígio e toda a sua respeitabilidade, seja um vilão desavergonhado. Acredite, meu senhor, se ele for menos do que isso, ele não é nada; se ele for mais, ele é pura maldade.
DUQUE	Se ela estiver louca, e acredito que esteja sim, essa loucura, por mais esquisita que seja, faz um certo sentido. Continue.

ISABELA	Sou irmã de Cláudio, o rapaz que foi condenado à morte pelo senhor Ângelo por crime de imoralidade sexual. Eu estava para ingressar num convento quando meu irmão mandou um tal Lúcio me chamar.
LÚCIO	Oba! Presente, meu senhor. Fui eu que pedi que ela usasse de seus encantos para fazer o juiz perdoar o coitado do irmão.
DUQUE	*(para Lúcio)* Não lhe dei permissão para falar.
LÚCIO	Não, meu bom senhor. Nem me mandou ficar calado.
DUQUE	Estou mandando agora. E quando for o senhor o acusado, espero que saiba o que dizer.
LÚCIO	Não se preocupe, meu senhor.
DUQUE	O senhor é que deve se preocupar. Cuidado.
ISABELA	É mais ou menos como ele disse. Sobre usar os meus encantos.
LÚCIO	Certo.
DUQUE	Pode estar certo nisso, mas está errado ao nos interromper. *(a Isabela)* Prossiga.
ISABELA	Fui então falar com esse juiz tão pernicioso e corrupto.
DUQUE	Acho que a senhorita está exagerando nos adjetivos.
ISABELA	O senhor me perdoe, mas descrevem muito bem quem ele é.
DUQUE	Está perdoada. Continue.
ISABELA	Tentei persuadi-lo, caí de joelhos e implorei, mas em nenhum momento ele deu ouvidos às minhas súplicas. E agora, com muita dor e vergonha, só me resta confessar o que então aconteceu. Logo ficou claro que o meu irmão só escaparia da morte se eu entregasse o meu corpo ao prazer desse depravado. Finalmente, depois de muita agonia, a pena que senti pelo meu irmão me levou a sacrificar minha honra e deixei que Ângelo

	se aproveitasse de mim. Mas, depois de saciar o seu apetite, ele deu ordens para que o meu irmão fosse decapitado!
DUQUE	Como se isso fosse possível!
ISABELA	Ah, é mais do que possível, é verdade!
DUQUE	Menina boba! Ou você não sabe do que está falando ou alguém lhe pagou para chantagear este senhor. Em primeiro lugar, ele é o mais íntegro dos homens. Em segundo, isso não faz nenhum sentido. Se ele tivesse cometido um crime como esse, teria julgado o seu irmão de acordo consigo mesmo, jamais o teria executado. Quem foi que lhe pagou? Vamos, fale a verdade.
ISABELA	É só isso? Ah, poderes celestiais, façam com que eu seja paciente e revelem o mal que se esconde atrás de uma falsa aparência. Que Nosso Senhor o proteja, pois saio daqui injustiçada e incompreendida.
DUQUE	Não pense que irá fugir! Superintendente, leve-a para a cadeia. Acha que vou permitir que acusações tão absurdas e escandalosas caiam sobre um homem a quem eu tanto estimo? Isso só pode ser uma tentativa de golpe. Quem mais está envolvido neste complô?
ISABELA	Alguém que eu gostaria muito que estivesse aqui, Frei Ludovico.

Sai com o Superintendente.

DUQUE	Um frei fantasma! Quem aqui conhece esse Ludovico?
LÚCIO	Eu, meu senhor. É um padre metido a besta. Não gosto nada dele. Falou tão mal do senhor que eu só não arrebentei a cara dele por ser um homem da igreja.
DUQUE	Falou mal de mim? Belo padre. E ainda manda essa coitada caluniar o meu substituto. Tratem de achar o tal padre.
LÚCIO	Ontem mesmo, senhor, eu vi essa jovem e o padre na prisão. Um padre cara de pau, um vigarista.

FREI PEDRO	Bendito seja, Sua Graça! Não dê mais atenção a esses disparates, meu senhor. As acusações dessa mulher são completamente falsas. O senhor Ângelo nunca tocou nela. Ele é tão inocente quanto um recém-nascido.
DUQUE	Nunca pensei o contrário. O senhor conhece esse Frei Ludovico?
FREI PEDRO	Sei que é um homem piedoso e santo. Ele não é, como disse este senhor aqui, um cara de pau, e muito menos um vigarista. Juro que ele nunca falou mal do senhor.
LÚCIO	Falou mal sim, e muito; soltou a língua.
FREI PEDRO	Bem, talvez chegue o momento de ele se defender. Só que agora está doente, pegou uma febre muito esquisita. Vim a seu pedido para dizer o que é verdade e o que é mentira. Quanto àquela mulher, que acusou o senhor Ângelo de forma tão grosseira e tão vulgar, há uma testemunha que fará com que ela seja desmascarada.
DUQUE	Muito bem. Isso não o faz sorrir, Ângelo? Oh, céus, a vaidade desses tolos! Tragam umas cadeiras. Venha, Ângelo, meu amigo. Não vou tomar partido. Seja você o juiz de sua própria causa. *(entra Mariana, velada)* É essa a testemunha, frade? Que ela mostre o seu rosto primeiro. Depois poderá se pronunciar.
MARIANA	Perdoe-me, meu senhor, não vou mostrar meu rosto a não ser que quem peça seja o meu marido.
DUQUE	Você é casada?
MARIANA	Não, meu senhor.
DUQUE	Você é virgem?
MARIANA	Não, meu senhor.
DUQUE	Então você é viúva?
MARIANA	Também não, meu senhor.

DUQUE	Ora, então você não é nada – nem viúva, nem casada, nem virgem?
LÚCIO	Meu senhor, vai ver que ela é uma puta, pois elas não são viúvas nem casadas e, muito menos, virgens.
DUQUE	Não dá pra calar essa boca?!
LÚCIO	O senhor é que manda.
MARIANA	Meu senhor, confesso que nunca fui casada. Confesso também que não sou virgem. Perdi a virgindade para o meu marido, mas o meu marido não sabe que me fez perder a virgindade.
LÚCIO	Devia estar de porre, meu senhor.
DUQUE	Silêncio.
LÚCIO	Desculpe, meu senhor, desculpe.
DUQUE	Essa testemunha não serve para Ângelo.
MARIANA	Então direi isto, meu senhor. Aquela que acusa o senhor Ângelo de tê-la violentado acusa o meu marido, que naquela hora estava nos meus braços.
ÂNGELO	Ela está acusando outro além de mim?
MARIANA	Não que eu saiba.
DUQUE	Não? Você disse seu marido?
MARIANA	Ora, isso mesmo, senhor. Meu marido. Ângelo. Que acha que nunca abusou do meu corpo, mas do corpo de Isabela.
ÂNGELO	Não estou entendendo nada. Deixe-me ver seu rosto.
MARIANA	Já que meu marido me pediu, tirarei meu véu. Eis o rosto, homem perverso, que você, certa vez, jurou ser digno do seu olhar. Eis a mão que um contrato solene uniu à sua. Eis o

	corpo que satisfez os seus prazeres, no jardim de sua casa, imaginando que era o corpo de Isabela.
DUQUE	Conhece essa mulher, Ângelo?
LÚCIO	No sentido bíblico. Não é?
DUQUE	Chega!
LÚCIO	Chega!
ÂNGELO	Meu senhor, confesso que conheço essa mulher. Há cinco anos, quase chegamos a nos casar. O noivado se desmanchou em parte porque fiquei sabendo que o seu dote era muito menor do que haviam me prometido, mas principalmente porque foi acusada de leviandade. Nesses cinco anos, eu não a vi, não a toquei e nem falei com ela, dou-lhe minha palavra.
MARIANA	*(ajoelha-se)* Meu senhor, na última terça-feira, no jardim de sua casa, o senhor Ângelo me possuiu como se eu fosse a sua mulher. Por ser verdade, meu senhor, permita que eu me levante, senão que eu fique aqui para sempre, como um monumento de mármore.
ÂNGELO	Chega, isso não tem mais graça. Meu senhor, peço que tratemos a justiça com mais respeito. Minha paciência se esgotou. Começo a me dar conta de que essas pobres coitadas foram coagidas a depor por alguém com muito poder. Meu senhor, deixe que eu descubra quem está por trás desse complô.
DUQUE	De todo coração. Façam de tudo para descobrir o responsável. Foi certamente aquele outro frade, o tal de Ludovico, que coagiu essas mulheres. Que ele seja chamado.
FREI PEDRO	Seria bom que ele estivesse aqui. Foi ele, sim, que as coagiu a fazer essa denúncia. O Superintendente sabe onde ele está hospedado e poderá trazê-lo à sua presença.
DUQUE	Vá logo, então. *(sai o Superintendente)* E você, meu digno e fiel amigo, por estar sendo tão difamado, imponha o castigo que achar melhor. De minha parte, vou deixá-los por um mo-

	mento, mas não saiam daqui até que se esclareça quem foi o autor dessas calúnias.
ÉSCALO	Meu senhor, seremos rigorosos. *(sai o Duque, Éscalo senta-se em seu lugar)* Senhor Lúcio, não foi o senhor que disse que Frei Ludovico era uma pessoa desonesta?
LÚCIO	*Cucullus non facit monachum.* O hábito não faz o monge. Esse frade tem falado as coisas mais escabrosas sobre o Duque.
ÉSCALO	Peço que permaneça aqui para que possa depor contra ele. Está me parecendo que esse frade não passa de um malandro.
LÚCIO	A cidade está infestada de malandros, meu senhor, pode acreditar.
ÉSCALO	Mande chamar Isabela de novo. Com sua permissão, meu senhor, gostaria de interrogá-la. Sei muito bem como ir a fundo com esse tipo de mulher.
LÚCIO	*(à parte)* Ângelo também sabe, pelo que ela disse.
ÉSCALO	Como?
LÚCIO	Olha, meu senhor, se o senhor quiser ir a fundo, é melhor estar sozinho com ela, aí ela vai se abrir com o senhor. Mas na frente de todo mundo, ela vai ficar envergonhada. *(entram Isabela, o Superintendente e o Duque, disfarçado)*
ÉSCALO	Ah, chegou, senhorita? Aí está ao seu lado uma mulher que nega tudo o que a senhorita disse.
LÚCIO	Meu senhor, esse é o patife de quem eu lhe falei.
ÉSCALO	Em boa hora. Não diga nada sem minha ordem.
LÚCIO	Bico fechado.
ÉSCALO	E então, frade, foi o senhor que coagiu essas mulheres a caluniar o senhor Ângelo? Elas confessaram tudo.

DUQUE   Mentira.

ÉSCALO   Mentira! O senhor sabe com quem está falando?

DUQUE   Toda autoridade exige respeito, até mesmo o diabo. Onde está o Duque? É com ele que quero falar.

ÉSCALO   Somos seus representantes, é conosco que tem que falar. E a verdade.

DUQUE   A verdade não me assusta. Ah, pobres coitados, vieram pedir à raposa que lhes entregue o cordeiro? Justiça, adeus. O Duque se foi? Então, sua causa se foi também. O Duque é injusto. Ele ignora seu apelo e deixa que o canalha a quem vocês acusam seja o juiz.

LÚCIO   Eu não falei que ele é um safado? Está aí, ó!

ÉSCALO   Ora, que frade mais atrevido! Não chega ter subornado essas mulheres para que acusassem este homem virtuoso, precisa ainda, com tua boca imunda, chamá-lo de canalha? E o que é pior, tachar o Duque de injusto? Levem-no daqui! Vai ser torturado até revelar suas verdadeiras intenções. "Injusto?"

DUQUE   Nada disso. O Duque não ousaria me torturar, assim como eu não ousaria torturá-lo. Não sou seu súdito. Vim para esta cidade a negócios, onde me deparei com uma corrupção tão desenfreada, tão contagiosa, que se alastra por toda a sociedade e a população zomba das leis.

ÉSCALO   Calúnias contra o governo! Para a prisão, já disse!

ÂNGELO   Senhor Lúcio, não foi deste homem que nos falou?

LÚCIO   Dele mesmo, meu senhor. Vem cá, seu frei de araque. Lembra de mim?

DUQUE   Lembro da tua voz. Nos encontramos há pouco na prisão.

LÚCIO   Ah, é? E lembra como se referiu ao Duque?

DUQUE	Muito bem, meu senhor.
LÚCIO	Ah, é? Disse ou não disse que o Duque não passa de um cafetão, de um idiota e de um covarde?
DUQUE	Talvez o senhor esteja confundindo a sua pessoa com a minha. Na verdade, foi o senhor que falou mal dele e disse coisas muito, mas muito piores.
LÚCIO	Mas que cara de pau! Não te dei um safanão por ter pichado o Duque?
DUQUE	Declaro que gosto do Duque tanto quanto gosto de mim mesmo.
ÂNGELO	Depois de ser tão traiçoeiro, vejam como o canalha procura se redimir.
ÉSCALO	Superintendente, leve-o para a prisão. Essas ordinárias também e o cúmplice delas. *(o Superintendente segura o Duque)*
DUQUE	Um momento, senhor. Um momento.
ÂNGELO	O que é isso? Está resistindo? Ajude-o, Lúcio.
LÚCIO	Vamos, homem, vamos. Ora, seu atrevido, seu patife mentiroso. Quero ver esse teu focinho, seu cachorro. O que, não vai tirar, é?

Lúcio arranca o capuz do frade, revelando o Duque.

DUQUE	É a primeira vez que um patife transforma um frade num duque. *(a Lúcio)* Aonde o senhor pensa que vai? Tem muito o que conversar com o frade.
LÚCIO	*(à parte)* Ih, melou!
DUQUE	*(a Éscalo)* Perdoo tudo o que disse. *(a Ângelo)* O senhor tem algo a dizer? Se tiver, fale logo, pois vou revelar tudo o que aconteceu.

ÂNGELO   Meu senhor, eu serei ainda mais culpado do que sou se tentar encobrir a verdade. Ao que parece, o senhor, como um poder divino, foi testemunha dos meus crimes. Encerre, então, este inquérito, pois confesso que sou culpado de tudo. A minha vergonha não precisa ser julgada. Só o que peço é uma sentença rápida, condenando-me à morte.

DUQUE   Aproxime-se, Mariana. *(a Ângelo)* Agora, me diga: alguma vez prometeu se casar com esta mulher?

ÂNGELO   Sim, meu senhor.

DUQUE   Pois leve-a daqui e se case com ela, imediatamente. Frade, conduza a cerimônia e, ao terminá-la, traga-os de volta. Superintendente, vá com eles.

Saem Ângelo, Mariana, Frei Pedro e o Superintendente.

DUQUE   Venha cá, Isabela. Seu padre é agora seu duque. Troquei de roupas, mas saiba que o meu coração é ainda o mesmo. Continuo ao seu dispor.

ISABELA   Perdoe-me, meu senhor, por ter lhe causado tantos transtornos.

DUQUE   Está perdoada, Isabela. E perdoe a mim também, querida senhorita. Sei o quanto a morte do teu irmão te afeta. E deve estar se perguntando por que não revelei logo quem eu era para que pudesse salvá-lo. Ah, doce senhorita, ele foi executado com tanta urgência que isso me pegou de surpresa. Que ele descanse em paz. Melhor viver no além sem o medo da morte do que a cada dia morrer de medo. Não se desespere, pois ele está feliz.

ISABELA   Sim, meu senhor.

Entram Ângelo, Mariana, Frei Pedro e o Superintendente.

DUQUE   Quanto a este recém-casado, por consideração a Mariana, você deve perdoá-lo. Mas, ao condenar seu irmão, sendo ele, Ângelo, culpado, a lei grita, revoltada: um Ângelo por um Cláudio, morte por morte, justiça por justiça e medida sempre por medida. E por isso, Ângelo, eu condeno o senhor a morrer no mesmo tronco em que Cláudio foi ao encontro de sua morte e com igual presteza. Pode levá-lo.

MARIANA — Ah, meu gracioso senhor, vai zombar de mim com a ilusão de um marido?

DUQUE — Foi seu marido que zombou de você, quando te iludiu prometendo ser teu marido. Os bens dele passarão a você, será seu dote de viúva. Assim, poderá comprar um marido melhor.

MARIANA — Ah, meu caro senhor, não quero marido melhor. Eu quero este.

DUQUE — Queira o que você quiser. Minha decisão é final.

MARIANA — *(ajoelhando-se)* Meu gentil senhor...

DUQUE — Está perdendo o seu tempo. Leve-o para a morte. *(a Lúcio)* Chegou sua vez.

MARIANA — Ah, meu bom senhor! Doce Isabela, me ajude. Caia de joelhos aqui do meu lado e, pelo resto de minha vida, viverei para lhe servir.

DUQUE — Isso não faz nenhum sentido. Se ela se ajoelhar e pedir que eu seja clemente com Ângelo, o fantasma de seu irmão irá romper as paredes do seu túmulo e a levará daqui, horrorizado.

MARIANA — Isabela, doce Isabela, mesmo assim, ajoelhe-se do meu lado. Não precisa falar nada, eu falarei tudo. Dizem que os melhores homens são moldados por seus defeitos. E que alguns crescem a partir de suas pequenas maldades. Talvez venha a ser assim com o meu marido. Ah, Isabela, não vai se ajoelhar?

DUQUE — Ângelo deve morrer porque matou o seu irmão.

ISABELA — *(de joelhos)* Generoso senhor, olhe para este condenado, se puder, como se meu irmão ainda estivesse vivo. Com certeza, ele agia com sinceridade até o momento em que me conheceu. Assim sendo, não o condene à morte. A justiça foi feita, pois o meu irmão foi punido por aquilo que cometeu. Quanto ao

	senhor Ângelo, seu ato ficou só na intenção. Pensamentos não podem estar sujeitos à lei, pois são só pensamentos.
MARIANA	Só pensamentos, meu senhor.
DUQUE	Perda de tempo. De pé, as duas. Acabo de me lembrar de um outro crime. Superintendente, por que Cláudio foi executado com tanta urgência?
SUPERINT.	Foi uma ordem.
DUQUE	Uma ordem oficial?
SUPERINT.	Não, meu senhor, foi uma mensagem de teor privado.
DUQUE	Nesse caso, o senhor está demitido. Entregue suas chaves.
SUPERINT.	Perdoe-me, meu senhor, achava que isso era um equívoco, mas não tinha certeza. Me arrependi, depois de pensar melhor. E a prova disso é que um outro, que deveria ter sido executado, continua vivo.
DUQUE	Como ele se chama?
SUPERINT.	Barnabé.
DUQUE	Quisera que tivesse feito o mesmo por Cláudio. Vá buscar esse Barnabé.

Sai o Superintendente.

ÉSCALO	Lamento muito e fico triste, senhor Ângelo, que um homem tão sábio e responsável quanto o senhor tenha se deixado levar pelo calor da paixão e por tamanha falta de juízo.
ÂNGELO	E eu lamento muito por ter causado tanta tristeza. Meu remorso é tão grande que eu anseio pela morte muito mais do que pela misericórdia. Eu a mereço e imploro por ela.

Entram o Superintendente, Barnabé, Cláudio, de capuz, e Julieta.

DUQUE	Qual deles é Barnabé?
SUPERINT.	Este aqui, meu senhor.
DUQUE	Conheci um frade que me falou deste homem. *(a Barnabé)* Meu rapaz, você é um sujeito muito teimoso, que não tem nenhum medo da morte e por isso se entrega aos prazeres da vida. Você foi condenado. Contudo, os seus crimes, eu os perdoo todos. E, no futuro, peço que use essa misericórdia como inspiração. Frade, deixo-o em suas mãos. Quem é esse aí com o capuz?
SUPERINT.	Um outro prisioneiro que salvei e que deveria ter sido executado junto com Cláudio. Parece-se tanto com Cláudio quanto Cláudio consigo mesmo. *(tira o capuz)*
DUQUE	*(a Isabela)* Se se parece com o seu irmão, então, por amor a ele, eu o perdoo. E, por amor a você, eu peço a sua mão. Diga que me aceita – mas falaremos disso depois. O senhor Ângelo começa a se dar conta de que está salvo. Acho que vejo um brilho em seus olhos. Bem, Ângelo, o que você ganha por sua maldade é uma bela recompensa. Ame sua esposa e que o seu valor se iguale ao dela. Sinto-me muito benevolente hoje, mas há um entre nós que não posso perdoar.
LÚCIO	Ih, sou eu!
DUQUE	*(a Lúcio)* E então, seu safado, quer dizer que eu sou um idiota, um covarde, um garanhão, um asno e um doido varrido. O que eu fiz para merecer tantos elogios?
LÚCIO	Na verdade, meu senhor, foi só de brincadeira. O senhor pode até me enforcar, se quiser, mas eu ficaria mais feliz se mandasse me dar uma surra.
DUQUE	Primeiro a surra e depois a forca. Superintendente, mande proclamar que se existe alguma mulher que sofreu abusos deste devasso – e ele jurou para mim que engravidou uma – que apareça!
KÁTIA FRANÇOIS	Aqui! Sou eu! Euzinha aqui!

DUQUE	Ele vai ter que se casar com ela. Terminada a cerimônia, dê uma surra nele e, depois, o enforque.
LÚCIO	Pelo amor de Deus, não me force a casar com uma puta. O senhor disse, ainda há pouco, que eu fiz um duque do senhor. Não retribua a gentileza fazendo de mim um corno.
DUQUE	Nada de discussão, você vai se casar com ela. As suas calúnias serão perdoadas e os seus outros castigos ficarão para depois.
LÚCIO	Castigo pior do que a tortura, o chicote e a forca, meu senhor, é casar com uma puta.
DUQUE	É o que você merece por ter caluniado um duque. *(sai Lúcio, escoltado)* Cláudio, cuide bem de Julieta. Mariana, muitas felicidades. Ângelo, dê todo o seu amor a ela, pois sei que é uma mulher virtuosa. Éscalo, meu amigo, obrigado por seu apoio e bondade. Superintendente, por seu zelo e discrição, o senhor será promovido. Querida Isabela, eu tenho uma proposta para lhe fazer que, se consentir em aceitá-la, tudo que é meu será seu e tudo que é seu será meu. Vamos.

Saem todos.

FIM

MACBETH

PERSONAGENS

DUNCAN, *rei da Escócia*
MALCOLM &
DONALBAIN, *seus filhos*
MACBETH &
BANQUO, *generais do exército do rei*

MACDUFF
LENNOX
ROSS, *barões da Escócia*

FLEANCE, *filho de Banquo*
SIWARD, *general do exército inglês*
JOVEM SIWARD, *seu filho*
SEYTON, *oficial a serviço de Macbeth*
FILHO *de Macduff*

SARGENTO
MÉDICO
PORTEIRO
TRÊS ASSASSINOS

LADY MACBETH
LADY MACDUFF
DAMA DE COMPANHIA *de Lady Macbeth*
TRÊS FEITICEIRAS

Nobres, soldados, atendentes, mensageiros e aparições

Cena 1

Um lugar deserto. Raios e trovões. Entram três feiticeiras.

FEITICEIRA 1   *Quando nos veremos novamente?*
              No raio, no trovão ou na torrente?

FEITICEIRA 2   *Quando todo este tumulto estiver acabado,*
              E a batalha perdida e ganha de cada lado.

FEITICEIRA 3   *Antes do pôr do sol.*

FEITICEIRA 1   *Em que lugar?*

FEITICEIRA 2   *No pântano.*

FEITICEIRA 3   *Para Macbeth encontrar.*

AS TRÊS   *O belo é feio e o feio é belo.*
              Vamos voar por este mundo tão singelo.

Elas desaparecem.

Cena 2

Um acampamento perto de Forres. Um soldado ensanguentado. Entram o rei Duncan, Malcolm, Donalbain, Macduff e Lennox.

DUNCAN   Que homem é esse, todo coberto de sangue?

MALCOLM   É o sargento que muito lutou para que eu não fosse capturado. Coragem, meu amigo, diga ao rei o que está acontecendo no campo de batalha.

SARGENTO Não sabíamos qual seria o desfecho. Então, o rebelde Macdonald, inimigo infame e cruel, recebeu reforços da Irlanda. A fortuna parecia estar do seu lado, mas nada adiantou, pois logo o audacioso Macbeth foi abatendo todos que se encontravam no seu caminho, até que enterrou a espada no estômago do rebelde, cortou a cabeça do miserável e a cravou no topo de um poste, à vista de todos.

DUNCAN   Que homem mais valente e exemplar!

SARGENTO   Mas escuta, meu rei, escuta, más notícias seguem as boas. Nem bem nossos soldados tinham posto aquela escória para correr, o rei da Noruega, aliado deles, partiu para o ataque, com mais reforços, que acabavam de desembarcar.

DUNCAN   E nossos generais, Macbeth e Banquo, não se intimidaram?

SARGENTO   Tanto quanto um leão diante de uma lebre, pois se lançaram sobre o inimigo como se quisessem se banhar no sangue que derramavam ou criar um novo Calvário, não sei. Estou muito fraco; preciso que cuidem das minhas feridas.

DUNCAN   Tuas feridas e tuas palavras mostram que és um homem de grande coragem. Levem-no para os médicos!

Sai o sargento, auxiliado por alguns atendentes.

DUNCAN   Quem se aproxima?

DONALBAIN   É o barão de Ross.

LENNOX   Parece que tem coisas estranhas a nos dizer.

Entra Ross.

ROSS   Deus salve o rei!

DUNCAN   De onde vem, nobre Ross?

ROSS   De onde as bandeiras norueguesas aterrorizavam o nosso povo. O rei da Noruega, com a ajuda do barão de Cawdor, aquele traidor desprezível, lançou um ataque feroz, mas encontrou em Macbeth um adversário à altura. Nosso bravo general desafiou o rei insolente e lutou cara a cara com ele, até que, por fim, acabou com toda a sua arrogância! A vitória é nossa!

TODOS	Macbeth! Macbeth! Macbeth!
DUNCAN	Que ótimas notícias! O barão de Cawdor não mais irá trair a afeição que eu lhe dedicava. *(a membros de seu séquito)* Que ele seja executado imediatamente. O seu título e todas as suas terras, agora, pertencem a Macbeth. Vá saudá-lo.
ROSS	Suas ordens serão cumpridas, meu senhor.
DUNCAN	O que Cawdor perdeu, o nobre Macbeth ganhou.

Saem.

Cena 3

Um pântano. Trovões. Entram as três feiticeiras.

AS TRÊS	*(cantam)* *Irmãs e feiticeiras,* *De mãos dadas a ensaiar* *As surpresas mais faceiras,* *Tanto na terra como no mar.* *Três pra você, três pra mim,* *Com mais três fazemos nove.* *Seja bom, seja ruim,* *É o feitiço que se move.*
MACBETH	*(entrando com Banquo)* Nunca vi um dia tão feio e tão belo.
BANQUO	A que distância estamos de casa? *(vê as feiticeiras)* Que seres são esses, tão enrugados, tão selvagens, que nem parecem habitantes da terra? *(a elas)* Estão vivos ou são espíritos? Parecem mulheres, mas têm barbas.
MACBETH	Falem, quem são vocês?
FEITICEIRA 1	Salve Macbeth! Salve, barão de Glamis!
FEITICEIRA 2	Salve Macbeth! Salve, barão de Cawdor!

FEITICEIRA 3   Salve Macbeth, que um dia será rei!

BANQUO   Meu bom senhor, que espanto é esse? Por que tamanho susto ao ouvir o que soa tão bem? *(às feiticeiras)* Vamos, digam-nos, são fantasmas? Ou existem de verdade? Saudaram meu amigo com títulos de tanta nobreza e majestade que ele parece transtornado. Para mim, não falam nada? Se podem decifrar as sementes do tempo e dizer qual grão irá crescer e qual não, falem comigo! Não tenho medo. E não quero nenhum favor.

FEITICEIRA 1   Salve!

FEITICEIRA 2   Salve!

FEITICEIRA 3   Salve!

FEITICEIRA 1   Menor que Macbeth e maior.

FEITICEIRA 2   Não tão feliz e muito mais feliz.

FEITICEIRA 3   Será pai de reis, mas rei jamais será. Salve Banquo e salve Macbeth!

FEITICEIRA 1   Salve Macbeth e salve Banquo!

MACBETH   Esperem, suas palavras não têm sentido! Sei que, com a morte de meu pai, me tornei barão de Glamis. Mas barão de Cawdor? Como? O barão de Cawdor ainda vive! E quanto a ser rei, não, isso é impossível de acreditar. Digam, de onde vêm essas ideias tão estranhas? E por que nos cercaram neste pântano, para nos saudar com tais profecias? Vamos, respondam!

Elas desaparecem.

BANQUO   Sumiram como a água que escorre para o centro da terra. Para onde foram?

MACBETH   Para o ar. O que parecia tão sólido se derreteu e se tornou tão invisível quanto o vento. Quisera que tivessem ficado!

BANQUO   Estavam mesmo aqui ou será que comemos a erva dos loucos, que aprisiona a razão?

MACBETH   Seus filhos serão reis.

BANQUO   Você será rei.

MACBETH   E barão de Cawdor também. Não foi o que elas disseram?

BANQUO   Com estas mesmas palavras. Alguém se aproxima.

Entra Ross.

ROSS   O rei ficou muito feliz com a notícia de sua vitória, Macbeth. Mensageiros se sucediam louvando sua coragem na defesa de nosso país. E, para honrá-lo, Sua Majestade lhe concedeu o título de barão de Cawdor. Portanto, salve, digno barão de Cawdor, pois este título agora lhe pertence.

BANQUO   *(à parte)* O que é isso? Será que o demônio pode dizer a verdade?

MACBETH   O barão de Cawdor ainda está vivo. Por que o senhor me veste com roupas emprestadas?

ROSS   Aquele que era barão de Cawdor foi acusado de alta traição, acabou confessando os seus crimes e foi condenado à morte.

MACBETH   *(à parte)* Barão de Glamis e barão de Cawdor! Depois, rei. *(a Ross)* Obrigado, meu amigo. *(a Banquo)* Isso não alimenta sua esperança de que os seus descendentes serão reis? Aquelas que profetizaram Cawdor para mim prometeram nada menos que o trono para eles!

BANQUO   Se continuar assim, você vai acabar se tornando rei. Mas é estranho. Muitas vezes, para que façamos mal a nós mesmos, o demônio nos diz verdades que não queremos admitir. Depois, nos abandona, e as consequências são terríveis. *(a Ross)* Amigo, uma palavra.

MACBETH   *(à parte)* Duas verdades foram ditas, como um prólogo feliz para o grande ato que vem a seguir, cujo tema é a coroação de um rei! *(a Ross)* Amigo, muito obrigado. *(à parte)* Esta solicitação do sobrenatural não pode ser boa, não pode ser má. Se for má, por que me promete tanto sucesso com o que já se tornou verdade? Sou o barão de Cawdor. Se for boa, por que me deixo seduzir por uma ideia tão terrível que faz meu coração disparar e que é contra minha natureza? Os medos que sentimos não são nada quando comparados aos horrores a que nos leva nossa imaginação. Meus pensamentos, nos quais o assassinato é mera fantasia, perturbam o meu mais profundo ser e não me deixam agir, pois nada existe a não ser o que não existe.

BANQUO   *(a Ross)* Veja como nosso amigo está pensativo.

MACBETH   *(à parte)* Se o destino quer que eu seja rei, então o destino irá me coroar, e não preciso fazer nada.

BANQUO   *(a Ross)* Novas honrarias são como roupas novas. Leva tempo para se acostumar.

MACBETH   *(à parte)* Aconteça o que acontecer,
Depois do pior dos dias, sempre há um amanhecer.

BANQUO   Nobre Macbeth, estamos à sua espera.

MACBETH   Peço desculpas. Me deixei levar por pensamentos tolos. Caros amigos, vamos ao encontro do rei. *(a Banquo)* Pense em tudo o que aconteceu. Mais tarde, conversaremos.

BANQUO   Com o maior prazer.

MACBETH   Até lá, nem uma palavra. Vamos!

Saem.

Cena 4

Palácio de Forres. Entram o rei Duncan, Malcolm, Macduff, Ross, Donalbain, Lennox e atendentes.

DUNCAN   Cawdor foi executado?

MALCOLM   Sim, Majestade. Me disseram que, pouco antes de morrer, ele implorou que o senhor perdoasse a sua traição. Foi mais exemplar ao se despedir da vida do que na vida que viveu.

DUNCAN   Não há como se conhecer um homem apenas pela sua aparência. Nele eu tinha uma confiança absoluta.

Entram Macbeth e Banquo.

DUNCAN   Ah, valoroso primo Macbeth!

TODOS   Macbeth! Macbeth! Macbeth!

DUNCAN   O pecado da ingratidão já estava começando a me atormentar. Quisera que os meus agradecimentos pudessem fazer jus aos seus méritos. Só me resta dizer que você merece muito mais do que a nação pode lhe oferecer.

MACBETH   Servir ao senhor, meu rei, como um súdito leal é a minha recompensa. Como crianças bem-comportadas, que fazem alegremente tudo o que lhes mandam, estamos apenas cumprindo nosso dever, ao cuidar da proteção do país e de nosso muito amado soberano.

DUNCAN   Seja bem-vindo! Você está plantado no meu coração, onde espero que continue crescendo. Nobre Banquo, você não merece menos. Seu valor também precisa ser reconhecido. Que este abraço seja a expressão de meu afeto.

BANQUO   Se eu crescer em sua estima, a colheita será de Sua Majestade.

DUNCAN   Estou tão feliz que nem sequer consigo conter minhas lágrimas. Filhos, nobres, amigos todos, saibam que escolho para me suceder no trono o meu filho mais velho, Malcolm, que a partir de hoje passa a ser o príncipe de Cumberland. *(a Macbeth)* Daqui, então, vamos para o seu castelo, para que eu possa consolidar minha amizade por você.

MACBETH   Com sua permissão, irei na frente, para dar as boas novas da sua visita à minha esposa e cuidar dos preparativos.

DUNCAN   Meu digníssimo Cawdor!

MACBETH   *(à parte)* Príncipe de Cumberland! Esse é um degrau em que eu vou tropeçar, se não pular por cima, pois está no meu caminho. Estrelas, parem de brilhar, não deixem que a luz ilumine os meus desejos mais profundos. Que os olhos não vejam as mãos, pois aquilo que for feito, os olhos terão medo de ver. *(sai)*

DUNCAN   É verdade, nobre Banquo, Macbeth é muito corajoso. Um herói sem igual! Vamos atrás dele.

Eles saem.

Cena 5

Inverness. Castelo de Macbeth. Entra Lady Macbeth, lendo uma carta.

LADY MACB.   *"Elas me encontraram no dia da vitória. E fiquei sabendo que são dotadas de poderes sobrenaturais. Estava ardendo de desejo de lhes fazer perguntas, mas elas desapareceram, misturando-se ao ar. Enquanto permanecia ali, atônito com o que tinha ocorrido, chegou um mensageiro do rei, que me saudou como barão de Cawdor, tal como as estranhas criaturas haviam profetizado. E antevendo o futuro, elas ainda disseram: 'Salve, Macbeth, que um dia será rei!'. Estou lhe mandando estas notícias, minha querida esposa e companheira, para que você possa se regozijar com a grandeza que lhe foi prometida. Pense nisso com muito carinho e até breve."* Barão de Glamis você é e de Cawdor também. E logo será o que lhe profetizaram. Mas sua natureza me enche de temor. Está repleta do leite da bondade humana para tomar o caminho mais curto. Você quer a grandeza. E você é ambicioso. Mas falta-lhe maldade. Você quer conquistar o mundo, mas quer também manter a sua virtude. Não quer ser desonesto, mas quer ganhar desonestamente. Para conseguir o que você mais deseja, é preciso gritar "isto é o que eu tenho que fazer", só que você não tem coragem suficiente para fazê-lo. Venha logo, para eu despejar a minha paixão nos seus ouvidos. E que a força das minhas palavras possa superar tudo que se encontra entre você e a coroa, que a fortuna e os poderes sobrenaturais lhe destinaram.

Entra um mensageiro.

LADY MACB.	Quais são as notícias?
MENSAG.	O rei chega esta noite.
LADY MACB.	Você é louco de me dizer isso! E o meu marido?
MENSAG.	A caminho, senhora. Um mensageiro veio na frente para avisar.
LADY MACB.	Cuide bem dele. Ele trouxe ótimas notícias. *(sai o mensageiro)* Até o corvo vai ficar rouco quando anunciar a entrada fatal do rei no meu castelo. Venham, espíritos que velam pelos pensamentos mais criminosos, façam com que eu não seja mais mulher e que todo o meu ser, da cabeça aos pés, fique cheio da mais medonha crueldade. Engrossem o meu sangue; que os meus poros se fechem para todo e qualquer remorso. Que o meu coração não se deixe amolecer nem me leve a desistir dos meus planos sórdidos. Venham aos meus seios, ministros da morte, onde quer que estejam, aguardando os piores atos da natureza, e azedem o meu leite. Venha logo, noite, vista-se com a mais negra fumaça do inferno, para que a minha faca afiada não veja a ferida que irá fazer, nem o céu, espiando pelas frestas da escuridão, possa gritar "Pare! Pare!". *(entra Macbeth)* Nobre Glamis! Valoroso Cawdor! E maior do que os dois você ainda será, de acordo com as profecias! Sua carta me transportou para além destes tempos e sinto agora o futuro aos meus pés.
MACBETH	Meu amor, o rei chega esta noite.
LADY MACB.	E quando ele vai embora?
MACBETH	Amanhã. É o que pretende.
LADY MACB.	Ah, que não haja sol para iluminar esse amanhã! Seu rosto, meu senhor, mais parece um livro em que qualquer um consegue ler o que se passa no seu coração. Para enganar

o mundo, é preciso ser igual ao mundo. Dê as mais sinceras boas-vindas ao rei, com seus olhos, seus gestos e suas palavras. Tenha a aparência de uma flor cheia de inocência, debaixo da qual se esconde uma serpente. Nosso hóspede precisa ser muito bem recebido. Deixe que eu me encarrego de todos os preparativos desta noite. Quando a nossa grande tarefa for realizada, não haverá limites para o nosso poder e a nossa majestade.

MACBETH   Falaremos mais sobre isso depois.

LADY MACB.   Mantém firme o teu olhar.
Que ninguém venha a suspeitar do nosso segredo.
Só o que pode nos trair é esse teu medo.
Vamos.

Saem.

Cena 6

Diante do castelo de Macbeth. Entram o rei Duncan, Malcolm, Donalbain, Banquo, Lennox, Macduff, Ross e atendentes.

DUNCAN   Este castelo fica num lugar muito agradável. O ar é tão leve e puro que me faz um enorme bem.

BANQUO   As andorinhas constroem seus ninhos aqui, nas sacadas do castelo, para criar seus filhotes. Dizem que elas se sentem atraídas pela doce brisa e por um ar tão delicado.

Entra Lady Macbeth.

DUNCAN   Vejam, vejam, nossa anfitriã. Obrigado por me receberem assim, de última hora, o que só vem a provar o amor que têm por mim. Da mesma forma, a minha vinda mostra o carinho e a devoção que eu tenho por vocês. Peço que perdoem qualquer inconveniente.

LADY MACB.   Tudo o que podemos fazer para Sua Majestade, se fosse multiplicado por dois ou mesmo por dez, ainda seria pouco se comparado com as grandes honras que vem nos concedendo.

DUNCAN	E onde se encontra o barão de Cawdor? Tentamos alcançá-lo na estrada, mas ele é um excelente cavaleiro e o grande amor que sente pela esposa fez com que chegasse aqui antes de nós. Bela e nobre senhora, seremos seus hóspedes por esta noite.
LADY MACB.	Nossos servidores e nós mesmos estamos à disposição de Sua Majestade. Tudo que possuímos pertence ao senhor.
DUNCAN	Dê-me sua mão e leve-me até o seu marido. Temos grande afeto por ele e continuaremos a agraciá-lo com todas as honrarias. Vamos, minha senhora.

Saem.

Cena 7

Uma sala do castelo. Entra Macbeth.

MACBETH	Se tudo fosse feito quando estivesse feito, seria bom que fosse feito depressa. Se o assassinato não trouxesse consequências e a sua morte levasse somente ao sucesso; se a faca no seu peito fosse tudo e o fim de tudo, aqui, deste lado da eternidade, então, viveríamos sem nenhum temor da vida que nos espera após a morte. Mas, em casos assim, julgamos nós mesmos o que aqui fazemos. Ensinamos como derramar sangue e ficamos ensanguentados, vítimas de nossas lições. Essa justiça imparcial nos força a engolir nosso próprio veneno. O rei veio até aqui porque confia em mim. Primeiro, porque sou seu parente e seu súdito leal, dois motivos poderosos contra o ato. Depois, porque sou seu anfitrião, que deveria fechar a porta na cara do assassino e não erguer a faca eu mesmo. Além do que, esse soberano é um homem tão gentil e tem tanta integridade no exercício do poder que suas virtudes, como se fossem anjos revoltados, vão anunciar ao mundo o grande horror de sua morte. E a piedade, chorando como uma criança recém-nascida, vai soprar o maldito crime nos olhos do mundo, e uma chuva de lágrimas vai afogar o vento. Sou como um cavaleiro sem esporas, sem motivo para ir adiante, a não ser essa minha ambição, que de tão desenfreada salta e cai do outro –

Entra Lady Macbeth.

MACBETH   E então? Como vai tudo?

LADY MACB.   O rei está acabando de jantar. Por que você saiu da sala?

MACBETH   Ele perguntou por mim?

LADY MACB.   Mas é claro, o que você acha?

MACBETH   Precisamos dar um basta nesse negócio. Chega. Ele me cobriu de homenagens e o meu prestígio junto ao povo não para de crescer. Vamos aproveitar a boa opinião que todos têm de mim em vez de jogar tudo fora.

LADY MACB.   Você estava bêbado de esperança, caiu no sono e agora acordou com ressaca? Estou vendo que esse é o amor que você sente por mim. Tem medo de ser o mesmo homem nos seus atos como nos seus desejos? Quer a coroa, mas é um covarde, que diz "Eu cobiço", e logo depois "Mas não me atrevo". Como o gato que quer o peixe, mas tem medo de molhar as patas.

MACBETH   Por favor, pare. Eu me atrevo a fazer tudo que seja digno de um homem. Quem se atreve mais não é nada.

LADY MACB.   Então, que animal convenceu você a me revelar os seus planos? Quando se atrevia a fazê-lo, aí sim você era um homem. E ao ser mais do que você é, você será ainda mais homem. Eu já amamentei várias vezes e sei o amor que uma mãe sente pelo seu filho. Mas mesmo se ele estivesse sorrindo para mim, eu teria arrancado o meu seio dos seus lábios delicados e teria esmagado sua cabeça no chão, se eu tivesse assim jurado, tal como você jurou.

MACBETH   E se fracassarmos?

LADY MACB.   Fracassarmos? Pare de vacilar, que não fracassaremos. Assim que o rei dormir – e seu sono será profundo, depois de uma viagem tão cansativa –, vou dar tanto vinho aos seus dois guardas que a memória deles ficará embaçada e eles logo perderão os sentidos. Quando estiverem roncando como

	porcos, de tão bêbados, o que não poderemos fazer com o indefeso rei? O que não poderemos tramar para que a culpa do grande assassinato, que iremos cometer, caia sobre esses dois guardas?
MACBETH	Que sua cria seja só de homens, pois seu espírito indomável só pode conceber machos. Quem não irá supor que foram os próprios guardas que cometeram o crime, se usarmos suas facas e mancharmos suas roupas de sangue?
LADY MACB.	Quem ousará supor outra coisa, quando formos lamentar sua morte com lágrimas sinceras e gritos de dor?
MACBETH	Estou decidido! E me entrego por inteiro a este ato terrível. Venha. Vamos enganar o mundo, sejamos bons anfitriões. Que nossos rostos falsos escondam nossos falsos corações.

Saem.

Cena 8

Pátio do castelo. Entram Banquo e seu filho Fleance, carregando uma tocha.

BANQUO	Que horas são, meu filho?
FLEANCE	A lua já sumiu, mas não ouvi o relógio bater.
BANQUO	Ela some por volta da meia-noite.
FLEANCE	Acho que já é mais de meia-noite, pai.
BANQUO	Andam economizando luz no céu: as estrelas estão todas apagadas. Quase não me aguento em pé, mas tenho receio de dormir. Oh, céus, não deixem que pesadelos terríveis interrompam meu sono. *(ouve um barulho)* Quem está aí?

Entram Macbeth e um atendente.

MACBETH	Um amigo.

BANQUO	Ah, é você? Ainda de pé? O rei já foi dormir. Ele estava de tão bom humor que deu gorjetas enormes para todos os criados. E mandou presentear sua esposa com este diamante, porque ficou muito feliz com a acolhida.
MACBETH	Fomos pegos de surpresa. Teríamos recebido o rei muito melhor se soubéssemos de sua visita com mais antecedência.
BANQUO	Tudo correu bem. Sonhei com as três feiticeiras, ontem à noite. Com relação a você, elas disseram a verdade.
MACBETH	Não tenho pensado nelas. Mas assim que tivermos algum tempo, falaremos a respeito, se você desejar.
BANQUO	Estou às suas ordens.
MACBETH	Quando chegar a hora, se me der seu apoio, se sairá muito bem.
BANQUO	Contanto que a minha consciência fique tranquila e que não haja dúvida quanto a minha lealdade ao rei, farei o que quiser.
MACBETH	Então, durma bem!
BANQUO	Obrigado. Você também. *(sai com Fleance)*
MACBETH	*(ao atendente)* Vá dizer à patroa que toque o sino quando minha bebida estiver pronta. E depois, vá se deitar. *(sai o atendente)* Será isso uma faca que vejo diante de mim, com o cabo na minha direção? Vem, deixa-me te agarrar. Não há nada aqui, mas ainda te vejo. Ah, visão fatal, posso te ver mas não te tocar? Ou é apenas uma faca ilusória, invenção de uma mente doentia? Continua aí. Tão verdadeira *(pegando a sua faca)* quanto a que tenho na minha mão. Me atrai para onde devo ir e é uma faca como esta que devo usar. Meus olhos estão me enganando. Ou valem mais do que os meus outros sentidos. Te vejo ainda. E, na tua lâmina, gotas de sangue que antes não estavam aí. Não, isso não é nada. É o assassinato sangrento que me faz imaginar coisas assim. Agora, em uma metade do mundo, a natureza parece morta. Sonhos perversos invadem o sono dos homens. As bruxas

celebram seus rituais. E os lobos uivam e despertam os assassinos, que com passos furtivos avançam para cima de suas vítimas, como se fossem fantasmas. Shhh, chão firme e sólido, não ouça meus passos, não denuncie o caminho que vou seguir, para não roubar este momento de todo o seu horror. Enquanto eu ameaço, ele ainda vive. Palavras em excesso só esfriam o calor da ação. *(toca o sino)*
Eu vou e tudo está acabado. Quem me convida é o sino.
Não o ouça, meu rei. É hora de ir ao encontro do seu destino.

Sai.

Cena 9

Pátio do castelo. Entra Lady Macbeth.

LADY MACB.   O mesmo vinho que os embriagou me deu coragem. O que saciou a sede deles fez ferver o meu sangue. Escuta! Silêncio! Foi a coruja que gritou, o sinistro vigia que anuncia a hora fatal. Meu marido está lá, no meio do ato. Deixei a porta do quarto aberta e, quando saí, os guardas roncavam. Pus uma droga tão poderosa na bebida deles que a vida luta contra a morte para ver quem levará a melhor.

MACBETH   *(de dentro)* Quem está aí? Quem está aí?

LADY MACB.   Oh, não! Os guardas acordaram e a coisa não foi feita. Vamos ser condenados sem ter cometido o crime. Escuta! Deixei as facas perto de onde dormiam, não há como não vê-las. Se o rei não se parecesse tanto com o meu pai, quando dormia, eu mesma o teria matado.

Entra Macbeth.

LADY MACB.   Meu senhor!

MACBETH   Pronto, está feito. Você ouviu um barulho?

LADY MACB.   Só o grito da coruja e o canto dos grilos. Você disse alguma coisa?

MACBETH	Quando?
LADY MACB.	Agora.
MACBETH	Ao vir para cá?
LADY MACB.	Sim.
MACBETH	Escuta! Quem está no quarto ao lado?
LADY MACB.	O filho mais moço do rei, Donalbain.
MACBETH	*(olha suas mãos)* Que visão mais triste.
LADY MACB.	Tolice dizer que é uma visão triste.
MACBETH	Um deles começou a rir enquanto dormia, e o outro gritou: "Assassino!". Aí eles acordaram. Eu parei e fiquei ouvindo. Mas eles só disseram suas orações e voltaram a dormir.
LADY MACB.	Os dois estão no mesmo quarto.
MACBETH	Um deles gritou "Deus nos abençoe!" e "Amém!" o outro, como se tivessem visto estas minhas mãos de carrasco. Ao ouvir o desespero deles, eu não consegui dizer "Amém" quando eles disseram "Deus nos abençoe".
LADY MACB.	Não fique pensando nisso.
MACBETH	Mas por que eu não consegui dizer "Amém"? Eu estava precisando muito ser abençoado e o "Amém" ficou travado na minha garganta.
LADY MACB.	Não podemos encarar nossos atos assim, senão vamos ficar loucos.
MACBETH	Acho que ouvi uma voz gritar: "Você nunca mais vai dormir! Macbeth assassinou o sono!". O sono inocente. O sono que nos traz tanto sossego. A morte de cada dia, o banho que nos revigora após o trabalho duro, o bálsamo das mentes perturbadas, o alimento principal desta festa que é a vida.

LADY MACB.   O que você quer dizer?

MACBETH   E a voz não parava de gritar: "Você nunca mais vai dormir! Glamis assassinou o sono e, portanto, Cawdor nunca mais vai dormir. Macbeth nunca mais vai dormir!".

LADY MACB.   Mas quem gritou assim? Ah, meu valoroso senhor, esses pensamentos tão doentios são sinal de fraqueza. Vá agora lavar as suas mãos para que ninguém veja as provas do crime. Por que você trouxe as facas? Precisam ficar lá... Leve-as de volta e lambuze os guardas de sangue.

MACBETH   Não, lá eu não volto. Tenho medo só de pensar no que fiz. Olhar para aquilo de novo, não.

LADY MACB.   Seu covarde! Me dê essas facas aqui. Os mortos e os adormecidos são só imagens de si mesmos. Ter medo de uma ilusão, mesmo do demônio, é coisa de criança. Vou pintar os rostos dos guardas com sangue do rei para que ninguém possa duvidar da culpa deles.

Ela sai. Ouve-se alguém batendo nos portões.

MACBETH   Que barulho é esse? O que está acontecendo comigo, que todo ruído me assusta? Que mãos são estas? Ai! Meus olhos se enchem de horror! Será que há bastante água no mar que possa lavar este sangue das minhas mãos? Não, antes, estas mãos iriam avermelhar todo o amplo verde dos oceanos.

LADY MACB.   *(voltando)* Minhas mãos ficaram com a mesma cor das suas. Mas sentiria vergonha se meu coração fosse tão fraco quanto o seu! *(batidas)* Estão batendo no portão. Vamos para o quarto. Um pouco de água bastará para nos livrar deste sangue nojento. O resto será fácil. Tente se controlar. *(batidas)* Escute, continuam batendo. Vá pôr suas roupas de dormir. Caso nos chamem, irão achar que já estávamos deitados. E pare com esses pensamentos doentios.

MACBETH   Saber o que fiz, melhor seria não saber quem sou. *(batidas)*

Saem.

Cena 10

Pátio do castelo. Entra o porteiro. Ouvem-se batidas.

PORTEIRO   Que é isso, não param de bater?! Nem se eu fosse porteiro do inferno teria que dar tanto duro. *(batidas)* Bate, bate, bate! Quem está aí, em nome do capeta? Só pode ser um mulherengo que de tanto trepar o pau apodreceu, o senhor sabe como é? Pode entrar, rapaz. Aqui tem fogo de sobra pra esquentar o teu ferro! *(batidas)*. Bate! Bate! Bate! Quem está aí, em nome de belzebu? Só pode ser um especulador que se enforcou quando a moeda disparou, não é? Ô, trambiqueiro, pode entrar! Mas olha que aqui está fazendo um puta calor e você vai suar feito diabo! *(batidas)* Bate, bate! Quem está aí, em nome de satanás? Deve ser um vigarista que tentou passar a perna em todo mundo e se estrepou de vez, só que, quando chegou lá no céu, mandaram ele voltar aqui pro inferno, não foi? Pode entrar, seu safado! *(batidas)* Este lugar é frio demais pra ser o inferno. Não quero mais saber de ser porteiro do diabo, não. *(batidas)* Já vai, já vai! Na hora da gorjeta, vê se lembra do porteiro.

Ele abre o portão. Entram Macduff e Lennox.

MACDUFF   Era tão tarde, amigo, quando você foi dormir, que não queria mais sair da cama?

PORTEIRO   Desculpe, senhor, mas ficamos bebendo até a madrugada. E a bebida é capaz de provocar três coisas, senhor.

MACDUFF   Quais são as três coisas que a bebida provoca?

PORTEIRO   O nariz vermelho, o sono e o xixi. O sexo, ela provoca e prejudica. Provoca o desejo mas prejudica o desempenho. Ela desperta a luxúria e acaba com ela. Faz ficar de pau duro e amolece o pau. Moral da história, a bebida engana todo mundo, dá tesão na gente mas depois deixa a gente brocha.

MACDUFF   Acho que a bebida andou te enganando ontem à noite.

PORTEIRO	Pode apostar que sim, meu senhor. Mas eu não deixei por menos e me vinguei. Botei tudo pra fora, foi um vômito só.

Entra Macbeth.

MACDUFF	O seu patrão já está de pé? Acho que o acordamos. Aí vem ele. *(sai o porteiro)*
LENNOX	Bom dia, meu senhor.
MACBETH	Bom dia, amigos.
MACDUFF	O rei já se levantou?
MACBETH	Ainda não.
MACDUFF	Ele me pediu que o chamasse logo cedo. Quase perdi a hora.
MACBETH	Venha, vou levá-lo até ele.
MACDUFF	Sei que é um incômodo hospedar um rei.
MACBETH	Quando gostamos da tarefa, não há incômodo algum.
MACDUFF	Pode deixar que eu mesmo irei acordá-lo. *(sai)*
LENNOX	O rei vai embora hoje?
MACBETH	Vai. Foi o que disse.
LENNOX	Que noite, essa. O vento soprou tão forte que arrancou todas as telhas do lugar onde estávamos hospedados. Era possível se ouvir, ao longe, gente se lamentando, gritos estranhos de morte e profecias de distúrbios e revoluções, frutos destes nossos tempos tão turbulentos. Uma coruja gritou durante toda a madrugada. Dizem que a terra chegou a tremer.
MACBETH	Foi uma noite e tanto.
LENNOX	Não me lembro de outra igual.

Macduff volta.

MACDUFF Ó horror! Horror! Horror! Não é possível conceber tamanho horror!

MACBETH e
LENNOX O que aconteceu?

MACDUFF O caos e a desordem não poderiam ter feito melhor. É o maior dos sacrilégios! Um ladrão assassino roubou a vida sagrada do nosso rei!

MACBETH O quê? A vida?

LENNOX Do rei?

MACDUFF Vão até o quarto dele. Ficarão cegos, só de ver imagem tão monstruosa. *(Macbeth e Lennox saem)* Soem os sinos! Traição e morte! Malcolm! Donalbain! Banquo! Acordem! Despertem desse sono, essa imitação da morte, e venham ver a morte de verdade. De pé! Venham presenciar todo esse horror!

Os sinos começam a tocar. Entra Lady Macbeth.

LADY MACB. O que está acontecendo? Que gritos são esses?

MACDUFF Ah, gentil senhora, minhas palavras não são para os seus ouvidos. O que eu tenho a dizer é horroroso demais. *(entra Banquo)* Ah, Banquo, Banquo! Nosso rei foi assassinado!

LADY MACB. Ai de nós, que desgraça! Aqui? Em nossa casa?

BANQUO Uma desgraça em qualquer lugar. Meu caro amigo, eu lhe peço, diga que não é verdade. Não pode ser.

Macbeth e Lennox voltam.

MACBETH Se eu tivesse morrido uma hora antes desse momento, eu teria sido feliz. Depois disso, nada mais tem valor. Tudo não passa de brincadeira. Honra e dignidade estão mortas. O vinho da vida foi derramado e o que nos resta no mundo não pode mais nos sustentar.

Entram Malcolm e Donalbain.

DONALBAIN   O que houve?

MACBETH   Melhor seria se não soubessem. A fonte, a origem de suas vidas, parou de jorrar. A nascente secou.

MACDUFF   Seu pai foi assassinado.

MALCOLM   Oh, não! Por quem?

LENNOX   Pelos seus guardas, ao que parece. Suas mãos e rostos estavam manchados de sangue. Assim como as suas facas, que encontramos sobre os travesseiros. Ambos tinham um olhar muito estranho, pareciam loucos. Ninguém estaria seguro perto deles.

MACBETH   Ah, e no entanto, eu me arrependo. Fiquei tão furioso que acabei matando os dois.

MACDUFF   Mas por quê?

MACBETH   Quem pode ser sábio e ingênuo, calmo e furioso, leal e neutro, tudo ao mesmo tempo? Ninguém. O ímpeto desenfreado do meu amor dominou a minha razão. Aqui estava o rei, sua pele tão branca, manchada com seu sangue precioso, suas feridas, como se fossem portas escancaradas, convidando a morte a entrar. E logo ali, os assassinos, com o crime odioso estampado nos seus rostos, suas facas pingando sangue. Quem poderia se controlar, tendo amor pelo rei e coragem para vingar a sua morte?

LADY MACB.   Levem-me daqui! *(desmaia)*

MACDUFF   Ajudem.

MALCOLM   *(à parte para Donalbain)* Por que não dizemos nada, já que isso nos afeta mais do que aos outros?

DONALBAIN	*(à parte para Malcolm)* O que dizer num lugar como este, onde corremos tanto perigo? Vamos embora daqui. Mais tarde, poderemos chorar.
MALCOLM	*(à parte para Donalbain)* Sim, a dor profunda fica para depois.

Alguns atendentes saem, carregando Lady Macbeth.

BANQUO	Vamos nos agasalhar, que o frio está insuportável, e depois tentar descobrir quem está por trás desse crime hediondo. Somos todos suspeitos. Perante Deus, declaro que sou inocente e que farei de tudo para desmascarar os culpados.
MACDUFF	Eu também.
TODOS	E nós também.
MACBETH	Assim que estivermos prontos, vamos nos reunir no salão principal.
TODOS	De acordo.

Saem todos, exceto Malcolm e Donalbain.

MALCOLM	Não devemos nos juntar a eles. Para o homem falso, mostrar uma dor que não sente não é nada difícil. Eu vou para a Inglaterra.
DONALBAIN	E eu, para a Irlanda. É mais seguro irmos para lugares diferentes. Aqui, há uma faca no sorriso de cada um. Quanto maior o parentesco, maior o perigo.
MALCOLM	Agora somos nós que estamos na mira do assassino. Vamos depressa, e sem despedidas. Não há vergonha em fugir deste lugar, Já que com a misericórdia não podemos contar.

Saem.

Cena 11

Fora do castelo de Macbeth. Entram Ross e Macduff.

ROSS   Então, meu senhor, como foi a reunião do conselho?

MACDUFF   Não consegue imaginar?

ROSS   Já se sabe quem cometeu esse crime sangrento?

MACDUFF   Os dois guardas que Macbeth matou.

ROSS   Ah, dia amaldiçoado! E o que eles esperavam ganhar com isso?

MACDUFF   Foram subornados. Malcolm e Donalbain, os filhos do rei, fugiram do país e, por isso, todos suspeitam deles.

ROSS   Mais um ato contra a natureza. Como a ambição devora até mesmo o que lhe dá vida. Então, Macbeth será o novo rei?

MACDUFF   Sim, já foi eleito pelo conselho e logo será coroado.

ROSS   Onde está o corpo do velho rei?

MACDUFF   No jazigo dos seus ancestrais.

ROSS   Vai assistir à coroação?

MACDUFF   Não, meu amigo. Vou para casa.

ROSS   Eu pretendo ir.

MACDUFF   Espero que tudo corra bem. Senão, quem sabe o que pode acontecer. Adeus.

ROSS   Adeus, meu bom senhor.

Saem.

Cena 12

Palácio de Forres. Entra Banquo.

BANQUO   Agora tudo é seu. Rei, Glamis, Cawdor, tudo, tal como prometeram aquelas estranhas criaturas. E receio que para isso você tenha jogado sujo. Porém, elas disseram que você não teria herdeiros e que eu seria pai de muitos reis. Se elas falaram a verdade, e para você, Macbeth, elas foram bastante generosas, por que, então, eu também não deveria acreditar nessas profecias, para com isso alimentar minhas esperanças? Mas silêncio. Preciso ficar calado.

Sons de trombetas. Entram Macbeth, como rei, Lady Macbeth, como rainha, seguidos de Lennox, Ross, nobres e atendentes.

MACBETH   Ah, aqui está o nosso convidado de honra.

LADY MACB.   A sua ausência na nossa coroação teria sido imperdoável.

MACBETH   Haverá um banquete, logo mais, à noite, meu senhor. Contamos com a sua presença.

BANQUO   Farei como deseja o meu rei, pois minha lealdade é incontestável e eu estarei sempre às suas ordens.

MACBETH   Pretende andar a cavalo esta tarde?

BANQUO   Sim, Majestade.

MACBETH   Pena. Queríamos abusar um pouco de seus conselhos na reunião de hoje. Sempre foram sensatos e proveitosos. Mas podemos fazer isso amanhã. Vai para muito longe?

BANQUO   Só o suficiente para preencher o tempo entre agora e o banquete. Espero que o meu cavalo não me decepcione, senão vou acabar chegando depois do anoitecer.

MACBETH   Não vá perder nossa festa.

BANQUO   Não a perderei, meu senhor.

MACBETH	Soube que os parricidas sanguinários se refugiaram na Inglaterra e na Irlanda, sem confessar o seu crime. Ficam espalhando os boatos mais absurdos para quem quiser ouvir. Mas falaremos sobre isso amanhã. Vá dar o seu passeio. Até a noite. Seu filho irá com você?
BANQUO	Sim, Majestade. Já estamos atrasados.
MACBETH	Que seus cavalos se superem. Um ótimo passeio para você e seu filho. Adeus. *(sai Banquo)* Que cada um de nós seja dono de seu tempo até as sete da noite! Para que os festejos tenham um sabor especial, ficarei sozinho até lá. Enquanto isso, que Deus os acompanhe!

Saem todos, exceto Macbeth.

MACBETH	Ser rei, sim. Mas ser rei assim não é nada. Banquo me dá medo. Há algo de nobre em sua natureza e isso me causa grande temor. Ele é muito ousado e, além de sua coragem, ele tem uma sabedoria que faz com que aja sempre com cautela. Só ele me enche de pavor, mais ninguém. Até mesmo sua presença me incomoda. Dizem que Marco Antônio sentia-se assim diante de César. Banquo zombou daquelas criaturas, quando elas me chamaram de rei, e ordenou que falassem com ele. Então, como profetisas, elas o saudaram como pai de uma longa dinastia de reis. Sobre a minha cabeça puseram uma coroa estéril, sem frutos, que será arrancada de mim, em vez de ser transmitida a um filho meu. Foi para isso que eu corrompi minha mente? Foi para os filhos de Banquo que eu assassinei o valoroso Duncan? Foi para eles que acabei com minha paz de espírito e me vendi ao demônio, para que eles se tornem reis? Os filhos de Banquo, reis?! Não, antes que isso aconteça, prefiro desafiar o destino e fazer o que precisa ser feito!

Entram dois assassinos.

MACBETH	Então?
ASSASSINO 2	Faremos o que Sua Majestade mandar.

ASSASSINO 1   Mesmo que nossas vidas...

MACBETH   Isso. Mas tem que ser esta noite, longe do palácio. Lembrem-se de que eu não sei de nada. E para que o serviço seja completo, quero que o seu filho, que estará com ele, tenha o mesmo fim. Agora vão e planejem tudo.

OS DOIS   Majestade, pode contar conosco.

MACBETH   Muito bem. *(saem os dois assassinos)* Pronto, resolvido.
Banquo, se a sua alma estiver ao céu destinada,
Chegará lá hoje à noite com uma simples facada.

Sai.

Cena 13

Palácio de Forres. Entra Lady Macbeth.

LADY MACB.   Nada se ganha, tudo se perde, quando o que se deseja não traz satisfação.

Entra Macbeth.

E então, meu senhor? Por que está sozinho, se torturando com pensamentos que deveriam ter morrido com a morte do rei? Precisamos suportar aquilo que não tem cura. O que está feito, está feito.

MACBETH   Só ferimos a cobra, não a matamos. Logo sua picada voltará para nos ameaçar. Que o céu possa desabar e o mundo chegar ao fim, antes de sentarmos à nossa mesa cheios de pavor, ou sermos atormentados durante o sono por pesadelos terríveis. Antes fazer companhia aos mortos, a quem, para ficarmos em paz, enviamos para a paz eterna, do que sermos torturados por esta ansiedade insuportável. Duncan jaz no seu túmulo. Depois das agruras da vida, ele dorme tranquilo. Já sofreu a pior das traições. Nada mais pode atingi-lo. Nem espada, nem veneno, revolta ou invasão.

LADY MACB.   Pare com isso, meu senhor. E tente mostrar um pouco de alegria para os nossos convidados.

MACBETH   Com certeza, meu amor. E você faça, o mesmo. É preciso receber Banquo muito bem. Que ele se sinta importante. Este é um momento perigoso. Temos que bajular e fazer com que nossos rostos sejam máscaras que escondem o que vai pelos nossos corações.

LADY MACB.   Chega de pensar nisso.

MACBETH   Ah, querida esposa, minha cabeça está cheia de escorpiões. Me angustia tanto que Banquo, e seu filho, ainda estejam vivos.

LADY MACB.   Mas não são imortais. Um dia hão de morrer.

MACBETH   É o que me consola. Eles são frágeis, como todos nós. Portanto, fique contente. Antes que o morcego saia para a caça, antes que o zumbido dos besouros preencha o vazio da noite, algo de medonho vai acontecer.

LADY MACB.   O que vai acontecer?

MACBETH   Melhor não saber de nada, querida pombinha, até que possa aplaudir o que foi feito. Venha, noite, e encubra, com o seu manto negro, os olhos ternos do piedoso dia. Com a sua mão invisível e sanguinária, rompa todos os laços de compaixão que tanto me enfraquecem. O crepúsculo se aproxima. O corvo voa para a floresta sombria. O que o dia tem de bom vai logo adormecer, e os predadores da noite começam a despertar.
Sei que o que digo te espanta, mas continue firme:
É o crime que reforça o crime.
Então, venha comigo, por favor.

Saem.

Cena 14

Parque do palácio. Entram três assassinos.

ASSASSINO 1   Quem foi que mandou você vir?

ASSASSINO 3   Macbeth.

ASSASSINO 2   Ele não confia na gente!

ASSASSINO 1   Deixa, já que é assim, vamos lá.

Entram Banquo e Fleance.

ASSASSINO 2   Escuta!

ASSASSINO 3   É ele!

ASSASSINO 1   Preparem-se!

BANQUO   Vai chover esta noite.

ASSASSINO 1   Pois que chova então!

Avançam sobre Banquo.

BANQUO   Ah, traição!

FLEANCE   Pai!

BANQUO   Fuja, meu filho, fuja! Canalhas!

Lutam. Ele morre. Fleance foge.

ASSASSINO 3   Só matamos um. O filho escapou.

ASSASSINO 2   Não cumprimos a metade da nossa tarefa.

ASSASSINO 1   Bem, temos que prestar contas do que conseguimos fazer.

Saem, levando o corpo de Banquo.

Cena 15

O grande salão do palácio. Um banquete foi preparado. Entram Macbeth, Lady Macbeth, Ross, Lennox, nobres e atendentes.

MACBETH   A todos, as minhas mais sinceras boas-vindas.

NOBRES   Obrigado, Majestade.

MACBETH   Nossa rainha lhes dará as boas-vindas também.

LADY MACB.   De coração, pois são todos muito bem-vindos.

Entra o primeiro assassino, mas Macbeth não o vê.

MACBETH   Fiquem à vontade! Divirtam-se!

NOBRES   *(cantam)* Vamos à saúde do rei!!! Bebemos à saúde do rei! Vamos à saúde do rei!!! Bebemos à saúde do rei!

MACBETH   *(ao assassino)* Tem sangue nas suas mãos.

ASSASSINO   Então é de Banquo.

MACBETH   Mais bonito nas suas mãos do que nas veias do meu inimigo. Ele foi despachado?

ASSASSINO   Majestade, eu mesmo cortei a sua garganta.

MACBETH   De todos os assassinos, você é o melhor. Mas aquele que deu cabo do filho não fica muito atrás. Se foi você, então, não há outro igual.

ASSASSINO   Meu senhor, o menino conseguiu escapar.

MACBETH   *(à parte)* Que angústia essa notícia me dá! Não fosse por isso, eu me sentiria bem. Tão perfeito quanto o mármore. Tão sólido quanto uma rocha. Tão livre quanto o ar. Mas agora me sinto aprisionado, encarcerado, enclausurado, tomado pelo medo e por dúvidas que só irão me atormentar. *(ao assassino)* Mas Banquo você despachou?

ASSASSINO Sim, meu bom senhor, despachei para o fundo de uma vala, com vinte facadas no corpo, a menor delas mortal.

MACBETH Obrigado por isso. *(à parte)* A serpente morreu, mas o filhote que escapou vai crescer cheio de veneno. *(ao assassino)* Agora vá. Falaremos de novo amanhã.

Sai o assassino.

LADY MACB. Meu senhor! Uma festa em que o anfitrião não brinda à saúde e alegria de seus convivas é como um prato sem gosto algum. Melhor comerem em suas casas. O que dá sabor a essas ocasiões é a cerimônia. Sem ela, a festa perde a graça.

Entra o fantasma de Banquo e senta-se na cadeira de Macbeth.

MACBETH Doce lembrança! Saúde a todos!

NOBRES Macbeth! Macbeth! Macbeth!

MACBETH Não fosse a ausência de nosso amigo Banquo, todos os nobres do reino estariam aqui conosco. Espero que isso seja por esquecimento e não por algum imprevisto.

ROSS Ele sempre cumpre o que promete, meu senhor.

NOBRES Vamos à saúde do rei!!! Bebemos à saúde do rei!!!

MACBETH Quem de vocês fez isso?

NOBRES O quê, bom senhor?

MACBETH *(ao fantasma)* Não fui eu. Esse sangue não é minha culpa.

ROSS Senhores! Sua Majestade está passando mal.

LADY MACB. Meus amigos! Meu marido, às vezes, tem essas crises. Logo ele estará bem de novo. Se derem muita atenção, vão ofendê-lo e fazer com que ele piore. *(a Macbeth)* Você é homem?

MACBETH	Sou! E sou tão corajoso que me atrevo a encarar o que assusta até mesmo o diabo.
LADY MACB.	Ah, que bobagem! É o teu medo que cria essas alucinações. Como aquela faca invisível que você disse que te levou ao rei. Ah, esses teus ataques de loucura, essas tuas fantasias, só provam que você não passa de um medroso. Que vergonha! Por que você fica olhando assim para o vazio?
MACBETH	*(a ela)* Olhe ali! Veja! Ali! Ali! *(ao fantasma)* O que me dizes? Ora, o que isso tem a ver comigo? Fala! Se os corpos que enterramos voltam para nos assombrar, seria melhor entregá-los aos urubus.

O fantasma sai.

LADY MACB.	O que é isso? De homem você não tem nada!
MACBETH	Ele estava aqui.
LADY MACB.	Que vergonha!
MACBETH	Antes, quando um homem era assassinado, ele morria e pronto. Mas agora os fantasmas voltam, com vinte facadas no corpo. Isso tudo é muito estranho.
LADY MACB.	Meu querido senhor, seus amigos sentem sua falta.
MACBETH	Ah, desculpe. Meus amigos, não se preocupem comigo. De vez em quando, eu tenho esses ataques. Isso não é nada para quem me conhece. Vamos! *(ergue sua taça; volta o fantasma)* Eu bebo à felicidade de todos e de nosso querido amigo Banquo, de quem sentimos tanta falta. Quisera que ele estivesse aqui. A todos, e a ele também, saúde e alegria!
NOBRES	*(cantam)* Vamos à saúde do rei!!! Bebemos à saúde do rei!!!
MACBETH	*(vê o fantasma)* Fora daqui! Desaparece! Que a terra volte a te esconder! Não tens vida, mas há fúria no teu olhar.
LADY MACB.	Meus amigos, não prestem atenção, é uma coisa à toa, só isso.

MACBETH *(ao fantasma)* Ouso tudo que o homem pode ousar. Surge como um urso gigantesco, como um rinoceronte encouraçado, ou como um tigre selvagem! Tem outra aparência qualquer, menos a tua, e não sentirei medo de ti. Ou volta a viver e vem me enfrentar no deserto de igual para igual! Aí então, se eu tremer, poderás me chamar de menina covarde! Fora daqui, sombra terrível! Imitação grotesca, fora!

Sai o fantasma.

MACBETH Pronto, ele se foi. Sinto-me um homem de novo. Por favor, não saiam. Fiquem onde estão!

LADY MACB. Você estragou a festa com esse comportamento ridículo.

MACBETH Tais coisas podem existir sem nos deixar arrepiados? Vocês me fazem duvidar de mim mesmo, se conseguem contemplar aparições como essa sem medo algum, enquanto eu fico branco de pavor.

ROSS Que aparições, meu senhor?

LADY MACB. Por favor, não falemos mais nisso, senão ele vai piorar. Essas perguntas só vão enfurecê-lo. Boa noite. Saiam, sem cerimônia.

NOBRES Boa noite. E que Sua Majestade logo se recupere.

Eles saem.

MACBETH O sangue atrai o sangue. É o que dizem. O sangue atrai o sangue. A pedra é capaz de se mover, a árvore de falar. Com o pio da coruja, da gralha ou do corvo, o mais secreto dos assassinos pode se trair. Que horas são?

LADY MACB. Não sei se ainda é noite ou se já é dia.

MACBETH Você sabia que Macduff se recusou a vir para nossa coroação?

LADY MACB. Você o convidou?

MACBETH Foi o que me disseram. Tenho um espião na casa de cada um deles. Amanhã vou ver aquelas criaturas estranhas. Farei com que elas me revelem tudo. Vou descobrir pelos piores meios, o pior. Nada ficará no meu caminho. Estou mergulhado em tanto sangue que voltar atrás seria tão difícil quanto seguir em frente. Isso me causa muita agonia, mas danem-se as consequências, farei o que for preciso.

LADY MACB. Você está cansado, precisa dormir um pouco.

MACBETH Venha, vamos os dois dormir.
Essas alucinações são de quem não tem muita experiência.
Isso é apenas o começo. Precisamos perder nossa inocência.

Saem.

Cena 16

Uma caverna. Trovões. Entram as três feiticeiras.

FEITICEIRA 1 *Três vezes o gato mia sem demora.*

FEITICEIRA 2 *Três vezes o porco-espinho chora.*

FEITICEIRA 3 *Até que o demônio grita "já é hora!".*

FEITICEIRA 3 *O meu polegar formiga,
Um espírito cruel se aproxima,
Deixemos entrar.*

Entra Macbeth.

MACBETH E então, criaturas da noite, irmãs misteriosas, o que estão aprontando?

AS TRÊS Um trabalho para o qual não há nome.

MACBETH Invoco aqui todos os seus poderes sobrenaturais, mesmo que tenham que libertar os ventos e lançá-los contra as igrejas; mesmo que ondas tempestuosas engulam os navios; mesmo que as colheitas sejam arruinadas e as árvores abatidas;

mesmo que castelos desabem sobre as cabeças das suas sentinelas; mesmo que a natureza se transforme em caos e que tamanha destruição venha nos horrorizar, respondam-me.

FEITICEIRA 1   Pergunte.

FEITICEIRA 2   Exija.

FEITICEIRA 3   E terá sua resposta.

FEITICEIRA 1   Mas antes, diga: quer ouvir de nossas bocas ou das de nossos superiores?

MACBETH   Chame-os; quero vê-los!

AS TRÊS   *Venha de baixo ou venha de cima,*
Poderoso ser que nos anima.

Trovões. Primeira aparição, uma cabeça vestindo um elmo.

MACBETH   Poder desconhecido, revele-me se –

FEITICEIRA 1   Ele sabe o que você quer. Não diga nada. Só escute.

APARIÇÃO 1   *Macbeth! Macbeth! Macbeth! Cuidado com Macduff!*
Com o barão de Fife, muito cuidado!
Me mandem embora. Ele já foi avisado. (desce)

MACBETH   O que quer que você seja, eu lhe agradeço. Adivinhou os meus temores. Mais uma palavra...

FEITICEIRA 1   Ele não recebe ordens. Aqui está um outro, mais poderoso que o primeiro.

Trovões. Segunda aparição, uma criança coberta de sangue.

APARIÇÃO 2   *Macbeth! Macbeth! Macbeth!*

MACBETH   Tivesse eu três ouvidos, usaria todos.

APARIÇÃO 2	*Seja sanguinário e implacável. Não tenha medo de qualquer rival,* *Homem nenhum que nasceu de mulher poderá lhe fazer mal.* *(desce)*
MACBETH	Viva, então, Macduff. Por que ter medo de você? Mas não, preciso de garantias. E se as bruxas estiverem enganadas? Você terá que morrer. Assim poderei dormir, apesar dos trovões.

Trovões. Terceira aparição, uma criança com uma coroa e uma árvore.

	O que é isso? Uma criança? E coroada?
AS TRÊS	Não fale com ela. Só escute.
APARIÇÃO 3	*Tenha a coragem e o orgulho de um leão.* *Que importa qualquer golpe ou conspiração,* *Macbeth não será vencido* *Até a floresta ter se movido. (desce)*
MACBETH	Isso nunca vai acontecer. Quem pode comandar uma floresta a se mover ou uma árvore a arrancar sua raiz? Doces profecias. Muito bom. Macbeth será rei até o fim de seus dias e só dará seu último suspiro quando chegar sua hora. Mesmo assim, meu coração anseia por saber uma coisa. Digam-me, algum dia os filhos de Banquo vão reinar neste país?
AS TRÊS	Não queira saber mais nada.
MACBETH	Respondam! Ou serão amaldiçoadas para sempre. Eu preciso saber... Que barulho é esse?
FEITICEIRA 1	Apareçam!
FEITICEIRA 2	Apareçam!
FEITICEIRA 3	Apareçam!
AS TRÊS	*Façam o coração dele disparar,* *E como fantasmas sumam no ar.*

Uma procissão de oito reis surge, o último deles segurando um espelho. Atrás de todos, vem Banquo.

MACBETH   *(ao primeiro)* Você se parece com Banquo! Fora daqui! Sua coroa cega meus olhos. *(ao segundo)* E a sua testa, cercada de ouro, esconde cabelos iguais aos do outro. *(ao terceiro)* E você é a cara dos dois. *(às feiticeiras)* Criaturas nojentas! Por que estão me mostrando isso? *(ao quarto)* E ainda há mais. Ah, meus olhos! *(passam o quinto e o sexto)* Isso vai se prolongar até o fim do mundo? *(passa o sétimo)* Não quero mais olhar. *(passa o oitavo)* Aí vem mais um, com um espelho, onde se veem ainda outros. Que visão horrível! Então é verdade, pois o fantasma de Banquo está sorrindo para mim e aponta para eles como se fossem seus filhos. O quê? É isso mesmo?

FEITICEIRA 1   Sim, é isso mesmo.
Venham, irmãs, vamos deixá-lo.
Assim, esse grande rei poderá dizer
Que recebeu tratamento digno de seu ser.

Desaparecem.

MACBETH   Aonde foram? Sumiram? Que essa hora seja para sempre amaldiçoada. *(chama)* Lennox! *(entra Lennox)*

LENNOX   Majestade?

MACBETH   Você viu as estranhas criaturas?

LENNOX   Não, meu senhor.

MACBETH   Elas não passaram por você?

LENNOX   Não vi nada, meu senhor.

MACBETH   Envenenado para sempre seja o ar por onde elas voam. E malditos sejam aqueles que acreditam em bruxaria! Eu ouvi barulho de cavalos. Quem está aí?

LENNOX   Mensageiros, meu senhor. Vieram dizer que Macduff fugiu para a Inglaterra.

MACBETH	Inglaterra?
LENNOX	Sim, meu bom senhor.
MACBETH	*(à parte)* Tempo, tu antecipas todos os meus atos de horror. A partir deste momento, farei tudo que estiver no meu coração. O castelo de Macduff vou atacar e de suas terras vou tomar posse. Sua mulher será executada. Seus filhos e todos os de sua casa também. Não quero mais saber de aparição. Chega de palavras, é hora de ação. *(a Lennox)* Vamos.

Saem.

Cena 17

Castelo de Macduff. Entram Lady Macduff, seu filho e Ross.

LADY MACD.	O que foi que ele fez para fugir do país assim?
ROSS	Calma, minha senhora.
LADY MACD.	Calma ele não teve. Essa fuga é loucura. Às vezes, não são nossas ações, mas nossos medos que nos tornam traidores.
ROSS	A senhora não tem como saber se foi medo ou bom senso.
LADY MACD.	Bom senso? Abandonar sua esposa, seus filhos, sua casa, tudo que possui? Ele não ama nenhum de nós. Não tem instinto de pai. Até as andorinhas protegem seus filhotes do ataque da coruja. É só medo e nada de amor. Não há bom senso numa fuga que não faz nenhum sentido.
ROSS	Minha querida senhora, seja paciente. Seu marido é nobre, perspicaz, e sabe muito bem o que está acontecendo no nosso país. Não me atrevo a falar mais do que isso, pois nestes tempos cruéis somos acusados de traição sem nenhum motivo. São tantos os rumores que nem sabemos mais do que ter medo. Preciso ir, mas retornarei logo que puder. As coisas

	não podem ficar piores do que estão. *(ao filho dela)* Que Deus o abençoe, meu rapaz.
LADY MACD.	Ele tem um pai, mas pai agora ele não tem.
ROSS	Eu sou tão tolo que, se não for embora depressa, vou começar a chorar. Adeus. *(sai)*
LADY MACD.	Filho, seu pai morreu. O que você vai fazer agora? Como irá sobreviver?
FILHO	Assim como os pássaros, mãe.
LADY MACD.	O quê, comendo moscas e vermes?
FILHO	É, com o que eu achar por aí, assim como eles.
LADY MACD.	E você não ficaria com medo das redes, das armadilhas e das gaiolas?
FILHO	E por que ter medo, mãe? Ninguém quer apanhar um pássaro que não vale nada. Quanto ao meu pai, ele não morreu, não.
LADY MACD.	Morreu, sim. Como é que você vai se virar sem pai?
FILHO	Como é que a senhora vai se virar sem marido?
LADY MACD.	Ora, posso comprar vinte maridos em qualquer feira.
FILHO	Depois vai ter que vender todos de novo.
LADY MACD.	Você é esperto demais.
FILHO	Mamãe, meu pai era um traidor?
LADY MACD.	Era sim, meu filho.
FILHO	E o que é um traidor?
LADY MACD.	Ora, aquele que não cumpre o que prometeu.

FILHO	E todos que agem assim são traidores?
LADY MACD.	Todos. E merecem ser enforcados.
FILHO	E todos os mentirosos também devem ser enforcados?
LADY MACD.	Todos.
FILHO	E quem decide?
LADY MACD.	Ora, os homens honestos.
FILHO	Então os mentirosos são uns idiotas. Tem tanto mentiroso por aí que eles poderiam enforcar os honestos, fácil, fácil.
LADY MACD.	Mas e agora que você não tem mais pai?
FILHO	Se ele tivesse morrido, a senhora estaria chorando; já que não está, sei que logo terei outro pai.
LADY MACD.	Que menino mais tagarela!

Entra um mensageiro.

MENSAG.	Que Deus a abençoe. A senhora não me conhece, mas corre grande perigo. Pegue seus filhos e fuja rápido. Que os céus protejam todos vocês. *(sai)*
LADY MACD.	Fugir para onde? Não fiz nada de mau. Mas nesta terra em que vivemos, fazer o mal é tão comum que fazer o bem chega a ser uma ameaça. Por que, então, dou uma desculpa típica de mulher, ao dizer "Não fiz nada de mau"?

Entram alguns assassinos.

LADY MACD.	Que homens são esses?
ASSASSINO 1	Onde está seu marido?
LADY MACD.	Espero que em nenhum lugar profano, onde você possa encontrá-lo.

ASSASSINO 1   Ele é um traidor.

FILHO   Está mentindo, seu bandido safado!

ASSASSINO 1   O quê, seu fedelho! Tal pai, tal filho!

Apunhala o menino.

FILHO   Estou morrendo, mãe! Fuja, depressa! *(morre)*

Lady Macduff sai gritando "assassino", seguida pelos assassinos.

Cena 18

Inglaterra. Palácio do rei. Entram Malcolm e Macduff.

MALCOLM   Vamos procurar um lugar na sombra e ficar lamentando, até que nossa tristeza passe.

MACDUFF   Melhor levantarmos armas para defender nossa pátria. A cada dia, novas viúvas gritam, novos órfãos choram, novos sofrimentos atingem o próprio céu.

MALCOLM   O que você diz talvez seja verdade. Mas esse tirano já foi honesto um dia. Você gostava muito dele. E nada que ele fez ainda te atingiu. Eu sou jovem e talvez seja uma boa estratégia você me entregar a ele, sacrificar o cordeiro inocente para acalmar um deus colérico.

MACDUFF   Eu não sou um traidor.

MALCOLM   Mas Macbeth é. E o poder pode corromper até a mais virtuosa das almas.

MACDUFF   Perco, então, as minhas esperanças.

MALCOLM   Por que você abandonou sua esposa e seus filhos? Por que foi embora sem se despedir? Preciso me sentir seguro, só isso.

MACDUFF   Sangre, que sangre então meu pobre país! Tirania, a bondade não é obstáculo para você. Adeus, meu senhor. Não sou nenhum canalha.

MALCOLM   Não se ofenda. Acho que há muitos aqui na Inglaterra que lutariam ao meu lado. Mesmo assim, quando eu cortar a cabeça daquele tirano, meu pobre país irá sofrer muito mais sob o novo rei.

MACDUFF   Está falando de quem?

MALCOLM   De mim mesmo.

MACDUFF   Nem das profundezas do inferno poderia haver um demônio tão mau quanto Macbeth.

MALCOLM   Mas eu não tenho nenhuma das virtudes de um rei, como justiça, honestidade, firmeza, generosidade, perseverança, misericórdia, humildade, dedicação, paciência e coragem; não tenho nem traço delas. Não. E sei muito bem o que é o crime. Se eu estivesse no poder, os castelos e os bens de todos os nobres seriam confiscados, suas mulheres e suas filhas não iriam conseguir satisfazer a imundície dos meus desejos. Eu despejaria o doce leite da concórdia no inferno. Eu destruiria todos que se opusessem à minha vontade. Não haveria paz na terra. Só miséria e destruição.

MACDUFF   Ai de ti, meu país!

MALCOLM   Se um homem como eu for capaz de governar, é só dizer. Eu sou assim.

MACDUFF   Capaz de governar? Não, nem de viver. Ah, nação infeliz, refém de um tirano sanguinário! Seu herdeiro legítimo tanto se condenou que será impedido para sempre de reinar. Adeus. Só posso chorar pelo futuro do meu país. Ah, meu coração, não há mais esperança!

MALCOLM   Macduff, essa sua reação é prova de sua honra e integridade. Sei agora que posso confiar em você. Muitas vezes, Macbeth tentou me fazer cair nas suas armadilhas. Passei a suspeitar de todos. Deus é testemunha de que eu nunca faltei com a minha palavra. Amo a verdade tanto quanto a vida. Só menti há pouco, contra mim mesmo. Nunca conheci os prazeres da carne. Nunca cobicei o que não era meu. Minha única vontade é servir ao nosso pobre país. Antes mesmo de você chegar, uma tropa de dez mil soldados estava pronta para partir. Agora poderemos ir juntos. E que a justiça de nossa causa venha a nos trazer sucesso. Por que está tão calado?

MACDUFF   Coisas tão agradáveis e desagradáveis são difíceis de conciliar.

MALCOLM   Alguém se aproxima.

MACDUFF   Um compatriota.

MALCOLM   Não estou reconhecendo.

Entra Ross.

MACDUFF   Querido Ross, seja bem-vindo.

MALCOLM   Agora já me lembrei. Que o bom senhor permita que logo nos tornemos amigos.

ROSS   Amém.

MACDUFF   E nossa pátria, continua como sempre?

ROSS   Pobre da nossa terra! Uma sombra de si mesma. Nem podemos chamá-la de pátria. Mais parece um cemitério. Só aqueles que não sabem de nada ainda sorriem. Suspiros, lamentações e gritos que rasgam o ar passam despercebidos. Violência e dor viraram rotina. Quando toca o sino, ninguém mais pergunta quem se foi. Os bons morrem, mas não por terem adoecido.

MACDUFF   Ah, uma história triste demais e verdadeira demais!

MALCOLM   E a última desgraça, qual é?

ROSS   A de uma hora atrás já ficou velha. Elas se sucedem de minuto a minuto.

MACDUFF	E minha mulher, como está?
ROSS	Ora, bem.
MACDUFF	E meus filhos?
ROSS	Também.
MACDUFF	Aquele tirano deixou-os em paz?
ROSS	Sim, estavam em paz quando eu parti.
MACDUFF	É só o que tem a me dizer? Como vão eles todos?
ROSS	No caminho para cá, ouvi boatos de que os nobres começaram a se revoltar. Deve ser verdade, pois vi as tropas do tirano em pé de guerra. Os rebeldes vão precisar de sua ajuda. Assim que pisar no país, muitos irão se aliar a Sua Alteza. Até nossas mulheres irão lutar para acabar de vez com essa agonia.
MALCOLM	Podem ficar tranquilos que logo estaremos lá, com dez mil soldados.
ROSS	Quisera trazer o mesmo conforto... Mas as notícias que tenho deveriam ser gritadas no deserto, onde ninguém ouviria.
MACDUFF	Elas afetam a quem? Nosso povo? Ou alguém em particular?
ROSS	Todos compartilhamos da mesma dor, embora a maior parte dela tenha a ver com você.
MACDUFF	Se tem a ver comigo, não esconda nada. Fale. Depressa.
ROSS	Você vai me desprezar pelo que eu tenho a lhe dizer. Vai ouvir a notícia mais triste de toda a sua vida.
MACDUFF	Ah! Já estou começando a adivinhar.
ROSS	Seu castelo foi invadido. Sua esposa e seus filhos foram cruelmente assassinados. Se eu lhe dissesse como, você iria morrer de tanto horror.

MALCOLM	Que Deus tenha piedade de nós! *(a Macduff)* Vamos, homem. Fale alguma coisa, as palavras ajudam. Uma dor silenciosa parte o coração.
MACDUFF	Meus filhos também?
ROSS	Mulher, filhos, criados, todos os que encontraram.
MACDUFF	E eu não estava lá! Minha mulher assassinada?
ROSS	Sim.
MALCOLM	Que o seu conforto seja este: faremos de nossa grande vingança o remédio que irá aliviar essa dor insuportável.
MACDUFF	Ele não tem filhos. Todas as minhas lindas criancinhas? Você disse todas? Ah, demônio! Meus filhotes e a mãe deles também, de uma só vez?
MALCOLM	Enfrente isso como homem.
MACDUFF	É o que farei. Mas devo também sentir essa dor como homem. Nada era tão precioso para mim. O céu testemunhou isso e não os protegeu? Desprezível Macduff! Eles foram massacrados por minha causa! A culpa é minha, só minha. Descansem em paz!
MALCOLM	Que essa seja a pedra para afiar a sua espada. Que a dor do seu coração se transforme em fúria.
MACDUFF	Ah, eu poderia chorar lágrimas de mulher e ficar me lamentando. Que os céus me permitam enfrentar esse demônio, cara a cara. Se ele conseguir escapar, serei tão culpado quanto ele.
MALCOLM	Vamos, o exército já está de prontidão. Com Deus, daremos um fim a essa tirania. Só é longa a noite que nunca encontra o dia.

Saem.

Cena 19

Sala no castelo de Dunsinane. Entram um médico e uma dama de companhia.

MÉDICO — Quando foi que ela caminhou assim pela última vez?

DAMA — Quando o rei foi enfrentar os rebeldes. Eu a vi se levantar, abrir um baú, pegar uma folha, escrever alguma coisa, ler, dobrar o papel e voltar para a cama. Tudo isso enquanto dormia profundamente.

MÉDICO — Agir assim durante o sono é sinal de uma alma cheia de remorso. O que ela diz em tais ocasiões?

DAMA — Coisas, meu senhor, que não me atrevo a repetir.

MÉDICO — Pode repeti-las para mim.

DAMA — Nem para o senhor, nem para ninguém.

Entra Lady Macbeth, segurando uma vela.

DAMA — Veja, aí vem a minha senhora. E do mesmo jeito, no mais profundo sono.

MÉDICO — Onde conseguiu a vela?

DAMA — Sempre quer uma vela acesa, ao lado da sua cama.

MÉDICO — Seus olhos estão abertos.

DAMA — Mas ela não tem consciência de nada.

MÉDICO — Veja como esfrega as mãos.

DAMA — Ela faz isso o tempo todo, como se as estivesse lavando. Uma vez, ficou assim durante quinze minutos.

LADY MACB. — Ainda há uma mancha aqui.

MÉDICO — É melhor eu anotar o que ela diz.

LADY MACB.   Fora, mancha maldita! Fora! Fora! Um. Dois. Então, chegou o momento de agir. O inferno é muito sombrio! Que vergonha, meu senhor, que vergonha! Um soldado, com medo? Medo de que descubram alguma coisa? Ninguém pode desafiar a nossa autoridade. Mas quem diria que o velho ia sangrar tanto assim?

MÉDICO   Ouviu só o que ela disse?

LADY MACB.   Macduff tinha uma mulher, esteja ela onde estiver. Será que essas mãos nunca vão ficar limpas? Pare com isso, marido, pare com isso. Não se assuste assim. Você vai estragar tudo.

MÉDICO   Ora, ora, ela fez o que não deveria ter feito.

DAMA   Ela disse o que não deveria ter dito, isso sim. Só Deus sabe o que ela sabe.

LADY MACB.   Os perfumes do mundo inteiro não poderiam adoçar o cheiro amargo de sangue desta mão tão pequena. Ai! Ai! Ai!

MÉDICO   Que suspiros são esses! Já conheci pessoas que andavam enquanto dormiam. Mas elas morreram em paz, com a consciência tranquila.

LADY MACB.   Lave suas mãos. Vista suas roupas de dormir. E não fique tão pálido assim. Já lhe disse, Banquo está enterrado. Ele não vai mais te assombrar.

MÉDICO   Então é isso?

LADY MACB.   Pra cama, pra cama. Estão batendo nos portões. Vamos, vamos, vamos, vamos, me dê sua mão. O que está feito não pode ser desfeito. Pra cama, pra cama, pra cama. *(sai)*

MÉDICO   Ela está indo mesmo para a cama?

DAMA   Sim, está.

MÉDICO   Precisa mais de um padre que de um médico. Meu Deus! Que

Deus perdoe todos nós. Boa noite. Nem ouso dizer o que estou pensando.

DAMA Boa noite, doutor.

Saem.

Cena 20

Sala no castelo de Dunsinane. Entram Macbeth e o médico.

MACBETH Não quero mais saber! Que fujam todos. Desertores malditos! Enquanto a floresta não se mover, não terei medo de nada. Quem é esse menino, esse Malcolm? Não nasceu de mulher? Aquelas estranhas criaturas profetizaram: "Macbeth, não tenha medo, homem que nasceu de mulher nunca te vencerá". Já que é assim, podem fugir, seus hipócritas. Vão se juntar àqueles ingleses degenerados. A minha vontade e a minha coragem jamais serão escravas da dúvida e do medo. *(entra um mensageiro)* Que o diabo ponha um pingo de cor nessa tua cara de coalhada. Que olhar de pateta é esse?

MENSAG. Eu vi dez mil...

MACBETH Patetas?

MENSAG. Soldados, meu senhor.

MACBETH Dê uma beliscada nessas bochechas, pra ninguém ver que você está morrendo de medo, garoto covarde. Que soldados, imbecil? Vá pro inferno, essa sua cara de cadáver que assusta qualquer um. Que soldados, branquela?

MENSAG. O exército inglês.

MACBETH Leve sua cara daqui! *(sai o mensageiro)*
Seyton!... Fico furioso quando vejo que... Seyton!... Essa batalha vai me alegrar para sempre ou vai me arruinar de vez. Já vivi tempo demais. Chego a me sentir velho, no outono da vida. Sei agora que tudo que acompanha a velhice, como

honra, amor, obediência e amizade, jamais terei. Todos rogam pragas contra mim, não ditas a plenos pulmões, mas sentidas nas entranhas. Respeito, só da boca pra fora, elogios que vêm do medo, e não do coração. Seyton!

SEYTON *(entrando)* O que deseja, meu senhor?

MACBETH Quais são as últimas notícias?

SEYTON É tudo verdade. O exército inglês se aproxima, liderado por Malcolm e Macduff.

MACBETH Pois que venham. Vou lutar até que arranquem a pele do meu corpo. Me ajude a me vestir.

SEYTON Ainda não é necessário.

MACBETH Não faz mal. Mande batedores percorrerem o país. Aquele que for suspeito de ter medo será enforcado. Vamos, depressa. *(sai Seyton; ao médico)* Como vai a paciente, doutor?

MÉDICO A doença dela não é do corpo, Majestade. A rainha tem alucinações que a impedem de dormir.

MACBETH Então, encontre uma cura. O senhor não tem algum remédio para aliviar uma alma perturbada? Não sabe como apagar da memória o que causa tanta tristeza? Arrancar do cérebro a angústia ali cravada? E com um doce calmante dissipar os tormentos que estrangulam o peito e pesam tanto sobre o coração?

MÉDICO Em casos assim, a cura está nas mãos do paciente.

MACBETH Pro inferno com a medicina, não serve pra nada. Doutor, os nobres estão desertando. *(a Seyton, que entrou)* Vamos, depressa com isso. Ah, doutor, se o senhor pudesse fazer um exame do corpo do nosso país, receitar um medicamento qualquer para que voltasse a ficar inteiro e saudável, eu seria o primeiro a aplaudi-lo. *(a Seyton)* Está apertado demais. *(ao médico)* Não há um purgante que possa expulsar esses ingleses do nosso país? Sabia da vinda deles?

MÉDICO	Sim, meu bom senhor.
MACBETH	*(a Seyton)* Siga-me. Não tenho nada a temer, Já que a floresta nunca vai se mover.

Saem.

Cena 21

Campo, perto de Dunsinane, com a floresta ao fundo. Entram Malcolm, Siward, Macduff, Ross e soldados.

MALCOLM	Queridos irmãos, espero que estejam próximos os dias em que poderemos dormir sem medo de sermos assassinados.
SIWARD	Onde fica o castelo do tirano?
ROSS	Do outro lado da floresta, general.
MALCOLM	Dê ordem para que cada soldado corte um galho de árvore e o carregue na sua frente. Assim, os batedores do inimigo não conseguirão ver o tamanho do nosso exército.
ROSS	Sim, meu senhor. *(sai)*
SIWARD	Tudo indica que o tirano, certo da vitória, está entrincheirado no castelo e é lá que vai nos enfrentar.
MALCOLM	É a sua única esperança. Tantos são os desertores que só os que têm medo dele ficaram ao seu lado. E mesmo assim são forçados a lutar sem nenhuma vontade.
MACDUFF	Não vamos nos basear em relatos. O melhor é planejar nosso ataque com todo o cuidado.
SIWARD	Concordo. Logo saberemos o que é e o que não é verdade. Chega de falar desse canalha, É hora da ação, de iniciar a batalha.

Saem.

Cena 22

Pátio no castelo de Dunsinane. Entram Macbeth, Seyton e soldados.

MACBETH   Desfraldem as bandeiras! Meu castelo está tão bem fortificado que eles nunca conseguirão conquistá-lo. Se não fossem os desertores, poderíamos enfrentar o inimigo em campo aberto e despachá-los todos de volta para a Inglaterra. *(ouve-se um grito)* Que barulho é esse?

SEYTON   Um grito de mulher, bom senhor. *(sai)*

MACBETH   Quase não me lembro mais do gosto que tem o medo. Houve um tempo em que qualquer grito na noite me fazia tremer. Quando eu ouvia uma história de terror, meus cabelos ficavam arrepiados, de pé, como se estivessem cheios de vida. Estou farto de tantos horrores. O que é medonho não consegue mais me assustar.

Seyton retorna.

MACBETH   Que grito foi aquele?

SEYTON   A rainha, meu senhor, está morta.

MACBETH   Ela devia ter morrido mais tarde. Haveria, então, tempo para se lamentar. O amanhã, e o amanhã, e o amanhã, se arrasta a pequenos passos, dia após dia, até o tempo chegar ao fim. E todos os nossos dias de ontem iluminam aos tolos o caminho da morte. Apaga, apaga, vela fugaz! A vida não é mais do que uma sombra que passa. É um pobre ator que, vaidoso e inseguro, toma a sua vez no palco e de quem depois não se ouve falar mais. É uma história contada por um idiota, cheia de fúria e de som, que não significa nada.

Entra um mensageiro.

MACBETH   O que foi, perdeu a língua? O que tem a dizer? Depressa.

MENSAG.	Senhor, devo relatar aquilo que vi, mas não sei como fazê-lo.
MACBETH	Fale de uma vez.
MENSAG.	Eu estava de vigia no topo da colina e olhei para a floresta. De repente, tive a impressão de que ela começou a se mover.
MACBETH	Escravo mentiroso!
MENSAG.	Não, dá para vê-la avançando em nossa direção. É mesmo. É uma floresta que se move.
MACBETH	Se estiver mentindo, vou eu mesmo te pendurar na árvore mais próxima, até que morra de fome. Mas se o que falou for verdade, não me importo que faça o mesmo comigo. Começo a perder a confiança em mim mesmo e a duvidar do demônio, que faz o falso soar como se fosse verdade: "Não tenha medo de nada enquanto a floresta não se mover". E agora esse aí diz que a floresta está se movendo. Às armas! Às armas! Vamos ao encontro do inimigo! Estou cansado deste sol. Quisera que o mundo inteiro terminasse em ruínas. Mandem soar o sino! Está na hora de enfrentar o destino!

Saem.

Cena 23

Dunsinane. Diante do castelo. Entram Malcolm, Siward, o jovem Siward, Macduff e soldados, segurando galhos de árvores. Jogam os galhos no chão.

MALCOLM	General, junto com seu valente filho, o senhor irá liderar a primeira batalha, enquanto eu e Macduff daremos apoio pelos flancos.
SIWARD	Logo, o tirano irá descobrir o valor dos nossos soldados. Boa sorte!
TODOS	Boa sorte!

MACDUFF   Vamos, então, ao encontro do sangue e da morte.

Sons de batalha.

Cena 24

Em alguma parte do campo. Entra Macbeth.

MACBETH   Estou encurralado, não tenho como escapar. Existe homem que não nasceu de mulher? É a ele que eu devo temer, e a ninguém mais.

Entra o jovem Siward.

JOV. SIWARD   Teu nome qual é?

MACBETH   Vai ficar com medo só de ouvir.

JOV. SIWARD   Não, nem que fosse o nome mais diabólico do mundo.

MACBETH   Meu nome é Macbeth.

JOV. SIWARD   O próprio demônio não seria capaz de pronunciar um nome tão odioso.

MACBETH   Não, nem tão assustador.

JOV. SIWARD   Mentira, tirano desprezível. E vou provar com a minha espada.

Eles lutam e o jovem Siward é morto.

MACBETH   Você nasceu de mulher.
Só posso rir de espada ou de arma qualquer
Empunhada por homem que nasceu de mulher.

Sai. Sons de batalha.

MACDUFF   Macbeth! Pare de se esconder! Se não for morto por mim, os fantasmas da minha esposa e dos meus filhos vão me assombrar para o resto da vida. Fortuna, deixe-me cara a cara com o tirano!

Sai.

Cena 25

No campo. Entra Macbeth.

MACBETH   Por que eu deveria, como um idiota, matar a mim mesmo? Não. Que morram todos os outros.

Entra Macduff.

MACDUFF   Olha para cá, cão do inferno!

MACBETH   Mais do que qualquer outro homem, eu tentei evitar você. Desapareça. Minha alma já está coberta demais com sangue dos seus.

MACDUFF   Minha espada falará por mim, monstro sanguinário.

Eles lutam.

MACBETH   É mais fácil você ferir o vento do que me fazer sangrar. Um feitiço me protege. Ninguém nascido de mulher pode me derrotar.

MACDUFF   Não confie mais no seu feitiço. E que o demônio, a quem você sempre serviu, lhe diga que Macduff foi arrancado, antes do tempo, do ventre de sua mãe.

MACBETH   Malditas sejam essas palavras, pois elas roubam de mim toda a minha coragem. Não vou lutar com você.

MACDUFF   Então renda-se, covarde. E viva para ser exibido numa jaula, onde estará escrito "Aqui se vê um tirano".

MACBETH   Nunca hei de me render. A floresta se moveu e você não nasceu de mulher.
Mas lutarei contra tudo que foi dito.
E quem gritar "basta" primeiro, que seja maldito.

Saem lutando.

Cena 26

Dentro do castelo. Entram Malcolm, Siward, Ross e soldados.

SIWARD   A batalha está ganha! O dia é nosso!

MALCOLM   Quisera que os nossos amigos que morreram na batalha estivessem ainda aqui, sãos e salvos.

SIWARD   Alguns têm que morrer. Mesmo assim, este grande dia nos custou muito pouco.

MALCOLM   Macduff continua desaparecido. E seu nobre filho também.

ROSS   *(a Siward)* Meu senhor, seu filho era pouco mais do que um menino, mas morreu como um homem valente.

SIWARD   Meu filho morreu?

ROSS   Sim, meu senhor. Se for medir sua tristeza pelo valor dele, sua dor será infinita.

SIWARD   Ele foi ferido nas costas ou pela frente?

ROSS   Pela frente, meu senhor.

SIWARD   Nesse caso, que Deus possa recebê-lo como um soldado. Não desejaria uma morte para ele mais bela do que essa.

MALCOLM   Sua morte será muito lamentada por todos nós.

Entra Macduff com a cabeça de Macbeth.

MACDUFF   Salve, Malcolm, salve, nosso novo rei! Eis a cabeça amaldiçoada do usurpador. O mundo está livre de novo. Viva o rei!

TODOS   Viva o rei!

MALCOLM	Agradeço o que fizeram, com muita humildade.
Chegou ao fim essa horrível tirania.
Agora e para sempre, saudemos a liberdade,
Que nos trouxe este grande dia.

FIM

O REPERTÓRIO SHAKESPEARE: *MEDIDA POR MEDIDA* E *MACBETH*

Elenco

THIAGO LACERDA
Ângelo (*Medida por medida*), Macbeth (*Macbeth*)

GIULIA GAM
Madame Bempassada (*Medida por medida*), Lady Macbeth (*Macbeth*)

MARCO ANTÔNIO PÂMIO
Duque (*Medida por medida*), Macduff (*Macbeth*)

LUISA THIRÉ
Isabela (*Medida por medida*), Lady Macduff e, depois, Lady Macbeth (*Macbeth*)

SYLVIO ZILBER
Éscalo (*Medida por medida*), Duncan e Siward (*Macbeth*)

MARCOS SUCHARA
Lúcio (*Medida por medida*), Banquo (*Macbeth*)

LOURIVAL PRUDÊNCIO
Pompeu (*Medida por medida*), Sargento, Porteiro e Doutor (*Macbeth*)

FELIPE MARTINS
Cotovelo e Barnabé (*Medida por medida*), Feiticeira, Mensageiro, Assassino e Seyton (*Macbeth*)

ANA KUTNER
Mariana e Freira (*Medida por medida*), Feiticeira, Dama de companhia e, depois, Lady Macduff (*Macbeth*)

RAFAEL LOSSO
Claudio (*Medida por medida*), Malcolm (*Macbeth*)

ANDRÉ HENDGES
Superintendente (*Medida por medida*), Ross e Oficial (*Macbeth*)

FABIO TAKEO
Frei Thomas, Guarda e Franchão (*Medida por medida*), Lennox (*Macbeth*)

STELLA DE PAULA
Julieta e Kátia François (*Medida por medida*), Feiticeira, Fleance e Mensageiro (*Macbeth*)

LUI VIZOTTO
Lelé, Mensageiro e Frei Pedro (*Medida por medida*), Donalbain, Assassino, filho de Macduff e jovem Siward (*Macbeth*)

FICHA TÉCNICA

TEXTO: William Shakespeare
TRADUÇÃO E ADAPTAÇÃO: Marcos Daud e Ron Daniels
CONCEPÇÃO E DIREÇÃO: Ron Daniels
CURADORIA ARTÍSTICA: Ruy Cortez
INSTALAÇÃO CÊNICA | PAINÉIS: Alexandre Orion
INSTALAÇÃO CÊNICA | CENOGRAFIA: André Cortez
FIGURINOS: Bia Salgado
DESENHO DE LUZ: Fábio Retti
COMPOSIÇÃO E TRILHA ORIGINAL: Gregory Slivar
DIRETOR ASSISTENTE: Gustavo Wabner
PREPARAÇÃO CORPORAL E DIREÇÃO DE MOVIMENTO: Sueli Guerra
COORDENADOR DE AÇÃO: Dirceu Souza
VISAGISMO: Westerley Dornellas
PREPARAÇÃO VOCAL: Lui Vizotto
PREPARAÇÃO DE LUTA: Rafael Losso
CENOTÉCNICA: Fernando Brettas | Onozone Studio
FIGURINISTAS ASSISTENTES: Alice Salgado e Paulo Barbosa
INDUMENTÁRIA E ADEREÇOS: Alex Grilli e Ivete Dibo
COSTUREIRAS: Francisca Lima Gomes e Marenice Candido de Alcântara
CAMAREIROS: Conceição Telles, Diro Faria, Renato Valente e Regina Sacramento
PROJETO DE SONORIZAÇÃO: Kako Guirado
OPERADOR DE SOM: Renato Garcia
OPERADORA DE LUZ: Kuka Batista
CONTRARREGRAS: Diro Faria e Sergio Cardoso
DIRETOR DE PALCO: Claudio Cabral
EDIÇÃO DE TEXTO: Valmir Santos
FOTO DE CENA: João Caldas Fº
FOTO DO PROCESSO | STILL: Adriano Fagundes
DESIGN GRÁFICO: 6D
ASSESSORIA DE IMPRENSA | SP: Adriana Monteiro
ASSESSORIA DE IMPRENSA | RJ: Vanessa Cardoso
RELAÇÕES INSTITUCIONAIS: Guilherme Marques e Rafael Steinhauser
ADMINISTRAÇÃO: Flandia Mattar
ASSISTENTE ADMINISTRATIVA: Mara Lincoln
ASSISTÊNCIA DE PRODUÇÃO: Claudia Burbulhan, Diego Bittencourt, Marcele Nogueira e Paulo Franco
PRODUÇÃO EXECUTIVA: Luísa Barros
DIREÇÃO DE PRODUÇÃO: Érica Teodoro
PRODUÇÃO: CIT-Ecum, TRL e Pentâmetro
REALIZAÇÃO: Sesc, CIT-Ecum, TRL e Pentâmetro

BIBLIOGRAFIA

BRADLEY, A. C. *A tragédia shakespeariana*. Trad. Alexandre Feitosa Rosas. São Paulo: WMF Martins Fontes, 2009.

BROOK, Peter. *Reflexões sobre Shakespeare*. São Paulo: Edições SESC, 2017.

COX, Murray (ed.). *Shakespeare Comes to Broadmoor*. Londres: Jessica Kingsley, 1992.

DOLLIMORE, John. *Radical Tragedy: Religion, Ideology and Power in the Drama of Shakespeare and his Contemporaries*. Durham: Duke University Press, 2003.

DOLLIMORE, John e SINFIELD, Alan (ed.). *Political Shakespeare: Essays in Cultural Materialism*. Manchester: Manchester University Press, 1994.

FIEDLER, Leslie. *The Stranger in Shakespeare*. Boulder: Paladin Books, 1972.

GARBER, Marjorie. *Coming of Age in Shakespeare*. Londres: Routledge, 1997.

____. *Shakespeare After All*. Nova York: Anchor Books, 2004.

GREENBLATT, Stephen. *Renaissance Self-Fashioning*. Chicago: University of Chicago Press, 1983.

____. *Hamlet in Purgatory*. Princeton: Princeton University Press, 2001.

____. *Como Shakespeare se tornou Shakespeare*. São Paulo: Companhia das Letras, 2011.

HELIODORA, Barbara. *Falando de Shakespeare*. São Paulo: Perspectiva, 1997.

HUGHES, Ted. *Shakespeare and the Goddess of Complete Being*. Londres: Faber & Faber, 1992.

KAMPS, Ivo (ed.). *Materialist Shakespeare: A History*. Londres: Verso, 1995.

KOTT, Jan. *Shakespeare, nosso contemporâneo*. São Paulo: Cosac Naify, 2003.

LACERDA, Rodrigo. *Hamlet ou Amleto*. Rio de Janeiro: Zahar, 2015.

LOOMBA, Ania. *Shakespeare, Race and Colonialism*. Oxford, 1998.

PRICE, Diana. *Shakespeare's Unorthodox Biography*. Westport: Greenwood Press, 2001.

RYLANCE, Mark. *I am Shakespeare*. Nick Herne Books, 2012.

SPURGEON, Caroline. *A imagística de Shakespeare*. São Paulo: Martins Fontes, 2006.

WEIS, René (ed.). *King Lear, a Parallel Text Edition*. Londres: Longman, 1993.

SOBRE O AUTOR

Ron Daniels nasceu no Rio de Janeiro e estudou teatro na Fundação Brasileira de Teatro, na mesma cidade. Estreou profissionalmente com 17 anos de idade, em *Sangue no domingo*, sob a direção do lendário Ziembinski. Aos 18, mudou-se para São Paulo para juntar-se ao elenco de estreia do *Boca de Ouro*, de Nelson Rodrigues.

Foi um dos sócios fundadores do Teatro Oficina, ao lado de José Celso Martinez Corrêa e Renato Borghi, no momento em que o grupo se profissionalizou. No Oficina, estreou na primeira montagem de *Os pequenos burgueses*, sob a direção de Zé Celso. Em 1964, mudou-se para a Inglaterra, dando continuidade a sua carreira como ator.

Iniciou sua carreira como diretor em 1968, e, em 1977, foi nomeado diretor artístico do teatro The Other Place, da Royal Shakespeare Company, em Stratford-upon-Avon. Depois de 15 anos dirigindo espetáculos para a companhia, incluindo duas montagens de *Hamlet*, foi nomeado diretor associado honorário.

Em 1991 mudou-se para os Estados Unidos para trabalhar como diretor artístico associado da companhia American Repertory Theatre, em Cambridge, Massachussets, e como diretor do Instituto de Estudos Teatrais da Universidade de Harvard, onde ensinou interpretação e direção durante cinco anos.

De volta ao Brasil, em 2000, dirigiu Raul Cortez em *Rei Lear*. *Hamlet*, com Thiago Lacerda no papel principal, estreou em São Paulo, em 2012, e depois foi encenado no Rio de Janeiro, Curitiba, Recife e em Porto Alegre. Já *Medida por medida* e *Macbeth* – o Repertório Shakespeare – estrearam no Sesc, em São Paulo, em 2016, e foram encenadas também no Rio de Janeiro, na Cidade das Artes e no Teatro João Caetano antes de viajar por várias cidades do país.

Atualmente Ron dá aulas de direção e interpretação no curso de cinema da Universidade de Nova York e também leciona na Universidade de Yale. Trabalha também como *freelance* em várias cidades dos Estados Unidos, principalmente como diretor de óperas.

CADERNO DE IMAGENS

fotos de JOÃO CALDAS Fº

REI LEAR

p. 425
   Raul Cortez

p. 426
   1 Gilberto Gawronski e Júlio Rocha
   2 Raul Cortez e Bianca Castanho
   3 Lígia Cortez e Raul Cortez

p. 427
   1 Raul Cortez
   2 Lu Grimaldi, Raoni Carneiro, Raul Cortez, Bianca Castanho, Lígia Cortez e César Figueiredo
   3 Caco Ciocler
   4 Milton Morales Fº, Raoni Carneiro, Flávio Rochaa, Júlio Rocha, Caco Ciocler e Fran Landhin

p. 428
   1 Nicolas Trevijano, Caco Ciocler, Júlio Rocha, Raoni Carneiro, César Figueiredo, Fran Landhin e Luiz Guilherme
   2 Raul Cortez e Mario Cesar Camargo

HAMLET

p. 429
   Thiago Lacerda e Eduardo Semerjian

p. 430
   1 Thiago Lacerda e Antonio Petrin
   2 Thiago Lacerda e Anna Guilhermina
   3 Thiago Lacerda, Rogério Romera e Marcelo Lapuente

p. 431
   1 Thiago Lacerda
   2 Thiago Lacerda e Antonio Petrin

p. 432
   Thiago Lacerda

MEDIDA POR MEDIDA

p. 433
   Thiago Lacerda

p. 434
   1 Atores não identificados
   2 Giulia Gam e Stella de Paula
   3 Stella de Paula, Luisa Thiré, Thiago Lacerda, Fabio Takeo, Marco Antônio Pâmio e Lui Vizotto

p. 435
   1 André Hendges e Marco Antônio Pâmio
   2 Thiago Lacerda, Ana Kutner, Marcos Suchara, Lui Vizotto e Felipe Martins
   3 Marco Antônio Pâmio, Felipe Martins e André Hendges

MACBETH

p. 436
   Giulia Gam e Thiago Lacerda

p. 437
   1 Ana Kutner
   2 Felipe Martins, Lourival Prudencio, Lui Vizotto
   3 Lourival Prudencio e Rafael Losso

p. 438
   Thiago Lacerda e Giulia Gam

p. 439
   1 Giulia Gam
   2 Atores não identificados
   3 Thiago Lacerda

REI LEAR

Livrar minha velhice de responsabilidades, confiando-as a forças mais jovens. Enquanto eu, sem cargos, rastejo em direção à morte.

Não senhor, quem não veleja com o vento apanha logo um resfriado.

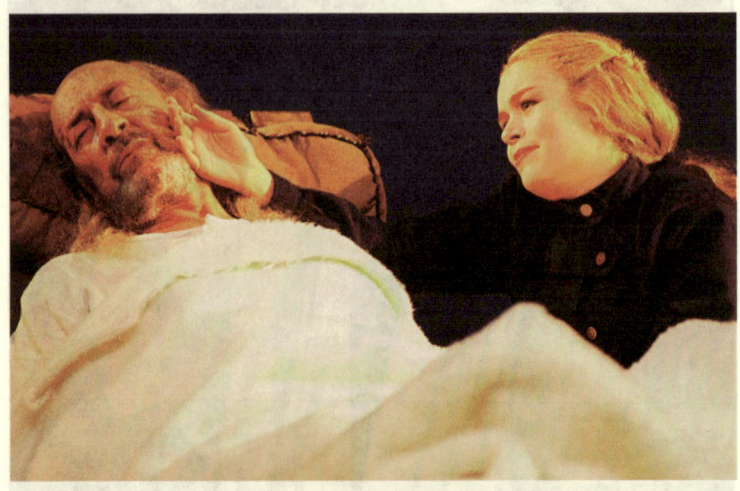

Este corpo tão indefeso merecia enfrentar o relâmpago e o terrível rugido do trovão?

Ainda me resta uma filha. Ela é boa e carinhosa.

Sou homem contra quem outros pecaram mais do que ele mesmo pecou.

Pergunto qual das três tem mais amor por mim, para que a maior fortuna caiba a quem mais a merecer.

Só isso me resta: Edgar não é mais nada.

Meu nome eu perdi. Mas sou de linhagem tão nobre quanto meu oponente.

Os velhos sofreram muito; nós, os jovens, jamais veremos tanto, nem tanto iremos viver.

Obedecemos até a um cachorro, se ele tem um poder qualquer.

HAMLET

Agora eu posso matá-lo, agora que ele está rezando. E agora, eu o farei.

E assim, graças ao meu irmão, eu fui privado, enquanto dormia, da minha vida, do meu reino e da minha mulher.

Pode a beleza fazer melhor negócio do que com a honestidade?

As coisas não vão nada bem. Sinto que há maldade no ar. Ah, noite, por que não chega logo!

Mamãe. Pai e mãe são marido e mulher; marido e mulher são uma carne só; portanto, minha mãe. Vamos, para a Inglaterra!

Ele o envenena no jardim e se apodera do seu trono. Logo vocês irão ver como ele conquista o amor da viúva.

Se a sua culpa não vier à tona, então o fantasma que vimos é um demônio maldito e imunda é a minha imaginação.

O mundo está fora dos eixos. Maldito azar eu ter nascido para pô-lo no lugar!

Ah, que indigno e miserável que eu sou!

Eu o conhecia, Horácio. Um homem cheio de graça e de uma imaginação sem igual.

MEDIDA POR MEDIDA

Ah, desgraça, quando perdemos a noção de moral, o que não queremos, queremos, e tudo vai mal.

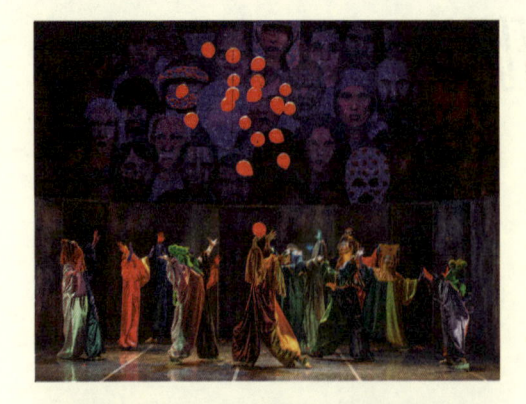

A liberdade zomba da justiça, o bebê bate na ama e tudo é desordem.

Com essa crise toda, com uma lei escrota que mete medo em todo mundo, e com a polícia não dando trégua, eu vou é ficar sem freguesia.

A alegria volta à cidade.

Veja, a estrela da manhã convoca o pastor para o seu rebanho. Livre-se desse espanto. As dificuldades, quando conhecidas, são fáceis de ser resolvidas.

Vem cá, seu frei de araque. Lembra de mim?

Meu rapaz, você é um sujeito muito teimoso, que não tem nenhum medo da morte e por isso se entrega aos prazeres da vida.

MACBETH

A todos, as minhas mais sinceras boas-vindas.

*Quando nos
veremos
novamente?
No raio, no trovão
ou na torrente?*

Preparem-se!

*É o sargento
que muito lutou
para que eu não
fosse capturado.*

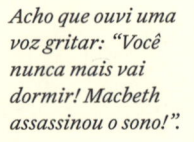

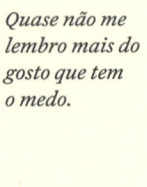

Acho que ouvi uma voz gritar: "Você nunca mais vai dormir! Macbeth assassinou o sono!".

Quase não me lembro mais do gosto que tem o medo.

Será que há bastante água no mar que possa lavar este sangue das minhas mãos?

*Até o corvo
vai ficar rouco
quando anunciar
a entrada fatal
do rei no
meu castelo.*

*Não tenho nada
a temer, já que
a floresta nunca
vai se mover.*

*Existe homem
que não nasceu
de mulher?
É a ele que eu
devo temer, e a
ninguém mais.*

Fontes Untitled Serif, New Grotesk
Papel Pólen soft 70 g/m²
Impressão Pancrom Indústria Gráfica Ltda
Data maio de 2019